A PARADISE BUILT IN HELL

The Extraordinary Communities That Arise in Disaster

by Rebecca Solnit

レベッカ・ソルニット

高月園子=訳

定本 災害ユートピア

なぜそのとき特別な共同体が立ち上がるのか

AKISHOBO

定本 災害ユートピア　目次

A PARADISE BUILT IN HELL
by Rebecca Solnit

Japanese translation published by arrangement with Rebecca Solnit c/o
Hill Nadell Literary Agency through The English Agency (Japan) Ltd.

定本　災害ユートピア

プロローグ　地獄へようこそ

あなたは誰ですか？　わたしは誰なのか？　危機的な状況において、それは生死を分ける問題となる。ハリケーン・カトリーナのケースでは、メキシコ湾岸のあらゆるところで、身内や隣人だけでなく、見知らぬ人までが被災者に救いの手を差し伸べた。さらに周辺地域はもとより、はるかテキサス州からも、ボートのオーナーたちが大挙してニューオーリンズにやって来て、水上に取り残された人々を安全な場所に避難させたおかげで、何千名もの住民の命が助かった。しかし、その後、警官や自警団員、政府高官、報道関係者を含む他の人々が、ニューオーリンズの住民を危険な人たちであると決めつけ、水没し腐敗した街から避難させるどころか、病院から救出することすら危ないと判断したせいで、数百人もの人々が命を落とす羽目になった。街を脱出しようとした人々の中には、銃を突きつけられて押し戻され、射殺された人もいた。街は無法地帯と化し、集団レイプや大量殺人が横行しているとの噂が広まったが、のちにそれは事実ではなかったと判明した。だが、多くの人々が猛暑の中、屋根の上や、高架の高速道路上や、満員の避難所で、水も食料も薬も医療処置も与えられないまま死にかけていた決定的な数日間に、全国メディアもニューオーリンズ市の警察署長もそんな噂を信じ、流れるに任せていた。そのせいで、派遣された救援隊員や兵士たちは、被災者を自分たちの敵だと見なしたのだ。要するに何を信じるかが問題だ。

災害時には、隣人や自分と同じ市町村の市民を、災害自体より危険な存在だと見なすかどうか、さらに、彼らを付近の店や家にある品物より価値のある存在だと考えるかどうかにより、人々の行動は大きく違ってくる（本書で言う「市民」とは法的な市民権を有する人々のことではなく、ある市町村やコミュニティに属する人々を指す）。ハリケーン・カトリーナはまさにその極端な例だった。何を信じるかが、行動を決定する。普段の生活においても、一人の人間の行動が、その人自身や他の人々の生死を決定する場合があるが、緊急時にはもっとそうなのだ。

カトリーナにおいても、他のほぼすべての災害と同じく、無数の利他的な行為が見られた——水や食料、おむつなどの支給を手伝い、逃げ遅れた人々の保護を買って出た若者たち。隣人を救出し、自分の家に避難させた住民。ボートで救助に乗り出した何百、いや何千もの人々。彼らは自衛のために武器を携帯しながらも、同時に深い同情心に駆られ、汚水の中に取り残された人々を発見し、安全な場所へと運んだ。被災の数週間後に、インターネットサイト（Hurricane Housing.org）を通じて、進んで赤の他人の被災者を自宅に受け入れた二〇万人もの国民。彼らは恐ろしい噂には耳を貸さず、被災者たちの悲惨な様子を映し出す映像に心を動かされた。そして、街の復興と再建に力を貸そうとメキシコ湾岸にやって来た、無慮数万のボランティアたち。

地震、爆撃、大嵐などの直後には緊迫した状況の中で誰もが利他的になり、自身や身内のみならず隣人や見も知らぬ人々に対してさえ、まず思いやりを示す。大惨事に直面すると、人間は利己的になり、パニックに陥り、退行現象が起きて野蛮になるという一般的なイメージがあるが、それは真実とは程遠い。第二次世界大戦の爆撃から、洪水、竜巻、地震、大嵐にいたるまで、惨事が起きたときの世界中の人々の行動についての何十年にもわたる綿密な社会学的調査の結果が、これを裏づけている。けれども、この事実が知られていないために、災害直後にはしばしば「他の人々は野蛮になるだろうから、自分はそれに対する防衛策を講じているにすぎない」と信じる人々による最悪の行動が見られるのだ。一九〇六年の大地震により破壊されたサンフランシスコから、二〇〇五年の水浸しになったニューオーリンズまで、相手は犯罪者で、自分は風前の灯火だった秩序を守っただけだと信じる、またはそう主張する人々により、罪なき人々が殺されてきた。やはり、何を信じるかが重要だ。

「今日も、カインはまだ弟を殺している」——政府の堤防が決壊したせいで起きた洪水により色褪せてしまったニューオーリンズ下九区の教会の壁画には、こう宣言されている。旧約聖書の『創世記』は、天地創造、禁断の果実の獲得、失楽園、そしてカインによるアベルの殺害——神の恩寵を失った結果としての、嫉妬、闘争、離反、暴力への第二の堕落——を、立て続けに啓示する。神がカインに弟の居場所を尋ねると、カインは「わたしは永遠に弟の番人なのですか」と言い返し、アベルの居場所を言おうとしなかった。だが、アベルの流血が、吸い込まれた地面から真実を訴えていた。カインはそのとき、永遠の社会的問いかけをもしていたのだ。わたしたちは互いに恩があるのだろうか？　互いの面倒を見るべきなのか？　それとも、誰もが自分のことだけを考えていればいいのだろうか？

たいていの伝統的な社会では、個人同士や家族同士、集団の間に、深く根づいた献身やつながりがある。社会という概念自体が共感や親愛の情で結ばれたネットワークをベースとしていて、独立独歩の人はたいがいの場合、世捨て人または追放された者として存在した。だが、流動的で個人主義的な現代社会がこういった昔ながらの結びつきの幾分かを切り捨てた結果、人々は特に経済的な取り決めにより他人を背負い込むこと――高齢者や社会的弱者への物質的援助や、貧困や悲惨な状況に対する支援、すなわち〝兄弟姉妹〟の扶養――に二の足を踏むようになった。他人の扶養に反対する議論は、しばしば人間の本性についての議論に姿を変える。人間は本来、利己的な生き物だ。人はわたしの面倒を見てはくれないだろうから、わたしも人の面倒は見ない。食糧不足に備えて食料の備蓄が必要だから、人に与える食料はない。それは、わたし自身も他人など当てにできないからだ。一方で、できれば誰かの財産を頂戴して、私服を肥やしたいと思う。むろん、わたしの幸福がその人の幸福に依存していないか、または、わたしの幸福とその人の幸福が対抗関係にあると確信できればだが。そうしておいて、わたしの行いは自然の摂理だと正当化したい。もしわたしが弟の番人でないのなら、それはすなわち、わたしたちがすでに、けっして破られない結束というパラダイスから追放されていることを意味するのだから――という具合に。

こうなると、人々の日常生活は社会的に大きな危険を抱え込むことになる。時に本物の災害がこの状況をいっそう悪化させる。しかし、反対に災害がこういった状況を一時的に棚上げにし、わたしたち自身の中にある別の世界を垣間見せてくれる場合もある。平常時の社会的構図や分裂がことごとく崩壊すると、全員とは言わないが、大多数の人々が兄弟の番人になろうとする。すると、その目的意識や連帯感が、死やカオス、恐怖、喪失の中にあってさえ、一種の喜びをもたらすのだ。もしわたしたちがそのことを知っていて、それを信じていれば、どんな場面においても、自分たちの可能性に対する自覚は変わるかもしれない。どんな信念であれ、それに基づいた行動は、世界をイメージどおりに変えられる。繰り返すが、何を信じるかが問題なのだ。しかし、その裏側にある事実もまた決定的に重要である。人々の災害時の行動について一般的に信じられていることと事実との間にある驚くほど大きなギャップにより、人々の可能性は狭められているが、その思い込みを変えれば、本質的に大きな変化が期待できるだろう。つまり、大災害は、それ自体は不幸なものだが、時にはパラダイスに戻るドアにもなりうるのだ。少なくともそこでは、わたしたちは自分がなりたい自分になり、取りたい行動を取り、それぞれが兄弟姉妹の番人になる。

二〇〇三年一〇月、わたしは大型ハリケーンに引き裂かれてまもないカナダ・ノバスコシア州ハリファックスに降り立った。案内してくれた男性[*1]はハリケーンについて話してくれたが、それは木々や屋根や電柱を吹き飛ばした風速四五メートル以上にも達した暴風についてでも、最大波高三〇メートルにもなった荒海についてでもなく、近所の人たちについてだった。すべてが寸断され混乱状態にあった数日のことを話しながら、彼の顔は幸せに輝いていた。誰もが家から出てきて話をし、助け合い、間に合わせのコモンキッチン〔共同の炊事場、あるいは炊き出し所〕を作り、高齢者たちの安全を確かめ、長時間をともに過ごし、気がつくと、以前のような見知らぬ者同士ではなくなっていたのだそうだ。「目が覚めたら世界が一変していた」。彼は思い出にふける。「電気はないし、店という店が閉まっている。情報を得るすべがない。それで、みんな、ぞろぞろ外に出てきて、ああだこうだと言い始めた。路上パーティというほどではなかったけれど、一度に全員が繰り出した。たとえ知らない人たちでも、彼らの顔を見るとなんだかウキウキしたよ」。彼の喜びはわたしに強烈な感動を呼び起こした。

ある友人は霧の中で立ち往生した経験を語ってくれた。カリフォルニアのセントラルバレーに定期的に発生する濃い地上霧だ。このときは、綿畑の埃と混ざり合い、とりわけ濃く立ち込めていたので、ハイウェイパトロールは高速上のすべての車両を停止させた。それから二日間、友人は多くの人々とともに小さな簡易食堂に閉じ込められた。彼女は夫とともにボックス席の長椅子で、他人と肩と肩をくっつけ合って、座ったまま眠った。食料も水も不足し始めたが、それにもかかわらず、彼らはそこで素晴らしい時間を過ごした。そこに居合わせた人々にはなんの共通点もない。でも、誰もが心を開いて身の上話をし、ついに道路の封鎖が解かれたときには、友人夫婦はそこを去るのがつらかったそうだ。とはいえ、予定どおり休暇を過ごすため故郷のニュー・メキシコに向かった。そこでは彼らが立ち往生した経験をあまりに楽しそうに語るので、誰もが不思議そうな顔をしたという。友人の夫はアメリカ先住民なのだが、彼が自分も一般社会に属していると感じることができたのは、簡易食堂で過ごしたそのときが初めてだったそうだ。このような救済は異常な状況のもとではめずらしくない。

そこで思い出したのが、一九八九年のベルリンの壁崩壊の三週間前にサンフランシスコで起きたロマ・プリータ地震を、ベイエリアのいかに多くの人々が愛したかということだった。いや、彼らが愛したのは地震ではなく、地震へのコミュニティの対応だった。むろん大多数の人々にとって地震は恐ろしく、大きな被害を受けた人もいれば、六〇人の死者も出た（何百万人もの人が住むエリアで起きた大規模な地震のわりには、きわめて少ない数ではあったが）。けれども、知り合ったばかりのある女性との間で、その地震の話題になると、彼女は当時のことを懐かしがってはしゃいだ。彼女の隣人たちは、停電が続いた数日間に、溶けた冷凍食品を持ち寄り、通りでバーベキューを始めたのだそうだ。そのとき、どんなに誰もが社交的で楽しそうだったか。即席のコミュニティセンターになったキャンドルの点されたバーで、どんなに人々が階層や職業の違いを超えて打ちとけ合っていたか。最近、別の友人が今も少しも色褪せない驚嘆をもって語ってくれたところによると、サンフランシスコ市の南東部にあるキャンドルスティック・パークで行われたワールドシリーズの野球の試合のあとで、数十キロ離れた都心の自宅に帰ろうとすると、停電で真っ暗になった交差点では必ず誰かが交通整理を行っていたそうだ。命令も中央統制的な組織もなく、人々はその瞬間のニーズに対応し、突然、コミュニティや道路の管理を始めたのだった。

一九八九年一〇月一七日にカリフォルニア沿岸でその地震が起きたとき、驚いたことに、わたしはそれまで腹を立てていた相手のことが、どうでもよくなっていることに気づいた。怒りは他のすべての抽象的なことや間接的なこととともに蒸発してしまい、わたしを無我夢中にさせてくれる〝現在〟に没頭していた。もっと驚いたのは、ベイエリアで出会った人々や知人のほとんども、地域の大部分を数日間完全にマヒさせ、ベイブリッジを数ヵ月間不通にし、不人気だった高架の高速道路の何本かを永遠に葬り去ったその大災害を強烈に楽しんでいたことだった。わたしたちの言語には、こういった感情――悲惨さにくるまれてやって来た素晴らしいことや、悲しみの中の喜び、恐怖の中の勇気――を表す語彙すらない。もちろん災害を歓迎することはできないが、それへの反応を、実質面と心理面の両方でありがたがることはできる。

一九八九年の大地震に続く数週間には、愛と友情がとても大切で、長年の心配事や長期的プランは完全に意味を失っていた。人生は今現在のその場に据えられ、本質的に重要でない多くの事柄はすべてそぎ落とされた。地震は、数ヵ月間も続いた余震も含めて、人々を狼狽させたが、誰もが幾分ピリピリしていたものの、多くの人々が、少なくとも気持ちの面では貧しくなるよりは、豊かになっていた。

災害後のこの奇妙な喜びのもっと厳粛な例は、二〇〇一年九月一一日のアメリカ同時多発テロ事件に続く日々に見られた。多くのアメリカ人が新たに発見した緊迫感や目的意識、連帯感、そして遭遇した危険に喚起され、心を揺さぶられ、行動へと突き動かされた。人々は、事件そのものは憎悪したが、明らかに、束の間のいつもと違う自分自身を楽しんでいた。

多くの災害時にひょっこり姿を現すこの感覚はいったい何なんだろう？　わたしはロマ・プリータ地震のあとで、そのことを疑問に思い始めた。九月一一日のテロのあとに、それがどんなに不思議な現象で、どんなに深い意味をもつものなのかが徐々にわかり始め、ハリファックスで、大型のハリケーンについて喜びに顔を輝かせながら語ってくれた男性に出会ったあと、わたしはこのテーマの調査に着手した。そして、百周年が近づいた一九〇六年のサンフランシスコ地震について書き始めると、その奇妙な感情がどんなに頻繁に生じ、それがどんなに被災地を立て直してきたかに気づいた。さらに、メキシコ湾岸地域がハリケーン・カトリーナにより完全に破壊されると、災害のもつ限界と可能性を理解し始めた。

この本には、驚きを伴いながらも深い意味をもつその奇妙な感情が、どんな状況で生じるのか、またどのような人々の中に湧き上がるのかについて書いた。災害の規模も頻度も増す時代に向かおうとしている現在にあって、これはとても重要だ。だがそれ以上に、激動の時代にはいつもそうだが、日常における社会生活の可能性や人間性についての疑問が生じる時代にふたたび突入しようとしている現在にあって、これはますます重要なテーマになるだろう。

カナダの暴風雪、アメリカ中西部の大雪、ニューヨーク市の停電、インド南部の猛暑、ニューメキシコ州の大火、メキシコシティの巨大地震、ルイジアナ州を襲った幾つかのハリケーン、アルゼンチンの経済破綻、カリフォルニアやメキシコの地震など、災害の体験を語る多くの人々に、例の懐かしむような温かい表情が現れる。そして、災害体験についての証言を読むと、今度はその言葉に含まれた喜びに驚かされる。一般に信じられている災害に対する人々の反応はけっして喜びではないし、そうであるはずもない。それでいて、まさに瓦礫の中から、氷の中から、火の中から、嵐や洪水の中から、それは出現していた。この喜びは、そんなことでもなければなおざりにされる欲求の指標として意義深い。それは、市民生活や市民社会、社会への帰属、そして目的や権限に対する欲求である。

災害は基本的には恐ろしく、悲惨で、かつ痛ましく、たとえ副次的にどのようなプラス効果や可能性が生じようとも望ましいものではない。けれども一方で、これらの副次的効果が破壊の中から生じたからというだけの理由で無視されるべきではない。目覚めた欲求や可能性はすこぶるパワフルで、瓦礫や死骸の山や焼け跡の灰の中からさえも光り輝く。ここで起きることは、他の場面でも通用する。災害は市民生活への欲求や可能性に向かって、一風変わった窓を開けてくれるが、そこに現れたものは、他の場所でも、普段でも、別の異常な状況においても重要なものだ。

通常、社会生活上の変化のほとんどは本人の選択によるものだ。たとえば、誰かが生協の組合員になりたいと思ったなら、それは社会のセーフティネットまたは地域密着型農業を信用しているからだろう。しかし、災害は嗜好により襲う人を選んだりしない。それはわたしたちを危機的状況の中に引きずり込み、職業や支持政党に関係なく、自らが生き延び、隣人を救うために行動することを、それも自己犠牲的に、勇敢に、主体的に行動することを要求する。絶望的な状況の中にポジティブな感情が生じるのは、人々が本心では社会的なつながりや意義深い仕事を望んでいて、機を得て行動し、大きなやりがいを得るからだ。

だが、わたしたちの経済や社会の仕組みそのものが、そういった目標の達成を妨げている。その仕組みはイデオロギー的で、富裕層と権力層に最も都合よくできているが、すべての人々の人生を左右する哲学でもある。それはマスコミがニュースから災害映画にいたるまで、あらゆる媒体を使って広めた型どおりの知恵として、より堅固なものとなっている。このイデオロギーの一面は、個人主義、資本主義、社会ダーウィン主義などと呼ばれ、トマス・ホッブズやトマス・マルサスの政治哲学にも現れている。また、従来型の現代経済学者の書物にも現れているが、彼らは、人間は合理的な理由により個人的利益を追求するという前提に立っていて、そのせいで、偏ったシステムが人々の生き残りや幸福の追求の障害になっているという点から目を背けている。だが、災害がこれを裏づける。というのは、災害時に人の生死を決定する要素の一つが、その人の属するコミュニティの健全さであり、社会の公正さだからだ。わたしたちが必要とする人との絆は、目的や、即座に助け合える関係や、行動できる可能性だけでなく、喜びも与えてくれる。それは、災害体験者たちが語る、衝撃的ではじけるような喜びだ。彼らの話から、どんなパラダイスにも必要な、勇敢で有能で寛大な市民はすでに存在しているとわかる。パラダイスはまさに訪れる寸前なのだ。もし今、地獄の中にパラダイスが出現するとしたら、それは通常の秩序が一時的に停止し、ほぼすべてのシステムが機能しなくなったおかげで、わたしたちが自由に生き、いつもと違うやり方で行動できるからにほかならない。

本書では、一九〇六年のサンフランシスコ地震から順を追って一九一七年のハリファックスでの大爆発事故、多数の死者を出して社会に大変化をもたらしたメキシコシティの巨大地震、二〇〇一年九月一一日のアメリカ同時多発テロ事件、二〇〇五年にニューオーリンズを襲ったハリケーンと大洪水の計五件の災害を詳しく検証している。九・一一の事件の章では、ごく普通のニューヨーク市民が彼らの街を襲った大惨事にどう対処したかという、見過ごされてきたストーリーを紹介する。主軸となるこれら五例のほかに、ロンドン大空襲、中国とアルゼンチンの地震、チェルノブイリの原発事故、一九九五年のシカゴの猛暑、政権の転覆を助けたマナグア（ニカラグアの首都）の地震、ニューヨークでの天然痘流行、アイスランドの火山爆発の話をサイドストーリーとして取り上げている。近年、最悪の自然災害はいずれもアジアで起きた。二〇〇四年のインド洋大津波、二〇〇五年のパキスタンの地震、二〇〇八年の中国での地震とビルマ［ミャンマー］の台風など。わたしはこれらについては書いていない。どれも大変重要な災害だが、文化の違いに加え、言語の問題や物理的な距離がわたしの前に障害として立ちはだかった。

ポストモダニズムが知的世界の様相を一変させて以来、人間の変わらない普遍的な性質という意味合いの〝人間の本質〟という言葉を使うことさえ、はばかられるようになっている。災害を研究してわかるのは、人間の本質は確かに一種類ではなく偶発的だが、少なくとも災害時に現れるそれは、有能で、気前が良く、立ち直りが早く、他人に共感でき、勇敢だということだ。セラピーの分野では、災害の帰結として、例外なくトラウマが語られる。それは、耐えがたいほどもろい人間性や、自らは行動せず、誰かが何かしてくれるのを待つといった、典型的な被災者像を暗示している。災害映画やマスコミも、災害に遭遇した一般市民を、ヒステリックで卑劣な姿に描き続けている。こういった情報源は、あたかもわたしたちに、自身の経験よりも、彼らが描き出す姿のほうを信じろと言っているかのようだ。体験者の多くが経験から人間性の別の面を知っているのだが、それは公的にも、また社会の主流にも、ほとんど認知されていない。本書で、わたしは災害に対する普通の人々の反応である廃墟からの蘇生と、それが他の場面でどんな意味をもちうるかを追究する——それは、最悪の事態になったときに、自分が誰であるかを知るために必要なテーマだ。

けれども、その蘇生と、それを妨げ隠しているものの両方を理解するためには、さらに二つのテーマを検討しなくてはならない。一つは、災害時にしばしば粗野な行動に出る、権力の座にある少数派の行動。もう一つは、メディアの思い込みと彼らの役割だ。彼らのかかげる歪んだ鏡の中には、こういったパラダイスとわたしたちの中にある可能性を見出すことはできない。しかし、彼らが何を信じるかは非常に重大で、マスコミとエリートの信じていることが重なり合うと、ハリケーン・カトリーナの直後に彼らが劇的にやってのけたように、二次災害を招きかねない。これらの三つのテーマはほぼすべての災害において織り合わさっているので、最も重要な「束の間のパラダイスの発見」を探ることは、同時に、その可能性を覆い隠し、妨害し、時にはもみ消す力を理解することも意味する。

前述の社会的欲求と可能性は、ここ数十年の社会の流れに逆らっている。近年の歴史は民営化の歴史だとも読めるが、それは経済のみならず、社会の民営化でもあった。市場戦略とマスコミが人々の想像力を私生活や私的な満足に振り向け、市民は消費者と定義し直され、社会的なものへの参加が低下した結果、共同体や個々人のもつ政治力は弱まり、民衆の感情や満足を表す言葉さえ消えつつある。〝フリーアソシエーション〟〔自由に誰とでも連帯できる権利や能力〕とはよく言ったもので、人間同士のつながりはお金にならない。代わりにわたしたちはマスコミや宣伝により、互いを怖がり、社会生活を危険で面倒なものだと見なし、安全が確保された場所に住んで、電子機器でコミュニケーションを取り、情報を人からではなくマスコミから得るようながされる。だが、災害が起きると、人々は集まる。この集まりを暴徒と見なして恐れる人もいるが、多くの人はパラダイスに近い市民社会の体験としていとおしく思う。〝民営化〟という現代語は一般的には経済用語で、鉄道、水利権、警察活動、教育などにおける法的権限、商品、サービス、権力の、民間企業と予測のつかない市場への委託である。しかし、経済的な民営化は、〝わたしたちは互いの番人ではない〟

という着想と願望なくしては実現不可能だ。被災者を社会的な集団生活に引き戻す災害は、この民営化――これ自体が、ゆっくり進行する巧妙な災害――の幾分かを逆戻りさせる。市民の社会への参加、活動、目的、自由がすべてほどよく存在している社会では、災害は単なる災害で収まるだろう。

今では、不可能なほど遠い存在としてしか、パラダイスについて語る人はほとんどいない。わたしたちが耳にする理想社会は、アダムとイブの堕落以前の原始社会や、人里離れたヒマラヤのどこかにある霊的な王国など、たいがいはるか遠くにあるか、大昔にあったか、またはその両方だ。それはすなわち、今ここで、わたしたちがそのような理想的生活を送るのがいかに不可能であるかを示唆している。けれども、時折だが、わたしたちの間にパラダイスが閃光のように出現したら、どうなるだろう――それも、最悪の状況下で？　もし、地獄の縁でそれを垣間見たなら？　その閃光は大昔のどこか遠くにあるパラダイスと違い、わたしたちが実はどんな人間で、わたしたちの社会がどんなに違ったものになりうるかを見せてくれる。それは、危機の只中で底力を発揮するパラダイスである。それは、自らの可能性をまったく開花させることなく縮こまり、憂鬱な社会に甘んじているわたしたちの普段の姿とのコントラストにより指し示される。多くの人々は今ではよりよい社会など望んですらいないが、とはいえ、それに出会えば、はっきりと認知し、その発見は彼らの体験の無名性を通しても光り輝く。中にはそれを認めるなり、しっかりつかみ、利用する人たちもいる。そして、良くも悪くも、長期的な社会的・政治的変革が瓦礫の中から生じる。今の時代、パラダイスがあるとすれば、そこへの扉は地獄の中にある。

エマージェンシー（emergency　緊急事態）という語はエマージ（emerge　現れ出る）から生じていて、その反対語のマージ（merge）はラテン語のメルジュレ（mergere　液体に沈められた、浸された）から派生している。〝緊急事態〟は普通の状態からの分離であり、新しい空気の中への突然の進入を意味し、そこでわたしたちは危急の事態に際して上手く対処することが求められる。カタストロフ（catastrophe　大惨事）という言葉は、ギリシャ語のカタ（kata　下へ）と、ストレフェイン（strephein　ひっくり返す）から来ている。カタストロフは予想外の展開を意味し、かつてはストーリーのどんでん返しを意味していた。予想外の状況になることは必ずしも悪くはないが、これらの言葉は悪運を暗示するようになった。ディザスター（disaster　災害）はラテン語のディス（dis　離れて、〜なしで）とアストロ（astro　星、惑星）の合成語で、文字どおり、星のない状態を表す。もともとそれはブルースミュージシャンのアルバート・キングのヒット曲「悪い星の下に」にあるように、占星術が作り出した不運を意味していた。

一九六五年と二〇〇三年のアメリカ北東部大停電、一九八九年に起きたサンフランシスコ・ベイエリアのロマ・プリータ地震、二〇〇五年にメキシコ湾岸を襲ったハリケーン・カトリーナなど、二〇世紀のいくつかの災害では、停電の結果、夜空を覆い隠していた人工的な光が消滅し、人々は気づくと、僻地で見られるような満天の星の下にいた。二〇〇三年の八月一五日にアメリカ北東部に大停電が発生すると、その日の暑い夜、ニューヨーク市では天の川が見られ、長く失われていた夢のような世界が広がったのだった。現在の社会秩序は人工的な明かりに近いもの、すなわち緊急時には役に立たない電力《パワー》の一つだと考えることができる。代わって出現するのは、人々が助け合い、協力する、即席の地域社会だ。突然見えるようになった夜空の星がどんなに美しくても、今日、その明かりを頼りに道を見つけられる人はいない。けれども、団結と利他主義と即時対応性でできた星座は大半の人々の中にすでにあり、大事な場面では、それが現れる。災害が起きたとき、人々はどうすべきかを知っている。電力の喪失は現代の感覚では災害であり、苦痛をもたらすが、こういった古きよき天国の再現は苦痛とは正反対のものだ。それは地獄から入るパラダイスなのだ。

第1章

ミレニアムの友情：サンフランシスコ地震

A MILLENNIAL GOOD FELLOWSHIP:
THE SAN FRANCISCO EARTHQUAKE

ミツパカフェ

たまり場

一九〇六年四月一八日のサンフランシスコ地震がどんなものであったかは、よく知られている。午前五時一二分、約一分間の激震がサンフランシスコを引き裂いた。建物、それも特に埋立地や沼沢地に建っていた建物の多くを倒し、亀裂を入れ、位置をずらし、煙突を倒し、給水管やガス管を割り、路面電車の線路をねじ曲げ、墓石を傾けた。それは半島に位置するサンフランシスコ市の海岸からほんの少し離れたところを震源地とした大地震で、その被害は甚大だった。直後に火災が発生した。一つは壊れたガス管や煙突から発生した火事。もう一つは、市民に自宅や近所から上がった火の手の消火を禁じ、炎より先回りして爆破することで防火帯を作ろうとした見当違いの作戦により引き起こされ、拡大した火事だった。焼失面積は一三平方キロメートル近く、焼失した建物は約二万八千棟。火事に対する当局の誤った対応が、空襲以前の都市火災としては歴史的な規模の焼失を招いた。自治体の建物のほぼすべてと、ダウンタウンの建物の多く、大邸宅、中流住宅、スラム街の住宅、チャイナタウンの密集した住宅と商店、新聞社も倉庫も焼け落ちた。

他方、そのときの市民の反応はそれほど知られていない。ここに一例がある。地元新聞によると「中年女性、ふくよかな美人」のミセス・アンナ・アメリア・ホルスハウザーは、サクラメントストリートにある自宅の寝室で揺れによりベッドから投げ出され、床の上で目覚めた。[*1] 揺れの中で、彼女はゆっくり服を着た。ただし、その時代の〝服を着る〟という作業は、ただ何かを急いで身につければいい今とは違い、けっしてシンプルではない。「おしろい、化粧、宝石、髪飾りのすべてを身につけて、通りまでの一二〇段の階段を降り始めました」と彼女は語っている。サンフランシスコ西部にあった自宅のダメージは少しですんだが、ダウンタウンにあった、美容師兼マッサージ師の仕事場は壊滅状態で、持ち出せるだけの物を持ち出して、友人のミスター・ポールソンとともにそこをあとにした。

二人はダウンタウンのユニオンスクエアに野宿したが、火の手が迫ると、兵士たちに追い払われた。それで他の数千人の人々同様、荷物を抱え、とぼとぼ歩いてゴールデンゲートパークに到着した。市の西部からはるか太平洋まで広がる四平方キロメートルもある広大な公園だ。そこで二人は古いキルトを広げて「寝転がり……眠るためではなく、霧と靄が運んでくる冷気に震えながら、木々よりはるか上方に輝く、燃えさかる街の炎を見守って」いた。公園での三日目に、彼女は毛布とカーペットとシーツを縫い合わせてテントを作った。それは子供一三人を含む二二人に、雨露をしのぐシェルターを提供した。彼女はさらに飲み物用に空き缶を一つと食べ物用にパイ皿一枚で、小さなスープキッチン［パンやスープを無料で提供する炊き出し所］を始めた。まだ建っている家々の多くにガス漏れがあり、煙突や送気管も壊れていたために室内での火の使用は禁じられていたので、街中の壊れた建物から調理用コンロが引っぱり出されていた。それを使って、あるいは瓦礫で原始的なコンロを作って、人々は誰のためというのではなく、みんなのために調理をしはじめていた。[*2] ホルスハウザーのリーダーシップは特別だとしても、そのような状況下ではそういった気前の良さは典型的だ。

彼女はさらに、湾の向かいにあるオークランドで食器を買うための資金を募った。スープキッチンはどんどん大きくなり、まもなく一日に二〜三〇〇人の食事を提供するまでになった。災害の被害者ではなく勝者として、人気のある社交場のマダムになった彼女は、まさに〝兄弟姉妹の番人〟だったのだ。オークランドからの訪問者が彼女の仮設スープキッチンをいたく気に入り、〈パレスホテル〉の看板を出した。今回の大火で焼け落ちたが、一度は世界最大を誇った、ダウンタウンの豪華ホテルの名だ。被災キャンプや道路脇のシェルターでは、ユーモラスな看板がよく見受けられた。すぐ近くのオークストリートでも、数人の女性が〈オイスター・ローフ〉と〈シャ・ノワール〉を営んでいた。華麗な筆記体の看板を掲げた掘っ立て小屋だ。ジェファーソンスクエアの掘っ立て小屋では、〈ハウス・オブ・マース［陽気な家］〉の看板に、「スチーム暖房とエレベーター付きの部屋貸します」と書き加えられていた。また別の道路脇の小さな小屋〈ホフマンズカフェ〉の横には「元気出せよ、一杯おごるから……入って、静かな夜を過ごそうぜ」とあった。〈キャンプ・ネセシティ〉という名の小屋のドアにチョークで書かれたメニューには「ノミの生目玉九八セント、鰻のピクルス、釘のフライ一三セント、〝蠅の足〟オン・トースト〇・〇九セント、蟹の舌のシチュー……」とあり、最後は「雨水のフリッター雨傘ソース添え九ドル一〇セント」で締めくくられていた。おそらく最も風刺のきいた店名は〈アペタイト・キラリー［食欲の殺し屋］〉で、一番有名になった宣伝文句は「食べて、飲んで、浮かれよう。明日はオークランドに行く羽目になるかもしれないから」だっただろう。すでに多くの人々がオークランドや、親切にも避難民を受け入れてくれるバークレーに移っていたし、無料の列車がもっと遠くの街までも避難民を運んでいたからだ。

この地震では約三千人が命を落とし、少なくとも住民の半数が住む家を失い、家族は離散し、商業地区はくすぶり続ける灰の山になった。新聞の印刷が始まるやいなや、行方不明者の名前や、移動させられた避難民や散り散りになった家族の新住所の長いリストが掲載された。そんな状況にもかかわらず、いや、きっとそれだからこそ、人々は冷静かつ陽気に、感謝の気持ちと寛容さをもって地震を生き抜いていた。

エドウィン・エマーソンの回想によると、「家を失った人々のテントや、ドアやシャッターや屋根材で間に合わせに造った変てこな仮設キッチンが街のあらゆるところに出現すると、陽気な気分が広がった。月に照らされたあの長い夜には、ギターやマンドリンの爪弾きがどのテントからか流れてきた。縁石で造ったグロテスクなキッチンの並びを通り過ぎながら、その暗い片隅に、まるで愛の小部屋でもあるかのように逃げ込んだ恋人たちのささやき声に気づくこともあった。壁やテントのフラップにおどけた表示や落書きが現れ始めたのは、そのころだ。間もなくそれは、復興しつつあるサンフランシスコの見慣れた光景になった。結婚許可証を扱う職員は大わらわで、一九〇六年の四月と五月に彼らが徴収した手数料は、過去のどの年の同月の額をもはるかに上回っていたそうだ」[*3]。エマーソン自身もニューヨークから被災地に飛んでくる途中に、サンフランシスコ在住の女性にプロポーズの電報を打った。受けとったその女性は断りの手紙をニューヨークに送ったのだが、思いがけず瓦礫の中にエマーソン自身を見つけ出し、プロポーズを受け入れた。二人は数週間後に結婚した。

災害時には、その渦中の人々と、遠くから理解しようとしている人々の、両方の心に生じる矛盾を受け入れる能力が要求される。どの災害においても、苦しみがあり、危機が去ったあとにこそ最も強く感じられる精神的な傷があり、死と喪失がある。しかし、満足感や、生まれたばかりの社会的絆や、解放感もまた深いものだ。むろん、災害の報告と実際の体験の間にギャップが生じるのは、一つには報告が、災害の中心部で負傷し、亡くなり、孤児になり、完全に打ちのめされた、関係当局の知るところとなった数パーセントの人々に焦点を合わせるからである。けれども、そういった人々のまわりには、同じ市内や近所にすら、それほど大きな被害は受けていないものの、通常の生活を寸断されたはるかに多くの人々がいる。そして、それこそがここで問題にしている、それまでの秩序を転覆させ、新しい可能性を切り開く、災害のもつ力なのだ。この、より広範な影響こそが、災害が社会にもたらす効果にほかならない。災害が発生すると、それまでの秩序はもはや存在しなくなり、人々はその場で即席の救助隊や避難所やコミュニティを作る。そのあとに、果たして欠点と不公平だらけだった以前の秩序に戻すか、それとも新しい秩序――より圧政的なものかもしれないし、あるいは災害時のパラダイスのような、より公平で自由なものかもしれないが――を実現させるかどうかの闘争が生じるのだ。

もちろん、これは、破壊的な影響を受けた人々が、その経験の中に、少なくとも何か救いとなるものを見出そうとするのに反し、ほとんど被害を受けなかった人々は、狼狽のあまり、他の可能性になど思い至らないからかもしれない（おもしろいことに、災害の中心地から遠ざかれば遠ざかるほど、人々の恐怖は大きくなる。しかし、これは平常時に想像していた圧倒されるほどの恐怖というものが、実際に災害に遭うと、具体的に取り組まなくてはならないものになるからに他ならない。恐怖を感じている暇などなくなるともいえる）。感情についてはシンプルなルールはない。わたしたちが感情について語るとき、たいていは、楽しいか、悲しいか、そのどちらかだ。前者はある種の滑稽な陽気さであり、後者は純粋にネガティブな感情だが、むしろ〝深いか浅いか〟〝豊かか貧しいか〟といったとらえ方をするほうが、わたしたちは自分の体験をうまく舵取りできるのではないだろうか。最も深い感情や、個人の存在の核につながる感情、人の最も強い感覚や能力を呼び覚ます感情は、死の床や戦争や緊急事態にあってさえも豊かでありえる。反対に、幸せであると決めつけられる状況は、しばしば単なるどん底からの隔絶や、もしくは快適な状態の中で倦怠や不安から隔絶されている状態にすぎないのだ。

ホルスハウザーのスープキッチンの隣に、ネバダ州トノパーという鉱山ブームに沸く街からやって来た支援チームが到着し、荷馬車に山盛りの支援品をキッチンのテント裏に運んだ。彼らはこのにわか仕込みのコック兼ホステスと大変気が合い、彼女にゲスト名簿をプレゼントしたという。その題辞の一部には、「彼女が誰に対しても、そしてとりわけ通商救済委員会トノパー連盟の人々に与えた、迅速かつ博愛的で有能な奉仕に心より感謝し……その善行がけっして忘れ去られないように」とある。[*4]〈パレスホテル〉という名は誤解を招くかもしれないと考えた彼らは、トノパーにある〈ミツパサルーン〉から取って〈ミツパカフェ〉と命名し直し、新しい看板を設置した。ミツパカフェの名をはさんで、装飾的な文字で上には「ほんの少しの人情が全世界を親戚にする」、下には「一九〇六年四月二三日設立」と書かれている。ヘブライ語の「ミツパ」は、ある辞書によると「（物理的に、または死により）離別した者同士の感情的なつながり」を表すとあるが、他の辞書には、旧約聖書に出てくる「人々が国の非常時に習慣的に集まった監視塔」、また別の辞書には「聖域や希望に満ちた予想を象徴する語」とある。スープキッチンの建物がぼろぼろの建材でできているという現実は、その輝かしい社会的役割に比べると、まったく問題にならなかったようだ。ホルスハウザーは一九〇六年六月末までキッチンをオープンし続け、同月に回顧録を書いた。彼女の記録は、恐怖だとか敵、争い、カオス、犯罪、落胆やトラウマについての記述がまったくないところが素晴らしい。

彼女のスープキッチンは自然に発生した数多くのコミュニティセンターや救援プロジェクトの一つだったのだが、彼女の立ち直りの早さや彼女が発揮した才覚もまた、多くの災害で普通に見られる反応だった。そこでは見知らぬ人同士が友達になり、力を合わせ、惜しげもなく物を分け合い、自分に求められる新しい役割を見出す。金銭がほとんど、またはまったく役に立たない社会を想像してほしい。人々が互いを救助して気にかけ合い、食料は無料で与えられ、生活はほとんど戸外のしかも公共の場で営まれ、人々の間に昔からあった格差や分裂は消え去り、個々の直面している運命がどんなに厳しいものであっても、みんなで分かち合うことではるかに楽になり、かつて不可能だと考えられていたことが、その良し悪しに関係なく、可能になるか、すでに実現していて、危機が差し迫っているせいでそれまでの不満や悩みなど吹っ飛んでしまっていて、人々が自分には価値があり、目的があり、世界の中心だと感じられる――そんな社会を。それは、まさにその本質からいって、維持不可能であり、一過性のものにすぎない。だが、稲妻の閃光のように平凡な日常生活を輝かせ、時には雷のように古い体制をこっぱみじんに打ち砕く。それは多くの人にとって、つらい時期にほんの束の間実現したユートピアだ。そして、そのとき、彼らは相容れない喜びと悲しみの両方を経験する。

ユートピアの地図

このユートピアは大いに意義がある。というのは、誰にも多かれ少なかれ似た体験があり、また、これはどこかの党の政策の結果などではなく、むしろ社会を救い、瓦礫の中で隣人たちの面倒を見ようとする、心の広い、計画されていない試みだからだ。オスカー・ワイルドはサンフランシスコ地震の一五年前に「ユートピアの描かれていない世界地図は一見する価値もない。なぜなら、それは人間が常にめざしている一国を省いているのだから」と書いている。[*5] ホルスハウザーのような市民が作ったユートピアはまだその地図には載っていない。だが、載るべきなのだ。それは、わたしたちに何ができて、わたしたちは誰であるかという、自身の思い込みの地図を塗り替えてくれるかもしれない。今日、ユートピアは窮地に陥っている。もはや、よりよい〝生活〟が可能だとは信じても、よりよい〝世界〟の実現を信じる人はほとんどいなくなった。少なくとも英語圏では、個人の幸せという美辞麗句が公共の善に打ち勝ってしまっている。それでいて、それを懐かしがり、求める気持ちはまだ残っている。というのは、蓄積した富、防犯ゲート、自社株購入権などのすべてが、不安と敵意の渦巻く世界に対する防衛策であり、蔓延する問題への細切れの対策にすぎないからだ。時に、家の修繕やリフォームがより良い世界という理想主義的な概念を打ち負かしてしまったかのように見える。けれども、希望がより強く、夢がより大きい世界の他の場所では、ユートピアは突発的に出現している。

イギリス保守党のマーガレット・サッチャー元首相は「他に選択肢はない」とよく言っていたが、選択肢は必ずあり、それは、たゆまぬ努力でそれを育んだ場所だけでなく、最も意外な場所にも現れる。世界を変えるには、自分自身の救済を想像すればいいのであり、ユートピアに向かおうとする衝動は寛容なので、たとえ方向が誤っていたとしても、自分自身だけでなく他の人々をも救済する。そして、一種のユートピアは今もアルゼンチンに、メキシコに、インドに、アメリカに、ヨーロッパの無数の社会的・経済的な実験や農業の新しい取り組みに出現している。ユートピアの地図は、今日、いろんな名前のもとに散らばっていて、まさしくその理念は拡大しつつある。その中に、もうひとつ、災害時のコミュニティを含める寛大さが求められるだろう。その驚くべき社会は、ちょうど停電のあとに多くの機器がもとのセッティングにリセットされるように、災害のあとには、人間も利他的で、共同体主義で、臨機の才があり、想像力に富み、どうすればいいかを知っている何かにリセットされることを示唆している。パラダイスの可能性は、ちょうど初期設定のように、あらかじめわたしたちの中にあるのだ。

社会的ユートピアの最も基本的な二つのゴールは、貧困（飢餓、無教育、ホームレス）の除去と、疎外された人や孤立した人のいない社会の構築にある。この基準からいえば、ホルスハウザーの無料の食事と温かい社交的な雰囲気は、ごく小さいスケールではあるが、この両方を達成した。そして、ミツパカフェと同様の施設は、破壊された街のあらゆるところに出現していた。

ユートピアを作ろうとする宗教的な試みは、カリスマ的リーダーや長老がいたり、よそ者を作り出す厳格なルールのもとにあったりして権威主義的だが、宗教の絡まないユートピアは、ほとんどが自由と民主主義と権力の共有をめざすものだった。革命やユートピアをさげすむ今日の一般的な傾向は、強圧的ユートピアをめざしたものの、公平と分配といった初期の理想がひどく歪んでしまったソビエト式試みの失敗を教訓としている。それは、ジョージ・オーウェルが『動物農場』『一九八四年』その他の暗黒郷を描いた作品の中で批判した試みでもあった。だが、悪いのはけっしてその理想や目標ではなく、パラダイスを汚染する高圧的で権威主義的な手段であったことに気づく人は少ない。圧政からの解放と権力の分散をはっきりとその理想に組み込んだユートピアもまた存在する。今日のユートピアの構想のほとんどが、上から押しつけられたたった一つの理想形ではなく、多数の世界やバージョンを含んでいる。文化人類学者のデヴィッド・グレーバーは「スターリン主義者たちは偉大な夢を抱いていたので人を殺したわけではなく——実際、彼らはむしろ想像力を欠いていたことで知られる——自分たちの夢を科学的必然であると勘違いしたので殺したのだ。それゆえに、彼らは、自分たちには暴力という手段でもって自分たちの構想を押しつける権利があると感じていた」と述べている。[*6] 多くの革命が失敗に終わり、またはフランス革命のように大量殺人に堕落してしまったが、それでも革命が終わったときには、フランスの場合も、二度とふたたび絶対王政の支配を受けることはない国になっていた。フランス国民はより大きな権利を手に入れ、世界中の人々は可能性というものについてより大きな実感を得た。革命が失敗に終わるのは、目標をとてつもなく高く設定するからだ。だが、何一つ成し遂げないような革命はなく、多くは自由や公正性、次世代への希望を増大させる。

警察のないユートピアを作ろうとする試みは、事実、アメリカ合衆国で何度か起きた。田舎での禁欲的な生活を実践するシェーカー教徒は、今では高齢者が数人残っているだけで風前の灯火だが、彼らの先祖がイングランドからニューヨークに渡ってきた一七七五年以来、現在まで脈々と、その試みは続いている。一九世紀には短い試みが数多くなされている。たとえば、一八四〇年代にマサチューセッツ州で起きた〈ブルック・ファーム〉運動は、机上の理想主義者たちによる、この地球上に精神と肉体の労働が理想的に合体した集団生活を実現させようとする、あまり実効性のない試みだった。一八八〇年代と一八九〇年代には、カリフォルニア州の山中に社会主義者が〈カウェア・コロニー〉（彼らが開墾した土地は現在セコイア国立公園の一部になっていて、彼らが「カール・マルクス・ツリー」と名付けた巨木は今では「シャーマン将軍の木」と呼ばれている）を設立した。黄金郷エル・ドラドを探し求めたコンキスタドール［スペイン語で「征服者」の意。主に一五〜一七世紀にかけてアメリカ大陸を侵略したスペインの侵略者を指す］の夢想から、アメリカ西部の木こり（開拓者）たちが、斧を手にしたアダムとなって堕落する前のエデンの園に入ったとするパイオニア伝説まで、アメリカがユートピアを作ろうとする夢の上に築かれた国であると論じる人は多い。一七世紀にニューイングランドに到着した清教徒すら、ユートピアンに含める人がいる。けれども、その謹直な敬虔さ、厳格な家父長制、規則、慣習などへの絶対的な服従は、多くの人にユートピアどころか、ソ連の強制収容所を思い起こさせる。それに、清教徒は別に社会的実験を行ってはいなかった。富を分配し、実際的ニーズや社会的ゴールを地域共同体で扱おうとするユートピアンに共通した努力は、彼らにはほとんど見られなかった。モルモン教のような他の保守的な宗教活動には見られたが。

「ユートピアの夢はいったいどうなってしまったのか」という議論を、わたしは友人のサムとよく交わす。共産主義者や普遍主義者《ユニヴァーサリスト》の夢想とともに色褪せてしまったというのが、彼の持論だが、わたしは、もっと実行可能な、ささやかなバージョンに進化したと信じている。二〇世紀のある種のユートピア的理想主義は死に絶えた。それは、現在あるすべてを消し去って、言語、社会、権力や仕事のみならず、個人の住居や家族さえも管理する新しい方法で一から始めるべきであり、また始めることができるとする思想だった。過去を丸ごと放棄して、完全に新しい人間を作り出そうとするプロジェクトは、すべての人に合うワンサイズの普遍主義のように、今のわたしたちにはユートピアどころか、むしろ不吉に感じられる。それはたぶん、現在の〝わたしたち〟の中には、ポーランドのイディッシュ語やカナダのクリー語のように、強制的に自分たちの言語を捨てさせられた人々がいるからで、過去を失うと余計にそれが愛しくなることを知った今、過去を取り上げようとする荒々しい動きに対しては警戒してしまうからだろう。そして同時に、たとえ政府を完全に作り替えることはできても、人間の本質を一撃で変えることはできないし、人間を作り変えるプロセスははるかに微妙で、個人的で、複雑で時間のかかるプロセスであることを学んだからだろう。最近では、わたしたちは、希望をたいていは想像上の未来より、変化に富んだ過去の断片や伝統の中に見出す。だが、災害はわたしたちを、人間性も社会も一変した一時的なユートピアに投げ込む。そこでは人々は平常時より大胆で、より自由でしがらみがなく、まとまりがよく充実してはいるが、縛られてはいない。

一九世紀にはユートピア的理想主義は社会の推進力だった。組合活動家は労働者の労働環境と賃金の改善を追求したが、同時に彼らの多くは、社会全体を変え、苦しみや貧困、無力感を単に緩和するだけでなく取り除く、社会主義もしくは無政府主義《アナキズム》の革命を望むか、または企てる急進派でもあった（彼らの描いた理想像がどれほど実現可能でまた望ましいものであったかは別問題として）。社会主義者・アナキストの〈カウェア・コロニー〉には多くの労働組合員がいたし、サンフランシスコの約一三〇キロ北にあったフランス人のコミューン〈イカリア・スペランツァ〉には、一八四八年の二月革命や、一八七一年に民衆が二ヵ月間にわたってパリを占領したパリ・コミューンにより生じた難民が含まれていた。

このリストには、地下組織のユートピアは含めていない。それは逆境の中で人々が即席に希望を見出し、生活を改善しようとする突発的な試みだ。わたしは一度、若いポーランド人の亡命者に会ったことがあるが、彼によると、多くのポーランド人は昔を懐かしがっているそうだ。その対象は一九八九年に崩壊した共産主義体制ではなく、暗黒時代を生き抜くために発達した緊密なコミュニティだ。闇市の商品やアイデアを分かち合い、食料を手に入れるための長い行列や、その他のいろいろな場面で助け合い、人々は生きるために結束していた。共産主義体制に代わって登場した民主主義的な資本主義体制のもとでは、そのような協力はもはや必要がなく、ついに自由になった人々は徐々にばらばらになり、コミュニティは消滅した。自立と協力のバランスを取ることは、ユートピアンたちの目下の課題である。そして、ソビエト式共産主義体制の偽りの同志愛のもとで、抵抗運動家たちのコミュニティには真の団結が生まれていた（最終的に共産主義体制を倒した、純中立労組〈連帯〉はその一例）。このように、多くの意味で厳しかった時代が、道徳的、また社会的にはかえってよかったと懐かしく振り返られることはめずらしくない。そこで思い出されるのは、見過ごされてはいるものの、強制されたものでも反体制文化でもない、あちらこちらに出現する束の間のユートピア、すなわち本書のテーマである〝災害ユートピア〟である。

ここでは、人々は政治的イデオロギーに署名する必要もなければ、コミューンに移住する必要も、山の中のゲリラ部隊に加わる必要もない。ただある日、目覚めると、まったく様子の異なる社会にいて、おそらくは自らも行動や、出会う人や、感じ方において、その変容の一部になっている。そして、何かが確実に変わる。エリートや権力者たちは災害による変化を恐れるか、もしくは、その変化がカオスや破壊を引き起こすか、少なくとも彼らの権力基盤を揺るがすものと思い込む。したがって、災害時にはよく権力争いが起き、直接その争いから、または新しい自我や社会意識が生まれた結果として、政治的・社会的変革がもたらされる。また、エリートたちは、自分たちが管理しない限り、民衆は収拾がつかない状態に陥ると信じていて、その恐怖感から弾圧的な手を打ち、それが二次的な災害を呼ぶケースもある。けれども、急進的な思想をもたず、革命も信じず、意識的には重大な社会的変化も望まない他の多くの人々は、一変した社会で想像すらできなかった生活を送りながら、喜びに浸ることになる。

気候変動による災害や、長期間の休止期や半休止期を終えた断層が引き起こす大地震発生の増加に加え、沿岸部や、都市部や、危険な地域や、劣悪な家屋や、さらに貧困が深刻で人々の絆の浅い、支援ネットワークの充実していないエリアに移り住む人々の増加などの要因により、未来にはますます多くの災害が予測される。二〇〇七年、支援機関の〈オックスファム〉は「気象関連災害の発生件数は過去二〇年間に四倍になっており、したがって、世界はもっと災害対策を施すべきだ。報告書によると、この著しい増加の原因は地球温暖化にあり、頻発する干ばつと同時に起きる豪雨のせいで、大きな被害につながる洪水が起きやすくなっている」と発表した。[*7] 災害はけっしてそれほど遠くにあるものではない。そのときに人々がどう行動するかを知ることは、災害への備えにとって決定的に重要だ。そして、人々の立ち直りの早さや、社会的または心理的な反応や、突然の災害がもたらす可能性について学ぶことは、将来の社会といった持続的な問題のみならず、貧困や経済危機や環境劣化などのよりゆっくりと進行する災害の研究とも関連してくる。

ミツパカフェは、カオスと窮乏が、意志と同情心と一人の女性の才覚で秩序と豊かさに変わった奇跡だったが、同時にさほど特別なものでもなかった。それは災害でたびたび発生するコミュニティのミニチュア版だ。災害にはめざましい生成力があり、災害ユートピアはくり返し生まれるものの、どんなものになるかについて一定の法則はない。それは災害の前に誰が、どんな人が、どのようなコミュニティが存在していたか、そして彼らの陥った状況がどんなものであったかがすべてを左右するからだ。しかし、それはかつて説明されたことがないほど、豊かで、不思議な現象なのである。

ポーリン・ジェイコブソンの喜び

無償の行為

過去九九年間、アメリカ史上最大の災害は、推定死亡者数三千人、市の中心部を壊滅状態にし、南はサンノゼから北はサンタローザまでの一六〇キロにおよぶ沿岸一帯の建物を破壊した、一九〇六年のサンフランシスコ地震であるとされてきた。地震後についても、地質学的な説明から、消防活動、政治的駆け引き、指揮を執った人々についてまで、くり返し語られてきた。しかし、市井の人々については、サンフランシスコをベースとする週刊誌『アルゴノート』が被災二〇周年記念に長期にわたって連載した被災者たちの談話以外、ほとんど語られることはなかった。同記事や被災者の手紙や随筆には、およそすべての災害に見られるものの、めったに記録されることのない、工夫や英雄的な行いや団結の驚くべき絵図が浮かび上がってくる。

サンフランシスコは「自らを滅ぼした都市」と呼ばれたが、王が国ではないし、政府が国民ではないのと同じく、サンフランシスコを破壊したのは街でもその市民でもなかった。それは権力を握る少数の男たちと、大挙して押し寄せた州兵や兵士たちだった。彼らはただ火の手や、暴徒や泥棒――またはその予備軍としてくり返し描かれた群衆――から街を守っただけだと主張したが、実際には建築物と貧困から成るその街の大部分を破壊しつくしたのである。だが、市民の対処の仕方は違っていた。彼らは互いに助け合い、そもそも市の本質である社会の絆を強化した。

地震の発生時にも、またその後も現地にいたライターのメアリー・オースティンは、サンフランシスコ市民はハウスレスにはなったが、ホームレスにはならなかったと書いている。「というのは、大多数のサンフランシスコ市民が、単に壁と家具だけではなく、ホームと呼ぶにふさわしい場所と精神を発見したからです。保険金の支払いの総額がいくらになろうが、どんなランドマークや芸術作品が消失しようが、サンフランシスコ、わたしたちのサンフランシスコは健在です。煙が旗のように高く勢いよく立ち昇り、炎がそれを赤く染めるにつれ、ちょうど蒸気のように触知できない何かが立ち昇ったのです」[*8]。メアリー・オースティンのサンフランシスコは焼け落ちなかった。それは立ち昇った。

地震のあった朝、H・C・シュミット巡査はダウンタウンと湾に近い物流地区をパトロール中だった[*9]。火事はダウンタウンから発生した。熱から体を守るために、〈メカニクス・モニュメント〉(半裸の男たちが巨大なプレス機を操作しているブロンズ像)のまわりの噴水に時折体を浸け、何人かのコソ泥に盗んだ葉巻の箱を返させ(間もなく葉巻は焼けて煙と化してしまったので、後悔したが)、高級酒場を何軒か閉め、負傷した一頭の馬を撃ち殺し、イタリア人の食料雑貨商の遺体を瓦礫の中から引っ張り出したところで、やっと帰宅して家族の無事を確かめる許可を得た。通りがかりの人から、ミッション地区の彼の家があるあたりではすべての家が倒壊したという間違った情報を得たので、家族のことが心配だったが、戻ってみると、家はダメージこそ受けているもののちゃんと建っていた。妻と娘たちが友人の家から飛び出してきて、彼を見て大喜びした。彼女たちも誇張した話を聞かされ、彼が死んだのではないかと心配していたのだ。噂こそが、災害に群がる最初のネズミだった。

軍はすでに近隣に見張りを配置していたが、警察のバッジのおかげで、彼は自分の家に入ることができたので、数人の若者の力を借りて新しい調理用コンロを運び出し、近くのドロレスパークの一角に設置した。その公園は現在もスペイン人の古い伝道教会《ミッションチャーチ》の近くにあり、近隣は今もその名で呼ばれているが、当時はユダヤ人墓地を作り替えていた最中で、四ブロック分の広さがあった。公園の一帯は、付近の倒壊したビルや、ダウンタウン近くの、壊れたり火がついたりした安アパートから逃れてきた労働者であふれ返っていた。シュミットののちの回想によると、彼は洗濯用に湯を沸かしていた巨大なシチュー鍋も二つ持ち出した。「妻と二人の娘はすぐさまその鍋で調理を始め、お茶をいれ、シチューを作り、自分では食事の手当てができない人たちにふるまった。墓地の近くを歩き回った娘たちは、一人きりで困っている老女や、病気の高齢者や、無力な母子がいると報告した。娘たちは空き缶にミルク入りのコーヒーや紅茶を注ぎ、別の缶にはミートシチューを入れて彼らのもとに運んだ。フルーツや野菜の缶詰の空き缶は、キャセロール鍋や、カップやソーサー、皿や小皿になった。とても便利だった。

街角の食料雑貨店主が、一日目にありったけの商品を寄付してくれた。だから、わたしたちのもとには缶詰だけでなく、紅茶やコーヒー、砂糖やバター、その他の食品がたっぷりあった。それらが底をつくころには、赤十字の人たちがいろんなものを支給し始めた。肉問屋はポトレロの牧場から避難民のテントに肉を届けていたが、その荷馬車がわたしたちのいるあたりを通るとき、いつも肉の立派な厚切りを何枚か投げてくれたので、シチューの材料に事欠くことはなかった。ペニンシュラ〔サンフランシスコ半島〕の酪農業者たちも同じだった。近くを通り過ぎるときに、いつも角に、一〇ガロン入りの大きなミルク缶を一つか二つ落としていってくれた。だから、妻と娘たちはただ寝ずにシチュー鍋を常に満たし、火を絶やさないようにしていればよかったのだ」。ミツパカフェのように、シュミットのファミリーキッチンも、住民が互いの面倒を見るコミュニティセンターになった。魅力たっぷりの地元芸人ビリー・デラニーはキッチンを維持するために必要な薪と水の調達係を引き受けた。

シュミットの回想は続く。「そのうち、ダイナマイトの爆音が夜じゅう轟き、誰もが不安で寝つけなくなると、娘や避難住民の何人かがピアノを弾き始め、ビリー・デラニーや仲間たちが歌い始めた。だから、そこは高校の外の脇道にあり、付近一帯は燃えているというのに、アットホームで和気藹々《あいあい》とした雰囲気に包まれていた」

シュミットが定期的にパトロールをする食品会社の共同出資者であるトーマス・A・バーンズもまた、隣人たちに奉仕していた。[*10] 彼はパンハンドル（ゴールデンゲートパークの東にある長い芝生の一帯）に隣接したライオンストリートに住んでいて、荷馬車と数頭の馬を所有していた。地震のあった日、彼はオレンジ五〇箱をパンハンドルに運んでから帰宅した。家は基礎から揺さぶられていたが、それ以外の被害はなかった。そこで彼は十数人の人々に自宅を提供した。「何人かは前から知っていたが、まったく知らない人もいた。全員が焼け出された人たちだ。不思議なことに、うちはまだ断水していなかったので、近隣一帯の避難住民たちのたまり場になった。みんな、バケツや手桶や瓶やら、何でも容器になるものを手にやって来て、うちの蛇口から水を汲んでいた。だから、我が家は毎日、朝の四時から深夜まで人であふれ返っていた。水がなくて困っている人が大勢いると知ったので、うちはまだ水が出ていることを、みんなに知らせて回った」。彼は警官のバッジを借りて、馬と荷馬車が軍や州兵に没収されるのを防ぎ、続く三週間、周辺に食料を運び続けた。彼によると、食料を分け与えた相手に対して「何も質問しなかったし、何かを調べようなんてこともしなかった。必要だと言われれば、わたしのもとにありさえすれば、何でも与えた。それで、完全にうまくいっていた」

地震の起きた朝に母親と赤ん坊を助けたモーリス・ベーハン巡査部長は「男たちは危険にさらされている人々を救出するために、あらゆるリスクを冒していた」と語っている。[*11] 彼はある質屋がパン屋の荷車からパンを山のように買って、焼け出された人々に分け与えているのを目撃した。その近くでは、ミネラルウォーターの会社の代理店主が厚板といくつかの台で簡素なバーを作り、喉が渇いた人々に昼夜を通して飲料水を提供していた。のちにベーハンは数人の市民とともに、倒壊したビルから消防士が五人の人を救出するのを手伝った。助け出された人々は、魚を運ぶカートや、洗濯物を積む荷車や、当時はまだ比較的めずらしかった自動車で病院に運ばれた。ベーハンは「特に感心したのは、みんなが災難に対して陽気に対処しているように見えたことだ。誰もが楽しそうで、多くが逃げながらジョークを飛ばしていた……もちろん、赤ん坊を抱えた母親のスカートに小さな子供たちがしがみついていたり、後ろからよちよち歩いてついていったりしているのを見ると、胸が張り裂けそうになったよ。でも、多くの人は元気いっぱいで、それは素晴らしい光景だった。どこに行こうが、誰と話そうが、炎に取り巻かれ、破壊の真っ只中にあっても、誰かが何かジョークのタネを見つけていた」と言う。

とはいえ、悲劇はあった。サンフランシスコのとある新聞社の営業部に所属する男性は、生後四ヵ月くらいの赤ん坊を発見した。[*12] 捨てられたのか、両親とも亡くなったのか、それとも地震ではぐれてしまったのか。彼は赤ん坊を抱え、路頭に迷っているオペラ歌手の一団と合流した。女性歌手たちは赤ん坊の世話を手伝い、ミルクを手に入れてくれた。その夜は、ゴールデンゲートパークに行き、体温を保つために抱きしめて眠ったが、翌朝、目覚めると赤ん坊は死んで冷たくなっていた。

悲劇と気前の良さはどこでも見られた。地震発生から五日後、配管工組合は、一週間、無料で働く決断を下した。[*13] その発表に従い、およそ五〇〇人の配管工がそれから一週間以上、昼も夜もなく働いて、焼失していないエリアの壊れた水道管を修理し、水が無駄になるのを防いだ。

市の南東部の海岸地区にある大手食肉供給会社〈ミラー＆ラックス〉の経営者チャールズ・レディも、自らの気前の良さを語っている。彼によると「その朝、真っ先に頭に浮かんだのは、家を失った人々にはまもなく肉が必要になるという考えだった。それですぐさま、肉を欲しがる人たちには誰にでも必要なだけ与えて、金は取るなという命令を下した。黒人も白人も黄色人種も分け隔てなく扱えと。すぐ近くに避難キャンプを張っていたチャイナタウンの人々も、分け隔てなく扱った。チャイナタウンの中心から数千人もの興奮した中国人が、ポトレロのわたしたちのいる側まで歩いてきて、下の湾でエビ漁師をしている親戚の近くに身を寄せた。地震が起きたとき、ちょうどわたしたちのもとには、配達されるばかりの三〇〇頭分の牛肉と、五～六〇〇頭分の羊肉、三～四〇頭分の子牛肉と約一五〇頭分の豚肉があったが、無駄になったり、捨てられたりした部分はまったくなかった。あらゆる部分を分け与えた結果、七日分の供給があった。地震が起きた日の午後五時に配達を始め……二社を除くすべての食肉供給会社が手持ちの肉を無料で提供し、人々が取るに任せた……倉庫を開放しなかった二社の肉は、すべて彼らのもとで腐ってしまった*14」

肉を腐らせてしまうより無料で分け与えるほうが理にかなっている。けれども、できるだけ多くの避難民のニーズに応えられるよう、余分に人を雇い、配達のプランを立てるということまでしたミラー&ラックス社の行いは、ビジネス上の決断ではなく、利他的な行為だ。負傷者を洗濯物の荷車で病院に運んだり、ありったけのパンを買ってただで配ったり、オレンジを街の反対側まで届けるのも立派な利他的行為だ。おそらく、その人たちが災害時に街を支援するのは、究極的には地元の顧客に頼る商売上の利益になるからだろうと主張する人もいるだろうが、そのような長期的な計算をしていた人は、ほとんど見受けられない。ちょうどミセス・ホルスハウザーやミセス・シュミットが無料のキッチンを開いて近所の人たちに食事を提供し始めた理由について説明する必要がないように、レディ氏も一財産分の食料を無料で分け与えた理由を説明する必要はない。ただ、彼らはそうしたのだ。

四月一八日以前のサンフランシスコに飢えが存在していなかったわけではない。もっとも、それはさほど目立ってはいなかったし、広範な現象でもなかった。一九〇六年のサンフランシスコ市はとてつもなく裕福な最上層から極貧の最下層まで、いくつもの階層に分かれた社会だった。ならば、地震や火事のときなら近所の人たちに食料をふるまえるのに、どうして地震の前や後にもそうしないのかという疑問が湧いてくる。その理由の一つは、災害時には、人々は長期的ビジョンに立たないからだ。何千キログラムもの肉を無料で提供するのは、むろんミラー&ラックス社にとって得ではないが、災害直後の数日間には長期的な計画などなく、ただ差し迫った生存の要求だけがある。そして、もう一つの理由は、人と人との関係にある。災害直後には、人々は互いに対し連帯感と共感をもつが、普段はそうではない。彼らが広場や公園に集まってきて、調理用コンロを通りに引っ張り出してきて料理をし、支援物資の列に並ぶとき、彼らのまわりの壁は文字どおり崩れ落ちていて、互いがすぐ手の届くところにいる。彼らはみんな、同じ厳しい試練を生き延びてきたのだ。彼らは同じ社会のメンバーで、同じ災難に脅かされたのだ。

災害は必ずしも偉大な差別撤廃主義者ではないが、災害前に金持ちだった人々の一部は多くを失った結果、貧乏な人たちと変わらなくなり、貧乏人の多くは初めて義援金を受け取って少し裕福になった。すべての人が不確かな未来を分かち合い、みんなが同じ境遇にあるせいか、将来を思い悩む人は少なかった（多くの人が州内や国内の別の地で新たな生活を始めるためサンフランシスコを離れたが、市の人口は数年以内に回復した）。このように心配事から解放されているため、人はその時点で楽に気前良くなれるのだ。なぜなら、私利の追求はたいてい、現在の快適さを守るより、むしろ将来への蓄財を目的としているからだ。サンフランシスコでは、地震後の数日間や数週間に数十万人もの人々がテント生活をした。最初の数日間に人々は互いの世話をし合い、そのときに彼らが生み出したやり方やネットワークは、赤十字やその他の救援機関が到着したあとも、機能し続けた。

ルールははっきりしていた。自動車の販売特約店主ウィリアム・G・ハーヴェイが書いている。「セントフランシスやパレスなどの大型ホテルはどこも東部などから来た旅行客で埋まっていたが、彼らはみな、ひどく気が動転していた。実際、街が燃えていた最初の三日間に、心底怯えているように見えたのは、この階級の人たちだけだった。彼らがうちの店にやってきて、金はいくらでも積むから街を脱出するために車を使わせてくれと申し出てきたケースはいくらでもあった。だが、わたしたちはこういった連中から金を受け取るのはきっぱり拒否した。少なくとも歩ける人間に車を提供するのは断った。うちの車はすべて、負傷者や病人を運ぶのにフル回転だった[*15]」

物の運搬にとてつもない額を要求する悪徳運送業者がいる一方で、彼のようにコミュニティが必要としているものを自分が提供できるならそうしようと、無料で与えたり、利益の受け取りを拒む人もいた。ホテルの宿泊客たちが怯えたのは、彼らがよそ者で、コミュニティの一員だと感じることができなかったからであり、土地勘がないために、どこをどう行けばいいのかがわからなかったからなのだが、裕福な人々の多くが恐怖心をもって反応したのは、一つには、自分たちの特権が奪われるかもしれないと思ったからだった（たとえ一時的ではあっても、地震によりそれはすでに起きていた）。

サンフランシスコ市民の大半は、たとえ家は失っても、家庭にいる温かさを感じていた。一方で、不安におののいている人々もいた。それは、混乱状態に対し命令を下すよう指令を受けた、街を占領している武装兵士たちと、暴動が起きるのを恐れる富裕層、自らに権力がなくなっていることを知り、まずその奪回をめざす為政者たち、そして、土地勘がないために、自由に街を歩き回れないよそ者たちだった。

精神状態

気前の良さが災害後の市民の一大特徴なら、冷静沈着もまたそうだ。ちょうど人々がロンドン大空襲のときのイギリス人の冷静さや、二〇〇一年九月一一日の同時多発テロ後のニューヨーク市民の立ち直りの早さについて語るときのように、サンフランシスコの誰もが、それがサンフランシスコ魂だと言うだろう。一九〇六年当時はサンフランシスコで教師をしていて、のちに著名な数学者になり、サイエンスフィクションの作家としても有名になったエリック・テンプル・ベルはこのように回想している。

「あの地震と大火について最も素晴らしかったのは人々の対処の仕方だった。通りを走り回ったり、わめいたりといった行動はまったく見られなかった。そんなことがあったなどという歪められた話があったとしたら、それは単なる嘘だ。人々は場所から場所へと冷静に移動し、むしろ無関心な表情で火事を見物し、無理やりでなく自然にジョークを飛ばしていた。その恐ろしい二昼夜に、わたしは泣いている女性をただの一度も見かけなかったし、泣き言やすすり泣きも聞かなかった。わずかな当面の必需品以外、何を持ち出そうとしても無駄なので、富める者も貧しい者も一様にただ見守り、待ち続けたが、強烈な熱さのために移動しなくてはならなくなると、彼らは笑いながら立ち上がった[*16]」

社会主義の小説家ジャック・ロンドンの生家はマーケットストリート南の貧しい地区にあったが、地震後の大火で焼失した。彼もこのように語っている。「信じられないかもしれないが、市全体が崩壊し、轟音を立てて廃墟となった水曜の夜は、静かな夜だった。群衆はいなかった。叫び声を上げる人や、わめく人もいなかった。集団ヒステリーも、騒動も起きなかった。水曜の夜を、わたしは炎の進路の中で過ごしたが、あの凄まじく恐ろしい数時間に、泣いている女性は一人も見かけなかったし、興奮した男や、ほんのわずかでもパニックに陥った人間も一人も見かけなかった。人々の間には完璧な礼儀が存在していた。サンフランシスコの全歴史の中で、あの恐怖の夜ほど人々が親切で礼儀正しかったことはない[*17]」。いったん地震の揺れが収まると、怖がる人はほとんどいなかったようだ。人々は激しく燃えさかる火を超然と眺めた。

チャールズ・B・セッジウィックにとって、地震後の体験はあまりに気高くて信じ難かったようだ。もっとも、同じ現象のもう少し控えめなバージョンはどこにでも見られたのだが。彼はこう書いている[*18]。「力の強い者は弱い者が荷物を運ぶのを手伝い、食べ物は自然に分け合った。ミルクは子供に与え、何か少しでも美味しいものが見つかれば、年寄りや病人に勧めていた」。そして彼は言った。「いつもこうならいいのに！」と。このように、災害のある側面が続くことを人々が願うようになるのは、驚くべき事実だ。彼はさらに続ける。「誰も同胞より金持ちではないし、貧乏でもない。他人の持ち物を欲しがることもなければ、羨望もない。正当な分け前以上を手に入れようとする欲張りもいない。金というものが、心の弱い人間が不当な利益を得るために使う道具である以上、それは諸悪の根源であり、文明の災いであるというのはつくづく真実であると思うに至った。金のなかった、または金がまったく価値をもたなかったあの数日間の、なんという違い！」

金はほとんどの取引にまったく役に立たなかった。食料は無料で支給され、公営の無料キッチンは夏まで開き続けた。現金が不足しがちだったので、人々は自分たちで通貨を工夫した。ある新聞によると「湾岸の郡のすべての銀行が程度の差こそあれ損傷し、サンフランシスコのすべての準備銀行が倒壊したために、金庫にある紙幣や硬貨は数週間凍結された。その間、サンフランシスコと北カリフォルニアの市民は、こっそり為替手形や私用小切手、メモなどを使ってしのいだ。これは……カリフォルニアの市民が自分たちのコミュニティの存続性を信頼していた証拠だ」[*19]。衣服の寄付や無料の医療サービスといった形の支援もあった。また、サンフランシスコの米国郵政公社は、被災者からの、たいていは何かの切れ端かガラクタに書かれた郵便物を、切手が貼られていなくても国中の宛先に届けた。泥棒もいれば、災害をうまく利用する人や、困っている人を助けようとしない人たちもいたが、市民の大半は多くの社会格差を乗り越えて結束し、互いに深い思いやりを示したようだ。被災者に容赦ない仕打ちをする冷酷で恐ろしい権力機関もあったが、郵政公社のように、人々の悲惨な状況をほんの少しでも楽にしようと、こっそり規則を破る機関もあった。セッジウィックにとって災害は、金によって汚染された社会を矯正するものだった。

誰よりも災害後の日々を謳歌したのは、地震発生から一一日後にサンフランシスコ発の新聞『ブレティン』に、「この世に何も所有しない避難民の気持ち——その一人として」というタイトルの記事を載せた、ポーリン・ジェイコブソンという女性ジャーナリストだった。[*20] カリフォルニア大学で哲学を修めた、観察眼の鋭い、茶目っ気のあるユダヤ人の彼女は、ためらうことなく他の体験談にも漂う喜びの理由を解明し始めた。地震ですべてを失った彼女は（他の大多数の人々と違い、仕事は失わなかったが）、オークランドに「フェイスクリーム数個と石鹸とドレスを何着か」買いに行ったが、そこで気が変わった。彼女の説明によると、もしそんなものを買っていたら、それらを入れるトランクも買わなくてはならなかっただろうし、トランクを買えば、それを運ぶ誰かを雇わなくてはならなかっただろう。そしてそれは「少なくともある程度は以前の永続的な立場に戻ることを意味した」。彼女の〝永続的な立場〟には、高い階級に属することや、雇用主になることや、他の人たちが何も所有していないのに自分は何かを所有することが含まれていた。「わたしはお金を財布に戻した。とはいえ、あっという間に光輪に包まれて排他性が戻ってくるだろう。この受容性の御代はきっとあまりに短命だ。これまで、つまらない所有物に費やす時間も、最先端の洋装店の作り出すスタンダードではない服を着た男女をばかにして冷たくあしらう時間も、たっぷりあった。でもその一方で、街路清掃夫が無事なのを見て喜びのあまり抱きしめても、中国人のコックといっしょに大通りを歩いても、誰にも変だと思われない今は、なんて素敵なんだろう。たった一〇日前に知り合った人なのに、またばったり出会うと、どんなにその手をきつく握っているか、あなたは気づいていているだろうか？　そして、あたかもその人が愛する身内で、ふたたび大地に飲み込まれてしまうんじゃないかと恐れてでもいるかのように、その手を死んでも離さないでいようとしていることにも気づいているだろうか？　この再会のすべてが、まるで楽しい陽気な祝日のようだ」

ジェイコブソンはこのように単なる顔見知りすら大好きだと感じると書くと同時に、やはり地震には震え上がり、気持ちが動転したと言っている。だが、大怪我をしたり、家族を失ったりした人たちにとっては、地震はけっしてそんなにポジティブなものではない。極貧層の人々にはそもそも、所有物を増やすか、または増えるのを拒絶するか、まして、買ったものを運ぶ人を雇うかどうかといった選択肢はない。また、白人の女性記者に抱きしめられた街路清掃夫や、いっしょに散歩した中国人コックが、どれほどハッピーだったかは推し量り難い。災害がもたらす喜びはどこにでも存在するわけではないのだ。だが、その喜びはしばしば広範囲に見られ、大変深いものだったので、こういった労働者の男たちが享受していたとしても不思議はない。そして、ジェイコブソンは夕暮れどきに廃墟となった街を女友達と歩いているときに起きたある出来事について語りながら、本質的な何かを突き止めている。一人の男が「いっしょに歩いていいですか？　一人で歩くのは心細くて」と声をかけてきた。彼女はこう書いている。「わたしたちは微笑み、うなずいて、その男性を生まれたときから知っている友達でもあるかのように受け入れた」。人との間に厳格な境界線が存在していた当時の女性としては、大胆な歓迎の仕方だ。兵士に〝ご婦人方〟は歩道を歩いてもいいが、男は道路上にとどまらなくてはならないと言われると、ジェイコブソンと友人たちは、知り合ったばかりの男とともに、道路の真ん中の焼けた煉瓦や落ちた電線を縫って歩くほうを選んだ。ある若い女性は「誰もが誰にでも話しかけてるの。紹介もなしに、一〇〇人も知り合いが増えたわ」と友達宛てに書いている。知り合ってよい人、話をしてもよい人が厳格に定められていたビクトリア時代の因習にがんじがらめだった女性たちは、そういった無数のルールが取り除かれて、解放感を味わった――ちょうど、ほとんどの災害で、人と人との間の垣根が崩れ落ち、知らない者同士でも話をし、全員が同じ経験を分かち合うと、人々が解放感を覚えたように。

ジェイコブソンはこの喜びの中にある何かは存続するだろうと信じた。「以来、わたしたちの大半が喜びから悲しみ、そしてまた喜びへと、ありとあらゆる人間の感情を経験したものの、心の奥底ではまったく新しい音が奏でられ、静かにふつふつと湧き出る喜びを感じていた。喪失を価値あるものに変えたのは、その音だった。それはミレニアムの友情の音だった……大脱出の只中で……すべての人があなたの友達で、あなたも彼ら全員の友達だった。そこでは個人という孤立した自己は死に、社会的自己が幅をきかせていた。新しく生まれ変わった街のわたしたちの部屋で、たとえ四方の壁がふたたび迫ってきても、きっと二度と以前のような、隣人たちから切り離された孤独は感じなくてすむだろう。二度とふたたび、自分だけがいつも運が悪くて、つらい思いをしていると感じることはないだろう。そしてそれこそが――勇敢な行為でも、人々の強さでも、新しい街でもなく、新しく生まれた受容性こそが――あの地震と大火の与えてくれた甘美さと喜びなのだ」と結んでいる。「喜びは他の人々からやって来る」と。

彼女が街路清掃夫を抱きしめる場面と中国人コックとともに歩いている場面のスケッチが掲載された『ブレティン』の同じページには、〝パリファッション最新情報〟の上に、ジェイコブソンの大きな記事と並んで、災害後に典型的ないくつかの小さな記事が掲載されている。ミルクの供給を続けられるよう缶を返すようにとの呼びかけや、オークランドの婦人救援隊の覚書、共済組合〈インプルーブド・オーダー・オブ・レッドメン〉の奉仕計画、米西戦争の備蓄の何万足ものアーミーブーツがサンフランシスコ市民に配給されたというニュース。だが、帽子についてのアドバイスや「冬物より袖が短くなっている」といったファッションニュースが、誰の役に立つのかは疑問だ。寝巻きとガウン程度の着の身着のままで地震と火事から逃げ出した人もいたのだから。案の定、『ブレティン』は、翌日にはこのファッションアドバイスを次のように修正している。「かつて二〇ドル以下のシャツブラウスなどけっして着なかった最新モードの若い女性たちだが、そんな時代は、四月一八日の朝に終焉を告げた。今は、配給所で配られるブルーのアーミーシャツの身幅を細くし、脇のラインをきれいに見せるための襞を取ると、暖かくて見苦しくないシャツブラウスになることを発見している。これは一週間も続けて着られる上に、子供でも洗濯できる」[*21]。この下には「窮してより偉大なサンフランシスコ」のタイトルを打った記事があり、さらにその下には、金庫破り未遂で二人の男が逮捕された事件についての短い記事がある。

地震前日の同新聞のトップ記事は、人種間や階級間に存在する深い溝についてだった。重大ニュースには、二〇世紀に入ってもなお根強く残っていた海上での半奴隷的重労働をさせるために、一六歳の少年が船員に誘拐された事件が扱われていた。大陪審が白人グループによる黒人のリンチ事件を調査したミズーリ州では、人種間戦争はごく身近にあった。また、二千人の日本人移民が労働法を破り、アラスカの缶詰工場で働いたとの理由で糾弾されていた。地震後数週間の国内ニュースは、労働組合のパワーや、アプトン・シンクレアの小説『ジャングル』の革新主義的なインパクトについて、シカゴの不潔な精肉産業の告発、スタンダードオイル社の独占禁止法違反の訴訟についてなどである。このように、当時の社会は分裂により成り立っていた。こういった対立の雰囲気が蔓延していたからこそ、ジェイコブソンの〝ミレニアムの友情〟は真にめざましいものだったのだ。

ファンストン准将の恐怖

射殺

サンフランシスコ北端にあるプレシディオ基地の指揮官であるフレデリック・ファンストン准将は、燃えさかる炎や、ひび割れて倒壊しつつある建物や、地面に落ちた送電線などのある危険な街から市民を救うのではなく、市民から街を救うことこそが自身の使命であると理解した。したがって、ポーリン・ジェイコブソンの目に〝ミレニアムの友情〟と映ったものが、ファンストンを始めとする権力者たちの目には、制圧すべき暴徒や、まとめなければならない群衆と映ったのだった。彼は「法的な根拠や出動要請はなかったが、ただ市当局を助けようとして部隊を街に送り込んだ。彼らの仕事を乗っ取るつもりはなかった」と、数ヵ月後に弁明している。[*22] 彼が当初、市長の協力を得ていたのは事実だが、大火災の三日間と、続く数週間の軍部による占領の期間に、権力争いが生じた。市民の大半と多くの兵士たちが、戒厳令が布かれていて、軍は合法的に街を統率していると信じていた。実際には、当時は議会のみが戒厳令の発令を許可でき、戒厳令は布かれていなかったにもかかわらず、だ（二〇〇七年には連邦法が改正され、大統領に陸軍の兵士を送り込んでアメリカの市を占拠する権利が与えられた。これは自治体の自由にとって大きな後退である）。だが、戒厳令の発令を信じていたというのは、のちに、戒厳令によるものだといわんばかりに市民を射殺し、銃で脅して自宅から追い出して労働に駆り出したことに対する、兵士や民兵の弁明に使われた。一八七一年にも、南北戦争の英雄シェリダン将軍が大火のあとのシカゴに自分の部隊を送り込んだが、このときは、すぐさま市長から非難され、引き揚げさせられている。[*23]

どんな災害であろうと自然が破壊されるということはない。地震では木はめったに倒れないし、大地震では地面は裂けるものの、津波以外では自然界は災害をうまく切り抜ける。しかし、地震は都市の構造体とインフラを破壊した。そして、地震の数時間後に、今度は〝人間による〟破壊がスタートした。市は敵意に満ちた軍部に支配され、市民は彼らに敵として扱われ、地震で壊れなかったもののほとんどすべてが、不注意に、それどころか奔放に、兵士たちに焼き払われた。彼らは街を制圧しなくてはならないと考えているうちに、手がつけられない事態になったので、火をつけてすべてを燃やしたのだ。市民を敵として扱っていたので、占領軍は住民やボランティアの人たちを、火がまだ消せる現場からも追い払った。彼らと駆け引きするなり、抵抗するなり、こっそり行うなりして、当局の力を巧みにかわした場所だけが消火活動を行えた。そしてそこでは多くの家や仕事場が炎から救われた。この地震の死者数は、最も信頼できる推定によると約三千人だが、ある歴史家の説によると、さらに五〇〇人にものぼる市民が占領軍に殺されている[*24]（五〇人、また七五人という説もある)。

結果的に、轟く爆音と炎が、三日間、猛威をふるった。まるで戦争でもしているかのような音だった。ついに火の手が収まったときには、市の半分は灰や瓦礫と化し、二万八千棟の建物が破壊され、四〇万人の人口の半数以上が家を失った。ノブヒルの頂上の豪壮な邸宅群も焼け落ち、マーケットストリート南のスラム街はほぼ完全に焼失した。災害は、たいていそうだが、多様な反応を引き起こす。市民の大多数は気前の良さと連帯感を発揮するが、そういった大衆を恐れ、統制下に置こうとする人々にとっては、彼らは敵意の対象だ。服従していない市民は、ファンストンの言葉を借りれば「粗野な暴徒」だからだ。[*25] サンフランシスコ地震の中身は、本質的には現代の災害のそれとまったく違わない。そこにあるのは、同じような社会的連帯と分裂、そして気前の良い人たちと破壊を引き起こす人たちだ。それはまぎれもなく、ハリケーン・カトリーナ後のニューオーリンズで見られた衝突の未来予想図となっている。無料キッチンが災害に対する社会の一セクターの反応であったなら、破壊と争いは別のセクターの反応だった。

ファンストンはプレシディオ基地では副司令官にすぎない。不在だった司令官のグリーリー少将すら、災害へのファンストンの対処法には心を掻き乱されただろう。背が低く、砂色の髪をした、大酒飲みで、喧嘩っ早い、無限大の自信にあふれたファンストンは、決然とした行動を取る男だったが、その決断が分別を欠くこともまれではなかった。地震の数年前に、彼は勇敢な兵士として、米西戦争中のフィリピンでの活躍により勲章を授かり、昇進している。だが同時に、裁判をせずに捕虜を射殺し、敵のリーダーのキャンプを攻略するにあたり、不正な手段を用いたかどで嘲罵され、調査を受けてもいる。戦場から帰還するなり今度は反戦派上院議員に対する公的な攻撃が度を越していると、セオドア・ルーズベルト大統領から直々に叱責されてもいる。一九〇六年の地震のあとには、アナキストの組織〈世界産業労働者同盟〉が率いる労働争議の鎮圧のために、ネバダ州ゴールドフィールドに送り込まれている。彼は何の疑いも抱かずに権力と特権を行使する性急な男だ。おそらく、第一次世界大戦で米軍司令官に任命される前夜にぽっくり死んだのが、彼の祖国に対する最大の奉仕であっただろう。一九〇六年の地震で彼が取った方策の幾分かは、彼自身の気質や世界観に由来していた。だが、同時に、それは当時の実業家や政治家たちからも広く支持されていたし、同様のリアクションは近年の災害にまで引き継がれている。

大衆に人気のあるハンサムなサンフランシスコ市長ユージン・シュミッツは、労働者階級の出身だが、まずオーケストラの指揮者として成功し、それから一九〇一年に労働組合の公認候補として市長選に予想外の当選を果たしたという変わり種だった。しかし、彼もまたファンストンと同じような反応をし、不名誉にも、災害当日にこのような通達を発した。

「連邦軍、通常の警官隊、特殊警察の全メンバーに、略奪やその他のいかなる罪でも、犯している者は誰であれ全員を殺す許可を与える[*26]」

この内容はただちに印刷され、街中に貼り出された。ファンストン同様、シュミッツもまた、地震当日とそれに続く日々には、街を人々から守ったのだ（ただし、他の面では彼は思いやりがあった。地震のあった朝、彼は市刑務所から、重罪で起訴された者以外の受刑者全員を叱責のみで解放した）。控えめに言っても、窃盗に死刑では極端に過ぎる。まして命が危険にさらされているときには、多くの人が盗みをたいした犯罪だとは考えない。そして、その時点では窃盗こそが、貼り紙の言葉が暗示するように、主な犯罪だったのだ。略奪という語は、現金経済が存在しなくなった危機的状況における必需品の危急的調達と、火事場泥棒とを混同させる。災害学の学者たちは、現在、権力者たちのこの恐怖に駆られた過反応を〝エリートパニック〟と呼んでいる。

地震後まもなく、すでに送り込まれていた一万七千人の部隊に、海軍や海兵隊のメンバー、カリフォルニア州兵、カリフォルニア大学バークレー校出身の士官候補生が加わった。フィリップ・フラドキンが著した地震に関する権威ある歴史書には「ファンストンが無意識に引き起こしたのは、平和時の市街における、我が国史上最大の軍事的駐留だった」とある。[*27] カリフォルニア大学の二年生で、士官候補生だったスチュアート・イングラムがずっとのちに語ったところによると「一二時ごろだったか、大学が、その学期の残りの授業はすべて中止されたので、学生は全員、通常の試験を受けることなく卒業または進級したと発表した。その知らせに街全体がまるで休暇中のように陽気になった。しかし入ってくる地震についてのニュースの内容がどんどん深刻になるにつれ、快活な雰囲気は薄れていった。サンフランシスコの被害は甚大だった。方々で火災が発生し、不安により民衆は完全な道徳的堕落を起こす寸前にあり、暴動になる危険性もあるので、州兵部隊の出動が要請されるだろうとのことだった[*28]」

完全な道徳的堕落というのは街の雰囲気を正しく描写していないし、暴動が起きそうだったという証拠もないが、ともかく州兵部隊はやってきた（そして、市長が撤退を要請した後も、州知事は引き続き駐留させた）。軍部と州兵部隊は、人々の想像の中に存在する出来事を防ぐために配備されたのだった。ファンストンは「緊急に大規模な常備部隊が到着し、火事場泥棒は射殺していいとの指令のもとに任務を遂行しなかったなら、酒場は押し入られ、群衆は暴徒化し、銀行や宝石店は略奪に遭っていただろう。これについては、わたしは確信を抱いているし、何十人もの人々が同じ意見を表明するのを耳にした」と書いている。[*29] 他の多くの災害でも、犯罪や暴動がなかったのは警察や軍のおかげだったという、同じような申し立てがなされている。これは論理的には、お守りが邪悪な視線を追い払ってくれているというに近い。だが、何かが起きなかったからといって、必ずしもそれが何らかの策がとられたおかげだということにはならない。とはいえ、ウィリアム・スティーブンソン米陸軍少佐もメーン州にいる大学時代のクラスメートにこう書き送っている。「わたしたちの部隊が迅速に到着したからこそ、市は群衆による暴挙から救われたのだ。さもなくば、まず三、四〇〇〇軒ある酒場に続いて店や邸宅も略奪されていただろう」[*30]

市の西側を指揮したチャールズ・モリス大佐は「ブロードウェイにある司令部で、同地区で相当な尊敬を得ている市民からなる委員会の訪問を受けた。彼らが確かな筋から得た情報によると、焼け出された貧乏人が、金持ちは自分たちほど被害に遭っていないと感じ、ウエスタン・アディション地区に侵入して、放火や強奪を行おうとしているとのことだった。わたしは彼らに、同地区の住民の命と所有物を守るための予防策として、特にアルコール類の破壊作戦を行うと話し、彼らを完全に安心させた」と語っている。[*31] モリス大佐もまた、街を占領した軍人たちの多くと同様、サンフランシスコをあまりよく知らなかったのではないか。多くの大邸宅や、高級ホテルや、中心部のダウンタウンは、近くの貧しい地区とほぼ同時に焼き尽くされた。労働者階級の住む他の地区（テレグラフヒル、ポトレロヒル、ミッション地区）は、地震の被害こそ受けたが、火災による破壊はほとんどまぬがれていた。

当局の感じた恐怖は、その数日の大衆の実際の行動により引き起こされたのではなく、その時代の社会変動による不安感のため膨れ上がっていた。彼らは、制圧しない限り、群衆というものは決まって暴徒と化すと信じていた上に、現行の支配体制の堅固さも疑ってもいた。ほんの小さなきっかけで、そんな体制など暴徒の前にはひとたまりもなく引き裂かれると思っていたのだ。サンフランシスコには元気のいい労働者階級が存在し、活発な労働運動もあり、単なるパレードから一八七七年の反中国人暴動のような本格的な暴動まで、めざましい住民運動の歴史があった。しかし、一九〇六年の地震後の期間に、市民が騒ぎを起こしたという証拠はない。確かに市長は治安維持のためにすべての酒場を閉めるよう命じたが、兵士や海兵隊員たちは、その命令をあまりに言葉どおりに受け取った。モリス大佐からの指令というお墨付きまでもらった彼らは、市の西側にある閉められた酒場や食料雑貨店に押し入り、アルコール類をすべて破壊し始めた。その暴挙ぶりに市民は震え上がった。暴徒を制圧するために送り込まれた軍が、暴徒になったと言えるだろう。

四月一八日の早朝にシュミット巡査が阻止した葉巻の窃盗が、火事場泥棒の始まりだった。ただし、それが大きな問題になったという証拠はない。それよりも圧倒的に多くのもの――家、倉庫、職場やその中身――が、その場を仕切っていた兵士たちのミスにより焼失した。しかも、火事場泥棒の何人かは当の兵士だった。炎を逃れて、ダウンタウンにある古いモンゴメリービルに寝泊まりしていたある銀行員の目撃証言によると、ビルを警備するはずの兵士たちは「警官が命令を伝えるためにやって来るとき以外は、ずっとビルから出たり入ったりしていた。警官の姿が消えるなり、彼らは罠からネズミが逃れるように飛び出していった。警官は気づかなかっただろうが……兵士たちが一〇箱から二〇箱もの、抱えられるだけの葉巻の箱を小脇に抱えて出て行くのを、わたしはこの目で見た」[*32]。海軍所属のある男は、酔っ払った兵士二人が宝石店に押し入ろうとするのを見たので止めに入ったところ、あわや撃たれそうになったそうだ。

他の人たちは〝接収〟とでも呼ぶべき行為に従事していた。急遽作られた救急病院には、見捨てられたホテルからボランティアたちが持ち出したマットレスと寝具があった。救世軍の人々も含むボランティアたちは、マーケットストリートにあった薬局の窓を割って、医薬品を入手した[*33]。この道徳的な略奪をしている人たちの中には、ケーブルカー会社の社長ジェイムズ・B・ステットソンと息子の弁護士ハリーもいた[*34]。

ある男は瓦礫をつついて調べていると、兵士に威嚇射撃をされた[*35]。男が走って逃げると、兵士は男を撃ち殺した。だが、その男は瓦礫に閉じ込められた人を助け出そうとしていただけだった。モルモン教徒の長老たちは、火の手が迫っているある店から食料を持ち出すよう警察にうながされた[*36]。長老たちは言われたとおり、食べ物をジェファーソンスクエアの自分たちの避難所に運んだが、二回運び終わったところで、一人の兵士が全員避難所を出るよう命令し、彼らを支援していた男を射殺した。その後、長老たちが別の店に行くと、罰として死が待っていた。食品に法外な値段をつけたある食料店主は、兵士たちに取り上げられて「一〇丁以上のライフルの銃口を頭に突きつけられた」そうだ[*37]。おそらく少し誇張されているだろうが、これに近い凶暴な対応はあったのだろう。地面の上の何かの上にしゃがんでいるアフリカ系アメリカ人を見つけたある州兵は、その男に向かって、そこをどくよう怒鳴ったが、「無視されたので、銃を上に向けて撃った。もちろん、弾は当たらなかったが、男は怯えたに違いない。走って逃げ出した。もう一度撃とうとしたところ、通りの向こうから発砲があり、男は倒れた……警官がやってきて、男の死体を燃えている瓦礫の中に放り込むよう命令したので、そのとおりにした」と述べている。[*38] 四月二一日付の『ブレティン』には、金庫破りをしようとしていた四人の男を、複数の兵士が射殺したという記事が載っている。また、同ページには波止場地区で消火活動への協力を拒否したために二〇人の男が処刑されたという話も載っている。ある銀行の出納係は、地震の二日後に銀行の金庫室を開けようとしたところ、火事場泥棒と見なされて射殺された。[*39] そして処刑された死体の多くは火事の火で焼却されるか、湾の中に投げ込まれた。その数は永遠にわからない。

ファンストン准将がのちに書いている。「マーケットストリートは不安に満ちた、興奮した人たちでいっぱいだった。彼らは複数の火事が合体して一つの巨大な大火になる経過を、固唾をのんで見守っていた。七時ちょっと前に常駐部隊の分遣隊が到着した。フォートメイソンの技術者部隊だ。瞬時に彼らの存在は人々に畏怖の念を抱かせ、安心感を与えた[*40]」

では、畏怖の念を抱かなかった人々はどう思ったのだろう? 上流階級出身のある女性は、避難所生活を綴った長い手紙の中にこう書いている。「酔っ払った兵士が一人、睡眠中の女性たちでいっぱいのテントに押し入り、撃つぞと脅しました。どのキャンプでも軍服姿の男が砂の上をわめきながらドカドカ歩いてきて、出て行けと命令しなかった日は一日たりともありません。そんなことが初めて起きたときには、わたしを含め二、三人しかその場にいなかったので、たいそう怖い思いをしました」[*41]。メアリー・ドイルはいとこに宛てて茶袋の切れ端に「大勢の男性や、女性たちさえもが、兵士の命令に従わないという理由で撃ち殺されました」と書き送っている[*42]。警官の娘が友人に宛てた手紙には「おびただしい数の悪者が街に解き放たれています。兵士たちはほんの少しでも命令に従わない人たちを片端から撃っているのです。説明を聞こうともせず、説明することもなく」とある[*43]。看護師のヘンリー・フィッチナーは「オファレルストリートで、兵士が銃の台じりで召使いらしき女性を殴っているのを目撃しました。この女性は歩道に置いておいた服を取りにきただけなのに」と記している[*44]。

五月一七日にグリーリー少将は「地震と火災の恐ろしい日々の最中にも、またそののちにも、暴動や騒動、酩酊（ごく少数の例外をのぞき）、犯罪の類は見られなかった。人々が従順かつ法に従って行動してくれたおかげで、秩序の維持は比較的簡単だった」と報告している[*45]。このように、すべての権力機関が市民を怖がっていたわけではない——だが、グリーリーは地震が起きたときには現地にいなかったので、もしいたならどのように反応したかは知りようがない。

大火

二〇世紀初頭の歴史家たちは、地震よりむしろ火災のほうを強調した。したがって、サンフランシスコ地震に続く数十年間、一九〇六年は「大火」の年として記憶された。最近の歴史家の中には、それを、サンフランシスコは格別、自然災害の多い都市ではないと投資家たちを安心させるための隠ぺい工作だったとする人もいる。なぜなら、地震と違い、火事はどこでも起こりうるからだ。さらには、人々の記憶にも、夜明けにあった一分間の地震より、三昼夜にわたる烈火の地獄絵のほうがより強烈に残っただろう。しかも、地震は起きてしまえばどうすることもできないのに引き換え、火事では、多くの点で不適切であったとはいえ、必死の闘いがあった。また、炎により、地震の被害の証拠はほとんどすべて消されてしまったという事情もある。サンフランシスコの消防署長デニス・サリヴァンは地震で致命的な重傷を負ったので、災害の初めにすでに街は、消火活動における賢明な指揮者を失っていたのだ。地震のせいで多くの給水管が破裂していたために、消火はより困難を極めた。サリヴァンは長年にわたり大火事の勃発を心配し、その場合の消火方法について考えていた。しかし、彼が指揮を執れない間に消防団に軍隊が加わり、おまけに兵士たちは防火帯を作るために爆薬を使うという無謀な試みをしたのだった。彼らの犯した過ちは数知れない。

まず、ダイナマイトの代わりに黒色火薬を使ったことだ。ダイナマイトはただ物を爆破するだけだが、黒色火薬は爆破すると同時に発火する傾向がある。したがって、多くの建物の破片が燃え木となって飛び散り、延焼を引き起こしたり、新たな火事を発生させたりした。第二の過ちは、防火帯を火事が起きている場所のすぐそばに作ろうとしたことだ。そのため、破壊された建物は、単に燃えやすい瓦礫になった。三番目の過ちは、化学物質やアルコール、その他のきわめて引火しやすい物質の貯蔵庫に火薬を仕掛けたことだった。四番目は、安全だったエリアにも火薬を仕掛けたことで、その結果、火の手の上がっていない場所にも火事を引き起こし、いったんは消えていた火までふたたび燃え上がらせた。そしてさらに五番目の失態は、自分たちの手で消火活動を行える人々まで、火の近くに寄るのを禁じたことだった。

多くの成功した消火活動が、数人のグループにより、バケツなり、シャベルなり、濡らした麻袋なり、その他何でも手に入るものを使って行われていた。屋根に上ることを許された人々が火花をもみ消したおかげで、大火事に至らずにすんだケースも多々あった。また、政治力を使って爆薬の使用を阻止し、軍の張った非常線を突破したケースもあった。それは、テクノロジーを駆使した容赦ない手段で消火しようとする占領軍と、実際に自分たちの手でできる限りのものを火から救おうとする一般市民との闘いだった。元消防士のデニス・スミスは著書『サンフランシスコが燃えている』に、二日目には州兵は市民に消火活動を許したのに、軍は市民の避難や強制退去に固執したと記している。歴史家のフランク・ヒッテルはいっしょに消火活動をしていた消防士たちに、「他の住民はいったいどこにいるのか」と質問された。[*46] しかし、他の住民は兵士たちに制止されていたのだ。つまるところ、制服組の二つのグループはあからさまに対立していたのだ。ヒッテル自身も、ふたたび消火に加わろうとすると、兵士に殴られた。

街の北端に住んでいたジェローム・バーカー・ランドフィールドはのちにこう書いている。「水が不足していたが、ラーキンストリートとグリニッジストリートの角で小さな食料品店を経営していた女主人が二バレル（約三二〇リットル）の酢をくれた。これが結果的に天の恵みとなった。酢に浸けた毛布を手にした数十人の住民が、近所の家々の屋根に上って、炎を上げている燃え殻を消していったおかげで、ラーキンからヴァンネスまで、グリニッジストリートは類焼をまぬがれた。バケツやカップを手にした敏捷な少年二人がチェスナットストリートとハイドストリートの角にあるスティーブンソン家の屋根に上り、落ちてくる火の粉を次々と消して、その豪壮な邸宅を守った。金曜の午前一一時には、わたしたちの地区の他の部分も危機を脱したことを確信した」[*47]

だが、軍隊が近くの特許薬品の会社を爆破した。何千ガロンものアルコールが炎上し、彼らが救ったばかりの家々があっという間に危険にさらされた。ランドフィールドは市長の姿を見つけたが、爆破を中止するよう説得することができなかった。幸運なことに、政界の大物のエイブ・ルーフ（シュミッツ市長を権力の座に就け、賄賂のネットワークを作って、シュミッツとともに富を手にした人物）が車でやって来て、ランドフィールドの言い分を聞き、その議論に決着をつけた。

セブンスストリートとミッションストリートの角に今も建つ大きな郵便局が延焼をまぬがれたのは、一〇人の局員が避難命令に逆らって、濡らした郵便袋で火を消していったからだ。ダウンタウンの米国造幣局も局員らが守った。ダイナマイトにより上がった火炎は火事より先に猛スピードで進んでダウンタウンの南東地区に燃え移ったが、大勢が火と闘った。あるときなど、一〇〇人の男が力を合わせてロープで家々を引き倒して除去し、火の行く手をさえぎった。ある製粉業者の報告によると、グローブ・グレイン・アンド・ミリング・カンパニーの従業員一〇人は製粉機を運び出す準備をしていたし、また運び出せたはずだったが、銃を突きつけられて追い払われた。損害は総額二二万ドルにのぼった。[*48] ミッション地区は純粋に人間の力により救われたが、ドロレスパークの、シュミット巡査の家族により営まれていたスープキッチンの近くでも決定的に重要な闘いがあった。エドワーズという名の住民は、休みなく二四時間、消火活動を続けた結果、ついに火が消えたときには、靴の底は完全に焼け焦げていて、もはや歩くこともできなくなっていた。[*49]郵便配達員のローランド・M・ローチェは、近所の男や少年たちが洗濯屋からミルクの缶でバケツリレーするという手作業で自らの地区を救ったことを、次のように記録している。

「耐えがたい熱さの中で行われた急場のバケツリレーは、彼らの住む低地を差し迫った焼失から救った。おそらく、サンフランシスコの焼失をまぬがれた場所の大部分が、同じような方法で救われたのだろう[*50]」

別の怒れる市民は、「この物語にはたった一つの始まりと終わりしかない。それは軍の犯罪的な思考により始まり、市民による、それさえも乗り越えた勇敢な行為により終わった」と要約している。[*51]この市民は作家のヘンリー・アンダーソン・ラフラーで、ファンストンと軍の攻撃に対して書いた長い告発書は出版には至らなかったが、そこには地震直後の様子がこうまとめられている。

「あの忘れることができない数日間、サンフランシスコは戦争で異国の敵により占領された街のようだった。わたしたちは家から追い出され、自分たちの通りにいながら、まるでよそ者だった。白髪頭の男たちや、第一級の市民が、その街のことはダンスホールと売春宿と酒場くらいしか知らない若者たちのふとした思いつきに屈したのだ。愚かな軍人たちに突然あんなふうに喉元に手を当てられて、自分たちの街が焼失してしまうまで押さえ込まれ続けるとは、わたしたち――サンフランシスコ市民であるわたしたちは、なんと無力な子供だったのだろう」

包囲されたユートピア

ラフラーは戦争と呼ぶが、確かにサンフランシスコ地震では二つの世界観と二つの対応が敵対していた。大半の一般市民は、自分の命と所有物以外には責任を負う必要はない。それでも彼らは助け合い、炊き出しをし、大きな避難キャンプを作り、素手で火と闘った。市当局と軍は市民より大きな意味で街を守ることや、消火や、秩序の維持に対して責任がある。実際、彼らは多くを成し遂げた。海軍は沿岸部の火災を消し止めたし、市の〈ホームレス住居提供委員会〉は方々の公園に一時避難所を設置し、計七五〇〇〇人を収容した。彼らがなぜ本来すべきことを行ったかは不思議でない。不思議なのは、彼らがなぜ、大方の場合、一般市民を敵と見なし、統制する必要があると思い込んだかだ。彼らは火事を引き起こしたし、さらに、兵士や州兵や自警団員たちは明らかに数十人から数百人もの市民を殺しているので、権力者たちがサンフランシスコ市にとって最善の策を採ろうとしていたのだという言い分は説得力を失う。しかし、証拠はそれだけに収まらない。

一例が、シュミッツ市長が指名した〈五〇人委員会〉だ。この名は、一八五〇年代にサンフランシスコの支配権を握り、委員たちの事業利益を増やすように運営された、かつての〈一三人委員会〉や〈自衛委員会〉にちなんで付けられた。五〇人委員会は地震後数ヵ月にわたり、市民に選挙によらない政府として機能した。これは電気電信復旧小委員会やホームレス保護小委員会など、多くの良識的な任命を行った。しかし、シュミッツ市長は地震が起きる一週間前に〈チャイナタウン永久移転小委員会〉を設け、支持者のエイブ・ルーフや政敵のジェイムズ・フェランほか数名をメンバーに任命していた。[52] その目的は、人種差別に煽られた不動産強奪にすぎない。中国人は市の最も好ましい地区の一つを占めていたので、彼らを市の南端部、もしくはその向こうへ追いやれば、利益を生み出す不動産が放出されると考えたのだ。

この地震についての近年の歴史文献では、この小委員会の利己主義的敵意が一般的差別にまで拡大される傾向にある。だが、サンフランシスコの非中国系住民の中国人に対する反応についての記録は、もう少し多様だ。人種差別主義者もいれば、中国人に味方する人たちもいた。ヒュー・クォン・リャンは一四、五歳で地震に遭ったが、その前から彼はすでに孤立した厳しい境遇のもとにあった。[53] 母と弟や妹たちは街に渦巻く反中国人感情から逃れるために祖国に戻っていた。彼は父親を助けるためにサンフランシスコに残ったのだが、その父も地震の前に亡くなっていた。その後は、いとこの世話になっていたのだが、地震後にそのいとこはリャンの父親の店からありったけの金を盗んで、彼を放り出した。リャンは父親のトランクを無事運び出し、引きずってプレシディオ地区の群衆に加わり、そこでやはり見捨てられた一六歳の中国人の少年と合流した。二人は軍のテントに放火して、気分をハイに保った。その夜、少年は家族を捜すためにリャンのもとを去り、トランクも誰かに盗まれた。

ふたたび一人きりになり、しょんぼりしたリャンは水に飛び込んで死のうと海岸を目指した。だが、いざ海岸に到着すると、燃えさかる街をあとにして、密航しようと決意をした。「驚いたことに――」と、何十年もあとに彼は姪やその娘たちに思い出話を語る。「船長も船員たちもみんな、とても同情してくれてね。大丈夫、心配いらないって言ってくれたんだ」。彼らはリャンに食事をさせ、寄付金を募って与え、ナパで下船させた。そこで彼はすぐに親戚を探し当てた。新生活をスタートさせ、地震の前よりもいい暮らしができるようになった。災害は現状を転覆させるが、それで完全に落ちぶれる者がいる一方で、這い上がり、新しく生きられる片隅や味方を見つける者もいる。リャンはそのすべてを経験した。

他のエピソードもさまざまだ。中国人の男たちの多くが、住み込みのコックや一般家庭の召使いとして働いていたので、彼らの生活は地震のあとも、少なくとも避難していた間は雇い主の生活と絡まり続けた。ある警官は一人の中国人老女を助け、盗んだ食べ物と飲み物を与え、他の中国系アメリカ人たちが避難している場所に送り届けたと言っている。ゴールデンゲートパークの避難民たちの写真には、食事を待つ大勢の白人の間にアジア系の男性二人が立っている。一方、チャイナタウンの焼け跡では、金めのものや記念になる品を探して灰をつついている白人が多く目撃されたが、そのすぐあとに、盗っ人の一人がオークランド行きのフェリーの上で盗んだ中国製の陶器を売ろうとすると、腹を立てた人々がそれを叩き割ったという事件も起きている。[*54] チャイナタウンの移転問題については、数人の実業家が市におけるチャイナタウンの経済的効果を指摘し、中国政府も介入、結果的に移転はまぬがれた。地震後のサンフランシスコでは、子供をもつ父親たちが日本人を公立学校から締め出すことにあまりに固執したことが、日本との外交問題にまで発展した。人種差別は根強いが、救済委員会の下記の報告書にもあるように、それはあらゆる場所にあったわけではない。

「日本人はほんの少額しか支援金を求めなかった。その理由の一つは彼らの多くが英語を苦手としていたからだが、もっと一般的な理由は、彼らが市民の中にある小さいが攻撃的なグループの反日感情に気づいていたからだ。日本が地元の救済委員会に直接、さらにアメリカ赤十字社を通して、計二五万ドル近くも寄付をしたにもかかわらずだ[*55]」

経済界の私利私欲にさとい人々は、ほかでも暗躍した。フェランとアドルフ・スプレッケルズはそれぞれサンフランシスコの路面電車の会社を経営し、路線支配権をめぐって争っていたが[*56]、市でも指折りの大金持ちのスプレッケルズは、地震直後から無料で運行していたライバルのユナイテッド・レイルローズの電車を止めようと画策した。理由として安全遵守事項をもち出したが、ユナイテッド・レイルローズの課長補佐によると「地震に先立って、スプレッケルズ氏はユナイテッド・レイルローズとの争いを繰り広げていたが、地震前日の四月一七日火曜日に、すでに彼の路線はユナイテッドに組み入れられていたのだ[*57]」。市長は運行を認めたが、スプレッケルズはふたたびそれを阻止し、最終的には、地震の発生時には留守をしていたグリーリー少将が介入し、四月二七日にやっと運行再開の運びとなった。もっとひどい話もある。海岸地区に住むある男性は世話になっている銀行員に無理やりダイナマイトを入手させられた[*58]。その銀行員は使い込みをしていたので、不正帳簿ごと銀行を爆破しようとしたのだ。他にもある。エイブ・ルーフ議員は、緊急事態においては「危急に相互譲歩する必要がある」と主張して、労働者の賃金を減らそうと試みた[*59]。それにより、単純労働者の賃金は、一日九時間の労働に対し八ドルから二ドル五〇セントまで引き下げられたが、何を以って相互譲歩となるのかについての具体的説明はなかった。夏には、各労働組合が賃金引き上げを求めてストライキを行い、新聞はそれを嘆いた。ユナイテッド・レイルローズのストライキは特に長く、苦々しいものだった。

この時期、労使関係は騒然とした状態にあった。サンフランシスコのエリート層を読者とする『アルゴノート』誌の七月の記事には「何万人も失業者がいるにもかかわらず、使用人は極端に不足している。救援委員会は、あんなにいた女性の使用人たちはいったいどこに行ってしまったのかという質問を頻繁に受ける。グリーリー少将によると、避難所は怠け者の家事奉公人でいっぱいだそうだ」とある。[*60] そして、当の大将は「健康な肉体をもつ男女に無料で食事を与えるのは、早くやめたほうが街のためにはいい」と発言している。翌週の『アルゴノート』誌は、働き口を提供された千人の女性たちのうち、職に就いたのはわずか六人だったと認めながらも、避難所に〝ぐうたら〟はほとんどいないと主張している。[*61]『ブレティン』はもう少し同情的だ。五月末の「労働の尊厳」という見出しの記事には、地震のあとに女性の使用人が受けた無神経な扱いが箇条書きで並べ立てられ、使用人不足になった今では「人使いの荒さでは一番だった女主人は……それまで見下していた召使いの立場に成り下がり、仰天したその目の前には未知の世界が広がっている」とある。[*62] ジャーナリストのジェーン・カーは、この災害は万人を平等にし、自由にしたと考えた。すべての人が平等を欲したわけではないが、他の多くの人々は幸せなことに単調な重労働から解き放たれたと論じている。

あらゆるものがひっくり返り、貨幣がほとんど意味をもたなくなった地震直後には、市民は間に合わせのもので急場をしのぎ、多くのものを無料で分け与えあったが、やがてそれらは、効率的ではあっても喜びはめったに得られない組織的な災害管理に場を譲ることになった。市民による気軽な無料キッチンは、多くがチケットの提示を要求するタイプのスープキッチンに取って代わられた。当局は人々が二度食べたり、割り当て分以上を手に入れたりすることを非常に恐れていた。つまり、そういったことを阻止するのが、新方式の第一の目的だったのだ。また、貧民化――独立した市民が依存者に変わること――も当時の大きな懸念の一つだったので、最低限の援助物資や支援しか与えなかった。『アルゴノート』誌によると「自分で調理の手はずを整えていた人たちや、配給所から得た食材を自分のやり方で調理したいと願う人たちの大多数が、この新方式には大いに腹を立てた。しかし、新方式は実施された。すると即座に援助物資を申し込む市民の数は激減した。というのは、そのやり方は誰もがむかつくほどひどく、異常なまでに不人気だったので、みんな、飢えるほうがましだと思ったのだ[*63]」

ミッション地区の市民だけが、自分たちの食事の方法や場所が組織化されることに抵抗し、うまく新方式から逃れた。『アルゴノート』誌によると、サンフランシスコに残っている人口の約三分の二がミッション地区で食事を摂っていたのだから、彼らの抵抗は重要だった[*64]。市民が自分たちで食事を用意することと、チケットや役人を巻き込むシステムによる配給を受けることとの違いは、独立と依存の違いであり、互助と慈善の違いである。与える者と求める者が二つの異なるグループとなり、受け取る権利があることをまず証明しろと要求する者から食べ物を与えられる、こうしたことからは喜びも団結も生まれない。

ハリケーン・カトリーナが湾岸一帯を破壊しつくしたあと、わたしは米連邦緊急事態管理庁（FEMA）の悪名高い元長官マイケル・ブラウンが災害専門家のグループに「ビジネスこそが復興の牽引車だ。なぜなら、ビジネスはコミュニティにとって一番得になることをまず心がけているからだ」と話しているのを耳にした。[*65] だが、これは控えめに言っても、奇妙な言い草だ。先述のエピソードの数々から浮かび上がるのは、権力の座にある人物たちが、幾分かは支援をして市の復興に力を貸すものの、同時に古くからの不公平や差別を復活させている構図だからだ。彼らは自らの利益を公共の利益とよくて同等に扱うか、もしくは優先させ、しばしば民衆を制圧し、規制し、抑え込むべき敵であると見なした。市民の束の間の団結と調和は、一つには実業界が自分たちの利益を大多数の人々のそれと対立させたために終わっている。

兵士たちによる爆薬の未熟な使用と市民の消火活動の禁止から生じた街の破壊も大問題だが、殺人はさらに大きな問題で、これは彼らが阻止しようとしていた盗み（兵士たち自身もやり続けた盗み）などよりはるかに重大な犯罪だ。そして、チャイナタウンを手に入れようとした試みは、機に乗じた大掛かりな略奪だった。ただし、権力の座にあるこういった男たちをただ悪者として描くのは間違いだろう。軍はテントを供給し、チフスやコレラ――人口密度が高く、下水道が完備していなかった時代の伝染病――の発生が現実的な脅威だったときに、避難所の衛生管理に努めた。市会議員たちは地震の前のような普通の制度がある市に戻そうと、休みなく働いた。しかし、それでも彼らは自分たちの利益を優先したのだ。多くの一般市民と対比させると、権力をもつ人々によるこのような腐敗した行動の根底には、哲学的な問題がある。その問題を語るに一番ふさわしい人物は、地震の起きた日に、崩壊した街をさまよい歩いた哲学者だった。

ウィリアム・ジェイムズの道徳的等価物

ジェイムズの転回点

「もしある考えではなく、別の考えが正しいとしたら、それは実際にどんな違いを生むだろうか？」[66] 実用主義《プラグマティズム》についての二回目の講義で、ウィリアム・ジェイムズは聴衆にこう問いかけた。実用主義は、彼を含む数人のアメリカ人の哲学者が二〇世紀初頭にかけて展開した哲学理論だ。これは災害への対応を考える上で重要な疑問である。もし、サンフランシスコ市民が今にも暴れだしかねない暴徒だという軍部の考えが真実なら、武装による攻撃的で権威的な対応が正しい。だが、もし災害がもたらす心理的帰結が〝ミレニアムの友情〟だとしたら、軍の対応とは正反対の、シュミット巡査やホルスハウザーのような穏やかな対応こそがふさわしい。災害においては、「人間の本質」が問われるのだ。

「人間の本質」という言葉は今では流行遅れになっている。この言葉に暗示されるのは、固定した性質、すなわち普遍的で安定した自己である。だが、もし世の中には文化や環境により形成された多くの〝人間の本質〟があり、一人一人の中にはそれが複数存在すると認めるなら、災害時に現れる〝人間の本質〟の大部分は、いつもの、または正常な我々の姿ではなく、単にそのような状況下での我々の姿を示している。少なくとも災害時に表面化する傾向としては、争いを引き起こしたファンストンの恐怖と、喜びを生み出したジェイコブソンの団結の二種類がある。災害への反応は、部分的にはその人が誰であるかに左右される――たとえば、ジャーナリストには一般の人とは異なる義務がある――が、誰になるかもまた、その人が何を信じているかで大きく違ってくる。ファンストンは、権威や権力、人間に内在する残虐性といったものを信じていた。ジェイコブソンは、人間は仲間であると信じていた。ウィリアム・ジェイムズはいろいろなことを信じ、さらに考えもしたが、地震の体験は彼の思考を深め、以前に考えていた事柄の多くと結びついた。

「どんな違いを生むだろうか?」という疑問は彼の哲学の中核をなす。それは、ある考えの真理は何かという疑問よりむしろ、その考えが引き起こす結果を重視する実用的または実利的な疑問である。換言すると、ほとんどの哲学が物事の現存する状態の発見に力を注いでいるのに対し、ジェイムズは人々の考えがどのように世界を方向づけるかに焦点を合わせている。彼なら神が存在するかどうかを問うよりも、神を信じることが、その人の生き方や、社会のあり方にどのような違いをもたらすかを解明しようとしただろう。考えが真実かどうかよりむしろ、その考えの引き起こす結果は何か? これは世界の不変性よりは適応性に、それが何でできているかよりも、わたしたちがそれをどうできるかに目を向けた、きわめてアメリカ的なアプローチだ。ジェイムズの哲学のこの一面は、時に、個人がそれぞれのリアリティを作り出すという、昨今のニューエイジ的思想に近い、安易な唯我論だという誤った解釈をされることがある（個人がリアリティを作り出すというのは、文化や政治経済に目をつぶった荒っぽい見方だ。リアリティは自然の力に加えて、集団や動向、イデオロギー、宗教、その他の多くの要素が長い年月をかけて作り出すもので、個人が作るものではない）。

しかし、わたしたちが全体として自分たちの世界を作り出さない限り、リアリティは生じない。わたしたちは最も公的で永続的な慣礼とのきわめて緊密な関係により、自分たちの世界を形作る。そして、それは信念によって導かれた行動より生じる。たとえば、アメリカ合衆国建国の政治文書は「すべての人間は平等である」という信条で始まる。アメリカ独立革命は部分的にはその信条の帰結であった。それに続く革命も、平等という傘に守られる人間を増やそうとした試みだった。わたしたちの時代の闘いは、政策を変えるのと同じくらい、性別や人種に対する人々の考えを変えるための闘いだった。というのは、政策の変化は、多くの場合、考えの変化の帰結だからだ。考え方が問題なのだ。災害においては、それは緊急に問題となる。ジェイムズが一九〇六年四月半ばに遭遇した災害は、彼自身を試す大きな試練となった。

一九〇五年に彼はある講演を行った。その内容は、一九〇七年に『プラグマティズム』というタイトルの本となって出版されたが、その中で彼はこの章の冒頭に引用した疑問を投げかけている。彼は人生最後の一〇年となった二〇世紀初頭の一〇年間には病気がちだったが、知的能力と名声の点では絶頂期にあり、精力的に執筆し、合衆国やヨーロッパで講演をし、さまざまな国の学会から名誉学位や会員資格を与えられ、戦争や宗教、精神主義、心理学ほか、あらゆる分野で、尊敬される有識者になった。彼は一八四二年にニューヨーク市の裕福なアイルランド系アメリカ人一家の、五人きょうだいの長男として生まれた。次男のヘンリーは兄と同じくらい著名な作家になった。父親は精神的思想《スピリチュアルイデア》についての熱心な勉強家で、たまにだが倫理学や宗教について本を書き、超絶主義者《トランセンデンタリスト》のラルフ・ウォルドー・エマソンの友人で、かなりの遺産を受け継いでいた。

若き日のウィリアム・ジェイムズの心には幾度も迷いが生じている。南北戦争の兵役を逃れ、美術を学んで画家になることを夢見たが、医学の道に進んだ。ハーバード大学で解剖学の分野に職を得たが、最終的には哲学と当時はまだ新しい学問分野だった心理学で長く教授を務め、パイオニア的な業績を残すに至った。彼は若いときに一度、重症の鬱病になった。したがって、残りの人生は、ふたたび同じ病に引き込まれないための十分な目的と意義を求める闘いだったと見なしていい。彼の場合、食べるために働く必要はないという経済的な余裕が、その闘いをよけいに苦しくしていた（そして、弟のヘンリーと同じく、彼も病気がちで、心気症患者とまではいかなくても、少なくとも自分の体の症状のことで頭がいっぱいだった）。彼は思いやりのある友であり、夫であり、父であった。彼の書いたものからさえ、温かさや、形式張らなさ、心の広さ、ほんの小さな事柄にでも示す興味、そして希望が伝わってくる。彼自身は時々、自分の文章や話し方の軽快なやわらかさが知識人としての地位をおとしめているのではないかと感じたようだが、それゆえに彼は広く受け入れられ、人気があった。

教職からのリタイアを考えていたときに、スタンフォード大学が、気前のいい給料で、サンフランシスコの南五〇キロほどの田舎にある、ぴかぴかの新しいキャンパスの教壇に招致した。

一九〇六年の春だった。彼はスタンフォード大学の状況に感激し、友人にこんな感じの手紙をくり返し書いている。「この大学はまるでユートピアのようだ。ここには、予言者が夢見たあのすべての単純化や、堕落からの解放が実現している。古典的な景観、理想的な気候、金持ちはいない。男女は平等。全員（特に学生）が多少なりとも肉体労働をしている。上品で調和のとれた建築、立派な研究室と所蔵品、素晴らしい音楽、こういった最新のものがすべて、いわゆるコミュニティに属している。その一方で、個々人は想像できうる最もシンプルな暮らしぶりをしている」[*67]。他の手紙には「真にシンプルな生活と、最高の形のデモクラシーがある」と賞賛している[*68]。ジェイムズはユートピアの可能性については懐疑的だったが、それに向けた努力は高く評価していた。著書『宗教的経験の諸相』の中の挿話にも「現代の多くの社会主義者やアナキストが耽溺する社会的正義というユートピア主義の夢は、非実用的で、現在の環境条件に順応しないにもかかわらず、聖人が実在を信じる天国に似ている。それらは厳しい一般的な状況を打破するのを助け、よりよい体制をゆっくりと育む」とある[*69]。これは実用主義的な考え方だ。完全なユートピアの実現は不可能でも、それを実現しようとする努力が、やはり世界をよりよくすると彼は説く。信じている内容は正しくないかもしれないが、それは有益だ。考えが世界を作るのだからと。

戦争と地震

スタンフォード大学で、ジェイムズは三〇〇〇人の学生に加えて、時に一五〇〇人もの、学生以外の聴衆に向かって講義をした。そのいわば公的な講演で、彼は自身の偉大なマニフェストである「戦争に代わる道徳的等価物」の初期バージョンを発表している。それは二月末、地震の約六週間前だった。彼がそこで提起した問題は、結果的に、地震によって別の観点から答えが与えられることになった。こうして、「道徳的等価物」は、地震についての小文と合わせて、人生の目的、意味、英雄的行為、満足を検証する二つ一組の書物となった。一九一〇年に発行された版は「戦争をやめさせるための戦争は、旅行やキャンプパーティにはならない」という言葉で始まる。[*70] 彼はアメリカの対スペイン戦争とスペインの旧植民地であったフィリピンの併合に反対するために一八九八年に設立された反帝国主義連盟に加入した。彼は、一般大衆は潜在的に好戦的であると考える傾向にあったが、扇動的な〝イエロージャーナリズム〟の時代にあって、それは新聞により、ますます掻き立てられた。当時、作家のマーク・トウェイン（一九〇一～一九一〇年、反帝国主義連盟の副会長）を含む多くの著名な知識人や公人が、同戦争のあからさまな不道徳行為に強硬に反対し、自分たちの国が帝国主義国家に変容していくのを恐れた。ジェイムズの関心はアメリカの外交政策の方向付けや検討から、戦争というものを撲滅することは可能かという、より大きな問題へと移行していった。

戦争自体、一部の人々にとっては一種のユートピアであると彼は認めている。「なぜなら、ある人の所属する集団がその人の奉仕を必要としていると知ったとき、その人のすべての資質が尊厳を得るからだ。もしその人がその集団を誇っているなら、その人自身のプライドも比例して膨れ上がる。軍隊ほど、そういったプライドを助長する集団はない――と、こんなことを述べたあとに、わたしは、自分自身のユートピアがどんなものであるかを告白する。わたしは、平和な国の実現性を、そして一種の社会的安定が徐々に訪れる可能性を心から信じている。戦争の機能についての宿命論はわたしに言わせればナンセンスだ。なぜなら、戦争は他のあらゆる種類の企て同様、明確な動機により生み出されるが、慎重な検討と理性ある批判を免れないからだ[*71]」。すなわち、戦争は避けられないものではないと、彼は言っているのだ。はっきりした理由があって始まるが、それを終わらせるには、戦争が育む人間の理念や欲求と折り合いをつけなくてはならない。むろん、ジェイムズが生きていたのは、南北戦争の記念碑が次々と建ち、戦場での英雄的行為が詩の主要な題材となる時代で、現在のように仮想の敵に対して仮想の攻撃を想定するようなことはまだほとんどなかった（非白人に対する大量虐殺はめったに報道されることはなかったが、どこにでもあった）。

永遠の平和は、喜びだけでなく、それ以上のものを追求する社会においてのみ実現可能で、そこには大義、困窮、要求、一般的な苦しみがあるに違いないと彼は説く。〝喜び〟の中に生まれ出た彼は、自身を意味付けするのに苦しまなくてはならなかった。彼は〈平和部隊〉や〈貧困撲滅運動〉［リンドン・ジョンソン大統領の提唱した低所得者向け施策］などといった組織や政策に似た、次のような提案をしている。

「徴兵制の代わりに、若年層の全員を徴集して、数年間は〝自然〟との闘いを行う部隊に所属させたなら[*72]」、特権階級の若者たちすら「自分たちの住む地球と人間の関係や、自らの恵まれた暮らしの常に不毛な土台について理解するだろう。炭鉱や鉄鉱山、貨物列車、一二月の漁船、皿洗い、クリーニング、窓拭き、道路工事、トンネル工事、鋳物工場、火焚室、高層ビルの足場などへ裕福な若者たちを自らの選択により送り込めば、彼らの内から子供っぽさは払い落とされて、より健全な同情心と分別ある理念を身につけて社会に戻ってくるだろう」[*73]

これほどまでに具体的な提案がなくとも、人間は多くを求められたときに最も力を発揮するという、彼の本質的な主張は明らかだ。「戦争はなくても、勇ましい性格は育まれる」と彼は続けている。「過去の歴史は人々の中に軍人的な気質を煽ったが、この先に必要なのは市民的気質を煽ることだ[*74]」と。

何が戦争に代わる道徳的等価物だろうかという問いに対しては、このコミュニティワークへの徴兵制が、ジェイムズが思いつく限り、最も実践的な形の答えだった——地震が起きるまでは。地震が発生したとき、彼はすでに目覚めていた。彼の瞬時の反応は「歓喜と感嘆のみだった……恐怖はまったく感じなかった。純粋な喜びと歓迎だった……妻の寝室に走っていくと、ぐっすり眠っていたにもかかわらず目覚めていて、やはり恐怖はまったく感じていなかった[*75]」。その年の六月に書いた『地震の心理的効果について』という随筆の中に、彼は「スタンフォード大学のある学生の話は、途方もない大災害が恐怖を打ち消してくれる好例だ」と書いている。その学生は倒壊した石造りの学生寮の四階にいた。三階分を落下していくとき、彼は死を覚悟したが、痛みも恐怖も感じなかった。光の見えるほうに向かって瓦礫から這い出ると、寝巻き用のシャツしか着ていないことに気づいたので服を取りに戻ったが、足に大怪我を負っていることを発見したのは、ずっとあとだった。地震直後のキャンパスの様子を、ジェイムズはこう記している。「誰もが興奮していたが、初めのうち、多かれ少なかれ、その興奮は喜びともいえるものだった……続く数夜はほとんど全員が外で眠った。その理由の一つは、余震が起きたときにそのほうが安全だからだが、もう一つには、気持ちを鎮め、地震の体験の異常さを最大限感じていたかったからだ」[*76]。スタンフォード大学の重厚な建物の多くが華々しく倒壊したが、犠牲者はゼロに近かった。

　地震の起きた朝、ジェイムズの同僚で心理学者のリリアン・ジェーン・マーティンは、サンフランシスコにいる妹のことを心配していた。市の被害状況はすでに届いていた。そこで、ジェイムズはリリアンといっしょに、サンフランシスコに向かう唯一の汽車に乗った。八日後にも、彼はもう一度、街の様子を見に戻っている。そして、カリフォルニアでの滞在期間の終わりまでずっと──大学側が学期の残りの予定をすべてキャンセルしたので、彼のカリフォルニア滞在は短縮されたのだが──誰彼なく、地震に対する心理的な反応について質問をした。のちに彼は書いている。「わたしが取り組んだのはもっぱら個人の〝主観的な〟事象のみだ。だから、あらゆるところにあった物質的な破壊については、何も書かないでおこう。それについては日刊新聞や週刊誌が十分カバーしてくれた。［地震当日の］昼になるころには、動ける者は全員が活動していた。全体的な狼狽というものは見られなかったし、度を越した興奮や会話もほとんど見られなかった……身体的な疲労と真剣さのみが、彼らの顔から読み取れる内的な状態だった。過去と未来が残酷に遮断されたにもかかわらず、そして慣れ親しんだ物からすべて切り離されたにもかかわらず、誰もが陽気に見えた。規律と秩序はほぼ完璧だった」[*77]（のちに彼はスタンフォード大学の学長宛てに「とはいえ、精神的に参っている連中は取り除かなくてはならないかもしれません」と書いている[*78]）

　彼の伝記を書いた作家の一人は「ジェイムズは単にサンフランシスコの被災者たちに感情移入す

ることができなかったので、労働と連帯感が災害に打ち勝つ処方箋であると強調したのだ」と彼を非難している。[*79] しかし、ジェイムズは哀れみなどよりもっと複雑な解釈を必要とする行いを目撃したのだ。

地震についての彼の随筆は続く。「振り返ってみると、二つの事象が特に感動的で、地震から受けたすべての印象の中でもとりわけ際立っている。どちらも人間の本質について、わたしたちを安心させてくれるものだ。一つはカオスの中から素早く即時対応的に秩序が生まれたことだった」[*80]。そして彼は、必要に迫られた多くの事柄について、リーダーシップも相互調整もなしに、どんなふうに人々がイニシアティブを執ったかを描写している。その例の一つとして、画家ウィリアム・キースのファン二人が、街の中心部にあるために焼失する運命にあった彼の家に行き、炎から彼の作品を救い出した事象を挙げている（のちに二人は持ち出したカンヴァスを画家のアトリエに届けた。そこでは画家が自分の絵はすべて焼けてしまったものとあきらめて、すでに新しい制作に取りかかっていた）。ジェイムズの「軍務のような、目的に向かうエネルギーは……常に人間の本質の中に潜んでいる」[*81]という文章の中には、「戦争に代わる道徳的等価物」に示されていた見解がはっきりとくり返されている。

彼を感動させたもう一つの事象は「全般的な沈着冷静さだった。すぐに東部から不安と悲痛の色濃い手紙が届いたが、わたしは今、大災害にうろたえて情けない反応をするのは実際の被災者よりむしろ遠くにいる人々であるという、以前から気づいていたことを改めて確信している。カリフォルニアでは、嘆き悲しんだり、感傷的になったりしている人の声は一度も聞かなかった」[*82]

最も情けない反応を示したのは、彼の弟のヘンリー・ジェイムズだった。新聞でセンセーショナルに書きたてられた記事を読んだ彼は、兄から無事の声を聞くまで、最悪の事態を想像していた。小説家のヘンリーはまくしたてた。「暗澹たるこの数日間の緊張で、まさに倒れる寸前だよ……もし兄さんを捕まえて、地震はけっして悪夢ではなかったとその口からちゃんと聞かなければ、わたしも兄さんの悪夢の一分一秒を同時に体験したと言うところだった」[*83]。これに対し、兄は快活な返事をして、その中で弟の悪夢を再現した。「まさかお前がそんなに極端な想像をしているとは思ってもいなかった。怪我だらけになって、うつろな目をし、体は飢えて痩せ細り、恐怖で正気を失ったわたしたちの姿がくり返しお前の心に浮かんでいたとはな」[*84]。彼はそのような苦痛は、遠くにいる人ほど感じるのだと付け足した。随筆の中で、彼はこうも書いている。「通常の不運の最も耐え難い部分は、孤立という特徴から来ている」のだと。[*85] 大きな喪失は通常、わたしたちをコミュニティから孤立させる。他の誰もその不運に見舞われていないのに、自分だけが愛する人を、家を、安全を、健康を奪われたからだ。しかし、喪失が全般にわたるものであれば、人は苦しみにより孤立することはなく、むしろ連帯感を見出す。

この部分を書いているとき、わたしの友人が、恐ろしい病気に罹ったあとにサポートグループに入った知人について話してくれた。こういったグループの目的は、患者が孤独感を覚えたり、そのような苦しみを味わっているのは自分だけと感じたりしないよう、患者同士の交流をはかることにあるのだという。苦しみを宗教的に静観したり、病人や、貧しい人や、死の床にある人の世話をしたりすることは同情心を発達させ、自己憐憫や、それと表裏一体の自己拡大に陥るのを防いでくれる。ポーリン・ジェイコブソンの「二度とふたたび、自分だけがいつも運が悪くて、つらい思いをしているると感じることはないだろう」という言葉にあるように。[*86]

ジェイムズは続ける。「快活さや、声のしっかりした調子は全員に共通していた。わたしが話をした一〇〇人にものぼる被災者の誰一人、すすり泣いたり、泣き言を言ったりしなかった。その代わりに、誰かの役に立ちたいという熱意があらゆるところにあった。これをアメリカ的、またはカリフォルニア的であると賛美するのは簡単だ……資源に乏しい疲弊した国であったなら、未来の展望はもっと暗いものだっただろう。だが、わたしは、わたしが書いているものは人間の本質の正常で普遍的な特質であると思いたい」[*87]

眠っているエネルギー

その年の一二月に、ジェイムズはアメリカ哲学会に向けた基調講演の中で、ふたたび地震を題材に取り上げている。その講演は「人間のエネルギー」と題され、極端な状況や極端な人物だけが呼び覚まして利用できる、大半の人々の中に「眠っているエネルギー」をテーマとしていた。彼は「日常のルーティンが、人々の意志の深層部に障壁をめぐらせているが、それを突き破って、使われていないエネルギーを徐々に行動の中に持ち込んでいる、西部に住むヨガの研究者」[*88]を例に挙げた。さらに、地震に遭った人々が自らの中に発見した「閉じ込めたエネルギーの蓄積と忍耐」についても話した。彼がずっと解明したいと思っていたのは、極端な形の人間性について――すなわち聖人や神秘主義者、幻視者、精神を病んでいる人や拘束されている人の精神状態や感情、あるいは利他主義や英雄的行為、超越、犠牲などを引き起こす力についてだった。つまり普通ではない、むしろ異常な人間性の出所は何かという問題だった。災害時には、彼が描写した心理状態は要求されたわけでもないのに、例外的ではなかった。それらの驚くべき特質は一般的だったのだ。

彼の理論は、いろいろな意味において、災害という試練における人間の本質についての、経験にもとづく、初めての優れた調査であり、その結論は災害社会学者がもっと多くの大災害を系統立て調べた末に達した結論と一致している。ジェイムズの調査は、人間は災害に主導力や秩序や互助でもって対応し、冷静さを保ち、体験を分かち合った場合には苦難や喪失は何か違ったものになるという結論で締めくくられている。

地震のおかげで、彼は探し求めていたもの――戦争に代わる道徳的等価物――を発見した。それは「過去の歴史が軍人的な気質を煽ったように、市民的気質を煽る」状況だったのだ。市民的気質――この言葉は、単に義務としてではなく、自らの〝欲求〟と環境適応として行われる社会的行為を示唆している。地震は一人の子供、ドロシー・デイの中にあったそのような気質を目覚めさせた。地震が起きたとき、ウィリアム・ジェイムズにはあと四年しか命が残されていなかったのだが、ドロシーが名を挙げ、〝欲求〟を行使するための年月は七四年もあった。

ドロシー・デイの愛

衝撃を受けた子供

大事件や大災害は人や社会にどんな変化をもたらすのだろう？　通常は、重要人物や大きな機関の変化といった、はっきりと目に見えるものについて研究がなされる。たとえば、一九〇六年の地震は、いわゆるサンフランシスコの腐敗したシュミッツ＝ルーフ行政の改革を促進したと言われるが、同時に、一つの行政が、単に別の高潔ではあるが同じくらい利己的な行政に置き換わっただけだとも言われている。ルーフとシュミッツは贈収賄で告訴され、ルーフは長期の禁固刑を言い渡され、証人の家は爆破され、ある編集者は名誉毀損で訴えられ、検事は法廷で撃たれた。告訴された汚職は事実だったが、二人が執拗に追及されたのは、シュミッツが労働組合と連携したことに対する怒りや反ユダヤ主義によるところが大きい。『ニューヨークタイムズ』紙は、スプレッケルズとフェランが率いる進歩党［革新党とも呼ばれる］の連携は「彼らのプランにとって障害となるいくつかの団体をつぶして報復するための政治機構を確立しようとしている」と報道した。[*89] または、フラドキンが言うように「セオドア・ルーズベルト大統領の傍観者的立場からの静かな声援を受けて、カリフォルニアの進歩党は、災害による傷から回復するために混乱状態の一時的な中断を何よりも必要としている街に、分裂を招く暴力的なドラマを展開するという罪を犯した」のかもしれない。[*90]

市の行政官たちは安全インフラにはほんの少しの変更を加えただけで、建築基準や規制にも何ら改良を加えることなく再建を許した。必要な木材を得るために、太平洋沿岸の森林という森林が、はるか北のワシントン州まで伐採され、猛スピードで街を復興させるために、何千頭もの馬が死ぬほど働かされた。そして、サンフランシスコは、素晴らしい部分もあれば、ありふれた部分もある、以前と同じ、ごく普通の機関や不公平や分裂のある都市としてよみがえった。政治上のトラブルもまた、私利と汚職と大物たちの以前と変わらないビジネスの一部だった。

では、すべてが普段とはまったく違っていたあの瞬間は、どんな影響を残したのだろう？ あの大災害の、目に見えない、広範囲に及ぶ影響はどんなものだったのか？ 一〇〇万人、もしくはそれ以上の人々を巻き込んだ出来事の重みは、どんな物差しで測れるのだろう？ とてつもなく大きな変化――人生の方向を変えてしまうほどの喪失感や期待感――はどういったものだったのだろう？

もし名もない一人の人物が、あの地震により目覚め、将来大きな影響力をもつ人物になったとしたら？ もしあの出来事の影響があまりに静かに潜行したために、誰にも気づかれないまま何十年も経ち、結果的に何百万人もの人々が影響を受けることになったとしたらどうだろう？ 多くの出来事が、そのときには気づかれないまま種をまき、ずっとあとになって実を結ぶ。

地震が起きたとき、ドロシー・デイは八歳半だった。競馬ジャーナリストの三番目の子として生まれ、ちょっと変わった思慮深い子供だったが、亡くなってから三〇年が経った今もまだ、合衆国内だけでも一〇〇ヵ所以上の活発な拠点をもつ過激な運動母体の創始者として崇拝され、カトリック教会の列聖の候補者にもなっている。デイは子供時代の普通の喜びや悲しみを超えた何かを求め、貪欲に本を読み、近くの教会を訪ね歩き、宗教に興味をもち、大志を抱く意志の強い子供だった。八歳のとき、神に対する恐れが「凄まじい音となって現れ、それが次第に大きくなり、どんどん近づいてきたので、汗びっしょりになって目覚め、悲鳴を上げて母親を呼んだ[*91]」そうだが、それは彼女の地震の記憶とごちゃ混ぜになったようで、「音が大きく鳴り続け、死に対する強烈な恐怖があったということは、今考えれば、あれは単に地震だったに違いない」と語っている。

「地震自体は低い轟音とともに始まり、地面のけいれんがそれに続き、地面が家を嵐のように荒々しく揺さぶる海になった[*92]」。父親は彼女の兄たちをベッドから引っ張り出し、母親は妹をつかんだが、デイはオークランドの家の床の上を走り回る大きな真鍮製ベッドの中に一人残された。だが、彼女は地震のあとの社会に同じくらい衝撃を受けた。一九三〇年にこう書いている。「地震について一番はっきりと覚えていることは、そのあとに、誰もが温かく親切だったことだ。何日間にもわたって燃えさかるサンフランシスコから避難民があふれ出てきて、オークランドのアイドラパークや競馬場で避難生活を始めた。みんな寝巻き姿だった。生まれたての赤ん坊もいた。母と近所の人たちは全員、朝から晩まで温かい食事作りに大忙しだった。母たちは先のことなど考えず、ありったけの服を彼らに分け与えていた。そんな危機的な状況が続く中で、人々は互いを愛していた」[*93]

愛の練習

「そんな危機的な状況が続く中で、人々は互いを愛していた」。デイはそのことを一生忘れず、その先の長い生涯を、その愛の実現と恒久化に捧げた。それは貧しい人々のニーズに応え、より公正で寛大な社会を作るための実践力となる愛だ。地震の瞬間と、直後の社会の頑張りを体験した彼女は、これを机上の空論的可能性としてではなく、実験済みの現実としてとらえることができた。しかし、その道のりは長かった。地震のあと、彼女の家族は家具を売って現金に換え、シカゴ行きの汽車に乗った。一家はオークランドでは中産階級だったのだが、シカゴでは居酒屋の上のアパートに移り住み、夕飯には熟れすぎたバナナとトーストだけの貧しい暮らしが長期にわたって続いた。その間、家族はまわりにいる貧しい人々と交わった。高校時代のことを彼女はこう書いている。「わたし自身、貧しい者として、〈救世軍〉のような宣教を目的とするごく一部の人たちだけが親切にしてくれるのでは不満だった。すべての人に親切にしてもらいたかった。サンフランシスコ地震のあとのように、すべての家を足の不自由な人や体の不自由な人、目の不自由な人に開放してほしいと思った。そうなって初めて人は本当に生きることができ、仲間を愛することができるのだ。そのような愛の中には豊かな人生があるのだが、どうすればそれを見つけられるのかは、まったくわからなかった」[*94]

デイは神に対する思慕と社会の最底辺にいる人々に対する強烈な愛を胸に育ったが、それらは必ずしも両親から受け継いだものではなかった。彼女の両親は宗教にも政治にも関わらなかったからだ。宗教と政治、その二つに折り合いをつけることは、彼女にとってやがて大きな課題となる。貧しい人たちの苦しみを和らげたいと願いつつも、彼女は貧困の中に何か神聖なものを見出していた。自叙伝の中に、こんなくだりがある。

「ある日の午後、海岸に座ってウィリアム・ジェイムズの随筆集を読んでいると、こんな一節に出会った。『貧困は尊敬すべき宗教的な天職であるという考え方の復活は、軍隊的な勇気が形を変えたものではなく、わたしたちの時代が最も必要とする精神的変革なのではないかと思う。わたしたちの中の、特に英語圏で貧困を称える人々は、今ふたたび、おおっぴらに礼賛される必要がある……わたしたちは、いにしえの清貧の実現の意味を想像する能力さえも失ってしまった。それらは、物の執着からの解放であり、金の力になびかない魂であり、より潔い無関心であり、自分たちが何を持っているかではなく、誰であるかにより自活することであり、いつでも好きなときに自分の人生を棒に振る権利であった』[*95]。さらに、アプトン・シンクレアの小説『ジャングル』が、それまでは目に見えなかった、シカゴ近辺に住む貧しい人々の生活を、彼女にとってリアルなものにした。そして、「そのときから、わたしの人生は彼らの人生に結びつき、彼らの関心はわたしの関心になった。わたしは天声を聞き、天職を、人生の方向づけを得たのだった」[*96]

彼女は宗教的な言葉を意図的に使っている。三〇歳になる直前にカトリックに改宗するまでの彼女はずっと、祈りや教会という避難場所や、宗教が与えてくれる大義や、日常生活や革新的な政治が与えてくれるものより、もっと偉大で超常的な何かを切望していた。しかし、二〇世紀初めの急進的なアメリカにおいては、宗教と彼女の生活の他の部分は両立せず、過激な人たちのみが、貧しい人々のニーズに目を向けていた。そしてデイは過激だった。彼女は背が高く、堂々としていて、顎は力強く、肌は青白く、黒い髪をたいていはボブにし、大股で闊歩し、強い意見を吐き、そして多くの若者たちのように多数の関心事をうまくまとめることができないでいた。彼女はアナキストに、共産主義者に、フェミニストに、革命家たちに恋をし、彼らとともに新聞の仕事をし、彼らとともにワシントンでデモ行進をし、ダンスパーティやバーでともに酒を飲んで踊り、ともに刑務所に入り、この世界はどう変われるか、どう変わるべきかを語り合った。

　彼女は多くのものに恋をし、「愛」という言葉を意識的に使って、ロマンティックな愛やエロティックな愛とはまったく違う情熱や献身の対象について語った。五〇代で出版された『長い孤独』という自叙伝の中に、こんな思い出を綴っている。

「その年は、五月に赤ん坊が生まれた。その年はまた、一四歳だったわたしが恋をした年でもあった。初恋は甘美だ[*97]」。相手は通りの先に住む楽団の指揮者で、彼とは一度も口をきくことはなかった。そして、こう続けている。「赤ん坊の弟に対する愛は、あの初恋と同じくらい深く、同じくらい忘れることができない。二つの愛は両立していたようだ[*98]」

　一九一七年、ロシアで革命が勃発した。そのとき、彼女は二〇歳近くになっていて、マディソンスクエアガーデンで行われた、数千人による合唱と祝賀に参加した。「今度は大衆に恋をした。その愛について、そのときはっきり表明したか、論理的に解明したかは思い出せないが、わたしの心は温かくなり、胸はいっぱいになった[99]」。彼女は次々に恋をした。一〇年後に深く愛したフォースターについてはこう書いている。「わたしに自然な幸福をもたらし、神のもとに導いてくれたのは、彼との生活だったと常に感じている。地球上の生物に対する彼の燃えるような愛が、わたしを万物の創造主へと導いてくれた[100]」。そして神のもとに到達すると、デイは反宗教主義者だったフォースターとの事実婚を解消した。

愛の地勢のマッピング

他の種類の愛もある。けれども、わたしたちはそれらに対する語彙をほとんど持ち合わせていない。人々の精神の時代的感覚が娯楽と消費者主義やセラピー・カルチャー――通俗心理学とカウンセリングから引き出されたアイデアのごたまぜ――により支配されている時代にあっては、個人とプライベートが強調されるあまり、他のすべては排除されるのが常だ。心理療法の範囲からさえ、個人生活を超えた領域にまで広がる人間であることの側面としての魂や神や民といった概念は除外されている。従来型のセラピーは個人の危機や苦しみを救うために時として必要であり重要なのだが、自己についての非常に不完全な感覚を提示している。それは人間の可能性の範囲に対するガイドとしては、痛ましいほどの単純化だ。それはあなたが羞恥や苦悩に対処する助けにはなるだろうが、社会や地球上でのあなたの目的については何も教えてくれない。より大きな世界に生きることで単なる個人的視野から救済されることを示唆してくれることすらほとんどない。人々に社会からの疎外感や、空虚感や、家族や性の問題とは異なる理由で価値がない人間だと感じて苦しんでいるのだと診断を下すこともほぼないだろう。それはたいてい社会を変化させるよりは個人を適合させるほうに導いていく（たとえば、一九五〇年代には心理学は女性たちを家庭の主婦としての地位に甘んじさせる方向に利用され、フロイト主義の専門用語が女性たちのより大きなパワーや自立や尊厳や社会での役割に対する欲求を非難するのに利用された）。個人の欲求と可能性に対するこのような制限は現状を維持するのにも役立つ。それは市民権が果たすどんな役割も、社会の変化や社会への関与に対するどんな必要性も説明しない。

大衆文化はこの私物化された自意識の上に繁栄する。最近のある映画では、政治活動家たちの政府に対する抗議の根底には父親との難しい関係があるという扱いがされている。それは、人の営みの適正な領域はあくまで個人のそれに限られ、公的生活に関与する合理的な理由などはなく、そのような行動は青くさく、一心不乱に感情的で、実は別の源から発した情熱であることを暗示している。だが、もし政府が人々やあなた自身の命を脅かしていたり、破滅的な未来に向かおうとしていたなら、どうだろう？　もしより良い世界に対するビジョンや、今よりましな社会へ移行する方法というのが、あなたの合法的な情熱だったらどうだろう？　あなたの自分自身に対する感覚が広大で、あなたの幸福にそのような大きくて理想主義的な取り組みが含まれていたとしたら？　オスカー・ワイルドはユートピアが含まれた世界地図を求めた。利他主義や理想主義やそのアイデアや、精神の中にあるユートピアン的な部分や、もしくは単に最も拡張した精神が含まれた人間の心理地図はどこにあるのだろう？　バリー・ロペスは『極北の夢』の中で一八二三年の極北の地の捕鯨師についてこう書いている。「彼らは変わらぬ明るさの中で気分の高揚を覚えていた。そして充足感と自尊心を得ていたが、その幾分かは彼らの厳しい仕事がもたらしていた」[*101]。この文は人間の目的と喜びを普通とは違う基準で量っているという点で傑出している。仕事は自分に価値を与え、光はウキウキさせ、すると世界はより大きく豊かになる……故郷から遠く離れた極寒の危険な海で非常に厳しい仕事をしている男たちでさえ。

わたしはテレビをもっていない。長年、ホテルやモーテルでそれを目にするたび禁断の果実に出会ったかのように感じ、焦ってスイッチを入れ、何か見るものはないかと探したものだ。よく目に留まったのはホームコメディで、いくつかは常にケーブルテレビで再放送されていた。しばしばそれらが映し出す世界は、個人のちっぽけで感情的な悩みを大きい視野に放り込んでくれる、貧困や病気や死といった重大な苦難からは解放されたものへと縮小されていた。そこには理想もなければ、きわめて利己的なニーズの追求を超えたところにある、より大きな可能性もない（登場人物たちは絶え間なく互いに対立させられていて、そんな場面では確実に笑いの効果音が入る）。もし誰かがそれ以上のものを目指したなら、即座にその人物の愚かさがあらわにされる。ロマンティックな恋愛さえ、常に笑えるほど利己的か妄想的、または猥褻だ。セラピー・カルチャーとともに、ホームコメディは人間であることの意味を縮小して定義しているかのようだ。それらを道徳的に非難しているわけではない。ただ、それらはわたしをゾッとさせるのだ（幸運なことに、そういったホテルではたいてい昔の映画や、壮絶な大災害を延々と見せてくれる気象チャンネルや、「ザ・シンプソンズ」を見つけることができる）。手軽なベストセラーの本さえもまた、人間であることの広範な領域に対して尻込みしているかのようだ。あたかも登場人物の住む部屋には窓がなく、さらに恐ろしいことには、窓の外には何もないかのようだ。わたしたちは純粋に個人であることに押し込められているが、そこはわたしたちがデイの政治やロペスの海景から帰ることになる温かい家ではない。そこは世界の中心にあるシェルターではなく、唯一残された場所――牢獄――だ。

世界はもっと広いし、こういった他の種類の愛は人をその広大さに導いてくれる。公的生活や政治生活はたいがい単なる権力や義務として、場合によっては暴力として語られる。けれども、時にそれは喜びでもある。たとえばトマス・ペインの『人間の権利』やネルソン・マンデラの自叙伝のような本の中で出会う人物は、家庭生活や官能生活を送る生き物よりはるかに大きい。彼らには、魂、倫理観、理念、英雄的行為をする可能性、歴史を形作るチャンス、信念に基づいた一連のモチベーションがある。ペインは「(自然界は)人間をただ単に相互扶助が満たす様々な欲求により社会に送り出したのではなく、人間の中に存在のために必要でなくとも幸福のためには不可欠な社会的愛情を埋め込んだのだ。人生の中に社会に対するこの愛が活動を止める期間はない。それはわたしたちの存在とともに始まり、そして終わる」と書いた。[*102] だが、そんな愛や幸福は、わたしたちが何者で何を欲するべきかという型にはまった構造の中には存在しにくい。人間の存在のそういった側面に対する言語も、災害時に起きることを描写するのに必要な言語も、わたしたちは持ち合わせていない。

それでも、起きることは止められない。わたしは何度も何度も、人々がこの領域に滑り込み、喜びに輝くのを目撃した。語彙の欠如は人々が経験するのを妨げない。ただ理解し役立たせるのを妨げるだけだ。二〇〇三年の対イラク戦争に向かう時期には、ものすごい数の人々が反対のデモ行進に集結し、わたしも参加した。それは特定の政治的スタンスを示すものだったが、人々の表情は党派的なそれではなかった。地球上の七つの大陸（南極で参加した科学者たちを加えたなら）すべてで反対デモがあったその週末にわたしの加わった行進には二〇万人が参加していたが、人々の顔は溢れんばかりの情熱と活気に輝いていた。彼らはずっと欲しくてたまらなかったものをついに見つけたかのようだった。それは声を上げ、参加し、意見をもつチャンスであり、大勢の中で得られる力能《パワー》の感覚であり、自分たちは重要で、ただ歴史を眺めているのではなく歴史の中に足を踏み入れているのだという感覚だった。

この理想主義的な喜びを何万人もの人々の顔に発見するのは感動的だったが、そんな経験がどんなに稀であるかに気づいて気持ちが乱れた。その経験とはすなわち、本質的に市民のものであり、公的生活に役割を果たすことであり、まわりの見知らぬ人々と結びつくことによりわたしたちが社会と呼ぶ抽象につながる経験である。そのさらにパワフルで広範な形はバラク・オバマの選挙中に出現した。国中の、いや世界中の人々が、ある意味それが取り除かれたからこそ突然感じることができた何世紀にもわたる痛みに、そして以前には手が届かないと思われていた希望に、泣いた。地球規模の感情の波は、正義や、意味や、他者の幸福や、国の命運に対する、いつもは眠っている深い情熱がもたらしたものだ。民主主義にあっては日常的にそんなふうに感じるべきなのだが、あまりに多くの国や社会でそんな経験は稀にしか得られない。この喜びのある部分は時によって災害時に発見され、その効果があまりにも深いせいか、ロンドン大空襲からワールドトレードセンターのツインタワーの崩落に至るまで、奇妙な情熱をもって振り返る人々が現れる。

わたしたちのほとんどの中に、この民主的な公的生活や、発言することや、何かに属することや、単に個人的なものにはなりえない目的と意味に対する深い欲求がある。誰もがより大きな自身とより大きな世界を欲している。それはウィリアム・ジェイムズが警告した戦争の誘惑の一部だ——というのは、戦時下の生活がしばしば人々の中に共通の大義や、自己犠牲や、より大きな何かに吸収されたいという感覚を呼びさます役割を果たすからだ。クリス・ヘッジズもまた『戦争の甘い誘惑』の中で「戦争の不朽の魅力はこれだ。たとえどんなに破壊や大虐殺があろうとも、それはわたしたちが人生で切望していたものを与えることができる。それは生きる目的、意味、理由を与えてくれる。戦争の只中にあって初めてわたしたちの生活の浅薄さと退屈さが明らかになる。取るに足らない事柄がわたしたちの会話を、そしてますます放送電波を支配している。さらに、戦争はきわめて魅力的な万能薬でもある。それはわたしたちに決意と大義を与えてくれる。わたしたちを気高くしてくれる」と述べている。[*103] これはわたしたちをジェイムズの疑問に立ち返らせる。戦争の道徳的等価物——大虐殺や外国人恐怖症や残忍さの等価物ではなく、その緊迫さや意味や団結の——は何か？ 彼が「市民気質」と呼んだものを、戦争のほかに何が発生させられるか？ 公的生活の多くの側面が、時に静かに（何らかの運動やコミュニティに長く身を捧げた人なら誰でもわかるように）、時にドラマティックに（戦争による一時停止状態や大災害や大混乱がもたらす団結を経験した人たちが知っているように）、そのような感情の受け皿になる。極度の喜びは偉大な公的イベントや歴史的瞬間といった極度の状況でしか得られない。それでも、その満足感の中の何かは日々の生活に流れ込む。その生活が深く広いものであるときに。

愛には個人的なそれとは違う多くの種類がある。世界の大きさは個人の悩みに対する鎮静薬の一つであり、各人が理想主義的な情熱と行動で世界を広げることができる。生きる意味は生活に組み込まれていることは稀なのだから、追求するしかない。災害時に生じる作業はしばしばこれを復活させる。作家のスティーブン・ドヘニー＝ファリナはアメリカ北東部とカナダの大部分を完全に麻痺させ、大停電を引き起こした一九九八年の大規模な氷嵐を振り返り、こう語っている。「すべての災害にそれぞれユニークな危険性があるけれども、多くの意味で、今回の氷嵐のインパクトは突然の大災害というよりは、みんなの生活に起きた予想だにしなかった変化という形で現れた……そして、そのプロセスで非常におもしろい現象が起きた。電力供給の回路がダウンすると、代わりに社会的絆の活気ある回路が生じたのだ——形式ばったものとくだけたもの、組織されたものと偶発的なもの、公的なものと私的なもの、公認されたものとその場限りのものとを結びつける回路だ」[*104]。彼はそれをとても気に入ったので、停電が復旧して大学の授業の準備に戻ったとき、「その仕事が自分からはるか遠いものに感じられた」という。そして、こう続けている。「あたかも二週間の間に教師から家の修理人にキャリアを変えたかのようだった。不器用で、ほとんど何も知らなくて、でも教えてもらえばわかる能力はあって、二サイクルの発電機をどうすれば動かして維持することができるかなんていう新しいスキルを学びたがっている、そんな修理人だ。すると突然、また電気が消えた。すぐさま立ち上がって窓から外を覗き、どこかに電気が復旧している証拠はないか見渡した。みんなに電話をかけ始めた。村中が停電しているようだった。ぼくは生き生きした

――まるで電力が供給網を離れて、ぼくに注ぎ込んだようだった」

デイの影響

ドロシー・デイはドストエフスキーやトマス・ド・クインシー、ディケンズの書物を、大いなる情熱の対象で、人生の重要な一部分だとし、こう言っている。「人間には何かを畏怖し、崇拝し、敬愛したいというどうしようもなく大きな欲求がある。それは無視してはならない、人間の本質にもとづいた心理的要求だ。どんなに人々がわたしたちを見捨てるかを、わたしたちは認めたくないのだ[*105]」。だからこそ、わたしたちには何かもっと大きなものが必要なのだろう。彼女の考えでは、それには神への愛や信仰が含まれた。そこで、長い間、苦悶し、迷った末に、娘に洗礼を受けさせるために彼女は恋人やパートナーを捨て、カトリック信者になった。そうしてデイは長い孤独から抜け出せたものの、同時に急進派の中での生活とも別れを告げたために、新たなジレンマに突き当たった。「カトリックになって以来、わたしがやってきたことは、どんなにちっぽけで、つまらないことだったか。どんなに自分本位で、内向きで、コミュニティ精神を欠いていたことか！」という思いに至った彼女は、ニューヨークに舞い戻ってふたたびジャーナリストになり、ワシントンでの貧しい人々のデモを報道した（改宗の一年後に起きた世界大恐慌により、当時は国中が絶望感にすっぽりと覆われていた）が、ジャーナリストの仕事には気持ちが入らず、彼女は孤立していると感じた。やがて一九三二年に敬虔であると同時に急進的なフランス人の農民ピーター・モーリンに出会い、すべてが変わる。彼がデイの人生を変えた。

モーリンはデイのアパートで彼女を待っていた。二人は力を合わせ、伝道の組織を創設した。これは、どちらであっても一人では成しえなかっただろう。デイは彼のことを「天才、聖人、扇動家、執筆者、講師、貧乏人、みすぼらしい放浪者が一体になった人物」と描写した。[*106] どんな状況のもとでも、誰にでも喜んで講義をする独学者のモーリンについて、誰もがデイほど熱っぽく語ったわけではなかったが、彼には未来の構想に対する揺るぎない自信があり、それゆえにデイは自身のもてるエネルギーの多くを、その実現に注ぎ込むことができたのだった。一九三三年のメーデーに彼らは活動を開始した。平和主義、貧しい人たちとの連帯、社会改革、宗教上の行為としての奉仕活動を説く一セント新聞の発行を開始し、創刊号は二五〇〇部を刷った。『カトリック・ワーカー』という紙名は、共産主義者の新聞『デイリー・ワーカー』をもじると同時に、その未来構想の中心が労働と労働者であることを強調していた。デイとモーリンは定期的に記事を載せた。彼らのまわりには、ライターやイラストレーター、新聞の売り手たちが集まってきた。その中にはホームレスもいたし、その新聞がなければ失業する者も多かった。新聞の発行が、やがて次の段階として、その人たちのような極貧者やホームレスに住処を提供する〈ホスピタリティハウス〉の設立により労働者運動に移行していったのは論理的な展開だった。ニューヨーク市のいくつかの場所を試したのちに、彼らはスラム街のような雰囲気と住民の荒っぽさで知られるバワリー地区に落ち着いた。

一九三九年になるころには、もはや〈カトリック・ワーカー〉は、彼らの完全な指揮のもとにはなかった。彼らの作った運動の枠組みからは、二三棟のホスピタリティハウス、二つの農場、全国各地の研究グループが生まれていた。新聞の購読者数は爆発的に伸び、創刊から二年後には、一一万部に、一九三九年にはおよそ二〇万部に達していた。デイとモーリンは大恐慌のアメリカが必要とする抜本的改革と急進的政策として登場したニューディール政策を熱心には支持していなかった。彼らは「互助により確立できる多くの業務を国が乗っ取ることを、奉仕活動を行うことで食い止められる」と信じていたのだ。[107] 貧しい人々のニーズが個人的に応えられ、貧しい人々が自立し、それによりコミュニティの一員になることを、彼らは欲していた。国はその責任を部分的に取り除いてしまう――デイは一貫してアナキストだった。個人が最大限自立して、国に対しては最小限の役割しか持たせないことを理想としていたのだ。デイとモーリンはフランス人の哲学者エマニュエル・ムーニエの提唱する〝人格主義〟（人々をある階級の構成員や、社会問題に対し個人的に責任を負う存在としてではなく、あくまで個人としてとらえるべきだという考え方）に深く影響されていた。彼女はまた平和主義者でもあり、戦争という壮大な意思表示は、おびただしい数の正当化できない殺人行為にすぎないと考えていた。そのため、第二次世界大戦中は、彼女たちの運動の支持者数は減ったが、その同じスタンスにより、ベトナム戦争中には支持と関心がふたたび増加した。

デイは、神を愛していると言いながら、貧しい人や困っている人に姿を変えた神は愛さないカトリック教徒がいることを嘆かわしく思っていたが、彼女にとってはその二つの愛は同じだった。「連帯感により、キリストの神秘的な肉体についての教義［人間はみな、キリストの肉体の一部である］を徐々に理解するに至った。わたしたちはみな互いの一部なのだ」と言っている。[108] カトリック教会は飢えた者に食事を与え、裸の者に服を着せ、家のない者に住処を与え、病人を見舞い、死体を埋葬することを含む〝肉体的奉仕〟を説くが、敬虔であると同時に急進的な組織となった〈カトリック・ワーカー〉はそれらのすべてを行いながら、さらに無知な者たちを啓蒙し、迷える者を導き、罪人を訓戒し、苦しむ人を慰め、そして万人のために祈ることを含む〝精神的な奉仕〟を行おうとした。こういった奉仕活動は、巨大な宗教組織が病院を運営し、慈善があらゆる人にとって宗教上の義務の一部だと考えられていた中世には、社会に組み込まれた不可欠な一部分だった。その厳しい顔つきといい、凄まじいまでに強い意志といい、複雑な問題に対するシンプルなアプローチといい、デイには中世的な何かがあった。彼女の敬虔さは、〈カトリック・ワーカー〉の急進的な弁論や活動に対する教会関係者たちの不信感をなだめることが多かった。

デイの活動の中心になったのはコミュニティという概念だった。ホスピタリティハウスは貧しい人々を受け入れ、かつ中心となる人々がそこの住人や他の困っている人々の面倒を見る一種のコミューンだった。当時も今も、〝貧しい人々〟という言葉は、危機的な状況にある人や、アルコール依存者や薬物依存者、精神を病んでいる人々の現実より、はるかに感じよく響く。サンフランシスコに近い〈カトリック・ワーカー〉のハウスでは、現在は、主に移民の農業労働者たちの世話がなされている。農場で育ったモーリンは、貧しい人々を田舎に送り返し、貨幣経済の外側で、共同で自給自足させる未来を夢見ていた。〈カトリック・ワーカー〉は二つの農場を運営していたが、そこでの農作業の状況はお笑い草だった——というのは、そこに送り込まれた人々は必ずしも質素な食生活を喜びもしなかったし、さらに、彼らにはボスもいないのに進んできつい農作業をする気などさらさらなかったからだ。でも、デイとモーリンは、飢えた人々が生き残りのために自ら積極的に何かをするのではなく、受動的な消費者に堕落してしまった一九〇六年の地震後の食料支援の過ちはくり返すまいと決意していた。もちろん、貧しい人々に自立をうながせば、ある程度の混乱や不安は避けられない。が、二人はいつも、貧しい人々は食料以上の何かを必要としていると確信していたので、権限と可能性も彼らと分け合ったのだった。

八歳のときに経験した災害後の団結と気前の良さが長くドロシー・デイの原動力となった。〈カトリック・ワーカー〉は一つの答えであり、デイの急進的な活動と精神的欲求の融合でもあった。オークランドで地震が小さな少女を揺さぶってから一世紀以上が過ぎた今もまだその効果は持続し、社会の片隅に生きる人々や、無力な人々が恩恵を受けている。彼女ほど、このもう一つの愛のためだけに激しい生き方を選ぶ人はそうはいないだろう。とはいえ、ドロシー・デイの人生は、災害時に生じる利他主義の、単に永続的で極端なバージョンにすぎないのだ。

わたしが子どものころ、夏の夕方に子どもたちが空いた場所ならどこでもしていた遊びがある。一人が他のみんなから離れた端っこに立ち「グリーン・ライト！」と叫ぶと、他の子供たちはスタートラインから一気にその子に向かって駆け出し、「レッド・ライト！」の声がしたところで身動きを止める。災害はこの遊びに少し似ていて、誰もが突然、普段より素速く必死に自分の目指す方向に突進する自由を得る。一九〇六年のサンフランシスコでは、人々がいつもと違う自分になったわけではない。ファンストン准将は自身の中にあった恐怖心と暴力の正当性に対する確信を解き放ち、軍を送ってそれらに基づいた行動をとらせた。市の有力者たちは自らの金と権力の状況を改善する策略に突進したが、時に一般の人々の利益になると思えば、その任務を果たしもした。金持ちは無秩序な民衆という考えに脅える一方で、時にはその民衆の一部にもなった。一般市民は個人的にはさほど大きな影響は与えなかったが、全体として災害後の方向づけに大きく貢献した。ポーリン・ジェイコブソンは持ち前の社交性と人間性への確信を強めて邁進し、それはジャック・ロンドン、メアリー・オースティン、ウィリアム・ジェイムズも同様だった。アンナ・アメリア・ホルスハウザーは、トマス・バーンズ、シュミット巡査とその妻や娘たちほか数えきれないほど多くの人々と同様、気前の良さと機知を発揮した。中には放置された品々を手に入れるチャンスに飛びついた者たちもいたが、そういった窃盗的行為は、街が廃墟となったのちに見られた利他主義的行為や寄付の数の前には問題にならないほど少数だった。災害時にはいつもと違う自分——通説では無力になるか野蛮になるか——になるのではないかとか、社会の堅固な構造が崩壊したときに人間の本性が現れるのではないかなどと恐れている人は多い。実際には、わたしたちは大部分において自分自身のままだが、ただ自身の中のたいていは最悪ではなく最良の部分にしたがって行動する自由を得る。日常生活のマンネリは残忍性よりもむしろ多くの美点を隠している。

第2章

ハリファックスからハリウッドへ：大論争

HALIFAX TO HOLLYWOOD:
THE GREAT DEBATE

二人のプリンスの物語：ハリファックスの大爆発とその後

爆発

一九一七年一二月六日午前九時過ぎ、ガートルード・ペティパスは開いた窓から身を乗り出して、カナダのノバスコシア州ハリファックスの港で貨物船が燃えるのを眺めていた。すると、それが爆発した。「真っ黒な煙の巨大な玉が一二〇メートルから一五〇メートルもの高さまで吹き上がり、そこからけばけばしい真っ赤な炎が噴き出した。それは身の毛もよだつほど恐ろしい光景だったが、壮観だった……まぶしい火が辺り一面に拡がって、空中はるか高くまで立ち昇るのが見えた。火が空を覆いつくした。目がくらんだ。と同時に、顔に激しい衝撃が走り、わたしは凄まじい力で部屋の反対側に吹き飛ばされ、壁にぶつかって落ちた。家がぐらりと揺れ、振動し、ドアと窓が粉々に砕けた[*1]」

すでに第一次世界大戦はカナダのこの静かな港町にまで波及していて、街は兵士たちで賑わい、ヨーロッパの前線に供給する品々であふれ返っていた。多くの人々がその瞬間、ドイツ軍が侵攻してきたのだと思ったが、実際には、ヨーロッパの最前線に送り出す膨大な量の爆薬が引き起こした港湾事故だった。それは核兵器の発明前では、史上最大の人為的な爆発事故だった。

その朝、「ベルギー救済」という旗を垂らしたノルウェー船〈イモ号〉は、ハリファックス港の防波壁に守られた狭くて長い水路で、間違った側にいる軍需品運搬船〈モンブラン号〉とすれ違おうとしていたためか、変則的な航路を進んでいた。モンブラン号は死に物狂いで警告したが、二つの船は安全に行き交うための航路について、同意することができなかった。イモ号は猛スピードで進み、モンブラン号の側面に突っ込み、船腹を引き裂いた。モンブラン号はきわめて引火性の高いオイル、綿火薬、ベンゾール、ピクリン酸に加え、三千トン近くの爆薬を積んで、フランスに向かう艦隊に加わろうとしていた。衝撃でいくつかの積荷に火がつき、最も爆発しやすい原料の荷にも引火した。船荷はニューヨークで積載されたとき、いくつかの安全対策が採られていた。鉄製の船体は火花を防ぐために銅製の釘を使って木材で内張りがされ、船員は燃料の入った樽の置かれたデッキを含むほぼすべての場所で、喫煙を禁じられていた。とはいえ、危険きわまりない積載船だった。衝突により火災が発生し、広がり始めたが、それがどんな大事故につながりかねないかがわかっていたのは、その船の船員のみだった。誰かに警告することもできないまま、彼らは逃げ出した。船は三〇メートルもの高さに火柱を上げながら、岸壁に漂っていった。と、そのとき、三千トン近くもの爆薬が爆発した。[*2]

爆発の衝撃により、空中三〇〇メートルの高さに吹っ飛んだ二七〇〇トンのモンブラン号は、そのほぼすべてが雲散霧消し、ハリファックス市と海峡を隔てた対岸のダートマス市の上に白熱の金属片をシャワーのように浴びせた。半トンの重さがあった船の錨軸は三キロ先まで、積載されていた大型砲の砲身は六キロ先まで吹き飛ばされた。[*3] 海水は吸い上げられて水柱となり、落下すると凄まじい荒波を引き起こし、まわりを飲み込み、満潮時より二〇メートル近くも水位を押し上げた。白煙の雲が、空に向かって六千メートルの高さに巻き上がった。ベンゾールの残りがもうもうと上がった蒸気と混ざり、ねばねばした黒い雨となって、数分間、港の両岸に降り注いだ。音波が発生し、音は三〇〇キロ先まで到達した。爆風は街の上を渦巻きながら突き進み、建物をなぎ倒し、ドアを、窓を、壁を突き破り、まともに衝撃を受けた人々の死体を粉砕し、鼓膜や肺を破裂させ、吹き飛ばした人を何であれ近くにあるものに衝突させるか、さもなければ遠くまで運び、樹木や電柱を小枝のように折り、周辺一帯を裂片と瓦礫の山に変えた。続いて、火の玉がモンブラン号のあった点から半径一キロ半の範囲内にあるものすべてに火をつけた。一キロ半以内にあった建物は一つ残らず破壊され、遠くにあった建物も多くが損壊するか、火がつき、そこから火事が広がっていった。結局、一三〇万平方メートルが焼失し、一六三〇棟の建物が焼け落ち、一五〇〇人以上が死亡し、多くの人が未亡人や孤児になり、多くの親が子供を失った。九千人近くが負傷し、家族は引き裂かれ、子供を含む四一人が両目の視力を失い、二四九人が片目を失うか、片目の視力を失った。

モンブラン号の船員たちは火災をどうすることもできないと判断するなり、救命ボートに飛び乗り、岸に向かって死に物狂いで漕ぎ、陸に上がると一目散に走った。彼らが上陸したのはハリファックス対岸のダートマスの海岸沿いの、タートルグローブにあるミクマク村近くだった。地元の女性アギー・マーチは赤ん坊を抱いて突っ立ち、不思議な色をした炎の凄絶な光景を眺めていた。[*4] 彼女のそばを走り過ぎた一人の水兵が赤ん坊をひったくり、走り続けて茂みの中に飛び込んだ。女性が追いつくと、船員は彼女を地面に押し倒し、彼女と赤ん坊の上に覆いかぶさった。彼らは生き延びたが、タートルグローブでは九人が命を落とし、一八世紀から存続していた先住民の集落は消滅した。爆発により粉々に割れた何万枚もの窓ガラスは、壁や森や人々の肉や目に――その冬の日に、港で起きている劇的な事件を窓ガラス越しに眺めていた多くの人々の目に――突き刺さるガラスの短剣になった。八〇〇キロ先まで、窓ガラスは割れた。ハリファックスのカトリック系の学校で机に向かって座っていた少女は、窓ガラスが船の帆のように自分のほうに膨らんできたのを見て瞬間的に頭を下げたが、同時に粉々になったガラス片をシャワーのように浴びた。家々は砕けて木切れの山になり、人々は押しつぶされ、生き埋めになった。外にいた大勢の人々は黒い油の雨を全身に浴び、通りや、病院や、仮遺体安置所でも、家族にすら見分けがつかなくなっていた。

六歳のドロシー・ロイドは、三人の姉妹とともにセントジョセフ・カトリックスクールに向かっていたところ、一人の女性が髪を振り乱して「戻って！ 戻って！」と叫びながら自分たちのほうに走ってくるのを見た。[*5] 空に山のような形の煙があるのに気づいて立ち止まった瞬間に、爆発の衝撃により地面に叩きつけられた。そして、あたり一面に煙が立ち込めた。

「ドリー、見て、ストーブの煙突が飛んでくわ」。ドロシーが言った。

姉が「あれは煙突じゃないわ。水兵さんよ」と、間違いを訂正した。何人かの人間が流れるように飛んでいった。次に爆風により姉妹のうち二人が飛ばされたので、四人姉妹はばらばらになってしまった。ドロシーたちは落下した鳥に取り囲まれた空地にしゃがんだ。その一二月の朝に、外を歩いていた人や、立って港の船火事を見物していた人々は爆風に服を飛ばされ——紐をきつく結んだブーツやボタンを掛けたコートまで——半裸か全裸になって一キロ以上も遠くまで吹き飛ばされた。だが、海面から急勾配の坂で上っていくその街の地形のおかげで、多くの人々が爆風に吹き飛ばされながらも、それほど高い位置から墜落しないですんだ。また、信じられないほど長い空中の旅を生き延びた人もいた。消防士のビリー・ウェルズは消防車〈パトリシア号〉で港に急行していたが、次に気づいたときには、元にいた場所よりはるか高台に裸で突っ立っていた。[*6]腕は骨が見えるほど深く裂けていた。瓦礫や破片を大量に含んだ波が、港から彼を追って坂を上ってきて、空地で彼に覆いかぶさった。ウェルズは助かったが、誰もが彼ほど幸運ではなかった。他の七人の同僚は全員が死に、そこから立ち去ろうとしたウェルズの目には、窓や電柱に垂れ下がった死体がいくつも映った。

負傷した人々も、その傷はグロテスクだった。一二歳のアイリーン・ダガンは空中に投げ出され、金属の杭に腕が突き刺さった状態でぶら下がっていたところを、兵士が下ろしてくれた。[*7]彼女の家は半壊し、下敷きにならなかった兄弟姉妹たちが、重傷を負った母と妹一人を掘り出した。第一次世界大戦の戦場から戻ったばかりだったある兵士は「フランスで見た何よりも、あの爆発事故は衝撃的だった。戦場では木っ端微塵になった女や子供を見ることはないからね」と語った。[*8]彼はつぶれた肺の治療のために戦場から送り返されていたにもかかわらず、二三回も負傷者を病院に運んだ。

前出のドロシー・ロイドの姉妹の一人は学校の門の下敷きになったが、兵士に救出された。[*9]もう一人はまったくの無傷だった。四人姉妹は家に戻り、窓の吹き飛ばされた家にとどまって兄の一人が帰ってくるのを待ったが、やがてやって来た兵士に銃を突きつけられて追い出された。近所の人たちとともにハリファックス・コモンズ［共有地］まで歩いていると、行方不明だった兄がワゴン車を運転しながら通りかかり、そばに車を止めた。だが、ロイドにはさらなる驚きのシーンが待っていた。数人の修道女がそれぞれ服の脇を広げて持ち、輪になって何かを人の目からかくまっているので、見に行くと、その寒い日に草地の上で女性が赤ん坊を産んでいたのだ。

ニューブランズウィック州からの夜行の急行列車は、爆発が起きたとき、ちょうどハリファックスに近づきつつあった。機関士は這うようなスピードまで速度を落としたが、やがて瓦礫により行く手を阻まれた。乗務員と乗客は負傷者や家を失った人々を汽車に乗せて近くのトルローまで運んだ。それより前の汽車は現場に近づきつつあったが、鉄道通信員のヴィンセント・コールマンが自らの命の危険もかえりみず、港湾近くの電報局に走っていって、「汽車を止めろ。火災を起こした爆薬積載船が六番埠頭に突進しつつあり、大爆発が予想される。これがわたしの最後のメッセージとなるだろう。さようなら、仲間たち」[*10]という警告と自らの死亡予告を走行中の汽車に発信したおかげで、三〇〇人の乗客の命が助かった。彼の通報は汽車を止め、早々に援助を要請した。彼は爆発により死亡したが、カナダは今も彼を忘れていない。安全情報を発信するために電報局に残った一九歳のハロルド・フロイドも死亡した。波止場の近くの電話交換局にいたオペレーターのジーン・グローブスは、消防士や医師や看護師を要請するために、倒壊したビルの中にとどまった。[*11]彼女はビルの瓦礫の中から救出された。医師や看護師やボランティアは、負傷者の命を助けるために、二四時間ぶっ通しで働いた。医療チームや技能労働者を含むボランティアや支援物資が汽車で次々に到着し、災害当日から、負傷者や、両親を亡くした子供たちや、ホームレスになった人々が、それぞれのニーズに対応できる場所へと運ばれていった。

怪我をまぬがれた地元の人たちも緊急態勢に即応した。若いビジネスマンのジョー・グルーブは爆発にも気づかず寝通したが、目が覚めると母と妹が浅い傷から血を流していた。[*12]家族は兵士に言われるがままハリファックス・コモンズを目指したが、彼だけは経営する文房具店の窓に板を打ち付けようと遠回りをした。そこで彼はその災害がどんなに凄まじいものであるか、どんなにやるべきことが多いかに初めて気づき、自分の店に行く代わりに、彼の中古のフォードで食料品の倉庫へと向かった。倉庫はすでに開放されていて、ボランティアたちが人々に配るための食料を運び出すのに忙しく働いていた。彼もさっそく支援物資を運搬し、負傷者を引きずって車に乗せ、手当てをしてもらえるところまで運び、のちには、怪我をした動物を助けるために各家を回っている獣医のために運転を買って出た。そのような機転――新しい役割や協力関係、新しいルール――は災害時には典型的だ。

兵士に脅されたのは、ドロシー・ロイドの家族だけではなかった。小児科病院の女性管理者は顔に切り傷を負ったままスタッフの前に立ち、断じて病院をコモンズに移させたりはしないと宣言した。[*13]戸外では子供たちが凍え死んでしまうかもしれないからだ。看護師たちは全員、彼女を支持した。被害を受けたエリアには武装した警備員が配置され、許可証を持った人しか入れなくなった。しかし、全体としては、復興はスムーズに進んだ。それは街が比較的小さく、しかも戦時下だったために、人々の間にすでに共通の目的意識が備わっていたからだろう。戦争ゆえに、そこのドイツ人住民は嫌がらせを受けはしたが、撃たれたり、迫害されたりした者はいなかった。

サンフランシスコの地震はのちに降った雨により野外での避難生活が不快なものになったとはいえ、それは穏やかな春の気候のもとで起きた。だが、ハリファックスの場合は事故後に暴風雪があり、気温は氷点下になった。このダメージは大きく、二つの災害に数多くの違いをもたらした。戦時下の街は兵士だらけの駐屯地になったが、軍隊はただちに援助の仕事に取りかかり、公的機関や市民生活に干渉はしなかった（破壊されたエリアの警備をしたために、一部の人々が家族の遺体や私物を捜しに自宅に戻ることは困難になったが）。兵士たちは役に立つと同時に、寛容でもあった。略奪者を撃つよう命令されていたが、そういった過剰反応的対応をした者は比較的少なかった。事故から三日後の一二月九日、警察本部長が報告を受けた窃盗未遂事件はたったの一件だと発表した。[*14] 公的機関同士や、公的機関と市民の衝突はほとんどなかった。文化も市民の気性も違うせいか、ここでも気前の良さや勇気を示す行為は多分にあったものの、記録上では、サンフランシスコにあったようなブラックユーモアに溢れた賑やかな上機嫌に匹敵する現象は見られなかったようだ。人口に対する割合でいくと、犠牲者数ははるかに多く、人為的ミスが招いた、真冬の戦時中の爆発事故は、少なくとも初めは自然災害だったサンフランシスコの春の地震よりはるかに耐え難かっただろう。

世界中から、支援金や物資が届き、ボランティアがやって来た。中でもとりわけボストンは惜しみない援助の手を差し伸べた。過酷な天候のもとでは、避難所の確保が緊急課題となる。人々は有蓋貨車や、軍のテントや、自宅の無事だった一部屋か二部屋の窓を板でふさいで寒さをしのいだ。周辺の田舎や、ノバスコシア州の他の街の住民は、多くの人々を自宅に受け入れた。孤児になった子供や、親が重傷を負った子供は、養子になったり、里子に出されたりしたが、子供たちを引き取りたいという声は大陸中から上がった。ハリファックス出身のローラ・マクドナルドが記した爆発事故の歴史にはこうある。

「宗教や階級や出身地により分断されたハリファックスの厳格な階級社会は、一時的に統合された。二日前にはリッチモンドになど一歩も足を踏み入れなかったであろうイングランド系プロテスタントの母親が、突然、アイルランド系カトリックの子供たちを自宅に受け入れていた。一つの家族全員が裕福な家の応接間に住むよう招かれたりもした。中産階級の人々を大変な道徳的不安に陥れていた兵士や水兵たちは英雄になった。彼らは組織化し、訓練されている上に、自分の家族の面倒を見る必要がなかったので貴重な存在だった。若者や一〇代の少年たちもまた、蓋を開けてみれば大変役立った。彼らは普段の仕事からは解放され、指示を仰ぎ、昼夜なく何時間もぶっ通しで働いた」[*15]

社会学者

ハリファックスの爆発事故は、社会学者たちにはサミュエル・ヘンリー・プリンスという名と結びついて記憶されている。プリンスはハリファックス住民で、彼の著した爆発事故に関する書物により、大まかに言って、災害学という啓発的な分野が幕を開けたと言っていい。プリンスは一八八三年に、ハリファックスに近いニューブランズウィックに生まれた。トロント大学では心理学の修士号を取得したが、ワイクリフ・カレッジで英国国教会の聖職者になる勉強もした。ハリファックスで爆発事故が起きたときには、同市のセントポール教会で七年間、牧師補を務めていたが、数年前に災害後の状況はすでに一度目撃していた。それは〈タイタニック号〉が北大西洋上で氷山と衝突して沈没したあとのことで、彼は蒸気船〈モントマグニー号〉で駆けつけて、遺体の捜索と埋葬を行った。それから五年後に起きた港湾の爆発事故では、彼の教会のホールは家を失った三五〇人の住民の避難所になり、教会組織は最初の一ヵ月に一万食の食事を提供した。[16] 教会は爆発現場に近く、破片が飛んできた。その傷跡は、今なお壁に残っていると言われている。

それから一年四ヵ月後には、ニューヨーク市のコロンビア大学で社会学の新分野の博士号を取得する勉強をしていたのだから、爆発事故後の様子がプリンスの中の知的好奇心をふたたび掻き立てたのだろう。一九二〇年に発表した論文『大惨事と社会的変化』には、堅苦しいビクトリア時代の文体と、吟味されていない従来型の考えと、鋭い観察が奇妙に混ざり合っている。その論文の前提となっているのは、災害は社会的変化や政治的変化を生じさせるというアイデアで、その変化の本質について、いくつかの主張が冒頭に述べられている。

「〝クライシス〟（危機）という言葉はギリシャ語を語源とし、何かが最高点に達し分裂する点、すなわち、どう変わるにしろ、変化が差し迫った瞬間を意味する」[17]。彼は個人の生活の中での危機を、災害時の社会のそれにたとえている。「生活は熔けた金属のようになる。その流動的な状態から、主義や目的や信条の上に、もう一度生活を立て直さなければならない。おそらく平凡な日常からは暴力的に引き離されるだろう。かつての慣習は崩壊し、不安定が支配する」[18]。すなわち、災害は社会に変化の機会を与え、進行中の変化を加速させ、もしくは、何であれ、変化を妨げていたものを壊すというのだ。ある都市計画アドバイザーは、ハリファックスを訪れて「災害は単に、当時すでに差し迫っていた問題をはっきりさせたにすぎない」と述べた[19]。

プリンスは論文の冒頭部分で、この変化の本質や、差し迫っていた問題が何であったかは明らかにしていないが、「大惨事は常に社会的変化をもたらす。それは進歩だとは限らない」と認めている[20]。ハリファックス一帯の長期的な変化には、公衆衛生サービス、教育、住宅問題の改善や、市民生活への市民と公共機関双方の参加促進、そして、路面電車の車掌への女性採用などがあった。このような目に見える現象だけでなく、彼は「共通の問題の解決に当たって、新しい連帯の感覚が生まれた」としている。ちょうどタイタニック号の沈没が海運業や航海通信に関する規則の変更をうながしたように、ハリファックスの爆発事故は、カナダだけでなく国際的に、新しい海上基準や法律、条約、港湾条例の制定をもたらした。重傷を負った人々を緊急に治療しなくてはならない事態は、救急医療や、小児科、眼科、形成手術を始めとする医学の発達に結びついた。ハリファックスの経済的そして社会的発展のいくつかは、爆発事故よりむしろ戦争による混乱の帰結だったかもしれないが、プリンスは爆発事故に帰する傾向にあった。彼は市民の心理状態を調査していないし、市民が個人的に、もしくは集団として、政治的または心理的にどのように変化したか、そして、その変化が引き起こした実際的な変化がどのようなものでありえたかも検証していない。だが、ハリファックスは保守的で静かな街だったので、危機でも訪れない限り、めったなことでは変化は起きなかっただろう。

プリンスを徹底的に研究した学者のジョセフ・スキャンロンは、元牧師の社会学者プリンスはまず何であるより先にクリスチャンであったと結論している。「彼の論文の基礎となっているものは、実際、神学論的だ。彼は、キリストの十字架の上での死は、救いが苦痛から来ることの表れだと信じていた。救済には苦しみが必要だという考えを、大惨事は社会的変化をもたらす、つまり災難は進歩につながるという考えと結びつけた[*21]」。さらにスキャンロンは「苦しみのない世界は、崇高さのない世界であろう」という、プリンスのタイタニック号についての説教の一節を引用している。[*22]確かに一地方自治体について「悲しい日ではあったが、市の歴史の中では最も偉大な日なのかもしれない[*23]」とまで言っているところを見ると、プリンスはハリファックスの惨事を死と復活の両方であるととらえたのだろう。そして、別の機会には、意識的に新約聖書の言葉の置き換えを行っている。「当初、共通の災難の被害者として、誰彼なく苦しみの仲間に引きずり込もうとする、全体的な意識があった。男も女も、公平も不公平も、縛られた人も自由な人もなかった[*24]」（『ガラテヤ人への手紙』三章二八節の聖パウロの言葉「もはや、ユダヤ人もギリシャ人もなく、奴隷も自由人もなく、男も女もない。あなたがたは皆、キリスト・イエスにあって一つだからである」〔日本聖書協会口語訳より〕）。プリンスは同書の最後に、自らの信条をくり返している。「進歩は必ずしも、変化の自然で約束された結果ではない。それは賢明な努力と真実に対し捧げられた犠牲の結果としてやって来る」

この神学的な論理のあとで、プリンスは混乱したようだ。社会的調和を報告したかと思えば、「軋轢と危機は……醜聞になる寸前までいった」と書く。[*25] 一般市民が自力でなんとかしようとする建設的な努力を賞賛したかと思えば、「ボランティアたちには……系統だった支援というものを理解してもらうことなど到底望めない」と嘆く。[*26] 彼の結論は復興の長いプロセスをもとに引き出されたものだが、最も面白い部分は災害直後の数時間または数日について報告した部分だった。プリンス自身が目にしたり、直接話を聞いたりした部分では、ハリファックスの住民についてポジティブな意見になる傾向にあったが、一方で、ダートマスのジャーナリスト、ドワイト・ジョンストンの原稿にあった火事場泥棒や〝墓場荒らし〟(死体からものを盗む人)などのお馴染みの話も参考にしている。[*27] そして、口調さえも、客観的なものから「廃墟の間を夜な夜なうろつきまわり、死体や瀕死の人間のポケットを探り、冷たくなった指から指輪を抜き取る」といった具合にドラマティックなものへと変化している。[*28] 指輪泥棒は都市の災害神話にはつきもので、一九〇六年のサンフランシスコ地震のときも、指輪目当てに切断した指でポケットをいっぱいにしている泥棒や、死体や負傷した女性からダイヤモンドのイヤリングを耳たぶごと食いちぎる泥棒の噂が飛び交った。

ジョンストンの文を参照した上に、[*29] プリンスは当時の医学ものや心理学ものの文学の慣習に則り、災害は体内の「腺を異常に活性化」し、「恐怖、闘争、怒り」と「食料獲得」を含む「人間の原始的本能」を解き放つと書いている。[*30] 同じくらい扇動的な情報源は、一八九四年にフランス語から英訳されて出版されたギュスターヴ・ル・ボンの『群衆心理』だ。ひょっとしたら、プリンスがハリファックスの爆発事故を、無分別な行動を引き起こした社会的崩壊ととらえたのは、この本のせいだったかもしれない。しかし、同時に彼は、一九世紀の他の誰よりもル・ボン的でない、ある思想家の意見を参考にしている。それは無政府主義《アナキズム》の哲学者で革命家のピョートル・クロポトキンで、プリンスは二度も彼の文献を引用している。この二面性は、わたしたちを、災害に対する実質的反応と知的反応という、二つの哲学的な土台に引き戻す。そのかなたには、高圧的な権力機関がなくなると人間はどんな行動を取るのか、どのような社会が実現可能なのかという、より大きな問題が横たわっている。

革命家と反動主義者

ル・ボンはウィリアム・ジェイムズやピョートル・クロポトキンより一年早く生まれた。それぞれが出した結論は大きく違っているものの、三人とも暴力や人間の本質、社会の可能性についてのよく似た問題に没頭した。ル・ボンは一〇代の終わりに医学を学ぶためパリに移り住み、その後、一九三一年に没するまで七〇年間パリに暮らし、当時の科学を大衆化させ、時には完全におとしめる書物を多数、世に出した。彼と同じ分野を専門とする大学の科学者たちによそよそしくされたことを、彼はしだいに恨むようになった——彼自身、シニカルなスタンスから始めたにもかかわらずだ。実際、彼のごく初期の文献にすら、女性や、貧乏人や、非白人に対する、容赦ない軽蔑的な文が含まれている。たとえば、南アメリカは次から次へと革命が起きる運命にあるとの仮説を立て、その理由を「かの地の国民には愛国心がないので、国が安定しないからだ。欧亜混血の民は常に統制不可能だ」としている。[*31] ダーウィンの『種の起源』が発表された直後の、あの時代の人々の多くがそうだったように、彼もまた進化論を、自らを美化した空想にねじ曲げ、人種や階級に遺伝する精神状態や、人種そのものに根ざした心理学にのめり込み、大衆的な擬似科学方法論を追究した。彼の書いたものの背後には、他のカテゴリーの人間に追い越されるのではないかという、ヨーロッパ人男性の絶え間ない不安がふつふつと煮えたぎっている。科学は進歩したが、ル・ボンは進歩しなかった。そして、彼の著した多くの本の中でいろいろな国で読まれたのはたったの一冊だが、それがあまりに広く読まれたために、多くの意味で、わたしたちはその議論の及ぼした影響からいまだに回復していない。

彼のきわめて影響力の大きい著書『群衆心理』には、個人は集団になると自分を見失い、原始的なパワーに押し流されるとある。群衆の中の個人は「もはやその人自身ではなく、自分の意志に導かれることをやめたロボットになる。さらに、まとまった群衆の一部をなしているという単なる事実により、その人は文明のはしごを数段降りることになる。一人でいれば、その人は教養ある人物かもしれないが、群衆の中では野蛮人、すなわち、本能により行動する生き物だ。思慮のない行動、暴力、獰猛性に加え、原始人の情熱や英雄主義も見られる。一人でいたなら、まったく影響を受けることはないのに、群衆をなしているがために言葉やイメージに扇動されるに任せ、明らかにその人自身の得にもならない、まったくその人らしくもない行動に走る。この特性により、群衆はさらに野蛮人に似る傾向にある」[*32]

もしこれを信じるなら、集団になるという行為そのものが人々を狂わせるので、民衆は本質的に危険なものだということになる。ル・ボン以前には、暴徒というものは犯罪性向のある人々や気のふれた人々の集まりか、もしくは扇動家というマッチにより焚きつけられた燃えやすい人たちだと想像されていた。それが、ル・ボンの説によると、そうではなくて、群衆という形態自体が、その構成パーツの合計よりはるかにたちの悪い無責任な狂乱状態を作り出すということになる。災害は人々を通りに追い出し、集団による問題解決を余儀なくさせるので、一九世紀の終わりから二〇世紀初頭にかけてル・ボンやその同類が恐れをなした群衆が出現することになる。その不安はけっして消散することはなかった。一九〇六年のサンフランシスコ地震では、どんな集まりであっても、人が集まっているのを見るなり、暴徒の始まりだと決めつける人もいた。確かに群衆には、政策や、時には政府を変えるパワーがあった。ル・ボンは革命についての著書の中で、そのような社会的激変は「理知を圧倒する本能的行為に堕落してしまう」と主張している。[*33]「だから、大衆の情熱を解放することはきわめて危険なのだ。いったん川床を離れた激流は、遠くまで広範囲に破壊をもたらすまで収まらない」のだと。ホッブズのようにル・ボンもまた、権力機関がもともとは野蛮な人間性を抑制していると信じていた。プリンスもこういった考えに乗っかって「人間の原始的本能」について書いている。人間には文明の発達による洗練の裏に野獣のような本性が潜んでいるというのが、一九世紀ヨーロッパの基本的な考えだったのだが、それは先住民や部族民の植民地化を正当化し、自分たちの功績を単に欲望から生じた行為以上のものであると見ようとする切望からも生じていた。

災害により通りや避難所に集まった群衆は、たいていは共通の喪失を体験し、共同の救済策を必要とする不安定な状態により、一塊の明確な群衆となる。群衆は必ずしも無害な現象ではない。災害の起きている瞬間には利他主義が優勢だが、それに続くのは、時にスケープゴート探しだ。そのような災害後の出来事の最も非道きわまりない例は、一九二三年九月一日正午に日本の中心部を襲った関東大震災のあとに見られた。この地震による死者は一〇万人以上にのぼったが、そのほとんどが、木造住宅の密集地で、破裂したガス管やひっくり返った調理用コンロから出火した火事の犠牲者だった。加えて、巨大な地震により多くの井戸の水が濁ったのだが、火事は放火によるもので、井戸は急進派や朝鮮人が毒を入れたのだという噂は、むごたらしい大量殺人に発展した。約六千人もの朝鮮人もしくは朝鮮人に間違えられた人々が、何人かの社会主義者とともに自警団員により殺された。こういった人々が軍や警察に守られた例もあったが、結託した当局が殺人を指揮したり、社会の中で嫌われているグループを壊滅させるのに都合のいい噂を煽ったケースもあった。アナキストたちが災害に乗じて政府の転覆を狙うのではないかと恐れた憲兵隊は、アナキスト作家の大杉栄と六歳の甥、さらに恋人の伊藤野枝を連行し、三人を殴殺し、遺体を井戸に投げ捨てた。災害後には、時に凶暴な集団が出現する。だが、サンフランシスコでもそうだったが、関東大震災後の残忍な出来事は現状の破壊が目的ではなく、むしろ権力機関の結託による、もしくは直接彼らの手による、現状を維持しようとする行為だった。その昔、アメリカ南部にあった群衆による黒人リンチや、ナチスの群衆による〈水晶の夜〉〔一九三八年一一月九～一〇日にドイツで起こったユダヤ人への襲撃・迫害事件〕も同じである。彼らは自分たちの特権を少数派の権利に対して容赦なく行使した多数派だった。サミュエル・プリンスはこの恐怖に疑問を呈するために、ル・ボンの説をハリファックスで実際に起きたことと照らし合わせて検証してもよかったのだが、そうはしなかった。代わりに彼は、人間を個人と集団ではまったく違うものだととらえた別の思想家に助けを求めたのだった。

ピョートル・クロポトキンは国家や強制力のある機関を社会病理の源であると見なし、統制されていない人間性の本質的な善を信じた。彼は思いもよらない道のりを経て、世紀の変わり目に現れた最も偉大な革命家の一人になった。彼は当時のエレガントであり粗野でもあった社会に、プリンスとして生まれた。ロシア貴族の父は一五〇〇の「魂」(〝農奴〟は所有物として語られるとき〝魂〟と呼ばれた)を所有していた。大地主たちは、西ヨーロッパの工業化した資本主義から遠く離れた田舎で、自分たちの中世的な自立を誇りにしていた。広大な地所で、ピアノの調律から馬具の装着に至るまで、ほとんどすべての仕事が農奴や召使いにより行われ、地主の多くが私設オーケストラを抱えていた。クロポトキンの父も第一ヴァイオリンの奏者を二人、「姉妹から相続したかなりの大金で、彼らの大家族もひっくるめて買い[*34]」、農奴には本人たちの意思に反した結婚をさせ、彼に逆らった者は軍隊に送り込んだ。クロポトキンの母は早くに亡くなったので、召使いたちは力を合わせてピョートル少年と彼の愛する弟アレクサンドルを厳格な父から守り、自分たちのダンスの催しに招くことまでした。

兄弟は彼らに感謝し、なついた。クロポトキンがまだ小さかったときに、フランス人の家庭教師が、自らの貴族の称号を放棄したフランス革命の穏健派ミラボーについて話したことが、クロポトキンが自分の名前の前についていた敬称を捨てるきっかけとなった。心が優しく情け深いクロポトキンの政治学は、同時代に生きた同国人のレフ・トルストイなら〝愛〟と呼んだかもしれない。二人の政治的な共感は、二人の違いを乗り越えさせ、彼らはやがて仲間になった。クリスチャンのアナキストだったトルストイは、クロポトキンの随筆の校正まで行うほどで、二人は力を合わせて、迫害を受けた平和主義セクト〈ドゥホボル〉（霊の戦士）のロシアから西カナダへの移住を実現させた。劇作家のジョージ・バーナード・ショーは晩年にクロポトキンに会い、「個人的意見だが、クロポトキンはまるで聖人のように温かく、赤毛の豊かなあごひげと愛嬌のある表情からすると、〝歓喜の山々〟の羊飼いだったのかもしれない」と記している。[*35]

皇帝の近習学校で教育を終えたクロポトキンは、首都にある軍のエリート分団への入団を断り、シベリア探査に送られることを志願した。「シベリアで過ごした五年間に、わたしは人生と人間性について真に学んだ」と、彼はのちに記している。[*36] さらに「シベリアは雪に埋もれた凍土で、流刑者の住む地だというのは、多くのロシア人すら抱いているただの幻想にすぎない。南シベリアでは、南カナダにも似て、自然の産物が豊かだった」とも書いている。[*37] 彼はボートと馬で地図にも載っていない山脈を越え、受刑者たちが船員を務める、冬用の補給物資を運ぶ船でアムール川を渡り、森を抜け、遠隔の前哨基地を通過し、商人に変装して満州との国境を越えて、八万キロもの距離を旅した。当時、彼はすでにロシアの階級社会に深い不満を抱いていて、不公平の是正に燃えていた。ロシア帝国の辺境での数年間に、彼は農夫や、受刑者や、部族民その他、ヨーロッパの貴族が普通けっして出会わないような人々とともに生活し、労働した。彼は北方極東のアムール川一帯を調査し、のちに大陸の地図を描き直している。それは地理と探検の両面で、驚異的な業績だった。もし政治的な情熱が勝らなければ、彼は科学者として成功していただろう。探険家としての一時代のあとで、彼は急進主義者になり、囚人となり、大胆にも脱獄をし、それから何年も亡命者となり、その時期のほとんどをイングランドで過ごした。ロシア革命が起きたおかげで祖国に戻ることができたが、それはやがて大きな落胆をもたらした。解放がもたらした歓喜の瞬間は、新たな独裁体制に置き換わっただけだったのだ。

相互扶助VS社会ダーウィン主義信奉者

プリンスは『大惨事と社会的変化』の途中で、突然、クロポトキンを引用している。「大惨事と、それまでの正常な状態の突然の終焉は、英雄的行為の起爆剤となり、親切や気前の良さといった社会的美徳をうながす――その一つの形が相互扶助である。新しい状況により、そういった資質を解放する機会が得られるといったほうが、より正しいだろう」[*38]とし、次のページには、クロポトキンの一九〇二年の論文『相互扶助論：進化の要素』を脚注に挙げている。さらに二ページあとには、「コミュニケーションにより、〝相互扶助〟は世界的に重みのある言葉になった。傷ついた街サンフランシスコに、あらゆる方面からの自発的な支援物資が早急に届いたが……ハリファックスでも同じだった」と書いている。[*39]だが、その援助は実際には相互的ではない。見返りに何も要求しないし、期待もしない、遠くに住む見も知らぬ人々の利他的な行為だった。いや、もしくは、大きな意味では相互扶助なのだろう。そういった援助は、思いやりと気前の良さの基準が高く保たれた、より大きな社会を結合するからだ。贈り物をした人たちは、いつか自分たちが助けを必要とした場合に支援を受けられる文化的な世界の一員であるという自覚を得る。しかし、ハリファックスの場合、初期の援助はたいてい直接の相互扶助であり、自身も被災した人々が、助けを求める他の人に手を差し伸べた。たとえば、ジョー・グルーブは自宅も店も破壊され、彼自身も基本的にはホームレスになったというのに、負傷者を助け、食料を配給した。災害時の英雄の話はよく耳にするが、肉体的な勇気が必要な時間はたいてい非常に短く、気前の良さと思いやりのほうが必要となる期間は数週間から数ヵ月、時には数年間も続く。

一方通行の慈善とははっきり異なり、相互扶助では、参加者全員が与える側と受け取る側の両方になることが人々を団結させる。そういった意味で、これは相互依存であり、互いの欲求を満たし合い、互いの富を分け合うよう協力する人々のネットワークなのだ。地震に引き裂かれたサンフランシスコで、ミッション地区の住民が自分たちのコモンキッチンが公共機関のそれに取って代わられるのを拒絶したとき、彼らは互助が慈善に取って代わられるのを拒絶していたのだ。慈善のもとでは、住民たちはすべてを分け合う共同体ではなく、何も与えるものがない困窮した人々であると定義される。ドロシー・デイは〈カトリック・ワーカー〉を設立したとき、助ける相手を作業計画に積極的に参加させることで、援助を相互的にしようと努めた。洪水に破壊されたニューオーリンズで、急進派グループ〈コモングラウンド救援基金〉が掲げたスローガンは「慈善ではなく団結」だった。ハリファックスでは、プリンスが「避難民側は複数のリーダーシップと複数による決断を希望した」ことと、「支援のリーダーシップに部外者が割り込んできたことに対する怒り」に注目している。[*40] 住民は見も知らぬ人たちに助けてもらったり、他人に支配されたりするより、自分たちで助け合うほうを好んだのだ。

利他主義と慈善は、行為そのものにさほど違いはなくても、少なくともそれを取り巻く雰囲気には明白な違いがある。利他主義が団結と同情心で真横に手を差し出すのに対し、慈善は上から下へ手を差し伸べる。後者は、相手を見下したり、恩に着せたり、さもなければ、持てる者と持たざる者の違いを強調することで、かえって相手をおとしめるリスクを常に伴う。慈善は物質的な援助をしながら、相手の自我を奪ってしまう。与えることと受け取ることは不思議な関係になりうる。ビルマでは、仏教の僧侶は伝統的に喜捨で暮らしている。人に何かを与えることが許されれば、それは与える側にとっても恩恵となる。したがって、二〇〇七年に動乱が起きたときには、僧侶の一部は軍や軍人の家族からの喜捨をいっさい拒否し、彼らを徳を積む営みから切り離した。これはカトリックの破門にも相当する罰だ。それはまた、僧侶たちが他人の気前の良さを確信し、それを糧としていることも意味している（ビルマでは、二〇〇八年の台風のあとに貧困が悪化し、人々が極度に貧しくなって飢えた結果、僧院の一部は食料を買わざるをえなくなった）。与えるという行為自体が贈り物であり、したがって、与える側と受け取る側の間には、慈善のヒエラルキーではなく、むしろ利他主義の水平性の中に深い相互性が存在しうる。

よりいっそう複雑な交換は芸術の世界に起きている。作家や歌手は作品を与えているのだろうか？　それとも読者や聞き手が注目するという贈り物を彼らに授けているのだろうか？　もしくは、複雑なギブアンドテイクの関係にある相互性に、両者が組み込まれているのだろうか？　より大きな視野に立てば、継続的なギブアンドテイクは社会を結合し、社会を作っている対話を生じさせる。これはクロポトキンが描写した、相互的であるからこそ共同体や社会の土台となる援助なのである。

「相互扶助」という言葉は、今では災害対策における合い言葉になっている。この場合、それは、危機的な状況下で互いを支え合うための、通常の活動範囲や管轄を超えた複数の機関の間での取り決めを意味する。カリフォルニアでは、州内の援助システムはＥＭＭＡ（Emergency Managers Mutual Aid 危機管理責任者相互支援）と呼ばれるが、これができたのは、一九九四年に起きたロサンゼルス近郊のノースリッジ地震で、コーディネイトされた援助の必要性がクローズアップされたからだった。国単位では、あらゆる種類の自然災害ならびに人災に対応して、各州が互いに助け合えるように規定された州間相互扶助協定のＥＭＡＣ（Emergency Management Assistance Compact 緊急事態管理支援協定）がある。[*41] こういった相互扶助の典型は、大規模な山火事の現場に駆けつける州外の消防士や、捜索救助隊や、さらに都市型の災害現場に集結するスペシャリストたちに代表される。

クロポトキンならば、ハリファックスの爆発後に見られた相互扶助の形は、ただ単に一般的な人間の性向だけでなく、もっと広範囲な進化論的傾向を示していたと論じただろう。彼の著書『相互扶助論』の冒頭部分には、「若いときに行った東シベリアと北満州の旅で、動物の生態に関して次の二点が最も強烈に心に残った。一つは、厳しい自然の中であらゆる動物が続けなくてはならない、生存のための過酷な戦いだった。もう一つは、たとえ動物が多数存在していたごく限られた場所においてすら、必死で探したにもかかわらず、同種間での生存手段をめぐる激しい闘い——おおかたのダーウィンの進化論信奉者（必ずしもダーウィン自身ではなく）により、生存競争の支配的な特徴であり、進化の主要な要素であると見なされている——は見つけることができなかったことである」とある。[*42] 一九世紀末には、ダーウィンの説は、生物は生存をかけて互いに闘うので、生存は本質的に競争であるという科学的な確証として受け取られていた（一世紀前には、ジャン＝ジャック・ルソーが、人間にもともと備わっていたまっとうな人間性は、文明により破壊されたという説を確立していた）。

これは、のちに社会ダーウィン主義と呼ばれるものに帰された。社会ダーウィン主義は、現代人の行動は、必然的に原始人の行動と、人間性の荒涼とした本質を反映するという説を前提としている。それは経済競争の敗者に対して冷淡であることを正当化した——彼らが負けたのは、社会のシステムが不公平だったからではなく、彼らが弱くて、適応性がなく、怠惰だったからだという考え方だ。これは植民地での強奪や貧者からの剝奪によく使われる言い訳であり、人種的劣等性理論の基礎となっている。もし彼らを踏みつけた力が自然そのものと同じくらい避けられないものならば、自業自得だというわけだ。いや、少なくとも運命だから仕方ないのだ。社会ダーウィン主義はまた、「人生が地球の乏しい資源の奪い合いになるのは必然で、全員にとってじゅうぶんな資源がない以上、争いの過程で死ぬ者が出るのは避けられない」とするトマス・マルサスの説と類似している。資本主義が基本的に〝不足〟を前提とするのに反し、部族的経済や贈与経済の多くは〝豊富〟を前提としている。それらの寛大さは、経済的かつ倫理的な前提なのである。

『相互扶助論』は当時のすべての世界観に逆らっていたが、特に〝ダーウィンのブルドッグ〟［番犬］との渾名で呼ばれていたイギリスの科学者トマス・ヘンリー・ハクスリーが一八八八年に発表した有名な小文に刺激を受けていた。ハクスリーは著書『人間社会における生存競争』の中で、「原始人は敵や競争相手と戦った。自分たちより弱いものや狡猾でないものを餌食にした。彼らは彼らと同様の生き方をするマンモスやオーロックス［家畜牛の祖先］やライオンやハイエナのそばで、数千世代にもわたって、誕生し、無制限に繁殖し、死んでいった。彼らは動物たちと同じく、そのことで褒められるべきでも、責められるべきでもない」と論じた。[*43] これは人間をけちな本能に支配されている動物たちと同等に見る、呆れるほど暗い人間論だった。だが、この見方はその時代の社会に行き渡っていたのだ。それは、たとえば、ハリファックスの爆発事件について金目当てに書かれた本にある「文明社会の構成要素はことごとく砕け、多くの人々にとっては、自己保存のための弱肉強食の原理だけが残された」というくだりにも発見できる。[*44] つまり、文明は見せかけにすぎず、その下には野獣が歯をむいてうなり、原始人や〝未開人〟が粗暴で無秩序で自暴自棄で本質的には孤立した暮らしをしており、お定まりの生存競争の中で人間は互いに敵対関係にあるというわけだ。

クロポトキンはこの世界観の土台に挑戦した。すなわち、もし動物の生態そのものや、原始の人間社会が熾烈な競争社会でなければ、現代の人間社会の利己的な側面を自然で必然的であると正当化することはできなくなる。彼はむしろ、昆虫や鳥類、そして哺乳類などの同類間での相互扶助に始まる〝協力〟こそが、生存には競争と同じくらい、もしくはそれ以上に重要だと論じた。そして続くいくつかの章で、彼は中世や近代ヨーロッパ社会を含む、あらゆる種類の人々の間の社会契約や社会構造を検証した。彼が注目したのは、伝統に従う人々や部族民のほとんどが、個人同士で敵対するよりもむしろ、大家族や一族の形態を取って生活していたことだった。そこでは、すべての人間関係や行動が定められていて、富は共有され、コミュニティの行動規範は協力的に維持され、違反行為は集団で罰せられる。「一族という組織がいかに長く続いたかを見れば、大古の人類が、自分の感情のみに従って、自らの強さと狡猾さを他者に対して駆使する無秩序な個人のかたまりであったと見ることが、いかにひどい間違いであるかがわかるだろう。とどまるところを知らない個人主義は近代の産物で、原始人の特徴ではない[*45]」。のちに、彼はこうも言っている。「幾千年の年月を超えて、こういった組織は人々を結びつけてきた。上からそれを押し付ける権威はいっさいなかったにもかかわらず[*46]」

彼の憤りは、アジアの北方極東での発見や、紀行記や民族誌や歴史書の幅広い読書からだけでなく、彼の人間に対するやさしさにも触発されていた。さらに、それは彼の政治的な課題によって方向付けをされていた。というのは、『相互扶助論』を書いた時分には、彼はアナキズムと呼ばれる政治哲学の理論家の一人になっていたからだ。その言葉はギリシャ語で文字どおり「政府の不在」を意味する。この言葉は今日ではよく、騒乱やカオス、暴動的行為の同意語として使用されているが、それは多くの人々が権力機関の不在はすなわち秩序の不在だと想像するからである。アナキストは、人間には協力や交渉や互助により自らを統率できる能力があり、暴力による脅しや権威は必要ないと考える理想主義者である。彼らは人間性と人間の可能性についての深遠な議論の一方に立つ。反対側に立つのは、秩序は、刑務所、看守、裁判官、刑罰のたっぷりある社会や銃による脅しによってのみ達成されると考える権威主義の悲観主義者である。卑劣な権力者の例が数多くあるにもかかわらず、なぜか彼らは、自分たちが選ぶ限られた人たちだけは、権力を正しく慎重に行使してくれると信じている。けれども、これを証明するものは、ごく控えめに言っても、ほとんどないに等しい。災害時に卑劣な行いをするのは、たいてい権力をもたない大多数ではなく、権力を手にした少数の人たちなのだ。そして、その人たちがそのように振る舞うのはたいてい、ハクスリーやル・ボンたちの恐ろしい思い込みを真に受けているからだ。

ディガーとサバイバー

サミュエル・プリンスのような英国国教会の牧師までが自称革命家の書物に精通していたという事実を見れば、アナキズムという政治哲学が今と比べて一世紀前にはいかに主流であったかがわかる。ウィリアム・ジェイムズは著書の中でためらいなくアナキストについて触れているし、ドロシー・デイはアナキストの理論家や活動家たちに深い影響を受けただけでなく、彼女自身も多くの意味でその一員であった。当時、数多くあった急進思想の流れの中でも、アナキズムは重要な一つだった。今では、主流派からは忘れ去られた存在だが、それはけっして国家社会主義やマルキシズムのようなイデオロギーではなかった。むしろ、多くのアナキストたちは、自分たちは「人々が万人のための自由と平等に重きをおいて、数千年間、自らをまとめてきた、広く行きわたっていた昔ながらの方法を単に検証し描写しただけだ」と主張している。彼らは何か新しいものを発明していたわけではなく、大昔のものを再要求しただけだった。

だからこそ、災害時に何が起きるかは、政治哲学にとって重要になる。災害が起きると、ヒエラルキー、行政、公共機関といった社会構造が崩壊しがちだが、その結果、生じるのは、メディアの報じる無法な蛮行という意味の無政府状態ではなく、人々が自由に選んだ協力のもとに結束する、クロポトキンの提唱する無政府状態なのだ。この議論は少なくともピューリタン革命と同じくらい昔からある。この革命により、控えめな権威主義者だったトマス・ホッブズは、無秩序状態を避けるには強力な中央権力しかないとの考えに至った。社会ダーウィン主義者の先駆者であるホッブズは、絶え間なく互いに戦い続けるのが人間の普通の状態なので、そのままでは工業も農業も芸術も発展するのは不可能だという前提に立っていた。それが彼の有名な「そして、人生は孤独で、貧しく、不快で、残忍で、短いものになる」という罵りとなって完結した。[*47] これは彼がもう一つのフィクションを生み出すためのフィクションだった。それは人々が保身のために互いに闘う権利を放棄して規則や権威に従うことに同意する「社会契約」のフィクションだ。この契約は愛情による絆でもなければ、身分証明のための契約でもなく、かといって文明を築く文化的または宗教的な結合でもなく、ただ便利さだけのためのものだ。当時のヨーロッパの作家の多くと同じく、人間は冷酷で、空虚で、機械的な生き物であり、もともと備わっている能力ではなく、戦略によってのみ社会生活を送ることができるゼンマイ仕掛けの兵士だというのが、彼の考えの根底にあった。

ホッブズや社会ダーウィン主義者たちの想像した社会が今日の読者にとって不思議なのは、それがまったく互いに関係しない人たちだけで構成されている点である。そこには恋人、夫婦、両親と子供、兄弟姉妹、親戚、友人、同僚、同国人といった関係が不在なのだ。そういった関係は明らかに現代生活よりもむしろ昔の生活により顕著な側面であったはずだ。なのに、彼らの想像した世界は、無数の人々が互いに経済戦争に乗り出す一昔前のビジネス街の昼間の様相を呈している。しかし、そんな人たちでさえ団体や会社に組織され、彼らがちゃんと機能するためには、内部での協力は外での競争と同じくらい、またはそれ以上に重要だった。ハリファックスの爆発では、ロイド家の人々が家族として行動したことが、ホッブズの理論の土台を揺るがす。両親と七人の子供は、危険な場所の壊れた家の中で、もう一人の子供の帰りを待ち続けた。銃で脅して彼らを退去させた兵士はおそらくホッブズ支持者が言うところの上からの秩序を象徴しているか、または、そのような秩序は利己的な無秩序ときわめて似ていることを例証している。しかし、九・一一のニューヨーク同時多発テロ事件では、ウォール街の近くでさえ、大手証券会社の社員たちは相互扶助以上の働きをした。

ホッブズから三五〇年後、生物行動科学者のシェリー・E・テイラーとローラ・クージノ・クラインが、危険に対する人間の反応の仕方についての長年の想定に反し、特に女性は寄り集まって不安や能力を分かち合う傾向にあると結論した。「この〝助け合って友人になる〟パターンは、ストレスに遭遇した場合に男女両方の第一の反応であると長い間信じられてきた〝戦うか逃げるか〟の行動パターンとは著しく対照的だ。女性にとっては、進化論的見地から言っても、以前の考えではまったく辻褄が合わない。どのような種の動物であっても、攻撃者を相手にする間に、独力で身を守れと赤ん坊をほったらかしにする雌はまれだ。雌はむしろ自分の子供を守ろうとし、そのプロセスで、自分の子供を守ってくれる他の雌と絆を結ぶ傾向にある」[*48]。すなわち、危機やストレスは競争や孤立を生むよりむしろ社会的結合を強くする。

孤独なホッブズが『リヴァイアサン』を書いていたとき、イングランドでは〈ディガーズ〉が共同生活を送る権利を主張していたことは明記すべきだろう。ディガーズは農村の貧民の一団で、一六四九年に共有地に移り住み、自給用の作物を栽培するため手で開墾し――それがディガーズ〔掘り耕す人々〕という名の由来――森の木で家を建て始めた。彼らの大半が住む家のない、飢えた農民だったので、彼らの行動はこの上なく実利的なものだったが、彼らの代弁者は教育のある夢想家ジェラルド・ウィンスタンリーだった。イングランドの他の場所にも、少数だがディガーズのグループが出現した。数区画の小さな土地の要求者として、地方のジェントリー〔貴族に次ぐ上流階級の人びと〕に対しては小さな脅威となるにすぎなかったが、現行の制度の正当性に疑問を投げかける急進的な民主的ユートピア主義者として、国や階級制度に対する大きな脅威となった。共有地がじわじわと金持ちの手に落ちていったその時代に、彼らは聖書の記述を根拠に、公共の土地を分割して私有化することに反対していた。彼らは土地の共有を要求し、「ある人が別の人を支配するのではなく、一人の父〔神〕の息子たちとして、一つの家族のメンバーとして、天の創造のもとに互いを平等と見なし、共に働き、共に食べる」ことを提唱した[*49]。ディガーズの元の名は「真正水平派」だが、これはやはり平等な社会を要求する他の農村の反乱者たちと一線を画すために自らが付けた名だった。こういった無政府主義の反乱者たちが、ホッブズが権威主義的な国家のみがわたしたち自身の野蛮性からわたしたちを救うことができると提唱したのと時を同じくして出現したことは、危機に対するホッブズの答えが、けっして必然的な結論だとは言えないことを暗示している。

ホッブズに関しては、二〇〇〇年に始まったアメリカの連続テレビ番組『サバイバー』（大人気を博した一九九七年のスウェーデンの番組が原型）におもしろい発見があった。この番組は小説『蠅の王』や、野蛮への退行や原始的闘争をテーマとした叙事詩を参考にしているように見えるが、単に大勢の人を辺鄙な場所に降ろしてそこで生き延びるよう命じただけでは、参加者たちはただスムーズに協力し、予想外の工夫をするにとどまったかもしれない。だが、この番組の制作者とディレクターはそうはせずに、出演者をいくつかのチームに分け、褒賞の獲得をめざして互いに競い合わせた。さらにチーム内に不安感とドラマを作り出すため、自分たちのチームのメンバーを排除するゲームを行わせた。ゴールは生き残る協力的な社会を作ることではなく、一人の優勝者を生み出す闘争的なピラミッドの形成にある。ここでは食べ物や住まいを得るための労働より、恣意的なルールにもとづいた完全に無意味な競争で勝つことのほうが重要だ。資本主義は全員に行き渡るだけの物はないという欠乏の理論にもとづいているが、『サバイバー』は欠乏と競争と勝者と敗者をシステムの中に盛り込んでいる。出演者は荒野にいるわけではなく、ロサンゼルスでもロンドンでもありうる独断的で専制的な体制のもとで暮らすことになる。プロデューサーは視聴者に危機的状況における粗野な人間の本性を目撃していると思わせているが、実は注意深く不正な工作をして、登場人物たちにホッブズの提唱する行動を、もしくは市場行動を——ここでは同じことだが——取るよう仕込んでいる。

言い換えると、ここでは、「出演者たちは人里離れた場所に、生存のための通常の手段もなしに放り出されているという災害の中で、生き延びようとしている」というのが前提だ。だが、彼らは実は、上から、そして外部から押し付けられた社会秩序からなる、まったく違った災害を生き延びようとしているのだ。わたしたちもまた、ほぼ例外なく互いに敵対させせられるような恣意的で闘争的なゲームに参加させせられていて、しかも、その結果はきわめて重大だ。たとえば、アラビア半島の先端にある乾燥地帯の国イエメンで最近起きた水騒動の記事はこう結論を下している――「イエメンの経験は、環境問題に対する自由市場による解決の限界を見せてくれた。水不足が深刻化し、水がますます貴重なものになると、イエメンの人々は節水する代わりに、水で一儲けしようと、地中から汲み上げたり、雨水を貯蔵したりすることにいっそう邁進した。結果的に、国は環境問題の悪夢と化した」。競争市場の原理が昔からの協力的調整に置き換わった結果、イエメンは今、完全に水を使い果たす危険にさらされている。このケースでは、外部からもたらされた純粋な競争が災害を引き起こした。もっとも、これほど劇的な例はまれだが。

クロポトキン以前に、弾圧されたディガーズの論理よりはるかに強硬にホッブズに異議を唱えた人がいる。その人は革命家のトマス・ペインだが、彼ほど政府は不要であると熱烈に信じた人はいないだろう。彼はアメリカ独立革命に着火した人物であり、同革命が万人の真の自由のためという目的から離れるよう舵取りをしたエリート層を批判し、フランス革命がひどく道を見失ってしまうまではその熱狂的支持者だった。一七九一年にフランス革命に触発されて著した『人間の権利』では、制度的構造が消え失せていた一時期に、アメリカで人々が実際どんなによく機能していたかを描写している。

「アメリカではイギリスと戦争をしていた二年間、いくつかの州ではもっと長い期間だったが、確立した政府はなかった……にもかかわらず、この間、ヨーロッパのどの国と比べても遜色のない秩序と調和が保たれた……即席に作られた公式政府は廃止され、社会がその役目を果たし始めたのだ。一般的な絆が発生し、共通の関心が共通の安全保障を生み出した。正式な政府の廃止は社会の解体を意味するというのは真実とは程遠く、むしろ正反対の衝動が働いて、社会はより密着度の高いものとなる[*50]」

市民社会が堅固になる可能性を政府が抑圧しているというこの説は革命的だった。彼は自信たっぷりに「要するに、人間は生来きわめて社会的な動物なので、社会から人を締め出すのは不可能なのだ」と締めくくっている。つまり、人間はもともと社交的で協力的な動物なので、そうさせるための権力機関は必要ない。それが彼らの天性なのだと言っている。

わたしたちの誰もが、工業化した社会は、競争と不足の原理にもとづいた資本主義社会であると答えるだろうが、けっして全体がそうではない。進歩的経済学者のJ・K・ギブソン＝グラハム（二つの名前のもとに書いている二人の女性学者）は社会を氷山にたとえている。水面上に見えるのは競争好きな資本家たちの営みだが、水面下には、市場外での営業や、闇取引、労働や品物の交換取引などの活気ある非商業取引とともに、家族や友人、隣人、教会、協同組合、ボランティア、ソフトボールリーグから労働組合にいたるまで無数の任意団体によるあらゆる種類の協力関係がある。クロポトキンが提唱した相互扶助をする部族や一族や村民仲間は、けっして今の世の中でも完全に消え去ってはいない。

災害時には、サミュエル・プリンス自身が気づいたように、そういった関係は目に見え、しかも重要になる。被災地の人々は一時的にいつもとは完全に違ったルールのもとに行動するが、遠くに住む人たちさえも気前が良くなって、時間を割き、物品や金を送るといった現象はよく見られる。こういったもう一つの経済が反動的な裏社会を構成しているのか、それとも公式な自由市場経済を支えているのかという議論は残るが、それはあらゆるところに存在していて、それらなしでは多くのものが消滅してしまうと言えるだろう。同様に、災害においては、被災地の住民や遠くに住む人々の互助や利他主義は、市民の面倒を見るという国の〝責務〟を軽減する――これは国のそのような責務が信頼されていればこそだが。アナキストや保守派はそれを信じていない。おそらく、ここで最も重要なポイントは、効果だけでなく感情面でも評価できる影の経済もしくは裏の経済は、災害時には表舞台に出る存在になるということだろう。

『大惨事と社会的変化』の中で、プリンスは災害が社会的変化につながると説いている。本書の次の章で扱うメキシコシティでは、災害が持続的で深い社会的・政治的変化を引き起こしたか、少なくともその誘因になった。けれども、重大な変化というものは、連鎖反応の結果として、ずっと先にあるものではない。それは人々がその機知や利他主義、即時対応能力や思いやりを発揮したときに、すぐさま、その瞬間に起きるのだ。災害は一瞬のうちに混乱状態を引き起こすが、そのカオスに放り込まれた人々はたいてい、爆発事故や地震や大火が起きる前にあった社会ではなく、クロポトキンが言うところの相互扶助の社会に近い秩序を一時的に作り上げる。それは人々を解放して、普段より気前が良く、勇敢かつ有能な、本来の自身と理念に回帰させる。

クロポトキンは『相互扶助論』のなかで、競争より協力こそが生存への重要な鍵になると、美しく論じている。だが、生存願望よりさらに深く潜行する欲求については説明していない。モンブラン号が爆発する前に、一水兵がミクマク族の子供を引っつかんで森に駆け込んだ行為には〝相互〟の部分はまったくなかった。水兵はなじみのない地域の自分とは異なる人種の見も知らぬ子供のために、自分自身をより大きな危険にさらしたのだ。医師や看護師たちが汽車に乗り込んだときも同じだった。そして、ヴィンセント・コールマンが電報局に走って戻って命を落としたときも、直接的もしくは個人的な見返りが期待できる状況ではなかった。それは決定的に重要な電話をかけるために自らの命を犠牲にしたハロルド・フロイドも同じだ。ハリファックスの事故では、他のほぼすべての災害と同様、他人のために自らの命を危険にさらすか、もしくは命を落とした人々がいたが、その人たちはその恩にけっして報いてはもらえない形で自らの命を捧げている。

災害時に見られる人間性の構成要素としては、団結と同じく利他主義も欠かせない。同様の利他主義は、膨大な数の日常的なボランティアとして、普段の生活の中にも広く存在している。彼らは飢えた人に食事を与え、病人や一人暮らしの人や寂しい人の世話をする。病院への送迎を引き受けたり（こういった運転を提供するボランティアのネットワークはアメリカ中にある）、スープキッチンを手伝ったり、体の不自由な老人などに食事を宅配する〈ミールズ・オン・ホイールズ〉や一人親家庭の子供の相談相手になる〈ビッグブラザーズ・ビッグシスターズ・オブ・アメリカ〉のメンバーになったり、非行の恐れのある子供に勉強を教えたり、目の不自由な人に本を読んであげたり、老人の世話をしたり、囚人に手紙を書いたり、その他にも、デイの〈カトリック・ワーカー〉のような組織が行う特殊な奉仕もある。こういった活動は競争社会の過酷さを軽減するのに大いに役立っている。そういった行為が実はすべて利己的なものだとする、あいまいな進化論的立場からの興味深い反論もあるが、確実にいえるのは、利他主義者たちは、他人の面倒を見ながら、自我や、自身の理念や、社会に対する自分の希望を育んでいるのだ。

精神科医のヴィクトール・フランクルは、ナチスのアウシュビッツ強制収容所を生き延びたのちに、何がそこにいた人たちの生死を分けたかを自問した。その結果、生きる意味を見つけ、それを持ち続けることが鍵だと主張した。そして「権力への意志とも、フロイト派の精神分析が重点を置く快感原則(または、〝快感への意志〟とも言い換えられるだろう)とも対照的な〝意味への意志〟[*51]」について論じた。アウシュビッツでは多くの人々が無条件に殺されたが、収容所の過酷な状況のもとで、目的意識を失った者はより簡単に死に、生きる意味をもっていた者は、もがき、時に生き抜いた。フランクルは「人がまず必要とするのは心の平静、または生物学でいうところの恒常性、つまり緊張のない状態だというのは、精神衛生についての危険な思い違いである。人が真に必要とするのは、緊張のない状態ではなく、むしろ価値のある目標や自由に選択した仕事の達成のために努力し奮闘することなのだ。人が必要とするのは、何が何でも緊張から解き放たれることではなく、自分によって満たされることを待っている将来的な意味の呼びかけなのだ……老朽化した橋を補強するために、建築家は橋に掛かっている負荷を増やす。それにより、各部分がより固く結合するからだ」と結論している。[*52]

フランクルの説から利他主義についての進化論的議論が引き出せる。すなわち、わたしたちは生きるために意味と目的を必要としているのだが、それらをあまりに深く必要としているために、時々、生き延びることよりもそちらのほうを選んでしまうのだ。そういった行いは、後世までコミュニティ全般にその意味と目的を残す――これは、多くの意味で、すでにわたしたちのもとにある戦争の道徳的等価物だ。だから、命を落とした英雄は不死だと言われるのだ。それはセンチメンタルな嘘である場合もあるが、社会がそういった行為から成り立っているのは真実である。人間であることがどういうことなのかという、より広い考えが伝えられ、それにより、社会という感覚はより強固になる（これらを葬るのは臆病や利己主義だ）。もしくは、クロポトキンの説くように、より大きなコミュニティに深い帰属感を覚える人々にとっては、その幸福のために自らを犠牲にすることは完全に筋が通っていると論じることもできる。両親、特に母親は我が子を救うためなら自らの命を犠牲にするというのは、よく持ち出される例だ。これについては、遺伝子を次世代に伝えるためだとする説明が一般的だが、ハリファックスで見られた英雄行為の動機となったのは、もっと大きな社会的生存の感覚だった。どちらにしろ、それはわたしたちがより大きな全体のメンバーであることを明確に示している。

ハリファックスの爆発事故は特に凄惨な災害であったと同時に、理由のつかない思いやりの明確な例でもあった。そしてきっと日常生活にも、ここで取り上げた以上の相互扶助や、相互を超えた助け合いがあるのだろう。真の疑問は、なぜこの束の間の相互扶助と利他主義のパラダイスが出現するのかではなく、なぜそれが普段は他の世界の秩序に押しつぶされてしまっているかだ。完全に消滅しているわけではない。それは静かに存在し続けているのだが、わたしたちのほとんどがその一番いいときを見逃し、そんなものはないと寒々した気持ちになり、孤独だと感じている。社会的激変や災害時には、それまでの思い込みや役割といった手枷足枷が抜け落ちて、可能性が口を開ける。

ロンドン大空襲から

ロンドン大空襲

一九四〇年九月七日、戦時下のロンドンの暗闇を閃光が照らし、ドイツ空軍による五七夜連続の空襲が幕を開けた。空には戦闘機や爆撃機が飛び交い、後者は千個以上の爆弾と焼夷弾を落とし、ロンドンドックス近くの一平方キロメートルを焼失させ、四〇ヵ所以上で大火災を引き起こした。当初の爆撃の標的は工業地帯に限られていたが、やがて民家が、店が、教会が、オフィスが、工場が、倉庫が、道路やバスが、木っ端微塵に爆破された。王と王妃のいたバッキンガム宮殿にも爆弾が落ち、大きなクレーターの群島のように、街にはくぼみが広がり始めた。一般市民の空襲警備員が近隣の住民を安全な場所へと導き、新しく結成された民間消防団は、敵が炎を次の爆撃の目印にすると知りながらも火事の現場へ急行し、救急チームは爆弾の落ちた場所に駆けつけた。偵察用ライトが夜空を掃射し、対空砲火の音が鳴り響いた。この本島への攻撃では、六万人のイギリスの市民が命を落とし、何十万棟もの建物が破壊された。建物や人的被害の半数が、八千トン以上の爆弾が落ちたロンドン地区に集中し、無傷で残った建物はほんの数パーセントだった。[*53]

軍と政府の上層部は、空襲があった場合に市民がどのように反応するかを長年心配し、彼らが手のつけられない状態に陥ると予測していた。社会学者のR・W・ティトマスが一九五〇年にまとめた文書には「専門家たちは市民の間にヒステリー性神経症を起こす者が多数出ると予言した……そういった緊張感のもとでは、多くの人々が原始的な欲求と欲望のレベルに退行するだろう。怯えた欲求不満の子供のような振る舞いをするだろう」とある。[*54]また、「一九三八年には、一八人のいずれも著名な精神分析医たちが、来るべき戦争では身体的負傷者一人につき三人の精神的負傷者が発生するだろうと内密に警告した」ともある。[*55]これはロンドン大空襲開始後数ヵ月の間に、三〇〇万人から四〇〇万人が精神を病むことを意味する。イギリスやドイツ（のちに日本にも）に爆撃を命じた人々は、そういった重みのある統計結果により、空襲は敵国の市民に深い心理的な衝撃を与えると信じ、したがって作戦を大規模に行い、膨大な数の死者――市民と爆撃機乗員の双方――と街の破壊をもたらしたのだ。

ベニート・ムッソリーニ自身もこう書いている。「いったん奇襲を経験すれば、誤認警報がひっきりなしに起きるようになり、パニック状態が続き、通常の作業は停止してしまう」。[*56]一方、チャーチル首相は、絶望し、無力な、手のかかる一般大衆の混乱状態が、軍隊を圧倒してしまうのではないかと心配した。歴史家のマーク・コネリーは「空襲に遭うと、イギリスのとりわけ労働者階級は戦意を失ったりパニックを起こしたりしがちだと考えられていた。防空壕については、政府は少人数単位が望ましいと考えていた。大人数で使う防空壕は世論を操作したがる者たちにとって格好の扇動の場になるからだ。また、それは人々を〝地下避難所〟特有の精神状態にし、必要不可欠な軍需産業での労働に二度と戻れない、モグラのように覇気のないトンネル居住者にしてしまうと言われていた」と記している。[*57]

政府のそんな思惑にもかかわらず、人々はトンネルを気に入り、しかも共同で使用した。ロンドン市民は地下鉄の切符を買っては、夜を構内で過ごした。「毎晩、千人以上の人々が地下鉄の駅を広大な寄宿舎に変えた。この一種の寝そべりストライキに、当局は初めのうち当惑した。チケット代の一ペンス半を払った乗客がプラットホームでおとなしく野営するのを、彼らはどうしていいか、わからなかったのだ」とジャーナリストのモリー・パンター゠ダウンズが一九四〇年に書いている。「最近の半ば公式の決定により、この行為の続行は認められたものの、運輸省と国家安全保障省は、緊急の必要性が生じた場合以外は、地下鉄構内を防空壕として使わないよう国民に訴えた。だが、夜毎プラットホームで眠る人々の多くにとっては、もはや帰っていく家がないという緊急の必要性があった」。というのは、彼らは爆撃で焼け出されていたのだ。結局、当局は構内に簡易ベッドや洗面所やトイレを設置せざるをえなくなった。とはいえ、地下鉄の構内は八〇〇万人ものロンドン市民のほんの数パーセントの避難所になったにすぎない。当時の写真を見ると、コンクリートの迷宮はけっして快適でも清潔でもなさそうだが、人々は地下深くにある駅のプラットホームで、しかも他にも大勢仲間がいたので、安心していられた。他の市民は森や洞窟やロンドン周辺の田舎に散って野宿をした。落ちてくる爆弾に慣れてしまい、自宅に留まって、安眠か死か、運を天に任せる人も多くいた。コネリーによると「市民が自身の身を守るために果たした役割は、上に立つ者と従う者の旧来の関係を強調するために軽視された」[*58]

地下鉄のベスナルグリーン駅の入り口近くで、いつもと違う感じの爆発があったとき、逃げようとした人々が濡れた薄暗い階段で滑り、将棋倒しになって、六二人の子供を含む一七三人が窒息死した（この事故は人々がパニックになったからではなく、その場所の設計の悪さや、人々がすし詰め状態だったという物理的状況により引き起こされた。後ろのほうにいた人は前で何が起きているかがわからず、ちょっとした動きが大勢の人により増幅され拡大された——今日でもメッカ巡礼の大群衆の間で毎年、同様の事故が起きている）。この事故のニュースは、長い間、隠蔽されていた。ロンドンの空襲ではトラウマや犯罪や日和見的な行為もあったし、人々はそれを知ってもいた。しかし、大半の人々は正気を失うことも、自らの主義や目的意識を見失うこともなく、空襲に耐えた。チャーチル首相と政府は、当初の懸念にもかかわらず、国民の揺るぎない道徳感は便利だと考え、それを最大限に利用した。一九四〇年に公開された映画『ロンドンは耐えられる』には、夜間の空襲や防戦、地面のくぼみや瓦礫の只中で日常生活を続ける市民たちの朝の姿が映し出されている。アメリカ人のナレーターが、「大勢の人々が即座に行動を開始する」「パニックも恐怖も絶望もない。ロンドンは耐えられる」と断固とした口調で語っている。近年、左派は、市民の不屈の精神に関するこういったエピソードは右派によるプロパガンダであったと批判している。もっとも、市民の揺るぎない姿勢についてはいろいろな解釈ができる。すぐれた国民気質だとも、愛国主義的な献身だったとも、もしくは愛国主義とはまったく関係のない強靭さだとも、民族性であるとも、はたまた単なる服従であったとも。

自身やコミュニティを救おうと必死になる過程では、現状やヒエラルキーの正当性に疑問を抱く人が現れる。二〇代後半の政府職員オリヴィア・コケットは、当時、こう書いている。「大空襲の一日目に、わたしは数分間、一人で焼夷弾を消火した。手伝いはやって来たが、それはすでに火が消えたあとだった。このときのことは時折ふと心によみがえってくる。わたしは上司にだまされていたのだ。わたしはそれを、かなり長い間、恨んだ。あの出来事のあと、わたしは彼に立ち向かうときは『爆発した焼夷弾すら怖がらずに扱えたのなら、どうしてこの人を怖がらなくちゃならないの？』と自分に言い聞かせていた。それは結果的に、わたしの考えや行動を大胆にした」[*59]。また、二人の子供の母親で、コケットと同年代のある女性は、空襲を生き延びたあと、「自分で思っていたほど臆病でもなく、わたしの中には想像以上に正しい心があることを発見したおかげで、わたしは以前よりずっと自信と確信にあふれている」と書いている[*60]。個人的な問題や悩みから引き離され、人々は危機という強烈な現在に入ったのだ。ヴァージニア・ウルフの甥のクウェンティン・ベルは「文字どおり砲火を浴びた瞬間から、叔母は自殺を話題にしなくなった」「想像上ではなく現実的な危険という形の悲運が一種の治療になった、というか、なったらしい」と記している[*61]。ウルフ自身も一九四〇年九月二二日に「この雨の日を――わたしたちは今、個人的にその天気が好きか嫌いかではなく、襲撃への影響があるかどうかで考える」と書いている。

当時、実際にその場で戦時下の行動についての世論調査を指揮していたトム・ハリソンの歴史書『ロンドン大空襲を生き抜く』には、「特に一九四〇～四一年にかけてのどちらかというと不快な事実については、大規模な、たいていは無意識の隠蔽があった……一種の知的な汚染だといえるが、それは香《かぐわ》しい汚染であった」とある。[62] それでも彼はこう結論している。「大空襲は何百万人もの人々にとって大層恐ろしい体験だったが、大多数の人々の基本的な礼儀正しさや、忠誠心（家族の絆など）、道徳性、楽観主義などに影響を及ぼすほどではなかった」。[63] ロンドン大空襲は一般市民の振る舞いがポジティブな輝きをもって語られる稀な災害であり、その中で戦時下のイギリス人は、他の多くの災害とは違う、例外的な存在として記憶されている。ロンドン大空襲が始まって三週間後にパンター＝ダウンズは「悪夢にも似た状況のもとにあって、人々の勇気、ユーモア、温かさは依然として驚くほどだ」と書いている。[64] 人々はきわめて恐ろしい状況に適応したのだ。素晴らしかろうが、恐ろしかろうが、異常はいつか普通になる。助かった市民の一人が、最初のころを振り返ってこう言っている。「もし三晩連続の空襲後に無事だったら、四日目も大丈夫だろうと感じざるをえない。だから、本当にパニックを起こしているのを目撃したのは、最初の数日だけだった」[65]

多くの人が個人的には恐怖を感じ、大変な緊張感の中にあったのだろうが、しっかりしているふりをすることによって、心を強く保っていた。そして、ロンドン大空襲が生み出した効果としてよく知られているのは、見知らぬ者同士や、違う種類の人同士の垣根が低くなったことだった。むろん特権は役立った。金持ちはたいがい危険から逃れることができたが、貧乏人や中流の人たちはそうはいかなかった。とはいえ、境界線の一部がぼやけたのは確かだ。コケットは特に激しい空襲があった翌朝に、口笛を吹きながら出社し、同じく口笛を吹いている門番のところに行って「今日にふさわしい曲は〝夜のセレナーデ〟よ」と言った。[66] そして、二人はいっしょに笑った。アメリカ人の目撃者メアリー・リー・セトルは「いつも静かで、時折フレンドリーで、時にはっきりと好戦的なイギリス人は、戦争のおかげで自分たちの殻からよろめきながら抜け出して、よそ者の自由さで互いを発見しつつある」と記した。[*67] あるイギリス人作家はこう付け加えている。「人々の間に新しい寛容性が生じている。すり減った神経の青白さや悲しみの裏側を埋め合わせるかのごとくに、それまでにはなかった場所に素晴らしい微笑みが出現している。その微笑みにより呼び起こされる追憶に、心が乱される。なぜなら、ある人はなんと以前は思いやりのない世の中だったのだろうと不思議に思い、ある人は日常的な友情を掘り出すのに戦争が必要だったことを恥じるからだ[*68]」。掘り出すとは、あたかも平和なときには土に埋もれていた何か決定的に重要なものが、破壊と大量殺人の只中に掘り出されたかのようではないか。ロンドン大空襲も他の災害と変わらない。死ぬ人もいれば、家族を失う人も、負傷する人も、危機一髪で助かる人もいる。そして大多数の人々は、比較的無傷で劇的な状況を生き抜いた目撃者となり、サバイバーとなる。いくつかの記録によると、ロンドン大空襲の最大のトラウマは、ロンドン地区の子供たちの集団疎開により引き起こされた。それは家族を引き裂き、子供たちは見知らぬ家庭に、それも、時に冷たい家庭に預けられた。一方で、多くの子供たちは自ら進んで、または仕方なく、爆心地に留まって頑張り抜いた。

大空襲の三日目、ある若い女性はロンドン北部で恋人の両親とともに防空壕に避難した。翌日、彼女は長々と不満を書き連ねている。[*69] 恋人の母親は「他に何もすることがないので」全員にお茶を淹れたそうだ。「それが空襲について困ったことの一つなのです。お茶を淹れて、みんなが飲んでくれることを期待する以外に、何もすることがないのです」。ミセスRとのみ明かされているこの母親は、大きな音がするたびに「あれは爆弾？」と叫び声を上げ、そのたびに彼女の夫が「いや、あれは大砲（高射砲）だよ」と答える。女性は「苛立ちで、体が膨れ上がるような気がしました。そのむくんだような感覚は、実際、わたしがよく知っている恐怖でした。ぞっとする、吐き気を催すような恐怖。不安とはまったく違います」と書いている。彼女は恋人とともに庭に出て、伸びた芝生に座り、暖かくて美しい夏の夜が「ロンドンドックスの燃える火で東側が赤く輝いていて、そのせいで、それまでになく一段と美しい」ことを発見した。彼女はそれが歴史的なものであることを意識しながら、その光景を胸に焼き付けた。「もう恐怖はありませんでした。素晴らしかった……美しいサーチライトが空の片側からもう片側へ素早く動いていくと、まるでこの世の終焉を見守っているかのようでした」

するると、爆弾が道路を二つ隔てた先に落ちた。もう一つの爆弾がすぐ近くに落ちるのと、彼らが家の中に駆け込むのが同時だった。あまりの近さに「荒れる海で泳いでいるかのように」爆風に叩きつけられた。気がつくと、埃が舞う中、落ちるのを止めようとでもしているかのように、床にしがみついていた。口の中は漆喰だらけで、ミスターRは「じっとしてろ」と言ったり、「何かしろ」と言ったり、矛盾する命令を飛ばしていた。家が壊れ、玄関ドアが開かなくなったので、彼らは割れた窓から脱出した。埃まみれで血を流している彼らのまわりに集まった人々の心配そうな反応を見て、初めて彼女は「痛みがあったかもしれない！　でも脳をなくしたかのような奇妙な感覚で、なぜかその瞬間まで、あたかもすべてが完全に正常であるかのように、あらゆることを当然のこととして受け止めていた」ことを理解した。近所の人が彼女を家に招き入れ、ショック状態がやって来るのに備えて毛布と湯たんぽを被せた。彼女がショックは受けていないと言うと、「その人はむっつりと〝遅延性ショック〟の可能性を」ほのめかした。そして彼女は一人にされた。「わたしは口では言えないほど幸福な、勝ち誇った感覚とともに、そこに横たわっていました。わたしは爆撃を受けた！　そう何度も何度も自分に言い聞かせました――新しいドレスを試すように、その言葉がどんなふうにぴったりくるかを確かめながら」彼女は結論する。「多くの人が亡くなり負傷した夜に、不謹慎かもしれないけれど、わたしの一生であれほど純粋で一点の曇りもない幸せを感じたことはありません」

彼女は若く、恋人のそばでともに生き延びた。ロンドンが断続的なターゲットになるまでには、引き続き五五夜も空襲に耐えなければならなかったが、時間も戦争も彼女の思い出を変えることはなかった。三五年後に当時の記録からロンドン大空襲に対する市民の反応を調査した研究者ハリソンは、この女性の追跡調査を行った。彼女には最近、孫ができたが、あの爆撃を受けた夜を振り返ると、それは彼女にとって「赤ん坊を産む経験」にもたとえられる「幸福と勝利の至高の体験」だったそうだ。臨死体験や、自らの死すべき運命との遭遇は、しばしば必要でないものを切り離し、人生と目的の真髄に突き進むためのはっきりとしたきっかけになる。病気や事故も同じように感謝の気持ちと意欲を蘇生させる。

激しい爆撃のあったその夜のあと、赤々と燃えさかるロンドンドックス近くのスラム地区ウェストハムの住民は、近くの学校に避難させられ、そこでバスを待つように言われた。肝心のバスはまず間違った場所に行き、翌日は空襲の最中に到着したので、結局、避難は延期になった。次の夜、その学校に爆弾が落ち、正確な人数は不明だが、おそらく四〇〇人ほどの男女と子供が犠牲になった。たくさんの空襲があり、いくつかはむごたらしく、いくつかは人命を奪い、少なくとも一つは歓喜に満ちていた。ロンドン大空襲の美徳があまりに誇張されたために、正反対の立場の人たちは、ポジティブな面をただの神話として打ち消すことに必死になっているようだ。しかし、それはプロパガンダの中だけでなく、人々の証言の中に確かに存在していた。欠乏と不公平と恐怖と喪失と死と隣り合わせに存在していた。戦争と災害の違いは重要だが、似た部分は、わたしたちに何かを教えてくれる。ロンドン大空襲は、災害に直面したときの一般市民の振る舞いが見落とされる代わりに注目された唯一の機会であったという点で、ユニークな存在だ。だが、彼らの行動は普遍的なものというよりはむしろ、戦争もしくはイギリスに特有のものとして注目されたのだった。

災害学の復活

社会学の学位をもつミズーリ州出身の若い兵士チャールズ・E・フリッツは、大戦の間、イギリスにいた。「第二次世界大戦中のアメリカ陸軍航空隊大尉として、一九四三年から四六年にかけて、イングランドのいくつかの空軍基地や司令部に配置された」と彼は晩年になって回顧している。[*70] その一節は、彼の手になる、災害に関するめざましい論文の序文に使われている。それは従来の見識に対する大変興味深い挑戦で、一九六一年に書かれたが、出版はされなかった（五年後に大学の研究論文として発表されている。世の中が見過ごしてしまった画期的な業績である）。彼がイギリスに到着したとき、すでに開戦して五年が経っていた。慢性的に食料と衣服と住居が不足し、何万人ものアメリカ兵がやって来たことで、さらに不足は加速すると思われた。「このような状況のもとでは、国民はパニックに陥り、戦争に疲弊し、家族や友人の死や負傷で悲しみにくれ、長引く窮乏生活に憤り、未来については不安で幻滅し、個人的にも社会的にも士気の喪失を表す振る舞いをしているものと推測される。ところが、実際には国中で輝かんばかりに幸福な人々が最大限に人生を楽しみ、驚いたことに、快活さと人生に対する愛を謳歌していたのだ」[*71]。フリッツはそこで素晴らしい時間を過ごしたが、その理由の一つとして「イングランドのバース在住で、戦時中もずっと幼稚園の先生として働いていたパトリシア・ウェアという名の女性と付き合い結婚したことにより、あの数年間、イギリス人の家庭生活がぐっと身近なものになったからだ」と言っている[*72]。バースの街もまた激しい爆撃を受けた。

終戦も近づいたころ、フリッツは、ドイツ国民に対する空襲の有効性に関する歴史的な調査の準備をしていた米国戦略爆撃調査団に配属された。ドイツは、一夜のうちにドレスデンの街を火の海に変えて二万五千人の死者を出した焼夷弾攻撃のような、イングランドが受けたものよりもはるかに凄絶で大規模な攻撃に耐えていたのだが、それでも、ドイツ国民の士気はけっして大きくくじれてはいなかった。フリッツが取り組んだ調査はこう結論している。「ナチスによる冷酷無慈悲な支配下で、彼らは繰り返される空襲や、家や所有物の破壊や、強いられる緊縮生活にも驚異的な抵抗力を見せた。彼らの士気、最終的な勝利もしくは満足のいく妥協案への確信、自分たちの指導者たちに対する信頼は低下はしたものの、物理的な生産手段が残っている間は効率的に機能し続けた。警察国家が市民に及ぼす力はあなどれない」[*73]。要するに、爆撃を受けたときのイギリス人の冷静さは特殊な国民性からくるもので、プライドの問題だとされたが、ドイツ人の断固とした態度は、不屈の服従に帰された。調査により、フリッツは「激しい爆撃を受けた街の市民のほうが、軽い爆撃を受けた街の市民より士気をはるかに高く保ち」[*74]、さらに「器質性神経疾患も精神障害も、空襲が原因でもなければ、要因ですらなかった」[*75]と気づいている。その後、調査団は彼を置いたまま日本に移り、かの地での爆撃が国民に与える心理的影響に関しても同様の結論に達した。

除隊後、彼は社会学の学士号取得をめざしてシカゴ大学に入学し、一九五〇年には、災害時の人の行動を体系的に研究する機関としては第一号となった、同大学の全国世論調査センターの災害研究プロジェクトの副主任になった。大戦は終結したものの、引き続き〝冷たい戦争〟に突入したので、米国政府は大規模な核貯蔵庫を作り、ソ連との核戦争が起きた場合に、自国民がどのように反応するのかを心配していたのだ。冷たい戦争がもたらす恐怖が、草創期の災害時行動研究の推進力になり、一九六〇年代まで、このような核兵器関連の研究が委託された。だが、核兵器が都市に引き起こす大破壊の調査対象としては一九四五年の広島と長崎の二例しかなかったので、国内の自然災害を研究して推測するという方法が取られた。このようにして、それまでほとんど知られていなかった、しかし注目すべき分野として、災害研究がスタートしたのである。

まず、フリッツのような社会学者とともに、心理学と人類学の大学院生が雇われたが、まもなく社会学者陣が主導権を握り、以来、その分野を自分たちのものにしてきた――だが、彼らが引き出した結論はめざましいものであったにもかかわらず、多分に無視されてきた。つまるところ、一部のあるレベルまでは災害への備えや計画に影響を及ぼしたものの、メディアや世論はもとより、災害対策の整備に携わる役人や政治家たちにはほとんど影響を与えることができなかったのだ。

当初の予測はひどいものだった。二〇年前のイギリス政府と同じく、軍の上層部は「群衆反応、パニック、リーダーの出現、集団の誘導とコントロールについてのアドバイス」について知りたがった。[*76] パイオニア的な社会学者の一人は「当時、その件に関わっていた主要な役人たちから、のちに聞き取りを行ったところ、（民間防衛局側の）彼らが広範囲にわたるパニック状態や社会秩序の崩壊といった、あまり良くない反応を信じていたのは明らかだった」と書いている。[*77] その前提にあるのは、人は狼になったとき以外は羊であるという考えであり、解決策はひとえに、彼らをうまくおとなしい群れにする方法の発見にあった。しかし、社会学者たちはこれをくつがえそうとした。中でも、フリッツほど自分の引き出した結論に情熱を燃やした人物はいない。

彼が最初に自らの結論を発表したのは一九五四年で、続いて一九五七年にもいくつかの小論文を書いたが、真価を発揮したのは一九六一年だった。その年、『逸脱行為と社会秩序崩壊の社会学』というタイトルのテキストに載せた小論文に、彼は一九五〇年代を通して主導してきた調査研究の結論を要約した。やはり同年に書き、出版されなかった長い論文同様、それは新機軸を打ち出すものだった。いや、もしくはウィリアム・ジェイムズが中断したところから始めたとも言えるだろう（彼はジェイムズとプリンスを引用している）が、彼の場合は十数件の災害の系統だった調査をその土台としていた。彼は災害時の人々の行動について、まず従来信じられていたことを描写した――「集団パニックが起き、人々は我先にと出口へ殺到する。誰もが他の人を踏みつけてでも逃げようとし、まわりに対する思いやりは完全に失ってしまう。パニックが少し収まると多くの人々がヒステリーを起こすか、またはあまりのショックに無力な状態に陥る。火事場泥棒や略奪、もしくは他の形態の利己的で搾取的な行為に走る者もいる。そのあとには、不道徳と、社会の混乱、精神錯乱が蔓延する」[*78]。彼はまた別のステレオタイプも描写している。それは「災害により、人々は外部からの指導と組織化に完全に依存した放心状態の無力な群衆と化す」というものだ。

その思い込みは今なお健在だ。ナオミ・クラインが二〇〇七年に出版した『ショック・ドクトリン』は、エリート層が得をするように作られた経済政策が、緊急時において、いかに一般市民を食い物にするかについての調査と痛烈な批判だ。しかし、そこには一般市民がおしなべて旧来の、実証されていない姿で描かれ、災害後の時期を、権力をめぐる争いの時期――その結果は、大衆主義的であり、革命ですらありうる――ではなく、上からの支配を確立する格好の機会だと見なしている。彼女は、災害を「わたしたちが心理的にはよりどころを失い、物理的には生活環境を根こそぎ奪われたときに、どうにでも利用される瞬間を作り出す」[*79]ものととらえ、最近に起きたある災害を「重度の見当識障害と極度な恐怖と不安、集団での退行現象」[*80]を生み出した拷問に近いものとして描いている。これは左寄りの著者の手になるものとしては驚くほど幻滅させられる描写であり、戦前のイギリス政府の不安をそっくりまねた、明らかに調査ではなく、思い込みから生じた産物である。同書の出版記念の公開討論会では、極端な危機においては「わたしたちはもはや自分が誰であるか、どこにいるかもわからなくなります。子供のようになり、父親を捜すのです」と言っている。[*81]彼女がフリッツを読んでさえいれば、と思う。けれども、彼の貴重な小論文は、逸脱行為に関する六五〇ページもの退屈なテキストの中に埋もれ、また長い論文のほうは書かれてから三五年も経た後にやっと出版されたのだ。彼の二つの論文は、基本的に同じ主張の二種類のバージョンだが、長らく出版されなかったほうの論文が結論をより深く掘り下げている。フリッツほど大胆に主張する学者は少ないものの、彼の結論は、今では災害社会学者の間では標準的な見解になっている。半世紀後に、彼の研究は救いとなる新発見の興奮をもたらし、のちに社会学者たちは彼の喜びにあふれた楽観主義を少々抑えはしたが、その洞察力をおおむね評価したのである。

フリッツの最初の革新的な前提は、日常生活はすでに一種の災害であり、実際の災害はわたしたちをそこから解放するというものだった。人々は日常的に苦しみや死を経験するが、通常それは個人的にばらばらに起きる。「〝通常〟と〝災害〟の従来型対比では、日常生活に頻発するストレスとそれによる個人的または社会的影響のほうが常に無視されるか、軽視されてきた。それはまた、コミュニティ内でのアイデンティティに対する個人の基本的な人間的欲求を、現代社会が満たせないでいることを示す多くの政治的・社会的分析を無視している。それは歴史的に一貫性があり、絶えず大きくなり続けているにもかかわらずだ[*82]」

のちに彼はこのコミュニティ内でのアイデンティティが災害時にはどのように実現するかを、具体的に述べている。「危険や喪失、欠乏を広く共有することで、生き抜いた者たちの間に親密な、何よりもまずグループの連帯感が生まれ、それが社会的孤立を乗り越えさせ、親しいコミュニケーションや表現への経路を提供し、物理的また感情的な支援と安心感の大きな源となる……〝アウトサイダー〟が〝インサイダー〟に、周辺にいた人が中心的な人物になる。人々はこのように、以前には可能でなかった明白さでもって、すべての人が同意する、内に潜んでいた基本的な価値観に気づくのである。彼らは、これらの価値観が維持されるためには集団での行動が必要であること、個人とグループの目的が切り離せないほど合体している必要があることを知る。この個人と社会のニーズの合体が、正常な状況のもとではめったに得られない帰属感と一体感を与えてくれる」

つまるところ、災害は日常生活の疎外感と孤立感に対し、一時的な解決策を提供してくれるのだ。「こうして、災害を引き起こし、災害を拡大させる自然や人的な力が敵意に満ちたものに見えるのとは逆に、そこで生き延びる人々は普段より気さくで、情け深く、親切になる。人間に対する断定的な見方は抑えられ、同情的な見方が広がる。そういった意味で、災害は物理的には地獄かもしれないが、結果的には、一時的ではあるが、社会的なユートピアともいえるものを出現させるのだ[*83]」

一九〇六年の地震でポーリン・ジェイコブソンが個人的体験として発見したものを、フリッツは一般的な法則として認めたのである。さらに彼は災害が人々の精神状態に引き起こす他の変化にも言及している。「災害は、過去や未来と結びついた心配事や抑制や不安からの一時的な解放を提供してくれる。なぜなら、災害のせいで人々は目前の現実という文脈の中で、目の前の、一瞬一瞬の、一日一日の欲求に関心を集中せざるをえないからだ[*84]」。災害はわたしたちがとらわれている過去の悲しみ、習慣、思い込み、恐怖のクモの巣から、わたしたちを解き放ってくれる。その効果は実際的であると同時に心理的なものだ。一時的な解放というのはまたもや大袈裟な表現だが、フリッツは、〝救いとなる災害〟という理論を推し進めるために大胆になった。

災害は日常的なトラブルとは異なり、むしろ戦争に似て、単純な問題を突きつける。それは、単純な行動が解決策となる問題である。「災害の本質的な特徴は、社会に対する脅威や危険が社会システムの外側からやって来て、その原因が通常はっきりと感知され、突き止められることにある。これは脅威がシステムの内側から生じ、誰もが納得する原因を特定することが難しい他の多くの危機とは対照的だ[*85]」。手元にある問題をすぐにはっきりと扱えることは、他では得がたい満足感を与えてくれる。災害は日常の決まりきった手順や慣習への隷属を緩めてくれるのだ。「災害は社会的ショックを与えるという形で、慣習化し制度化された行動パターンを混乱させ、社会的変化や個人的変化を起こしやすくする[*86]」。フリッツは災害時の生活に光を当てているが、その影の部分は、普段の生活に存在する疎外感だ。それも、人々の間にある疎外感だけでなく、具体的な解決法や、英雄的な役割や、災害が与えてくれる心機一転やり直すチャンスから遠ざけられている疎外感だ。彼は、災害では、少なくともどうすればいいか、どんな人間でいればいいかがわかっているという点で比較的楽であるとほのめかしている。難しいのは、複雑で、あいまいで、解決法が簡単には見つからない問題であり、危機のときには比較的重要でなくなる経済やイデオロギーのせいで人々が争う、平常時の生活のほうなのだと。

核シェルター

一九五〇年代のフリッツの研究は、アメリカ合衆国とソビエト連邦の間で起きると予測された大々的な核戦争の脅威により駆り立てられていた。核戦争が起きれば、主要な都市や地方は破壊され、放射線を浴びるであろうと予測された。両国とも、もしそうなっても、直接被弾さえしない限り、シェルターにより人々を放射能から隔離しておいて、あとからすべてを建て直すことで、核戦争を生き延びることは可能だと信じたがっていた。フリッツが研究を始めた当初は、危機における人々の行動についての予測はポジティブなものではなく、ロンドン大空襲前のイギリス政府のそれとさほど変わらないものだった。トルーマン大統領時代の〈イーストリバー〉計画〔非軍事防衛の研究プロジェクト〕には「攻撃を受けたときにパニックが起きるのを防ぎ、またそれを抑制することは民間防衛の重要任務である。なぜなら、人々が攻撃によりパニックに陥ったときには、それが原因で、兵器が直接引き起こす数よりも多くの死者や負傷者が出る可能性があるからだ」とある。[*87]すなわち、一般市民は自身や自国に対し、敵の核兵器より大きな脅威となる可能性を秘めているというわけだ。これは驚くほど悲観的な予測だが、幾度となく繰り返されてきた結論だった。

アメリカ政府は、国民に私設の核シェルターを作ることを、一〇年以上も熱心に勧めた。核戦争を生き延びるには、ふたたび表に出て街を再建できるようになるまでに、何日も、何数週間も、もしくは何ヵ月もシェルター内で過ごさなければならないだろうと彼らは考えていた。コミュニティ用のシェルターも作られ、地下スペースはそういった目的に使用された。連邦政府の高官や重要な官僚のためには、大規模なフル装備の豪華シェルターが建設された。彼らはたとえ他のすべての人々が助からなくても、自分たちが生き残ることが最重要だと考えたのだ。ソ連人は集団用シェルターを作ったが、アメリカ人は個人用シェルターを作るようながされた。破壊は政府の仕事、サバイバルは国民の仕事というわけだ。けれども、人々は私設シェルターが突きつける道徳的難問の前に立ちつくした。その重大な問題とは――もし、あなたが自分と家族のためにシェルターを作ったとして（裏庭のある家に限られるので、都市居住者や貧しい人には初めから無理）、近所の人を入れてあげますか？というものだ。

この道徳的難問が国民の関心をとらえたのは、一九六一年にベルリンをめぐる米ソ対決で冷戦が発火しかけた直後だった。その秋、連続テレビドラマ『トワイライトゾーン』の中で、生存をかけた闘いの中で隣人同士が敵になり、文明の〝薄い化粧板〟[*88]が引きはがされる話が放映された。また、同時期に『タイム』誌は、どんなことをしてでも生き延びようとするシェルターの持ち主を主人公にした、痛烈な皮肉を込めた物語を掲載した。タイトルは『汝の隣人を撃て』[*89]。それはこんな言葉から始まっている。

「シェルターが完成した暁には、爆弾が落ちたときに近所の者たちを入れないために、ハッチに機関銃を用意しておこう」

だが、このシカゴ郊外在住ということになっている主人公は、「他のすべての人は自分自身（またはその家族）が生き残るためにある」という神学論をでっち上げようとしたイエズス会の神父と同じく、あくまで例外なのだ。ラスベガスの市民防衛隊のリーダーが、カリフォルニアが爆撃を受けた場合に、その砂漠の街が避難民だらけになるのを阻止するために五千人の州兵を召集しようと提案したときには、広く激怒の嵐が巻き起こった。こういった想像上の戦争に備えることは、いざというときに隣人との戦争に突入する準備をも整えることを意味した。二〇年後、ある歴史学者は「徐々に、だが確実に、何千万ものアメリカ人は、私設の核シェルターは道徳的には弁護できないという結論に達した」と結論した。[*90]

気づいた人は少ないが、それは注目すべき瞬間だった。核戦争が大きな脅威で、しかも集団による解決や連帯が共産主義をにおわせていた時代に、ごく普通の市民が、他の人を犠牲にしてまで自分自身が助かろうとすることにたじろいだのだ。ドロシー・デイと平和主義コミュニティの〈カトリック・ワーカー〉のメンバーは、一九五五年にニューヨークで始まった全国規模の民間防衛訓練への参加を拒絶した。そして、他のすべての市民が訓練で地下に潜っているときに、挑戦的にマンハッタンの市庁舎に集結した。二千人の人々が反対運動に参加したせいでとうとう訓練が廃止された一九六一年まで、毎年、デイのグループは協力を公的に拒み、そのせいでデイは時には逮捕され、また、時には無視された。この集団としての強情さは、その一〇年がもたらした大激変の小さな発端だ。この挑戦的な利他主義は、相互扶助や進化論的議論を凌駕している。市民は、隣人への援助を拒むことはあまりに不快なので、たとえ国のリーダーたちが全人類の命を危険にさらす博打をしているときにすら、自分だけが生き延びる道を探ることはできなかったのだ。

救い抜きの災害、災害抜きの救い

一九六一年にあまり注目されない画期的論文を二本書いたあと、フリッツ自身はその方面のキャリアからは永遠に姿を消してしまった。陸軍予備軍の中佐として、防衛分析研究所での勤務を皮切りに軍事的テーマの仕事に移行したのだ。災害に関するパイオニア的研究で共同研究者だったエンリコ・クアランテリの回想によると、フリッツは北ベトナム爆撃の効果について調査し、驚きではないが、第二次世界大戦の研究と同じ結論に達していた。「北ベトナム人の戦いを続ける意志と、彼らのリーダーたちによる将来的利益と現在の方針を維持するコストの評価に、爆撃が及ぼす間接的影響は明白な形では表れていない」とフリッツの調査報告書にある[*91]（一九九六年に機密扱いから解除）。全米科学アカデミーのために災害調査を率いたことがあり、その立場で発展途上の災害学にかなりの影響を与えているが、その時代の彼の仕事の大部分が今も機密扱いだ。

おそらく災害と精神衛生についての彼の論文で最も弱い部分はこの主張だろう――「生き残った者たちが自由に相互作用し、災害に対しスムーズな社会的適応をすることが許される場所では、被災者たちのこういったコミュニティの出現は災害の普遍的な特徴だと結論できる」。だが、しばしば人々はそうすることが許されなかった。それにフリッツが均質で団結していると想像したコミュニティももっと複雑だったかもしれない――一九〇六年のサンフランシスコの中国人や、一九二三年に日本で関東大震災が起きたときの韓国人と社会主義者を考えれば。さらに、アメリカ南部の多くの民間防衛局員たちが人種差別的な核シェルターに同意し、計画していたことを考えれば。二〇〇七年のサンディエゴの大火では、もともとあった不法移民に対する敵意ゆえに、当局はスペイン語を話すラテン系らしき被災者には救援や配給を行わず、またスタジアムなど指定場所に避難している最中にもかかわらず不法滞在者たちを逮捕して送還したりした。テキサス州では、災害の最中に法的な身分をチェックする同様のプランが災害社会学者たちに非難された。そのような手段は人々が避難したり、生き残るのに不可欠な支援を受けたりするのを阻むからだ。ほとんどの社会にそのような分断があり、災害はそれを弱めもすれば、増幅させもする。

現代の災害学者たちは脆弱さについて語る――災害は社会構造の中に存在する脆弱さや欠点を見つけ出し、ある特定の人々を不当に扱うことを許すのだと。こういった点で、災害は民主化には向かわない。たとえ平等に向かう輝く瞬間があっても、災害が終われば古い社会の価値観と差別がふたたび現れるのだと。誰が避難所を、支援物資を、援助を、同情を得るかは政治的かつ文化的な決断であり、そこには昔からの偏見が浮上する。たとえ悪意はなくとも、多岐にわたる必要書類を揃えることや役所の扱いに長けた中流階級の人々は補償金を受け取るのが上手い（例として、一九八九年のロマ・プリータ地震のあと、ワトソンビルという農業労働者の村では、貧しいラテン系の家族は一軒に二家族も三家族も住んでいたが、補助金は一軒につき一家族にしか渡されなかったし、サンフランシスコの以前からホームレスだった人々にはホテルの部屋は提供されなかったが、裕福なマリーナ地区の住民で突然ホームレスになった人々にはそれが与えられた）。救援物資の配給責任者に、誰がそれを受け取るに値するかについて偏見があったという話は方々にある。こういった状況は、世の中の変化は長続きしなかっただの、以前の不正や差別がこっそり戻ってきているだのという憤りを引き起こす。もとの体制が不公平なら、初めから災害はその地方の住民に平等には影響しない。ハリケーンや竜巻に定期的に襲われる地方のトレーラーハウスのもろさや、消防隊がよく大都市中心部のスラム街の火事は無視しても高級住宅街の火事にはどんなに遠くても駆けつける――都市社会学者マイク・デイヴィスの画期的な論文『マリブを燃えるにまかせる場合』が指摘しているように――ことや、氾濫原にどんな人々が住んでいるかを考えてみればわかるだろう。

施しをもらう側やもらえない側になる代りに、自分のために行動して相互扶助のコミュニティに加わる能力は途方もなく重要だ。フリッツは何らかのメンバーや代理人になることが与えてくれるパワーや満足感について語っているが、それとて必ずしも可能なわけではない。のちの社会学者カイ・エリクソンは、一九七二年に尾鉱ダム［鉱物の製錬過程でできる廃棄物を処理するダム］が決壊したときに黒い水に飲み込まれたウェストバージニアの炭鉱地帯のコミュニティについて詳細に調査した。激流により多くの住民が死亡し、ほとんどの家屋が流された。彼は他の災害で見られる高揚感やユートピアのような効果はバッファロー・クリークでは感じられなかったと言うにとどめている。理由の一つは、どのようなコミュニティも生じなかったからだ。人々は住処を失い、孤立し――多くは永久に――救助の大部分が外部の制服組により行われた。災害後にもパワーや団結の感覚は得られなかったし、援助は相互的ではなかった。毒性のある技術的災害ではとりわけこういった類の「腐食するコミュニティ」が生じるが、それは住民の間の疑念や分断が年月とともに増すからだ。それは、フリッツが絶賛した効果がすべての災害に生じるわけではなく、またどんな災害であれ、すべての人に現れるわけでもないことを意味する。だが、ロンドン大空襲はバッファロー・クリークの洪水と同じくらい現実に起きたことであり、フリッツの述べた効果は、その瞬間にも、また人々が希望と可能性に向かって開いた窓にとっても意味がある。

救いの瞬間のない災害は、災害抜きの救いの瞬間という問題を突きつける。現在にもいくつかあるが、過去には個人やコミュニティのためのよりシンプルで切迫した、緊密な生活が数多くあった。狩猟採集民や貧困にあえぐ人々は、日常的にリスクを経験し、ただ生き延びるために環境を作り替え続ける。彼らは差し迫った必要性により、そして満足感のためにも互いに結束する。これはクロポトキンが称賛した一族や村の生活である。そのような生活を美化し、選択の余地や、楽しみや、プライバシーや、気楽さや、わたしたちの特権であり痛みでもある個性やらが制限されていることを忘れるのは簡単だ。だがそれはまた、かつて人生がある意味常に災害であったなら――フリッツの感覚ではそうだったに違いない――危険には団結と緊急性が付きものだったことを思い出させる。そのような存在の仕方をわたしたちが置き去りにしたのには幾つものもっともな理由があるが、同時に何か非常に本質的なもの、わたしたちを互いに、その瞬間に、本来備わっている目的意識に結びつける力をも置き去りにしてきたのだ。危機やプレッシャーなしにこの目的と親密さを取り戻すことは、人であるための現代の大きな課題だ。迫り来る経済と環境の災害の時代が、その難題をより荒々しく解決してくれるかもしれないのだが。

現代生活では、とりわけ消防士はその瞬間に没頭でき、自分を肯定でき――常に死と背中合わせであり、仕事に価値があるので――大いなる仲間意識と団結が発生する仕事に就いているように見えるが、そうでなくてはせいぜい並の給料であのような危険な仕事をする気にはなれないだろう。他にも同様の見返りと意義深さを与えてくれる職業がある。職業ばかりではない。急流下りや登山など、危険できついレクリエーション活動もまた行う人々を危険にさらし、結束の強いチームを要求し、今の瞬間にすべての注意を集中させ、自らの能力とスキルを繰り返し再確認させる。こういった活動の喜びはたいていスポーツのおもしろさや驚嘆すべき景色に結びつけられるが、最も大きな理由は人とのつながりや心理的なものだ。また、チームスポーツは不確実な一瞬に選手と観客の両方を強烈に結びつける。たとえ懸かっているものがたった一ゴールや一点であろうが、そのコミュニティがテレビ画面に向かって叫び声をあげるファンたちというバーチャルなものであろうが。

わたしたちは人生の大部分を確実性と安全と快適さの獲得に捧げるが、それにはしばしば倦怠や無意味な感覚がつきまとう。生きる意味は苦闘の中に存在する、または存在しうる。したがって、単に生きていくために苦闘する必要がない人たちにとっての難題の一つは、そのような活力を維持するための目標やニーズにどうすれば熱く関われるかだ。それはヴィクトール・フランクルがアウシュビッツでの体験の後に書いた意味の探求だ。市場経済はわたしたちに安全、快適さ、豪華さを求めよと促す――それらは買うことができる――が、それらに比べ目的や意味は商品化しにくく、それを追求する人々はしばしば社会の流れに逆らう羽目になる。フリッツは「コミュニティ内のアイデンティティに対する個人の基本的な人間的欲求を、現代社会が満たせないでいること」を語った。それが、彼が「ソーシャル・ユートピア」と呼ぶものになるのは、災難がそうでなくては手に入らないものを副作用として与えてくれるからにすぎない。緊迫感や所属感や確固たる目的がすでにどこにでもある社会では、災害は単なる災害にしかならないだろう。貧しい狩猟採集社会では、想像されるのは日々さまざまな災難に見舞われている生活であり、そこには多くのリスク、苦闘、緊張、協力の必要、そして大きな報酬がある。わたしたちはその報酬を安心、安全、個人主義と、さらに疎外感や無目的性といった、よりゆっくり起こる、より見えにくい災害と、交換したのだ。一人一人が個人的に手放したわけではない。目に見えない結果の積み重ねにより大きな決断が集団でなされたのだが、時にわたしたちの幸福に関心のない権力により舵を切られもした――わたしたちが市民社会として結集するたびに、制度的な警告が発せられるという形で。

それから宗教がある。寺、シナゴーグ、教会、モスクは、毎週再確認される一種の目に見えるコミュニティを形成する。個人的には何を信じていようが、定期的な出席はその人にその人間社会のメンバーであるという感覚と、有事には支え合うサポート・ネットワークの両方を与えてくれる。信仰これは信仰や教えの実践よりもむしろ、ただ人が属する一つのグループとしての宗教である。信仰は災害に対しさまざまな反応を引き起こす。近代ヨーロッパや世界のいくつかの地域――現代の北米のある地域も――では、災害は神の懲罰だと受け取られたので、心理的な反応は大いに違っていた。そういった状況では喜びはもちろんのこと、機知や利他主義は神の意に反すると受け取られかねないし、そのような宗教的な解釈は、さもなければ普通に起きるべき反応を抑圧しかねない。アメリカ開拓時代の清教徒たちは災害を神からの贈り物だと見なしていた。なぜなら、それは物質的なもの、したがって物質主義を一掃したからだ。

フリッツを読むと、災害が単に好機とコミュニティを提供するだけでなく、重要な自己意識の変化をもたらすことが明らかになる。彼は「災害は過去や未来と結びついた心配事や抑制や不安からの一時的な解放を提供してくれる。なぜなら、災害のせいで人々は目前の現実という文脈の中で、目の前の、一瞬一瞬の、一日一日の欲求に関心を集中せざるをえないからだ」と書いている。ここでフリッツはあえて宗教の別の意味に近づいているかのように見える。コミュニティや信仰としての宗教ではなく、一時的なものではない解放を成し遂げるために、直面する状況にもっと上手く適合でき、優雅で寛大な反応ができるようになる、そんな変化を自身に起こす術としての宗教。ほとんどの宗教が信者たちを誰もが直面するのを恐れているものに向き合わせる。死すべき運命、死、病、喪失、不確実性、苦しみ――人生は常にちょっとした災難であるとでもいわんばかりに。したがって宗教は災難への準備――日々の災難をただ生き延びるだけでなく、それを落ち着いて行い、冷静さと利他主義でもって対処させる装置――と見なすこともできる。多くの宗教的実践がまた、信者たちから周りの生き物に至るすべてがつながっていることと、コミュニティに対しすべての人がもつ深い絆を理解することの重要性を強調している。そうすることにより、毎日の宗教的実践を通して、時に災害が突然もたらす相互扶助や利他主義を教え込んでいる。

この重複は興味深い。たとえば、仏教では苦しみは執着からくると教えられる。過去の痛みや将来の結果に対する執着や、孤立した自己意識への執着も含まれる。災害は物への執着だけでなく過去や未来に対する執着をも断ち切らせる。または、抽象的なものと物質的なもの双方への執着を緩めて、他の人々や自身の生き方に目を向けさせる。二〇〇八年の夏、カリフォルニアで起きた凄まじい山火事では、タサハラ禅マウンテンセンター（カリフォルニア州セントラルコーストのゴツゴツした山にある寮付き修行センター）は数週間にわたり焼失の危機にあった。七月に残っていた修行僧と泊り客の全員が避難したあと、住職と僧侶四人は引き返して、火に立ち向かう決意をした。

非常に危険だった。避難区域に留まることをしぶしぶ許した林野局は、黒焦げの遺体の身元確認に備えて彼らにかかりつけの歯科医の名を訊いた。誰もいなくなった地域で燃え盛る炎に囲まれていた数日間、彼らは冷静さを保ち、消火活動に闘いよりむしろ［宗教的な］隠喩を見出し、そして施設を守ることに成功した——これは驚異だ。火が迫っていた数日、彼らは茂みを払い、見張りを続け、防火帯を維持し、施設のスプリンクラーやポンプや発電機を整備した。いよいよ一二メートルの高さにまで燃え上がる炎が四方から襲ってくると、火花や火の粉を探してパトロールし、全力で消火した（彼らは消火活動のトレーニングを受けていて、防火服や消火器具の備えがあった）。これがうまくいった。

彼らの一人がセンターのオンライン会報に当時のことを次のように記している。「その最中には最も緊迫感があり、そして、振り返ると最も満足感を覚えたのは、火事が要求する絶え間ない警戒と頑張りでした。それは……予測される結果を完全に無視した、ひたすらそこに留まるという計画でした。恐怖と不安の瞬間があったことは否めません。特に、もともと何人かのプロの消防士が言っていたように火がタサハラに向かって一方の斜面からゆっくり降りてくるのではなく、あらゆる方向から猛スピードで降りてきているという現実を理解したときには。でも、恐怖心をもてあそぶ暇はなく、したがって、ついにやってきた火というゲストに真っ向から立ち向かう目の前の作業に、恐怖はすぐに取って代わられたのです」。センター長のデイヴ・ツィマーマンは数日後にこう結論している。「そして最後に、あの火事に深くお辞儀をしよう。無常を教えてくれるその紛れもないダルマ［仏教における法］は、わたしたちに畏怖を覚えるほどの尊敬と注目を抱かせたのだから」。住職のスティーブン・スタッキーはのちに講座で、火とのこの遭遇は「何であれ、起こることに対応する覚悟」の重要性を強めてくれたと語った。タサハラは焼けた森林と黒焦げの山肌の大海原の中に浮かぶ緑の島として生き残った。この火事から教訓を得ようとした彼らは、多くの学びと感謝すべきものを発見した。彼らは仏教の実践により、落ち着いた対応を身につけていた（多くの人が愛する場所を失うかもしれないと悲しんでいたが、執着しないことと冷静さは学ばなくてはならない教訓だと悟った）。そして、タサハラが近くと遠方双方からの支援と物資を引き出す能力のあるコミュニティであったことから、大いに恩恵を受けたのだった。

ミシシッピ州ビロクシにあるベトナム人の仏教コミュニティには、タサハラのような備えも幸運もなかった。彼らが直面したのは火ではなく水だった。ハリケーン・カトリーナがメキシコ湾岸を襲った日に、彼らは新しく完成した寺院の除幕式を行っていた。ベトナムからやって来た院長、訪問客の僧正、約一〇名の高齢女性、近所のアフリカ系アメリカ人一家、そこの僧とともに学んだテキサス州在住のベトナム系アメリカ人の医師ほか数名は、嵐による高潮が寺院の天井まで上がって来たので、屋根裏部屋に避難した。暗闇の中に閉じこめられていた数時間、水がなおも上がり続けているのかどうかもわからなかったが、僧たちは経を唱え、誰もが落ち着いていた。のちにベトナム人コミュニティが救援物資と再建のための援助資金を提供した（ネバダ州の砂漠で毎年開催されるバーニングマン・フェスティバルの参加者が始めた〈バーナーズ・ウイズアウト・ボーダーズ〉のプロジェクトも資金を提供した）。あの日、閉じこめられていた医師はわたしに語った。「あらゆるものがあまりにも儚《はかな》かった。ある日、落慶を祝っていたかと思うと、次の日にはすべて破壊されたのです。だから、ただ座って、よくよく考えました。わたしにとってあの経験は確かにショックでした。でも、彼らにとっては非常につらいことです。まず、彼らはもともと貧しいんですから」。だが寺院は再建され、わたしが訪問したとき、住職はあの災害についてやたら陽気だった。「とても幸せです」というのが、その話題を締めくくる言葉だった。

宗教の言語が災害の中のあの突然の喜びを最もよく説明してくれるかもしれない。それは無秩序状態、普段の取り決めが崩れ落ちた喜びだ――わたしたちの生活と心を抑制し凝り固まらせる普段の取り決めが停止すると、わたしたちは自由に即時的対応をとり、発見し、変化し、進化する。宗教は数千年にわたって喪失と解放を語ってきたし、チベットの聖人からアッシジの聖フランチェスコに至るまで、すべてを捨てることは信仰の道の第一歩であった。とはいえ、災害がわたしたちを解放するというのは危険だ。自らの選択や受け入れによらず、心構えや準備のできていない人がそんな状況に押し込まれたり、突然そんな場面に放り込まれたりしたなら、ただ喪失と苦痛あるのみだ。しかし、多くを失った人や苦しんでいる人たちも含む驚くほど多くの人々が、その瞬間を最大限活用する準備ができているかのように見える。同じことは重い病気を生き延びた人や災害以外の喪失を経験した人たちにもいえる。生存のための対応として、超越はあらゆるところに忍び込む。

現代の言語においては、災害の効果はトラウマのみ、さらにはPTSD（心的外傷後ストレス障害）のみで語られる。この一対の語は、そもそもわたしたちは苦しんではいけないということと、わたしたちは弱いにもかかわらず単にダメージを受けることはなく、苦しむことによってのみダメージを受けるということを示唆している。もしほぼすべての宗教においてそうであるように苦しみが既成事実なら、苦しみをどう和らげるかより、それをどう利用するかが問題になるはずだ。避けられない死を意識することは、生の感覚を重荷ではなく不確かな贈り物として高めるのだが、それもまた宗教の教えの一つだ。そしてそれは個人的なトラウマを生き延びた人からもよく耳にする。心理学教授のロニー・ジャノフ＝バルマンは「身体的かつ心理的な死滅と向き合うことは本質的に生をその本質まで剝ぎ取り、それは多くの生き延びた人たちにとって浅薄なものから深いものへのターニングポイントになる。命は新しい意味をもち、人生のプライオリティの見直しがなされる。生きるか死ぬかの病気や犯罪や事故に遭った人々についてのわたしたちの調査では、生きていることが当たり前だとは思えなくなった今、初めて人生を真に楽しめるという報告が男女双方から頻繁に聞かれた」と記している。

実際、災難はすべての生き物に対する哀れみ、執着からの解放、孤立意識という錯覚の放棄、今現在への集中、短命への気づき、不確実性に直面したときの不惑もしくは少なくとも沈着に関する仏教の信条についての短期集中コースだと言えるだろう。または逆に、宗教は災難の果実のいくつかを損害や喪失なしに獲得できるように練り上げられた方策の一つだとも言える。明晰さ、勇気、利他主義、世の中の危険や不確かさに直面したときの気楽さのあの状態は、心や感情の努力ではなかなか得られないが、時に突然、災害や、耐えがたい喪失のさなかに贈り物として届けられる。ポーリン・ジェイコブソンやウィリアム・ジェイムズの歓喜を、サミュエル・プリンスが災害を宗教的試練だと見なしたことを、ドロシー・デイの大衆向けの神秘主義を、「危機的な状況が続く中で、人々は互いを愛していた」という言葉を、ロンドン大空襲で防空壕が自分のまわりで崩壊し、大怪我をしていたかもしれないことに突然思い至ったあとに「純粋で完璧な幸福」を経験した若い女性のことを、思い出してほしい。

わたしたちが人間性と呼ぶ謎は、危機にはためらうことなく立ち向かい、生きることが楽になると即座にだらける。危うい財政計画に基づいた繁栄の一〇年間、アイスランド人は政治に無関心で、少々鈍感になり、覇気をなくしていた。二〇〇八年一〇月にその誤った経済が華々しく崩壊すると、激怒した市民は立ち上がり、結果、生き生きした市民社会が出現した。それは経済的な富と社会的な貧困の両方を失った、最悪かつ最良のときとなった。新自由主義政府を倒したデモの若いメンバーは、当時の焚き火とドラムの日々について「アイスランドが生まれ変わったかのように感じられました」と書き送ってきた。最悪のときが最良のときになるのは興味深いが、理想的だとは言い難い。安全で豊かな最良の時代が最悪の時代になるというのは、どうすれば危機のないときに目的意識と連帯を維持できるか、比較的穏やかな時代にどうすれば生き生きしていられるかという別の難題を突きつける。覚醒という宗教語は、わたしたちが普段は互いにも、わたしたちの真の環境にも、また自分自身にも気づかず眠っていることを暗示している。災害はショックによりわたしたちを揺り起こすが、目覚めた状態は巧みな努力によってのみ保たれる。

ハリウッドのホッブズ、または多数vs少数

警告：活躍するヒーロー

舞台は一九五〇年のニューオーリンズ。ある夜、一人の密航者が上陸し、カード遊びで大儲けをするも、その後、気分が悪くなる。だが、倒れる前に波止場でチンピラに銃で撃たれる。よくあるただの殺人事件に見えたが、検視官は彼が肺ペストに感染していることを発見した。空気感染する、きわめて感染力の強い型の腺ペストで、かつてヨーロッパの人口の三分の一を壊滅させた黒死病だ。ここで、公衆衛生局の局長が介入する。流行を阻止するためには、四八時間以内に死んだ男と接触した人間をすべて割り出し、ワクチン接種をしなくてはならない。同時に、パニックを防ぐために報道を抑え込まなくてはならない。役人の多くは状況の深刻さについて懐疑的だったが、一人の警官が彼に協力し、ニュースを表に出さないために、話を嗅ぎつけた新聞記者を拘置した。報道の自由と情報に通じた人間は脅威だと決まっているらしい。なぜなら、どんな危険が迫っている

かを知れば、人びとは間違いなく見苦しい振る舞いに出るからだ。というわけで、この映画のタイトルは『パニック・イン・ザ・ストリート』〔邦題『暗黒の恐怖』〕となった。

次は一九七四年のロサンゼルス。架空の地震学研究所で、ある大学院生が地学データを驚異的な数学的分析にかけ、迫り来る巨大地震を予測した。院生は人々に警告することを強く望んだが、所長は「地震が迫っていると発表したりすれば、凄まじいパニックが起きかねない。誰もが他人を押しのけてでも街を脱出しようと大混乱になる。それは地震自体より危険だ」と彼をやり込める。ちょうど核爆弾自体より、核爆弾に対する人間のリアクションが恐ろしいものになりかねないように、地震に対する人々のリアクションのほうが、映画が作り上げる最もはなばなしい地震のシーン——怪獣が地中から現れでもするかのように地面が派手に割れ、高層ビルは倒れ、ダムは決壊し、人々は叫びながらあらゆる方向に逃げ惑い、女性は悲鳴を上げ続ける——より恐ろしいというわけだ。揺れと火事と倒壊が収まると、この手の映画では次に必ず火事場泥棒や、車の乗っ取り、暴力が横行する（たとえ地震が予測可能であったとしても、事実、地震ではただ安全でない建物や状況を避ければよいだけで、その一帯からの脱出は必要ない。何かが上から崩落してきたり、または足元が崩れたりする心配のない広々とした場所にさえいれば、ほとんどの地震は生き延びることができる。けれども、この映画の奇妙な点の一つは、低層の建物が果てしなく広がる大都市ロサンゼルスが、ストーリーの大部分において高層ビルの林立するビジネス街によってのみ表されていることだ）。しかし、人々がパニックになるのを恐れるあまり、国立気象局がハリケーンの警告をやめてしまったらどうなるだろう。くだんの地震学者たちは市長に警告するにとどめるが、市長は知事に通報し、二人は州兵部隊を配置する。警告されていなかった市民が、突然の揺れに見舞われたときに起きる路上でのパニックを収拾するためだ。ここでもまた、民衆は脅威として扱われている。スクリーン上の民衆のイメージは、『暗黒の恐怖』から、ロサンゼルスの壊滅を描いた、スーパーマッチョなチャールトン・ヘストン主演の大ヒット映画『大地震』の間の二四年間ほとんど変わっていない。

次は一九九七年のワシントン州カスケード山脈に飛ぶ。火山から噴出したマグマが、麓《ふもと》にある、のどかな小さい町を襲うのも時間の問題だ。ただし、これに気づいているのは、いかつい地質学者ピアース・ブロスナン［映画の中の配役］ただ一人。彼は住民に避難準備をさせるため、警告しようとするが、上司がこれを許さない。もし予測がはずれたなら、経済的な損失を被るというのがその理由だ（実際、二〇〇四年一二月二六日、南アジア沿岸を破壊した大津波が押し寄せる前に同様の議論があった。「決断をするに当たり重要なポイントとなったのは、ちょうど観光シーズンのピークにあたり、どのホテルもほぼ満室だったという事実であった。もし我々が警告を発していたら、人々は避難しただろうが、ならば、どうなっただろう？　ビジネスは即座に影響を受けていただろう」とタイの高官は語った）。「上のほうが、やばいことになっているのは知っている。だが、ちょっとした地殻変動や揺れで、パニックを起こしたくないんだ」と上司は火山のカルデラ付近で起きている異常な現象について話す。結局、ブロスナン自身も町議会に「パニックは起こしたくない」と言う。映画ではこうして一時間ほど緊張が高まっていき、ついに科学者たちがハイスクールの体育館に集まった町民の前で警告を発したときには、すでに噴火は始まっていた。そしてパニックが起きる。「焦らないで、焦らないで！」と保安官が叫ぶ。だが、小さな町の住民は怒濤のように集会場から駆け出し、互いをなぎ倒し、ほとんど人を踏みつけんばかりにし、車に飛び乗ってあらゆる方向に散り散りに走り去る。一台の車が電柱に激突し、落ちた電線が火花を散らしながらヘビのようにくねる。ブレーキがきしみ、タイヤは凄まじい音を立てる。そのとき、この映画のタイトルになった〈ダンテズ・ピーク〉はマグマを噴出し始める。ここで人間版スイス・アーミーナイフ［多機能ナイフ］のブロスナンは次々に新種の技を披露する。彼は二〇〇四年の天候異変映画『デイ・アフター・トゥモロー』のような映画でもおなじみの超人的科学者のアクションヒーローだ。

次の舞台設定は一九九八年のワシントンDC。閣僚の一人がなぜ退職したのかを探っていた若い女性ジャーナリストは、彼が常にエリーという名の愛人の話をしていることを突き止め、スキャンダルを疑う。だが、インターネットでの調査により、それはELE（Extinction Level Event　種の絶滅を引き起こすレベルの事象）であると判明した。幅一〇キロの巨大隕石が地球に接近しつつあり、人類を初めとする多くの種が絶滅する危機にあるのだ。だが、誰かに打ち明ける前に、大統領と隠密のミーティングを行うため、政府の工作員により彼女は誘拐される。むろん、政府側は国民にその事実を公表したくはない。パニックが起きるのは必至だからだ。そこで、彼女は大統領陣営にある取引をもちかけた。彼らの対策が整うまで発表を控える代わりに、記者会見では彼女に最初の質問をする権利を与えるという取引だ。したがって、地球の命運について一般の人々が知る権利を、彼女はおそらくは消える運命にある惑星上の自分のキャリアアップのために手放そうとし、しかもその取引は承認された。結局、パニックと暴徒的行動は起きる。わたしたちはそれを大ヒット映画『ディープ・インパクト』のスクリーン上の小さなテレビのニュース画面で見せられる——シェルターの建築費に大金をふっかけた掘削機の運転手を大勢の人が殺す群衆の正義や、放棄された店に火をつける略奪者たち、食料と燃料の不足に暴動を起こすモスクワの民衆などを。

パニックは起きない

パニックと暴徒が簡単に置き換わる二つの現象であることは、誰もが知っている。わたしたちは、人々が右往左往し、他人を押しのけてでも我先に逃げようとして、要するに完全に理性を失っている場面を、少なくとも映画の中でくり返し見てきた。大半の人が、災害が起きれば、ル・ボンが恐れたような現象が起きると信じている。もっとも、彼の場合は、群衆というものが退行的な欲求に屈するのだと信じたのに対し、わたしたちはパニックと呼ばれる振る舞い――個々人の非合理な恐怖や、利己的な反応や、軽率で愚かな行動――を通して、群衆が手に負えないかたまりと化すのだと信じる傾向にある。その根底にあるのは、人間は恐怖や生き延びたいという利己的な欲求に圧倒されると、判断力や社会的な絆や人間性さえも失ってしまうが、それは何かがうまくいかなくなると即座に起きるという考えだ。これは、人間が、本来備わっている悪意よりむしろ恐怖により、野獣のような本性に回帰するという昔からの考えと同じだ。それは、わたしたちがみな、今にも爆発しかねない、簡単に起爆させられる反社会的な爆弾であるということを前提としている。パニックの発生を信じることは、すなわち一般市民を軍により制圧もしくはコントロールされるべき問題として扱うことを意味する。ハリウッドは熱心にこれを煽っている。しかし、社会学者は違った。

チャールズ・フリッツの研究仲間だったエンリコ・クアランテリは「一九五四年に、パニックの事例を多く発見できると信じて、それをテーマに修士論文を書き始めたが、しばらくすると、『どうしよう。パニックについての論文を書きたいのに、一つも事例が見つからない』という羽目に陥った。と、これは少し大袈裟かもしれない。だが、『待てよ、実際に起きたことは、みんなが想像していたよりずっとましだ』と、わかるまでにはかなり時間がかかった」と語っている。[*92] 彼はパニックを「不合理で極端な恐怖と、そこから脱出しようとする行動」であると定義している。けれども、脱出行為は必ずしもパニックとはいえない。人々があらゆる方向にできるだけ早く逃げようとしているといった、外側からは混乱状態に見える場面が、差し迫った危険に対する最も妥当な反応だったりする、と彼は指摘している。彼のこの論文は従来の神話を崩す新学説として、災害に対する人間の反応に関する研究での画期的な業績となった。クアランテリは初期にはフリッツとともに研究し、のちには教授になってオハイオ州立大学災害研究センター（現在はデラウェア大学に移管）を創設し、フリッツ以上に災害学の権威になった。

パニックについてではない論文を書いてから五三年後、クアランテリはこう語った。「事実、災害学に対する財政支援のほとんどが、今日でさえ、どうすれば人々がパニックや反社会的行動に出るのを防ぐことができるかという考えを根拠にしている。したがって、災害学の黎明期には、資金援助の理由はそれのみだった。誰もがただ、問題の根源は市民や一般の人々にあると信じていた。研究結果では初めから正反対の結果が出ていたのにもかかわらず[*93]」。そして、さらに彼は付け加えた。「もし、パニックというのが、人々が大変な恐怖に駆られていることを意味するなら、おそらくそれは、災害の発生時に起きることとしては、きわめて正しい理解だろう。現実と接触した誰もが恐怖を感じるし、実際、災害が発生したときには、現実との接点を失っていない限り、恐怖を感じるべきだ。一方で、怖がっていると正しい行動が取れない、とは言い切れないのだ」[*94]。切迫した恐ろしい状況に置かれた人々に関する研究結果を、クアランテリは災害学につきものの素っ気ない表現で、次のように記している。「残忍な争いが起きることはなく、社会秩序も崩壊しない。利己的な行動より、協力的なそれのほうが圧倒的に多い」[*95]。七〇〇例以上もの災害を研究した結果、パニックはほとんどないに等しい現象だということがわかったと、彼は言っている[*96]。彼に続く研究者たちも徹底的に事例を調べたが——九〇〇件以上の火事における二千人についての調査も含む[*97]——人々の行動はおおむね理性的で、時に利他的で、けっして文明の化粧板のはがれにより顔を出した野獣のそれではなかった。しかし、映画、大衆の想像の中、メディアによる報道、そしていくつかの昔ながらの災害対策、これらにはまったく別の世界観が出現する。

ヒーローは必要だ。なぜなら、わたしたちはみんな、利己的か、悪意があるか、感情の抑えがきかなくなって途方にくれているか、もしくは怖さのあまり何もできないでいる、どうしようもない生き物だからだ。わたしたちのひどさがヒーローの素晴らしさを要求し、作り出す。わたしたちは彼らが輝くための、地味でさえない背景なのだ。いや、少なくとも映画の中ではそう描かれる。映画自体もまた、ヒーローを必要としている。それはほとんど技術的な問題だと言っていい。クローズアップが必要、ストーリーの展開上必要、観客が感情移入する役が必要、観客を動員するスターが必要——というわけで、『タワーリング・インフェルノ』のポール・ニューマンとスティーヴ・マックィーンのように、アンサンブルムービー［複数の監督が撮った話をつなげた映画］の災害映画には複数のヒーローまで登場する。大勢の人間が行儀よくしているシーンでは、カメラ的に何のおもしろみもない。しかも、ハリウッドはスターにすがる。さらに慣習も重要である——彼らは普通、アジア人のおばあさんを味のある脇役にはするが、英雄にしたりはしない。この手の映画は、自分たちの街や世界にどんなことが起きようとも、現状の性差や権力や各人のリーダーシップは変わらないと信じたい人たちに深い安心感を与えるのだ。

ビルが火事になったり、地面が揺れていたり、隕石が接近していたりしたら、人々は大変な緊張感のもとにあるものと誰もが想像するだろうが、こういった映画では、本物の緊張感はたいてい善玉と悪玉の間にある。利他的な人物が前面に押し出され、利己的で怖がっている人々は、人間性といった意味では概して背景を提供する。一般的に言って、災害映画では、ロマンスは高まりを見せ、個人的なもめごとは霧消する。災害映画に出てくる人々は大破壊が迫っても、個人的な営みから気を逸らさない。だから、現実の災害時には人々が共感や団結といった段階に移行するのとは反対に、彼らは自分たちのうまくいかない恋愛の成り行きに心を占領されたままなのだ。お定まりの災害映画は抜群におもしろいが、同時に多くの理由でうんざりさせられる。大きな理由の一つは、〝彼らとわたしたち〟という二つの世界の、白黒がはっきりした対立にある。〝彼ら〟は、集団の人間性、大勢のエキストラ、パニック、暴徒、ダメ人間たちだ。脇役の権力者たちもまたダメ人間だ。『ダンテズ・ピーク』の地質学主任研究員、『大地震』の地震学研究所長、『タワーリング・インフェルノ』の粗悪な建材を使ったデベロッパー、一九九五年に公開された致死性の新種ウイルスを扱った映画『アウトブレイク』で、エボラ出血熱のような感染症が起きたときの対策決定者たちなど。彼らは権力に甘んじ、事の重大さを見誤り、おまけに外見的な魅力もなく、最後は間違っていたことが証明され、人気急上昇の新しい権威を象徴するヒーローとわたしたちに打ち負かされなくてはならない。そして、〝彼ら〟は打ち負かされる。もっともこれらの映画は、自分たちに味方してくれる権威まで否定するほど徹底した反権威主義ではない。要するに大事なのは、わたしたちが自分を重ね合わせられる、ぴったりの男に権威を与え、仕切らせることなのだ。

災害映画で唯一正しく描かれているのが役人たちの問題だろう。自然災害では個人より組織のほうが問題を起こしやすいと、クアランテリも言っている。「役所仕事は決まりきった手順やスケジュール、ペーパーワークなどに依存している。実際、現代社会は、正しく行われればだが、役所仕事なしでは立ちゆかない。唯一の問題は、革新的な考えやいつもとは違うやり方が必要な非常時には、お役所的な組織が最大のネックになりうるということだ。事実、平時にうまく機能していればいるほど、災害時には、臨機応変に対処できなかったり、まとまらなかったりと、うまくいかなくなる可能性が高い。対照的に、あらゆる社会について言えることだが、人間は普段見せない底力を発揮する。言っておくが、すべての人がそうだと言っているわけではない。ちょうど、すべての組織がまずい対応をするわけではないように。しかし、人間についていえば、彼らは危機に対してうまく対応するのに、組織はある意味、壊れてしまう」*98

『ディープ・インパクト』では、衝突は連邦政府の偉大な知恵や先鋭テクノロジーと、若くて美しいジャーナリストの間にあるだけだった。彼女は政府の方針に沿うよう仕向けられなくてはならない。クアランテリは災害映画について書いたとき、同僚の出版されていない論文から、こんな引用をした。災害映画は「個人主義と、社会的な問題の個人による解決という、わたしたちの文化から来る一種の思い込みを強化する」[*99]。さらに彼は「災害映画は……たいてい、人間が営んでいる社会システムよりむしろ、問題に関わっている個人がその問題の根源であるかのように描く」と付け加えている[*100]。

こういった映画のすべてが、伝統的な男女の役割分担を再肯定する。もしくは、女性の無力さが男性のヒーローを突き動かすものの一部となっている。かなり進歩的な『ダンテズ・ピーク』の中でも、小さな町の町長であり、ピアース・ブロスナンの恋人候補でもあるリンダ・ハミルトンは悲鳴を上げないし、愚かしいこともしない代わりに、何もしない。ほんの数年前、彼女はターミネーターと闘い、その驚くべき筋肉を披露してくれたのだが、今回はジャンプもしなければ、キーを使わずにエンジンをかけることもしないし、ボートも漕がなければ、自分の子供の救出の指揮を執ることさえしない。ただ、すべて人任せにしている。そして、この彼女こそが女性のお手本なのだ。他の女たちは、いかつくて間抜けな大男に救出されるか、これもよく見かけるが、ほとんど担がれるようにして助け出されるまで、パニックを起こし、叫び続け、恐怖で固まっている。『大地震』でへストンの不幸な妻を演じたエヴァ・ガードナーは、文字どおり夫を下水道の中に引きずり下ろしてしまう。ただし、原子力発電所がメルトダウンを起こし、メディアが発電所管理者と政府の怠慢と情報の隠蔽を暴く『チャイナ・シンドローム』は、特に主演女優のジェーン・フォンダがアクティブなレポーターを演じている点で、それまでの傾向を覆しているといえる。

この作品は他の面でも異端だ。というのは、内部関係者やエリートや専門家に対抗し、一般市民やメディアのほうを擁護しているからだ。その世界観は、公開一三日目にペンシルベニア州スリーマイル島原子力発電所で炉心溶融事故が起きたことで、よりいっそう支持を得た。普通、映画では大規模なテクノロジーの使用は人々を破滅から救う傾向にある。一九九〇年代には『アルマゲドン』でも『ディープ・インパクト』でも、同時代のサイエンスフィクション系娯楽映画『インデペンデンス・デイ』でも、隕石であろうがエイリアンであろうが、核兵器が宇宙からやって来る悪玉を逸らせてくれた。だが、『チャイナ・シンドローム』では核技術こそが問題の元凶だった。

頂上にいる恐怖

災害映画はいろいろな空想を見せてくれる。それはわたしたちの中の最悪の恐怖をもてあそび、それを鎮めてくれる。もしそれがカオスならば、権威が勝つという伝統的な筋書きによりわたしたちの自信は取り戻せるので、とにかく権威に勝たせるため、彼らはくり返し例のいかつい男たちと力強いリーダーと最新のテクノロジーを登場させる。たとえ消滅の危機に瀕していようとも、その世界はわたしたちの世界よりは安心でき、頼りになる。『大地震』にはサイドストーリーがある。危機的な状況で州兵のジョディは職権を乱用し、自分をあざけるルームメイトを射殺し、若い女性をレイプしかけ、早い話が新しく手に入れた権力を存分に楽しむ。だが、彼は武術にとりつかれた長髪男として描かれている。それは、たとえ軍服を着ていようが、彼はいやらしい〝彼ら〟であり、信用できる〝わたしたち〟ではないと言いたいのだ。ジョージ・ケネディ演じる、大酒飲みの、疲れた、昔かたぎの警官が彼をぶっ殺す。殺しが観客に深い満足感を与え、完全に正当化され、鮮やかにやってのけられる、ハリウッドお得意の瞬間だ。むろん、州兵は火事場泥棒や市民の騒ぎを阻止するために送り込まれている。現実には、ほぼすべての災害で、火事場泥棒がめったに起きないということは、災害学者による入念な調査により判明しているのに、映画界はまだそれを受け入れていない。

事実、ハリウッド映画は、社会学者の描く災害の現実を逆さまにしたような世界だ。コロラド大学の自然災害センターを率いる災害社会学者キャスリーン・ティアニーは、カリフォルニア大学バークレー校で、一九〇六年の地震の一〇〇周年記念日に講演を行い、聴衆をとりこにした。その中で彼女は「エリートは、自分たちの正統性に対する挑戦である社会秩序の混乱を恐れる」と主張した。[*101] 彼女はそれを「エリートパニック」と呼び、パニックに陥る市民と英雄的な少数派という一般的なイメージを覆した。エリートパニックの中身は「社会的混乱に対する恐怖、貧乏人やマイノリティや移民に対する恐怖、火事場泥棒や窃盗に対する強迫観念、すぐに致死的手段に訴える性向、噂をもとに起こすアクション」などだ。[*102] 要するに、間違いを起こす人は少数で、いざというときにうまく対処できるのが多数派なのだ。その少数派が見苦しい振る舞いをするのは、事実ではなく思い込みがそうさせている。彼らは、自分たち以外の人々はパニックになるか、暴徒になるか、家主と店子の関係をひっくり返そうとしていると信じ、恐怖に駆られて、彼らの想像の中にのみ存在している何かを防ごうとし、行動に出る。また別の機会にティアニーは「メディアは市民の無法ぶりとより厳しい社会管理の必要性を強調するが、それらは災害管理における軍の役割の拡大を求める政治論をうながし、強固にする。そのような政治的立場は、合衆国では、イデオロギーとしての軍国主義の台頭を示唆する」と述べている。[*103]

数十年におよぶ念入りな調査から、大半の災害学者が、災害においては市民社会が勝利を収め、公的機関が過ちを犯すという世界観を描くに至った。彼らはクロポトキンのようなアナキストたちが長年提唱してきた説の大部分を、静かに承認した。もっとも、彼らは大量の統計で防備し、より大きな社会秩序については決めつけや結論を注意深く避けながら、故意に中立的な立場をとろうとしている。それでも、災害時には、人々が機知を働かせ、自分より他人を優先させ、結束する能力を自由に発揮できる、信頼関係をベースにした開けた社会が必要であることははっきりさせている。実際、わたしたちはいつでもそれを必要としているのだが、ただ災害時には緊急に必要なのだ。

医学史研究家のジュディス・リーヴィットは、二回の天然痘流行を例に挙げ、権力者たちの行動が、いかに事態そのものや、開かれた社会の重要性を左右するかを説明した。一八九四年にミルウォーキーで勃発したときには、公衆衛生局長が上流階級と中産階級の人々には自主隔離を認め、「その一方で、同市の貧しい移民居住区では隔離病院への強制入院を執行したことが、状況をいっそう悪化させた。この差別が良い効果を生まなかったことは想像に難くない。結果、天然痘は市中に蔓延した。〝ミルウォーキーのクズ〟という言葉が新聞にたびたび登場したので、市の南部に住む貧しい移民たちは、所詮それが一般市民の自分たちに対する見方であり、当局も自分たちには何をしてもかまわないと思っているからこそ、方針にそのような不公平が生じたのだと感じた。したがって、彼らは天然痘の症状が出ても報告せず、衛生局の職員がやって来ても患者を隠すという手で応じた。そして最終的には、強制隔離やワクチン接種に対し、暴動で手向かったのだった」[*104]。エリートパニックと階級間の対立に加え、ワクチン接種の安全性と効果に対する不信感も不運な要素だった。

一九四七年、今度はニューヨーク市に天然痘が発生した。それは『暗黒の恐怖』で腺ペストがニューオーリンズに発生したときとほぼ同じ経路でやって来たのだが、公的機関の対応はまったく違っていた。今回、市民は協力者として扱われた。リーヴィットによると、「あらゆるところに『危険を避けよう。確実に。ワクチン接種をしよう』という看板やバッジがあった。診断方法や、流行の状況について、毎日多数の記者会見やラジオ番組での報道があり、すべての発症例が公表されたので、市民には病気に対する認識があった。今回、市民は事の成り行きについて知らされていると感じていたので、保健省や市役所の対応は正直で公平であったと言えるだろう。二週間以内に五〇〇万人のニューヨーク市民がワクチン接種を受けた」[*105]。あらゆるところに強制力が働いた。「製薬会社は当初、それほど協力的ではなかったのだが、オドワイヤー市長が彼らを市庁舎に閉じ込めて、『もっとワクチンを製造しなさい。それも早急に。さもないと、この建物から出られませんよ』と言うと、驚いたことに彼らは同意したのだ。それは任意のワクチン接種計画だったので、接種のために行列した人たちは、あくまで自由意志でそうしていた。市民の協力はきわめて高い水準にあった。言うまでもなく、それは第二次世界大戦の終結直後だったので、そのことが市内での組織化や協力姿勢のレベルに影響していたかもしれない」[106]
ところが、二〇〇五年にはふたたび大統領から疾病対策予防センター長に至るまで、連邦政府の高官たちは、もし新しい大流行が発生した場合には軍による強制隔離が必要であろうと推測したのだった。[107] つまり、彼らはニューヨークの道ではなく、ミルウォーキーの道を行こうとしたのだ。インディアナ州の州兵たちも二〇〇七年に訓練で放射性事故のシミュレーションを行ったとき、一般市民を雇って、暴徒や医師を襲う強盗の役を演じさせた。[108] 担架を盗もうとする役まであった（「いいスノーボードができるよ」と、明らかに自分に割り当てられた不可思議な役割を自分に説明しようとして、担架泥棒の一人は言っていた）。この背後にあるエリートパニックとその発想の根を断つことは難しい。
クアランテリはティアニーの指導教授だったが、「エリートパニック」という言葉は、実際、彼女の同僚のラトガース大学教授のカロン・チェスとリー・クラークの造語だった。クラークによると、「カロンが言ったのです。普通の人々がパニックになるなんて、とんでもない。見たところ、パニックになるのはエリートたちのほうよって。エリートパニックがユニークなのは、それが一般の人々がパニックになると思って引き起こされている点です。ただ、彼らがパニックになることは、わたしたちがパニックになるより、ただ単にもっと重大です。なぜなら、彼らには権力があり、より大きな影響を与えられる地位にあるからです。彼らは立場を使って情報資源を操れるので、手の内を明かさないでいることもできる。それは統治に対する非常に家父長的な姿勢です。子供を扱うのと同じ。あなたが市長で、何か大変なことが起きるかもしれないという知らせを受けたとします。あなたは市民が小さな子供のように振る舞うのではないかと心配になり、市民には言わない決断をします。その代わり、実際にマンハッタン南端部に近づくダーティーボム［放射性物質をまき散らす爆弾］であろうと、トルネードであろうと、ハリケーンであろうと、それらが実際にやって来た場合には、警察が秩序を維持してくれるだろうと考えるのです。わたしたちの定義するエリートパニックでは、一般的なパニックと同じく、社会的絆の分断が起きます。エリートパニックの場合、わたしたちより高い地位にある人々の間でこれが起きるのです……社会的絆がいくぶん破綻した結果、エリートの座にいる人々が大きな危険を生み出す何かをするのです[*109]」

「スリーマイル島では一五万人近くが避難しました。大部分が自主的な避難でした。公的機関の指揮はなかったのですが、誰に聞いても、整然とした避難だったようです」。なのに、クラークはよく質問されるそうだ。「それで、スリーマイル島のパニックはどんな感じでしたか？って。パニックは起きなかったのです。パニックになっていたのは、エリートのほうでした。彼らは原子炉で何が起きているかを知らなかったし、発電所の職員にも、ソーンバーグ州知事にもわかっていなかった。最終的に州知事は、女性——それも特に出産適齢期の女性と子供に避難するよう声明を出したのです。子供の骨や胎児は傷つきやすいので、それは科学的には正当な判断だったのですが、すると出産適齢期でも子供でもない他の人々も『おい、おれも行くよ。そんなに危険なのなら当然だろ』ということになったのです。あとでわかったのですが、そのときには、原子炉ではすでに原子炉底部の半分がメルトダウンし、格納容器が破られるまでに三〇分しかない状態だったそうです。それでどうなったと思いますか？　このケースでは、エリートたちは住民がパニックになるのを恐れて、原子炉がどんなに危険な状態にあるかを公表しなかったのです」。人々が危険な存在であると想像したせいで、彼らは人々を大変な危険にさらしていたのだ。

ティアニーの研究を称えて、クラークはこう書いている。

「パニック神話は政治的に中立でなく、むしろエリートに系統だって都合よくできている。エリートがパニック神話にしがみつくのは、真実を認めたら最後、それまでのところ一般的だった政策とはまったく違ったものを打ち出さなければならないからだ。それまでの政策の柱は、ティアニーによると、最良の災害対策は命令と統制のモデルに従うという考えであり、その具現が連邦国土安全保障省の存在だった。このように、パニック神話は確かに特定の組織が得をするようにできている。しかし、テロリストがもたらしたものにしろ、他の要因にしろ、次の災害が起きたときに真っ先に反応するのは役人たちではない。それはわたしたちの隣人であり、次に通りかかる車に乗っている知らない人であり、家族の誰かだ。災害への効率的な対応は、このようにして、わたしたちが命令や統制に服従しているというレベルにまでおとしめられてしまう。これもまた、世の中に役立つ科学的知識が、政治的イデオロギーに打ち負かされてしまう一例なのだ[*110]」

ティアニーは、少なくともアメリカには緊急対応と支援と復興の民間システムがあると言って、当局に対する批判を和らげている。これは、他の国々では、緊急対応が今もって軍に一任されており、アメリカでも過去には復興が個人の慈善に一任されていた（その究極的な事例がハリケーン・カトリーナのときに現れた）ことを思えば、一歩前進であると付け加えている。彼女はまた、訓練を受けた危機管理者が増えていることも喜ばしいとしている。多くの災害学者たちが意見を同じくしているのだが、もし災害時の行動についての人々の自覚が薄れていくなら、それは組織的な計画が改善されているということだ。そして、どの災害における組織化された行動も、国の一枚岩を突き破って、さまざまな対応をする複数の部署に分散することが重要である。一九〇六年のサンフランシスコでは、警察はおそらく自分たちの管轄のコミュニティに根を張っていたおかげで、他の組織よりはるかに道理をわきまえた行動をとった。ハリファックスでは、ほぼすべての組織がまともな振舞いをした。九・一一の朝には、疾病管理センターが迅速かつ適切な対応をした。ハリケーン・カトリーナのケースでは、沿岸警備隊が騒がず、怖がらず、最大限の救助活動を行うというめざましい働きをした。対応の仕方はさまざまなのだ。

数十年にも及ぶ災害研究で、自らの政治的理念はどのように影響を受けたかと尋ねられたティアニーは、このように答えた。

「人々の中にある自己管理能力や即時対応能力に、以前よりずっと興味を抱くようになりました。よく芸術家たちは、脚本や楽譜なしで、即興で演じたり、演奏したりしているときのほうがいい仕事ができると言います。同じように、わたしはコミュニティの住民と優秀な危機管理者の双方に、災害に際し、見事な創造性を発見します。彼らは普段より柔軟になり、規則を破ります。コミュニティを復活させ、生き物や人命を守り、被災者の世話をするときには、非常に豊かな発想をします。人々が脚本から逸れたときにこそ、めざましい出来事が起きるのです[*111]」

統治されなくなったときの人々に対する彼女の信頼は、ほとんどの統治者の考えとは相反している。結局、第二次世界大戦前のイギリスのエリートたちは、空襲を受けたなら市民は虚脱状態になるだろうと決めつけていたし、核戦争を画策していたアメリカのリーダーたちは、驚いたことに、核爆弾そのものより生き残った者たちのほうがより大きな脅威になると結論していたのだ。

わたし自身の印象では、エリートパニックはすべての人間を自分自身と同じであると見る権力者たちのパニックである。競争を基盤にした社会では、最も利己的な人間が一番高い地位に登りつめる。その地位にとどまるために、彼らはクロポトキンがシベリアで発見した事実よりむしろ、社会ダーウィン主義者たちのシナリオに近いドラマを演じきる。権力者は、彼らの最大の恐怖である暴徒たちと同じくらい、残酷にも利己的にもなれるのだ。彼らはまた、自ら罪を犯しながら、自分たちは犯罪を防いでいると信じている。市民を火事場泥棒だとして射殺させたファンストン准将は、どういうわけか、自分は街を救っているのだと信じていたし、ハリケーン・カトリーナでは、役人や自警団員たちが、民衆は手に負えない野獣——いわば、キングコングやゴジラの集団——であると思い込んでいたために、彼らに対する野蛮な攻撃を見逃した。災害時には二つの集団がある。すなわち、利他主義と相互扶助の方向に向かう多数派と、冷酷さと私利優先がしばしば二次災害を引き起こす少数派。多数派はしばしば利己的で闘争的だという常識とは正反対の行動を取るが、少数派は自分たちのイデオロギーに固執する。多数派が、気づくとなじみのない世界でなじみのない役を演じているときでさえ、災害は少数派を自由にできないのだ。確かに一九〇六年のサンフランシスコではそうであったし、一九八五年のメキシコシティ大地震でも、ニューオーリンズでのハリケーン・カトリーナでもそうだった。しかし、メキシコでは、多数派が重要な役割を演じ、それは驚くべき結末をもたらしたのだった。

第3章

カーニバルと革命：メキシコシティ大地震

CARNIVAL AND REVOLUTION:
MEXICO CITY'S EARTHQUAKE

下からのパワー

徹底的に揺さぶられ

災害ユートピアが継続して残った例もある。一九八五年のメキシコシティの大地震では、市民は互いを、自分たちの強さを、そしてあらゆる場所で幅をきかせて全能に見えていた政府がなくても別に困らないことを発見し、しかもそれを手放さなかった。それは国を作り替えた。社会参加や結束の固いコミュニティといったユートピアは災害後も長く続き、しかもアメリカ大陸のどこよりもその存在は堅固だった。災害ユートピア自体は、わたしたちに可能性を模索させる理想主義的、まなはかないモデル以上になることはめったにない。ところが、メキシコ人はいったんユートピアを味わうと、それを日常生活の大きな部分にするために積極的な行動に出た。

一九八五年九月一九日の朝、メキシコシティの搾取工場のような仕事場でお針子をしていた若いシングルマザーのマリソル・エルナンデスは、息子を保育園に連れて行こうとしていた。二二年後、彼女はその朝のことを振り返る。[*1]「仕事が始まるのは午前八時なので、まだ職場には着いていなかったの。子供を保育園に連れて行くところで、息子は二歳だった。地下鉄に乗っていたわ、息子といっしょに、そこで地震に遭ったの」。よくある話だが、彼女もまた、普通の生活がまだ存在しているかのように先を急いだ。職場は長時間労働の工場や縫製工場の密集するピノ・スアレス近辺にあった。そこは国全体の象徴的な場所でもあり、巨大なメキシコシティの中心に位置する大広場で有名なソカロ地区のすぐ南だ。今はもう彼女は若くないし、これまでの人生もけっして楽ではなかったのだが、エルナンデスのなめらかな卵形の顔に現れる唯一の経年のしるしといえば、地震の瞬間を一心に語るときの、年齢を超越した表情だけだ。「息子を預けようと歩いて保育園に向かったの。もう地下鉄も何も動いていなかったから。でも、地面は裂け、ビルは倒れていた。ピノ・スアレスに着くと、すでにあらゆるものが崩壊していたわ。目の前のものすべてに、頭がおかしくなりそうだった。長い間、目に映るものが信じられなかったわ」

その朝七時一九分に起きた地震の揺れは、二分間も続き、その間、ビルは大きく揺れ、ひび割れ、何百万人もの人たちは驚愕し、押しつぶされた。倒壊して粉々になったビルには、腐敗した政権のもとで建てられた、最近の建物が多かった。建築業者は粗悪な材料を使い、構造を強化する鋼鉄をけちったが、監督機関の役人たちは見て見ぬふりをしていたのだ。特に被害が大きかったのは市の中心部だった。かつてそこは、アステカ族の島に築かれた都市テノチティトランを取り囲む湖の底だった。市を拡大するために水ははるか以前に抜かれたが、今もってけっして乾いた大地ではない。倒壊した建物のほとんどが、ソカロの南側の貧しい地区に集中していた。もっとも、最大の被害は北部にあるトラテロルコ団地のヌエボ・レオン棟の倒壊だった。それは陸に引き揚げられた座礁船のように真横に倒れて自らの瓦礫の中に埋もれ、水平だった床は垂直になった。中にいた五〇〇人近くの人々が亡くなった。他にも、商業地区にあった、市内の電話接続のほとんどを制御する中央電話交換局、テレビ局〈テレビサ〉の通信塔、大規模な病院が二棟、商業地区のホテル数棟、省庁ビル（労働省、通信省、通商省）と海軍のビル、多数のアパートが倒壊した。アマチュア無線技師たちは一番にこのニュースを世界に配信した。数百棟の建物が完全に倒壊し、二千棟以上が修復不可能なほど損傷し、無数の建物が何らかのダメージを受けた。メキシコシティは世界有数の大都市なので、被災した建物のパーセンテージこそ小さかったが、失われたものは文字どおり、また比喩的にも、その地方だけでなく国の行政、通商、通信、運輸システムの中枢だった。

舞い上がった埃があらゆるものを白く覆い、破壊された街を歩き回る人々を窒息させた。一瞬にして、八〇万人の人々が少なくとも一時的にはホームレスになった。死者の数は当初一万人とも二万人とも言われたが、多くは倒壊により生き埋めになっているか、大怪我を負っているにしろ、まだ亡くなってはいなかった。何日間も救助を求めて叫び続けた人もいた。素早く救出された人もいた。九月の暖かい空気のせいで、死体の発するにおいが耐え難くなる中、ボランティアが何日も不安定な瓦礫を取り除いていった結果、やっと救出された人もいた。産科の病棟が崩れ、二二人の赤ん坊が瓦礫の山から救い出された。[*2] 政府が倒壊した建物をブルドーザーで撤去するよう命令を下した後に、八人の乳児が廃墟の中から救出された。

生存者を見落とさないよう、ブルドーザーの行く手には学生が寝そべって、瓦礫の奥に目を光らせた。それでも、多くの人が亡くなった。フディト・ガルシアはアパートの倒壊により二人の幼い子供と夫を失った。彼女が助かったのは、地震の揺れのせいで、たまたま窓から放り出されたからだ。彼女は苦々しく語る。「あの地震で亡くなった人々はけっして地震のせいでそうなったのではないと断言します。それは嘘です。みんな、劣悪な建物のせいで、不正のせいで、腐敗した政府の犯罪的な無能力ぶりと不手際のせいで亡くなったのです。彼らには倒壊する可能性のあるビルで生活したり働いたりしている国民のことなど、どうでもよかったのです。多くの建物が死への落とし穴だってことを、政府は知っていたのです[*3]」。地震は自然の力により引き起こされたが、メキシコシティの災害は自然災害ではなかったのだ。破壊は凄まじかったが、人々の反応はめざましかった。

マリソル・エルナンデスは最も被害の大きかったエリアの一つに歩を進めていった。ピノ・スアレス地区の中心には美しい古い教会があるものの、それ以外はメキシコシティのどこにでも見られる、セメントの厚板のような特徴のない建物が碁盤の目状に立ち並んでいる。他の地区より、ここの家々はより高さがあり、より整然としている。人気レストランの〈スーペル・レチェ〉は、地震が起きた時間帯にはすでに営業していた。レストランと隣のアパートは全壊し、数百人が命を落とした。重い機械や商品の入れすぎでもともと弱っていた衣料産業ビルは、いずれもぺしゃんこになった。一一階建ての雑居ビルは三階建てになっていた。すでに仕事を始めていた人々は、その下敷きになった。当時二五歳だったマルガリータ・アギラールは語る。「階段を駆け上がると、倉庫が倒壊して、壁がこちらに向かって倒れてきたの。そして通路の上に落ちたので、出口がふさがってしまった。両脚と片腕は瓦礫にはさまったけれど、片手と一番大事な頭は大丈夫だった。それでなんとか家具の上によじ登って、横の窓を割ったわ。手が切れたけど、ともかく窓の外に出られた。仲間の多くは窓のほうへ走っていったの。ビルの一部は中心かららせん状に崩れたから、彼女たちは助かったのよ。通りに出る窓はふさがれていなかったから、外に向かって大声で叫んだ、というより、泣き叫んだわ。通りにいる人たちに向かって『助けてー！』って。するとロープを突っ込んでくれたの」[*4]。お針子の他のグループは、工場の窓から何巻きもの布地を投げ出し、それを伝って下りた。滑ったり、転げ落ちたりして擦り傷を負ったものの、脱出できた。無事だった人々は壊れた建物のまわりに集まって、地震直後から救出活動の組織化を始めた。

　エルナンデスは地震が発生したときにまだ職場に着いていなかったことが、そしてアギラールは脱出できたことが幸運だった。その日、数知れないほど多くのお針子が命を落としたのだ。数がわからない理由の一つは、愛する家族の遺体を掘り出すことを、火事場泥棒を防ぐため、または瓦礫が危険だからという理由で、警察が許さなかったからだ。救出を求めて叫ぶ女性を救う代わりに、機械を持ち出そうとするビル所有者の安全確保を警察が請け負うという悪名高いケースもあった。多くのビルの所有者が同様の行動を取ったという報告もある。幼い子供をもつシングルマザーたちには、下敷きになっても掘り出してくれる人がいなかった。シングルマザーの中には、まだほんの一〇代の若者もいた。ある概算によると、衣料産業の労働者のうち、亡くなった人は一六〇〇人にも上った。同業界では八〇〇社が倒産し、四万人から七万人が突然、職を失った。法により、雇用者は賃金と退職手当を払うことが義務づけられているが、多くの雇用者はただ姿を消した。したがって、お針子たちは二四時間体制で職場の見張りを始めたのだった。「お針子たちは、自分たちのボスが仲間の死体や悲鳴を無視して機械を運び出した日を正確に言えます。振り返ると、その日が彼女たちの人生のターニングポイントになったのです」とフィービー・マッキニーは書いている。「そのときだったと、彼女たちは言います。政治に対する意識が高まり、労働者としての自身を守るため、組織を作る法的権利を要求すべきときがきたと悟ったのは」[*5]。瓦礫の中から、メキシコ史上初の、女性の率いる独立労働組合が誕生した。あの日、マリソル・エルナンデスは変わった。そして、彼女の国も変わった。

建物を泥棒から守れとの指令を受けて市に送り込まれた警官や兵士たちは、多くの場合、自らが泥棒になった。救助にも復興にも公的機関の援助は皆無に等しく、人々は危険な建物の建築を見逃してきた政府に対する不信感から、復興はむしろ自分たちの手でやるほうがいいと思った。地震は文字どおり、与党である制度的革命党（ＰＲＩ）のうわべを剝がし、隠れていた腐敗をあばき出したのだ。検事総長室の崩壊した地下からは、拷問された六人の男性の遺体が出てきたが、そのうち二人は拷問の傷により亡くなっていた。さらに、地下の車からも拷問された死体が出てきた。ビクトリア・アダト検事総長はこれに対し、ただ肩をすくめてこう言った。「わたしたちが拷問したなどというのは馬鹿げている。彼らはすでに自白していたのだから」[*6]

海外からの支援金は横流しされた。テントや救援物資は行方不明になった。海外の捜索救助チームは人命救助を許されなかった。スペインのチームは機器を税関で奪われ、フランスから来たあるチームは案内人も地図も与えられなかった。また、あるチームは被災現場で働きたいのに、きれいなホテルに連れて行かれた（災害学者の間には、こういった捜索救助チームはたいてい到着するのが遅すぎると指摘する声もある。ほとんどの場合、人命救助は近隣の人々により行われる。マスコミは、すでに近所の人たちが救助を行ったあとにやって来ることが多いので、当然、プロの救助チームに注目した報道が多くなる）。

トラテロルコ団地のヌエボ・レオン棟はきわめて悲惨なケースだった。トラテロルコ（別名、三文化劇場）は古いスペインの教会とアステカ族の遺跡の近くに建っていた。その二つは、スペイン人による征服以来、メキシコ社会を分裂させ、現在に至るまでメキシコの人口の大多数を占める〝メスティーソ〟（先住民との混血スペイン人）の中に脈々と引き継がれてきた争いの記念物である。トラテロルコはまた、現代メキシコ史上、最も悪名高い事件の現場でもあった。一九六八年一〇月、メキシコオリンピックの開催直前に、その広場でデモ隊が武力制圧され、数百人から数千人にも上る学生が命を落としたのだ。その後一時的に学生運動は鎮火したものの、政府による学生の大量殺人は、制度的革命党が、特に若者や進歩的な有権者たちの間で正当性を失った瞬間だとされている。以来、不満はくすぶり続けていたものの、これといった運動も起きなかったが、地震により、ついに政府と社会の膠着状態は打破された。倒壊したヌエボ・レオン棟には、前回の地震後の修理に不具合があったと宣言する横断幕が張られた。現場にやって来た陸軍は、生き埋めになった人々の救出をいっさい行わなかった。助かった住民たちは十数棟の高層アパートからなるその団地の管理局に詰め寄ったが、忙しくて役人たちには会えないと追い返された。翌日にも数百人の住民が押しかけたが、指揮を執るはずの人物がさらに上からの指令を待っていると言われただけだった。上意下達型の官僚機構は完全に麻痺していた。そして話し合いが激してきたときに、大きな余震があった。抗議に来ていた人々が飛んで帰ると、ヌエボ・レオン棟で生き埋めになっていた数百人の住民は、崩れた瓦礫に押しつぶされていた。間もなく、市全域で住宅についての権利運動が巻き起こった。

他の貧しい地区でも、かろうじて建っている建物の多くにダメージが大きく、非常に危険な状態にあることを知った住民が同じような闘いを始めた。彼らはダムニフィカード（被災者）となり、その数は数十万人にも上った。多くが元の住まいの近くでテント生活をしたのは、その場を離れたが最後、元の家に戻る権利を失うと考えたからだ。その恐れは的中し、制度的革命党は住む家のなくなった人々を遠くに移すよう提案した。今や地震を理由に、貧しい人びとの大規模な強制移住と再開発が行われかねなかった。多くの貧しいメキシコ人は、長年、賃貸料規制政策の恩恵を受けてきた。そのおかげで、家主が集金するのすら面倒なほど家賃は低く抑えられていたが、その分、彼らに建物の修理をする気も起こさせなかった。一〇月二四日には、市全域にわたる権利運動に〈被災者統一調整委員会〉という名が付いた。こうして、居住権を勝ち取る闘いが始まったのだ。多くのケースで、長期間借りていた借家人は、その住居を買い取る権利を獲得した。震災後の苦しみを通して、彼らは単に以前の状況を取り戻すだけでなく、自らの立場を改善したのだった。

アレハンドロ・ミランダは一五歳で震災に遭った。その朝、彼と両親とほかに二人の計五人でシェアしていた二部屋の家は崩れ落ちた。近くの青空市場で床屋をやっていた父は家族を瓦礫の中から掘り出すと、次にレストラン〈スーペル・レチェ〉に行き、つつましい家やごく小さな工場の密集したピノ・スアレス地区での救助に取りかかった。二〇〇七年に、ミランダは回想する。「通りは陸軍により封鎖されていた。だから、わたしたちが行けるところは少なかった。人々が水や食料やサンドイッチなんかを手にやって来て、わたしたちにくれた。わたしたちにはそんなものを手に入れる方法がなかったからね。高貴な心根の、物事に対し正しい見方ができる人が大勢いたよ。それは〝いい面〟だった[*7]」。〝悪い面〟は火事場泥棒がいたことだ。ただし、同地区の住民の筆舌に尽くし難い貧しさを思えば、彼らが泥棒と化したのも無理はなかったのかもしれない。だが、ミランダは強欲と同じくらい、気前の良さも目撃した。そして、彼は今でも避難キャンプを懐かしく思い出す。「あそこにはすごくいいコミュニティがあった。同じ地区の人たちも、下区のほうから来た人たちも、みんな仲良く暮らし始めたんだ。下区から来た人たちからの、いい影響があった。彼らはとても立派な人たちだったよ。祝祭の儀式やら、クリスマス前の行事やらがあり、人々は交じり合っていた。夜にはサンミゲルの公園に行って、簡易食堂でサンドイッチとコーヒーを注文した。何か必要なものがあれば、彼らは無料でくれた。服がなければ服をくれたし、三度の食事にもありつけたよ。金を払う必要はいっさいなかったね」。レヒーナ通りにあった、彼の家族が住んでいた建物はいったん没収されたが、近所の人たちの多くと同様、両親は所有権を獲得した。彼らは今もそこにつつましく暮らしている。子供やペットが遊ぶ共同の中庭に面した、こざっぱりした数部屋だ。ミランダはあの地震がトラウマとなり、今もって少しの揺れにも敏感に反応してしまうが、建築家になって社会的に急に必要とされた設計の仕事に没頭するようになった。

多くの分野でグループは連合し、行動を起こし、以前より強力な市民社会を形成していった。被災者たちは共通の争点を見出し、マリソル・エルナンデスを初めとするお針子たちは労働組合を結成しつつあった。彼女は市の端にある殺風景な労働者居住区の、白茶けた土の上に散らばったセメントのアパート群の一部屋で、当時のことを語った。「いろいろな産業分野の、あらゆるところに住む人々が、わたしたちお針子を支援してくれたの。ただもう、ありがたくて。彼らはけっしてわたしたちを見捨てなかったわ」[*8]。今もお針子で生計を立てているが、彼女のそのつつましいアパートは彼女のものであり、通勤時間がないので、小学生の娘の面倒を見る時間がある。

アメリカ生まれの活動家ローラ・カールセンはメキシコシティのお針子たちを組織化するためにやって来て、以来、メキシコに住み続けている。彼女は回想する。「お針子たちはオーナーの家で座り込みのストライキをすることから始めました。それで、オーナーたちは、彼らにとってはさぞかし無念だったでしょうが、公に顔がさらされる羽目になったのです。なぜなら、従業員を救出しようとしなかったことや、法で認められた補償金を払わないことを告発する『指名手配：この店の所有者』というキャプション付きのオーナーの顔写真が載ったビラが配られ始めたからです」[*9]。組合ができてまもなくは大規模なデモが何度もあり、組合員たちはひそかにお針子たちの名前と働き場所の一覧表を作成していた。それは、以前には人目につくことのなかった産業を表舞台に引っぱり上げるためだった。その業界で彼女たちは働き、仲間を失ったのだ。カールセンは続けた。「そのニュースが広まると、左派の人やフェミニストだけでなく、市民社会全体がこの問題に関わり始めました。世界中からいろんな人がやって来て、組織化の進み具合を見て、その経験を話し合ったのです。あれは非常に重要な時期でしたね。まず、座り込みとデモと戦闘的活動の段階がありました」[*10]。それから、実際に組合員を登録していく、少し静かな段階に移行した。登録した人たちのうち八人から一〇人ほどが組合の職員になった。「多くの場合、彼女たちは小学校にせいぜい三年程度しか行ってなかったのです。ですから、職員になると同時に、基本的な指導力と読み書きの集中コースを受けていたようなものでした」[*11]。彼女たちは当面、地震により活性化した社会の〝倫理的中心〟だった[*12]。支援は各方面から来た。

しかし、やがて時の経過とともに、地球上で最低の人件費を追い求めるグローバル化した衣料産業界の、いわゆる〈底辺への競争〉［グローバリゼーションによって、賃金や福祉の水準が低いほうに向かっていくこと］などの外的プレッシャーにより、組合は徐々に弱体化していった。しかし、女性は永久に変わった。多くの女性たちが、自らが関与した運動により住宅の所有者になり、多くが自らの権利とパワーに対する意識を獲得した。それらは以前にはなかったものだ。エルナンデスは振り返る。「組合を作る前は、わたしたちの国メキシコはとても恵まれていて、問題など一つもなくて、すべてが公平だと思っていたの。でも、それは完全に間違っていたとわかったわ。経営者たちが安い労働力を使おうとしていたせいで、すべての労働者が不公平な目に遭っていたのね。わたし個人としては、もう以前のわたしではない。もう以前のわたしには戻れない。なぜって、いろんなことを学んだからよ。あれは素晴らしい勉強だった」[*13]。地震で得られたものは、労働組合や住宅のような目に見えるものよりもずっと深いものだった。主義や方針のような個人レベルから、政府や社会といったはるかに大きなレベルまで、メキシコは変わったのだ。市民は力を合わせれば自分たちの世界を作り変えられることを発見し、そのパワーを手放さなかった。カールセンは言った。「お針子の一人がこんなことを言っていました。彼女自身、わたしに話したときには、その意味がよくわかっていないようでしたけどね。彼女の息子がある日、『ママ、地面が揺れてから、ママの中は揺れ続けているんだね』と言ったそうなんです。母親が以前とはまったく違った人間になっていることを見抜いていたのですね[*14]」

目覚めた国

サミュエル・プリンスは「クライシス〔危機〕という言葉はギリシャ語が語源で、何かが最高点に達し分裂する点。すなわち、どう変わるにしろ、変化が差し迫った瞬間を意味する」と書いた[*15]。もう一つのよく引き合いに出される定義は中国語から来ている。〝危機〟という字は、〝危険〟と〝機会〟という二つの表意文字が合わさってできているのだそうだ。ある辞書によると、危機とは「病気の進行において、回復か死かの分かれ目となる瞬間。病状の著しい変化、もしくは突然の変化など」とある。一九八五年の地震は、そういった意味においては、まさしく危機であった。もっとも、多くの点で災害は地震そのものではなく、ある種の病気を抱えた社会システムのほうで、地震のもたらした危機がその部分的な治療をうながしたといえる。一九二九年以来、メキシコは制度的革命党（ＰＲＩ）により治められてきた。党名そのものが矛盾している。ＰＲＩの一党独裁により、メキシコは自由市場と政府が管理する企業とあらゆるレベルにおける膨大な汚職が奇妙に混ざり合った国になっていた。巨大な機構の外にある荒野で少数党が頑張ってはいたものの、大半のメキシコ人にとって、PRIは全能で不可避なものであったし、貧しい人々の多くは、自分たちの生活や区域や村を、政府の管理をほとんどまたはまったく受けずに自ら運営していた。

地震が起きたとき、ミゲル・デラマドリ大統領の姿はどこにも見当たらなかった。その後、被災地を歩き回ったものの、被災者たちと会うことはなく、二〇日の夜まで公式な談話の発表もせず、ついにテレビでスピーチを行うと、冷たくて、まるで他人事のような話しぶりだった。国民の目に、彼は不要な人物と映った。のちに彼は、困窮している人々を支援する代わりに、国の経済を立て直すためのマクロ経済政策に取り組み始めた。当時、メキシコは国際通貨基金と世界銀行の指導による経済自由化の真只中にあった。その政策は巨額の貸付金による経済発展をもたらすはずだったが、実際には巨額の借金と、その返済のための経済緊縮政策をもたらしただけだった。当時、アメリカのファーストレディだったナンシー・レーガンが一〇〇万ドルの小切手を手にやって来ると、デラマドリ大統領はそれを受け取らず、「ペンを取り出してサインする間にも利息がついて、借金は一二〇〇万ドル増えるから」と言い[*16]、代わりに国家債務の弁済に当ててくれるよう懇願した。国はすでに景気後退期にあったが、石油価格の下落と、貧困を拡大させる新自由主義政策の採用（この政策は大失敗だったと言っても過言ではない）により、さらに状況は悪化した。

地震直後の危機は収まっていったが、家族や隣人の救出や、食料や避難場所の確保や、救援隊や清掃グループの編成や、その他多くのことを政府の助けなしにやってきた市民は、自分たちのもつパワーや可能性に対する自信や連帯感を失わなかった。地震はメキシコ人が「市民社会」と呼ぶもののの再生をうながしたのだ。彼らはモグラとなって瓦礫のトンネルの中を突き進んでいき、生き埋めになった人々を救出した、ある痩せぎすの若者が、その経験の重要な点をこんなふうに語ってくれた。「ぼくは救援隊に加わって、匿名の人間であることが、なんていうか、とてつもなく大きな喜びになりうるし、内面的にも成長することを知った。それは世界中の人々に認めてもらって、『君はあれもした、これもした』って褒められるよりはるかに素晴らしいことだった」[*17]。互いの強い絆を発見していく過程で、人々は自らのパワーに気づいたわけだが、それは政府の仕事を自分たちでまかない、政府なしでやっていく、多くの意味で政府に抵抗するパワーだったのだ。メキシコにとって地震後の時期は、長い間続いた現状維持に市民が耐えられなくなったという意味で、アメリカの公民権運動の時期に相当した。そうなると、変化が起きる。

大統領が市長も選び、直接PRIに治められていたメキシコシティでは、一九八七年までには市民が数人の国会議員を選ぶ権利は獲得していたが、市長を自分たちで選べるようになるには、それからさらに一〇年の歳月を要した。地震の衝撃は、人々をPRIは不可避であるという感覚から解き放ったのだ。一九八六年ごろには、経済政策と内部汚職が引き起こした政治的激震が党を分裂させた。党員の一人、クアウテモク・カルデナスは大統領候補の指名プロセスをもっと民主的にするよう要求し、一九八八年、党を離脱して左翼六政党が推す大統領候補となった。メキシコ史上、最も清廉で、国民に愛された大統領であったラサロ・カルデナスの息子として、彼自身も経済的公正、説明責任の遂行、汚職の一掃を説く改革者だった。地震後三年以内に行われた大統領選挙で彼が勝利を収めたことは多くの証拠が指し示しているが、PRIは開票の「システムがクラッシュした」（この言葉は悪名を轟かせた）と発表し、コンピューターによる集計を停止。数日後、PRIは勝利宣言をした。信じた者は少なく、数百万人が街に繰り出して抗議デモを行ったが、無駄だった。

だが、二〇〇〇年にはついにPRIの一党独裁体制が崩れ、メキシコは複数政党による、まがりなりにも民主主義の国になった。もっとも、大統領に選出されたPAN（強力な右派政党の「国民行動党」）のビセンテ・フォックスは、PRIの立てた候補に比べて特に人気があったわけでも、改革論者だったわけでもなかった。その間に、クアウテモク・カルデナスはメキシコシティの選挙で選ばれた初代市長になった。それはかなりの権力を行使できる役職だ。彼の後継者で党員仲間のアンドレス・マヌエル・ロペス・オブラドールは二〇〇六年の大統領選挙に勝利したと見えたが、その座はまたもや、今回はPANにさらわれた。

ふたたびメキシコ国民は立ち上がった。国の中心地であるソカロ地区とその周辺の通りは数百万人の怒れる人々の巨大な陣地となった。選挙結果が変わることはなかったが、その前に街中で行われた一〇〇万人のデモは、ロペス・オブラドールの立候補に対するPANの妨害を防いだ。国レベルでの選挙政治や改革といった点では残念な結果に終わったが、メキシコが複数政党の国になったのは大きな前進だった。

「市民社会」と呼ばれるものについては、その意義は簡単には測れない。今日、その語はよく使われるわりには、つかみどころがない言葉になっている。マイケル・エドワーズは市民社会という言葉のもつ概念について、非政府の団体や組織を意味することもあれば、一般的に繁栄している社会を意味することもあり、また、国民一般の活動範囲や生活を意味することもあるとしている。[*18] メキシコでは一番目の概念でとらえられるのが普通で、政府から独立し、時には政府に拮抗する勢力にもなる草の根の市民組織を意味する。「一九八五年以来、国は変わったと確信しています」と、活動家で理論家のグスタボ・エステバは二三年経った今、断言する。[*19] 彼は闇商人の多いテピート地区と関わりが深かった。そこは、居住権を主張し、連帯を強め、メキシコシティで最も結束の高いコミュニティを作ったトラテロルコに程近い。地震のあと、彼は「市民社会」という言葉を目にするようになった。時を同じくして、ソ連圏の国々でも一枚岩の共産主義政府――あの地球規模での変化の時代、メキシコ政府も例外ではなかったのだ――に対抗する勢力として、その言葉は重要になってきた。「わたしの知る限り、一〇月の初めに『しかし、いったいあなたがたは誰なのですか?』と尋ねられたなら、人々は『わたしたちは市民社会です』と答えたでしょう。彼らはそれまでとはまったく違う考え方をし、急進的な変化を提示していました。居住区や地区としてのまとまりは明らかに強くなっていました。軍部や政府を超越して、この世界は自分たちの思うようになるといった感覚がありました。わたしたちは政府の代わりになるものを作っていたのです……実際、この国は地震で目覚めました――ごく普通の男や女たちが主導権を手にしたのです。突如として、民衆が実権を握ろうとしていました。一九八〇年代の終わりころに、彼らはすごいことをしていたのです」。[*20] 居住権運動やお針子の労働組合は、広範囲に及んだ新しい取り組みの二例にすぎなかったのだ。

そのころ、チェコスロバキアでは、元劇作家で、政治犯にもなり、のちに大統領になったヴァーツラフ・ハヴェルが、一九八九年の慎重に育まれた独立市民社会によるチェコスロバキア解放に尽力していた。彼によれば「市民社会」とは「市民が同方向を向き、かつ互いに補い合う多数の方法で、公的生活や、公的な物資の管理や、公的な決断に参加する社会」であり、「こういった社会では、国の機能や組織は、たとえば立法行為、国防と保安、裁判の実施など、他では代わりができないもののみに限られる」と定義している。[*21] 市民社会とは、妨げられない相互扶助が作り出すもの、もしくは、市民社会が作り出す行動が相互扶助だといえるだろう。一九八五年のメキシコシティでは、人々はまず救助活動や救援という形で相互扶助に乗り出し、危機から脱出するにつれ、結びつきがより政治的なものになると、市民社会を構築した。

市民社会の定義は、しばしば政府との不和を暗示する。だが、市民社会の成功はどのように政府を自分たちのニーズや希望に沿うように左右でき、ハヴェルの言葉を借りれば、政府を最小限まで抑えられるかで測られる。特にエステバ、クロポトキン、トマス・ペインは、市民社会が十分に強ければ、正式な政府は余分なものになるか、草の根の政府ができるかして、真の直接民主制が実現すると論じている。多くの面で、市民社会は政府の仕事を肩代わりし、きわめて重要なサービスの提供と意思決定を自分たちで行う社会構造を作る。テピートのような地区では、長年、選挙政治よりもっと責任があり、より真に民主的な、流動的ではあっても直接的なプロセスにより、住民は非公式に地区を管理してきた。[*22] 選挙政治では、単に大多数により候補者を選ぶことはできても、その人物に責任を取らせることはできない。世界のあらゆるところで、政府が機能していない場所――アフリカの奥地など――では市民社会が基本的なサービスの提供と規制の役割を担うために立ち上がる。

メキシコの第一線で活躍する文化評論家のカルロス・モンシバイスほど、メキシコシティの市民社会の再生を熱く語る人はいない。「九月と一〇月の二ヵ月間に、メキシコシティは変わった。お針子や看護師、医師、テピートの住民、トラテロルコの住民がロス・ピノスの大統領官邸にデモ行進し、そのプレッシャーが多くの決断を変えた……多くの市民が初めて集会や会合で発言することを学んだ」[*23]。彼の言っていることは、今では災害には付きもののエピソードとなっている。「たとえ国家権力をもってしても……あの四、五日間の文化的、政治的、精神的な効果を消し去ることはできなかった。あのとき、瓦礫と荒廃の只中で市民組織や救援に携わった人々は、自分たちの行動や自分たちの市の未来像に対し、責任があると感じていたのだ」[*24]。これはPRIの支配を振り払って国を作り替えようとした民衆の意志という地震が引き起こした、下から揺さぶるパワーだった。メキシコの歴史の中で、あの地震は神秘的な瞬間であり、市民社会は瓦礫の中から現れた不死鳥だったと言えるだろう。

市民社会は文化により形作られると、エドワーズは指摘する。「アメリカでは、白人とアフリカ系アメリカ人とでは、市民社会への典型的な参加の仕方が異なる。後者は彼らの団体の多くを特徴づける反抗的文化の一端として、抗議や政治キャンペーンに参加する傾向が強い。イスラム教や儒教の文化では、一つには個人より集団を重視するので、所属や団結や市民権についての考え方も違ってくる」[*25]。ここで問題になるのは、メキシコとアメリカやカナダとの文化の違いである。メキシコ人はみんなといっしょにぶらぶら歩いたり、集まったり、祝ったりといった、最も身近な種類の社会生活に高い価値を置く。彼らは広場や記念碑、市場といった公的な建築物を継承してきた。これらは社会の一部分になっているが、アメリカ大陸の北に行くと、そういったものはめったに見られなくなる（都市計画の専門家たちは、アメリカの近隣とかラテン系の街などといわれる場所で社会的な遊歩者生活が頻繁に花開くのを見てそれを理解する）。ラテンアメリカ（中南米およびメキシコ）の多くの国では、社会生活は今なお喜びと政治的パワーの源として強力な役割を担っており、ラテン系アメリカ人は近年、制度に反して、制度の外側で政治的組織を作った歴史がある。郊外化とマッカーシズムが大々的に引きこもりをうながす前の、第二次世界大戦前のアメリカも、今とは比べものにならないほどそんな社会だった。その一部は単に長年機能してきた集会と非公式な意思決定システムを含む伝統的文化であり、また一部は、社会から見落とされた貧しい人々の助け合いであったが、大衆のパワーを重視する急進的な伝統の遺産という部分もあった。また別の言い方をすれば、メキシコ人はドロシー・デイのもう一つの愛に精通していたといえるだろう。

長期にわたった日和見的で腐敗した政府のせいで、メキシコ人は権力機関がうまく機能するとも、大衆の利益になるよう振る舞ってくれるとも信じない傾向にあり、扶助や意思決定については、自分たちで別のシステムを作りがちだ。そして、その一員であることに意味を見出す。すべてのとはいわないまでも大多数のメキシコ人にとって、アメリカの日常的なシニシズムとは程遠い革命的ロマンティシズムもまた重要だ。アメリカでは反対に、人間性（右派）や、政府と資本の圧倒的なパワー（左派）のせいで、何事も良いように変化するはずはないと信じられている。だが、ラテンアメリカでは至るところで、人々には政治的な不安定さからくる反乱と独裁の両方の記憶がある。それらは恐れるべきものであると同時に希望をもたらすものでもある。北半球のさらに北に位置する二国では、長期にわたる安定ゆえに、そのようなリスクと可能性の感覚は存在しない。だが、ここでは、革命は一種の遺産であり、急進的な変革は一種の通貨なのだ。彼らには、いわゆる災害ユートピアを他の経験に結びつけることで利用できると認識する能力が備わっている。他の国々では、より豊かな市民生活とより深い絆という無名の特質は、それらを称える言語も社会構造もないので、しばしば自然消滅してしまう。そこでは災害ユートピアは何にも結びつかず、最終的には失われてしまう孤立した経験となってしまう。

こういったすべての要素により、メキシコシティの市民には、政府の外側で行動し、圧力をかけてそれを変えるパワーが備わっていた。けれども、それは国に対して使用する単なる道具ではなかった。それは一九〇六年に、地震と大火でサンフランシスコの街が破壊された数週間後に、ポーリン・ジェイコブソンが「そこでは個人という孤立した自己は死に、社会的自己が幅をきかせていた。新しく生まれ変った街のわたしたちの部屋で、たとえ四方の壁がふたたび迫ってきても、きっと二度と以前のような、隣人たちから切り離された孤独は感じなくてすむだろう[*26]」と称賛した喜びでもあった。

メキシコシティでは、目に見える建物などでできた街とともに、社会的絆や住民間の愛、参加意欲からなるもう一つの街の存在が簡単に見て取れる。いや「ともに」ではないかもしれない。片方が強くなれば、もう片方は弱くなり、その関係はたいてい貧しい地区ではっきり現れる。テピート地区の人々は地震後の一週間に他の一五〇のコミュニティや組織の人々と会い、災害を乗り越えるために、情報、協力、サービスの密度の高いネットワークを形成した。一九〇六年のサンフランシスコでは、個々人の中に、コミュニティ感覚がもたらす意識的な喜びと愛が湧き上がった。

一九八五年のメキシコシティでは、そのような個人の愛はコミュニティに融合し、長く続いた。エリートパニックはまったく見られなかった。政府は民衆を少しも恐れなかったどころか、いつもの利害追求のために彼らを脇へ押しやったのだ。したがって、ここでは〝エリートの利己主義〟や〝エリートの冷淡さ〟といった言葉のほうが当てはまるかもしれない。しかし、市民の意志は固く、この災害を通して政府や権力機関に敢然と立ち向かい、多くの闘いを勝ち抜いた。闘いに参加した人の大多数は若い男性で、コミュニティを救い、市民社会の結束を固める強さと自由を築き上げ、ウィリアム・ジェイムズの説く「戦争に代わる道徳的等価物」を体現しているかのようだった。そんな若者の一人がわたしに語ってくれたのだが[*27]、彼は地震後にカメラを手に家を出たものの、一枚も写真は撮らず、寝るために家に帰ることもせず、〝部隊〟と呼ばれるグループの一員になった。警官や兵士たちがあまりに何もしなかったのに引き換え、こうした〝部隊〟は大活躍したので、市民は警官や兵士たちを無視し、代わりに被災現場に行き、交通整理を行い、メッセンジャーとなり、援助活動を組織化し、団結し、責任を全うした若いボランティアたちをひたすら応援した。

もともとどんな社会であったかは非常に重要である。メキシコシティ大地震から一〇年後、はるか北の大都市シカゴで、強烈な熱波により七〇〇人以上が命を落としたが、これは一八七一年のシカゴ大火の死者数の二倍であった。市当局は問題を無視し、次にはそれを最小限に見せようとし、最後には犠牲者のほうを責めた。死者のほとんどが貧しい高齢者で、エアコンがないか、あっても性能の悪いエアコンしかない家に住んでいたからだ。社会学者のエリック・クライネンバーグは著書『熱波』の中で、この災害で誰がなぜ死んだかを検証している。シカゴの人口は四分の一近くがラテン系アメリカ人であるにもかかわらず、彼らは死者の二パーセントしか占めていない。その数は白人やアフリカ系アメリカ人より少ない。ある貧困地区のアフリカ系アメリカ人の死亡率は、近くにある同じくらい貧しい地区のラテン系アメリカ人のそれより一〇倍も高かった。クライネンバーグは、その差は住民同士の絆の質にあると結論している。最も犠牲者が多かったのは、犯罪率が高く、人口減少がはなはだしく、しばしば「空襲にあったようだ」と描写されたエリアだった。反対に死亡率の低かった近くのラテン系アメリカ人地区には「往来の激しい道路、盛んな商業活動、人口過密……比較的低い犯罪率」という特徴があった。

こういった要素は「社会的接触や、地域共同体としての生活、一般的な社会活動を促進し、特に近くの公共施設に行くために家から出る傾向のある高齢者にとっては恩恵になる」とクライネンバーグは結論する。[*28] 異常に高温になった自宅を出て、オープンスペースやエアコンの効いた店や簡易食堂やファーストフード店に行ったり、隣人に助けを求めたりした人々は生き延びる可能性が高かった。つまり、高温は生死を分ける要因のたった一つにすぎなかったのだ。家の中が耐えられないほど暑くなっても、人々を家から出さなかった恐怖と孤立はもう一つの要因だ。これもまた、自然災害とは程遠い。近隣の施設や社交の場の水準や、近所も我が家の一部であるかどうかが、人の生死を分けるのだ。「シカゴで最も貧しく、社会から取り残された危険な地区の住民はたった一人で死んでいった。なぜなら、彼らの社会環境が、彼らのこもっていた安全な家から出るのをためらわせ、社会的保護に対する障害物になっていたからだ。それはもっと安全で富裕な地区にはないものだった[*29]」

シカゴの熱波が引き起こした、この避けられたはずの悲劇は、二〇〇三年にさらに大きな規模で繰り返された。連日の焼けつくような酷暑のため、ヨーロッパ全域で三万五千人が命を落としたのだ。一万五千人の高齢者が死亡したフランスでは、毎年八月には活動を停止してしまう社会の中で、被害者の多くが孤立していたことが原因だとされた。酷暑が始まったとき、家族や医師たちは——保健大臣もだが——休暇で留守をしていた。また、社会的欠陥によってのみ引き起こされる災害もある。それは何百万人もの命を奪った飢饉だ。一八四〇年代にアイルランドで起きた「ジャガイモ飢饉」から、この数十年に南アジアやアフリカで繰り返された飢饉に至るまで、常に問題は食料の絶対的な不足ではなく、分配にあった。全員に分け与えるのに十分な食料はあったにもかかわらず、社会構造の欠陥により、一部の人々の手には届かなかったのだ。それゆえに彼らは死んだ。社会的分裂と、思いやりや利他主義の欠落により死んだのだ。もし災害が日常の状況を極端にするならば、日々の愛や結束は、社会が機能しなくなったときにはセーフティネットや生き延びるための装備になる。メキシコシティでは、そのような社会的絆はまず救援や被災者への食事や避難場所の提供という形で表れ、次に住宅や仕事を守る組織をもたらし、最終的には地震から再生した強力な市民社会を誕生させた。

天命を失って

この廃墟を見つめる

三千年以上前、周は殷《いん》を滅ぼし、以後約千年の間、中国を支配した。彼らは自分たちの犯した強奪を正当化するために、治者は天命により国を治めるのだという説を持ち出した。ならば、地上の支配者たちは天の摂理の一部であり、それは彼らが与え、もしくは守っていることになっている調和に承認されたものだということになる。中国語で革命は「ゲミン」といい、〝ゲ〟は奪取を、〝ミン〟は命令を意味する。革命は現行の政権を排除するだけでなく、それが治める正当性をも剝奪する。災害もまたしかりだ。周王朝以来、中国の地震は治者が天命を失った印だと見なされてきた。数十万人が亡くなった一九七六年の唐山巨大地震の二ヵ月後に起きた毛沢東主席の死について、現代でもそういった解釈をする人は多い。そして、二〇〇八年の四川大地震のあとに中国政府があれほどまでに気をつかった対応をしたのは、国民や世界が中国政府の冷淡さや腐敗ぶり（造りの悪い学校で多くの子供が死んだという事実に如実に表れていた）を監視している一触即発の時期に、いい加減な対応をしたのでは、信用と支持を失ってしまうと考えたからかもしれない。

中国人の世界観の大部分はわたしたちの理解を超えているが、現代の西欧世界の災害も現行の権力を脅かし、しばしば変化を生じさせる。そういった点で、災害は革命によく似ている。ある意味、災害は社会や政府の中に存在していた対立や軋轢や悪癖を表面化させたり、重大局面に持ち込んだりする。もし政府が国民の緊急の要請に応じることができず、自己本位であったり、無能であったり、または大多数の福利を犠牲にしてエリート層の利益を優先させているように見えると、災害がもたらす激変は、そういった過ちを是正する機会を提供する。政治学者のA・クーパー・ドルーリーとリチャード・ステュアート・オルソンは「災害は、社会の要求を何倍にもし、新しいグループの力を増大させ、一方で経済を解体し、政府の組織や管理や道徳的な欠陥を暴き出すと同時に政府を分裂させることにより、政治システムに大きな負荷を与える」と書いている。[*30] しかも、クアランテリが指摘するように、官僚機構は災害後の緊急のニーズへの対応が苦手だ。なぜなら、官僚たちはその場に応じた迅速で柔軟な対応ができず、彼らのプライオリティは時に市民のそれと相反するからだ。

これは、なぜエリート・パニック――カロン・チェスが生み出し、リー・クラークとキャスリーン・ティアニーにより練り上げられた言葉によれば――が起きるかという、もう一つの理由を示唆する。彼らは最も苦手なことを、最も厳しく試され、突然、彼らの正当性と権力の源である〝天命〟が疑われるからだ。初期の災害学者たちは、自然災害においては、すべての関係者が同じ関心事と目標を共有すると想像する傾向にあったが、現代の社会学者たちは災害を、水面下の対立が表面化する瞬間だととらえている。ティアニーは「エリートは、自分たちの正統性に対する挑戦である社会秩序の混乱を恐れる」と言ったが、災害はその両方を惜しげもなく提供する。

災害時には、政府の対応はいずれにせよ不十分なものとなりがちだ。混乱のあまり、見当はずれの対応をしたり、まったく対応できなくなったりする場合も少なくない。その原因の一部は単に比率の問題にある。市は通常の火事や負傷や事故に対応するのに十分な職員はそろえているが、それは、災害により日々の危機が数千倍にも膨れ上がったときには十分ではない。すると、官僚機構や役所仕事の融通のきかなさのせいで、緊急の対応は不可能になるので、市民は自分たちでどうにかするしかなくなるのだ。こうして政府が不在になると、人々は自分たち自身を治めることになる。ホッブズからハリウッド映画の制作者まで、誰もがそれは、弱肉強食のカオスを意味すると決めつけていた。だが、実際に出現したのはまったく違った種類の無政府状態で、市民は自分たちで組織を作り、互いの面倒を見合った。災害が起きた直後には、政府はまるで打倒されたかのようにヘマをやり、市民は反乱を起こしたかのようにうまくやる。いわゆる「秩序を再構築する」のが政府の仕事で、それは電力供給の再開や瓦礫の片付けなどの実務を行うと同時に、街自体とそれを治める権力を取り戻すことにある。したがって、災害後のより長期的な状況は、程度こそまちまちだが、ある意味、反革命だといえる。政府が転覆させられるか、もっと正確にいえば、無能であると判定を下される可能性は、それに続いて起きる激しい行動がなくとも、エリートがパニックを起こすに十分な理由となるのだ。

むろん、そこそこ人気があり、災害に対する対応もまあまあうまくやった政府は、まったく違った状況に向き合うことになる。一九八九年のロマ・プリータ地震では、それまでの数十年間にわたる厳しい建築基準とその実施により、脆弱な建物が少なかったために、人的被害は比較的小さく収まった。建物が倒壊した場所では、公務員と地元民が力を合わせた。大災害は軟弱な地盤に高架で造られた高速道路〈ニミッツ・フリーウェイ〉で起きたが、ここでも最初に対応したのは地元の人々で、中でも工場労働者たちは重機を持ち込んで、四日間、生存者の救出と遺体の回収を行った。急進派グループ〈シーズ・オブ・ピース〉が仮設の炉き出し所などの必要な施設を設営すると、公務員はそれに加わった。したがって、住民が政府の対応に憤りを覚える理由はほとんどなく、結果として、市内を二つに分断していたために住民の評判がすこぶる悪かったニミッツ・フリーウェイと、サンフランシスコの東のウォーターフロントを隠してしまっていた醜いエンバーカデロ・フリーウェイもダメージを受けたついでに撤去されることになり、それを住民は大歓迎したのだった。

だが、さほど人気のない政府ともっと激しい災害は一触即発の危険な組み合わせとなる。その記憶されるべき最初の大災害は一七五五年一一月一日に発生したリスボン大地震で、それはポルトガルの首都の大部分を破壊しただけでなく、政治的にはさらに大きな破壊を引き起こした。災害社会学者のラッセル・ダインズによると、地震が神の意思表示ではなく自然現象だと広く受け止められたという点で、それは近代的災害であった。[*31] いずれにしろ、この地震はポルトガルだけでなくヨーロッパ全土に劇的な変化を引き起こすことになった。地震の発生が日曜の午前中だったために、多くの人がミサに出席していたのだが、石造りの教会は崩れ、大勢の信者たちが下敷きになった。王宮や石造りの大邸宅も多数倒壊した。潮がいったん引き、港では海底の小石がむき出しになったが、次には津波となって市の沿岸一帯を洗い流した。発生した火災は、数日間、続いた。死者は数万人に上った。それは大西洋の海底を震源地とする、マグニチュード九と推定される巨大地震で、破壊はモロッコにまで及び、北ヨーロッパでも揺れが感じられ、津波はアイルランドや北アフリカにまで到達した。

超然としたポルトガル王ホセ一世が廷臣たちを引き連れて市外のテントに居を移すと、王の閣僚の一人ポンバルが台頭した。獲得した権力を使い、彼はリスボンの近代化に乗り出した。建築基準を見直し、南米植民地の現地人の統治方法やポルトガルにおける教会の権限について対立関係にあったイエズス会を追放した。ポンバルがイエズス会と争っている間に、ヨーロッパの知識人たちは隣国で起きた地震の意味について論争を繰り広げていた。多くが、災害に対する神学的な解釈や、全能の神という概念に異議を唱えた。哲学者で作家のヴォルテールは「リスボン大震災に寄せる詩」と、のちの短編小説『カンディード』で、リスボン地震はそれまでの楽天的な世界観を改めるべき証拠であると論じた。詩を彼はこう始めている。

「すべては善である」と唱える歪んだ哲学者よ
来い、すさまじい破壊のようすをよーく見るがいい
その残骸、その瓦礫、その灰を見よ
地面には、女たち、子どもたちの死体が重なる

砕けた大理石のしたに、ひとの手足が散らばる
大地の餌食となった十万もの人間たち（……）

（「リスボン大震災に寄せる詩」『カンディード』ヴォルテール、斉藤悦則訳、光文社古典新訳文庫より）

リスボン大地震は、権威や深い信心から離れて個人の理性——そして疑問——に向かうヨーロッパ啓蒙主義の原点の一つだったというのが一般的な説だ。災害の引き起こす激変は、政変と同じくらい緊急なものにも、イデオロギーの転換と同じくらい目に見えにくいものにもなりうる。一九八五年のメキシコシティ大地震では、その両方が起きた。

五感への衝撃

メキシコシティ大地震の一三年前に起きたニカラグアの地震ほど、災害が変化の引き金になることが歴然と証明された災害はないだろう。その地震はニカラグアの首都［マナグア］を壊滅させ、革命勃発の引き金となったのだ。[*32] それは都市で起きた浅い直下型地震だった。首都の大部分が瓦礫の山と化し、死者数は数万人に上った。住民の大半が家や仕事を失った。その後、市の中心部は数十年間、無断居住者の暮らす広大な廃墟のままであった。それは喪失と悪政の負の記念碑だった。市の中心部を再建するより、周辺部を開発するほうがより私腹を肥やせると考えた独裁者のアナス

タシオ・ソモサが、自分の目的に沿った街づくりをしようとしたからだ。彼はその実現を円滑にするために戒厳令を発した。数十年間も独裁を続けた末に不本意ながらも手放す寸前だった権力を、機に乗じて再掌握したのだ。ソモサ家の支配は一九三〇年代から続いていた。

詩人のジョコンダ・ベリ［ニカラグアの詩人、小説家。一九四八〜］は、ニカラグアのエリートの娘で、地震のあとにソモサ政権を倒した〈サンディニスタ民族解放戦線〉（のちに政党）の初期メンバーだった。彼女は当時のことを鮮明に記憶している。「地面が揺れたとき、同時にわたしたちの安全だという感覚も揺らいだのです」。あれから三五年後、現在暮らすロサンゼルスで彼女は語った。「五感への、肉体への、方向感覚への、安全だという感覚への、あまりに大きな衝撃でした。それまで当然だと思っていたことが、突然、当然ではなくなるのです。でも同時に、自分にとって何が大事なのかもわかります。何より驚いたのは、人々が地域共同体としてまとまって機能し始めたことでした。普段はかなりばらばらだったのですよ。それが突如として、悲しみや痛み、恐怖、そんなものとともに、地域共同体が作動し始めたのです。とりわけ驚いたのは、人と人がつながる一方で、権力を持つ機関が存在していないという事実でした。わたしたちは自分たちで何とかするしかなかったのです。ですから、頼る者は互いにしかなく、誰もが互いを助けたのです[*33]」

豊かな巻毛に深みのある声、数多くの恋愛、そして政治活動、すべてに惜しみなく自分を捧げてきたベリは顔を輝かせて当時の様子を語りながら、今なお人々と交じり合った瞬間については熱くなり、ソモサの行為には激昂する。「前の晩には自宅の自分の小さな世界でベッドに一人で入っていたのが、突然、通りに放り出されて、それまでせいぜい挨拶くらいしかしたことがなかったような人々と交じり合い、身を寄せ合い、助け合い、相手のために何ができるかを考え、自分の気持ちを打ち明け合っていたのです。権力機関もないし、その瞬間は神すら信じていなかった気がします。炎に包まれた街や、凄まじい破壊を目撃し、あのような恐怖を体験しているときに、神が存在していると自分に思い込ませるのは困難です。そう、それが、ああいった種類の団結が、私の覚えていること、そして、それがすべての始まりだったのです。というのは、地震が起きたのは一二月二三日の深夜で、わたしたちがクリスマスを祝うのは翌二四日。その日に起きたということにとても動揺しました。家族みんなが集まる日だったのですよ。敬虔なカトリックの国ですからね。救援物資はすぐになだれ込んできましたが、それが適切な場所に行っていないことが徐々にわかってきました。主に軍部や軍関係の家族に回されていたのです。開通した高速道路を車で走っていると、人びとが自分の家族のために、家の外にテントを張っているのが見えました。強い余震があったので、誰もが家の中には怖くていられなかったからです。その上、ソモサがまたのし上がってきて、自ら危機対策委員会の議長に就任したのです。翌日にはもう彼が指揮権を握っていました。ご存知でしょうけど、この欲張りは本性を現したのです。軍事措置が取られ、非常事態宣言が発令され、夜間外出禁止令や検閲や、そういったすべてが布かれました。それで国民は政府に見捨てられたと感じたのです。それが事態を転換させる出発点になりました」

ソモサは資産や産業を強奪まがいに牛耳ったため、かつては彼を容認していた富裕層や権力者たちからも造反され、カトリック教会との関係も悪くなった。こういったニカラグアの富裕層（ベリは例外）は、直接革命を起こした人々ではなかったが、彼らのソモサに対する不満と、ソモサのいわゆる〝泥棒政治〟が革命への道を切り開いたのだ。[*34] 災害が必然的に革命を引き起こしたわけではない。革命家たちがその実現のために大仕事をしたのであり、地震はそれを後押しした助っ人にすぎない。むしろ、地震ののちに起きた事件が重要だった。一九七八年に中道派だが独立系の新聞〈ラ・プレンサ〉の編集長ペドロ・チャモロが暗殺されたのが、革命勃発の引き金となった。しかし、空気の変化は一九七二年のクリスマスイブの前夜に起きた災害がもたらし、それが続いていたのだ。ベリは回想する。

「翌年の六月だったか七月だったか、マナグアに戻ってみると、まだあの感覚が残っていました。どう説明したらいいのかしら。この街を見捨てないために、みんな、ここに戻ってきているんだという感覚。街をどこかに移そうという話も盛んに出ていましたが、移転先には絶対に行かないと誓う人が大勢いました。つまり、共同体意識が存在していたのです。ともに大災害を生き延びたという感覚は、人々を強力に結びつけるのです。隣人たちを違った目で見始めるのです。なぜなら、あれほど凄いことを体験すれば、それまでとはまったく異なる現実に着地するからなんです。

生活は元通りになったけれど、それがまた革命を起こす力を増幅させました。なぜなら、わたしたちが、何が重要かという感覚を身につけたからです。重要なのは自由であり、自分の人生や活動を自ら決定できること。地震直後の数日間、わたしたちには、自分たちで何かを決定して実行できるという感覚がありました。二日後にはあの暴君に戒厳令やら夜間外出禁止令やらを発令させてしまった。大惨事の上に、そういった抑圧はとても耐えられるものではありません。それに、自分の人生が、たった一夜、地面が揺れただけで大きく変わってしまうことを悟ったならば、『だからどうだっていうの？　わたしはいい人生を送りたいし、そのためなら命を危険にさらしてもかまわない。所詮、一夜のうちに失いかねない命ならば』と思ってしまうのです。いい人生を送らなければ、生きている価値はないと。それは大惨事の間に誰もが体験した、深いところで起きた変化でした。臨死体験のようなものですが、この場合、多くの人が同時に体験しました。それは人々の行動に大きな違いを生み出します。そういった体験は、人々の中から一番いい部分を引き出すのです。人々が自分のことだけを考えるのをやめる場面を、わたしは何度も目撃しました。何かがきっかけとなり、人間は突然、仲間のことや、集団のことを考え始める。それが人生を意義深いものにしてくれるのでしょうね」

ベリや他の人々の話から明らかになるのは、こういった経験が非常に主観的なものだということだ。地震計や、犠牲者数や、倒壊した建物の数といった、数量で表せるものではない。通常、わたしたちは災害を具体的なものであると理解しているが、災害がもたらす心理的な影響は、非具体的であると同時に、それが引き起こす最も重要な影響である。

学者たちも、分断の深さについては同意している。リチャード・スチュアート・オルソンによれば「一九七二年のマナグアの地震とその直後に起きた出来事の後遺症は、あらゆる階層のニカラグア人が数千人もアメリカへ移住したことも含め、今日まで続いている。多元主義、社会の流動性、政治への参加の機会の増加、そして民主主義の導入は、最も意義深く、かつ永続性のある変化だ。すぐに事実、一九七二年の災害は、今もってニカラグア史と集団の記憶を劇的に分断している」。一九七九年六革命が起きたわけではなかったが、反乱は国民の支持を受けて激しくなっていった。一九七九年六月にニカラグアで起きたサンディニスタ革命は、旧式の左派による革命としては最後のものであり、最後の社会主義革命であると同時に、小さな武装グループが正義と人民の名のもとに政権を倒した最後の革命の一つでもあった。そして、おそらく、国家社会主義という理念が勝利を収めた最後の革命でもあっただろう。一〇年後、ベルリンの壁は崩壊し、実質的に革命に等しい変革がそれに続く――だが、それはここでは関係ない。ベリは七〇年代の大半を革命の準備に身を捧げた。あの地震から七年後、革命の嵐は全国に吹き荒れ、サンディニスタ民族解放戦線は意気揚々と首都マナグアに接近した。

ベリは回想する。「あの最初の数日は夢のようでした。なぜって、マナグアに向かう道を車で運転しているときのあの気持ち、わたしたちの新聞を受け取るために家から出てくる人々、その人たちの顔、そこにあふれた喜び。そう、誰もが大得意で、同志だった……今日は存在していたこの政府という組織全体が、明日はなくなり、残るのはこの国だけ。それを社会の底辺から始めるのです。驚くべきエネルギーだわ。誰もが進んで力を貸してくれました。農夫たちはトウモロコシやら、とにかく何でも手に入るものを提供し、みんな、わたしたちに何かをくれて、あれやこれや手伝ってくれました。そんな愛と善意のほとばしりがあったのです。わたしたちがどこに行こうが、大勢の人々が出てきて、豚を殺し、ご馳走を振る舞ってくれました」。災害は恐怖と悲しみをもたらし、革命は勝利と流血をもたらしたが、二つはともに強烈な不安と、分かち合う運命と、気前の良さと相互扶助を生み出す切迫感をもたらした。

政権についたサンディニスタ党は、読み書き能力向上キャンペーンや、貧困の軽減と経済的公正の実現に向けた法案などの数多くの偉業を成し遂げたが、うまくやらなかった部分もあった。たとえば、彼らはホンジュラスとの国境地帯に住むミスキート族との不和を解決できなかったし、金持ちからの財産の没収は、しばしば報復目的や、私腹を肥やすためであった。けれども、サンディニスタ党が挙げていたかもしれない功績を推測するのは不可能だ。なぜなら、一九八〇年にはアメリカでレーガン革命が巻き起こり、冷戦時代の末期にあったレーガン政権が、中米におけるあらゆる社会主義の芽を摘み取ろうとしたからだ。レーガン政権がひそかに資金提供した反サンディニスタのゲリラ〈コントラ〉は、ホンジュラス国境近くから出撃して、食糧難と改革の実現に苦しむ農村の小さなコミュニティを攻撃し、サンディニスタ政権を硬直化させ、国の経済的活力を奪っていった。この膠着状態を終わらせるためもあり、一九九〇年の選挙で、国民は非サンディニスタの政権を誕生させたのだった。

以来、サンディニスタの功績は徐々に消滅し、蔓延する貧困はますます深刻化している。とはいえ、一九七〇年代に成し遂げられた偉業のいくつかは今も生きている。ニカラグアはもはや独裁政権下にはない。一九九八年、ハリケーン・ミッチのあとに祖国を訪問したベリは、被災者たちのことをこう語った。「彼らは素晴らしかったわ。彼らを見て、とてもうれしかった。それは革命の賜物なのです。彼らは自らグループを作り、地域共同体として、何が必要で、何を要求すべきかをまとめ上げていたのですが、ただ求めるだけでなく、自分たちのプランもちゃんと持っていました。話し方も非常に歯切れがよくて驚きましたし、見ていて感動しました。彼らには、以前にはなかった目的意識や強さや威厳といったものが備わっていたのです」

革命の機運

メキシコシティの大地震から九ヵ月もしないうちに、ウクライナのチェルノブイリ原子力発電所で炉心溶融の事故が起き、最終的にそれがソビエト連邦を崩壊させた。二〇〇六年になって、事故当時のソ連の最高指導者だったミハイル・ゴルバチョフは「わたしが始めたペレストロイカ以上に、二〇年前のこの月に起きたチェルノブイリ原発事故こそが、おそらく五年後のソ連崩壊の真の原因でした。実際、チェルノブイリの大惨事は歴史上のターニングポイントでした。あの事故の前に、ある時代があった。そして事故の後にはまったく違った時代があったのです」と語った[*35]。同事故が大惨事となった原因の一部が、当時のソ連の体制に慣習的だった秘密主義や、無責任で無力で冷淡な統治にあり、それが何百万人もの人々の命を危険にさらすことになったのだ。当時、ソ連の衛星国だったポーランド、東ドイツ、ハンガリー、チェコスロバキアの市民社会では、すでに自国を自由化しようとする機運が高まってはいたが、チェルノブイリの事故が彼らを直接勇気づける力となったわけではない。だが、彼らがついに立ち上がったとき、すでに見る影もなく弱体化していた一大強国が彼らを制圧できなかったことは大きかった。ゴルバチョフはこう語っている。「何よりもチェルノブイリの事故が、表現の自由を拡大する道を、それまでの体制の継続が不可能になる限界まで切り開いたのです。あの事故により、グラスノスチ〔情報公開〕の政策を推し進めることの重要性が疑問を挟む余地がないほど明白になりました。そして、わたしがチェルノブイリ前とチェルノブイリ後という観点で、時代を考え始めたのも、あの頃でした」

革命史上に、革命と災害との関係はたびたび顔を出すにもかかわらず、それはめったに研究されない。一七八八年の夏にフランスを襲った大干ばつは、穀物の不作によるパンの値段の高騰や食料不足をもたらした。それが翌年のフランス革命の大きな引き金になったとされている。一八七〇年から七一年にかけての普仏戦争中に、パリが包囲されると、パリ市民の間に大胆さと連帯の感覚が高まり、それがクロポトキンを初めとするアナキストたちが絶賛するパリ・コミューン（数週間続いた革命的自治政府）の誕生を可能にした。ベリは地震後のニカラグア人の気持ちを「命を落としかけたことにより、たとえリスクを負っても人生を意味あるものにしたくなった」と表現した。ロンドン大空襲の間に、たった一人で焼夷弾を消火したことで勇気を得て、上司に立ち向かえるようになった若い女性のように、災害や危機は意志を強固にする。また、時に災害はすでに悪い状況をそれ以上耐えられない点まで悪化させることで、限界点に到達させる。それを以前には不明瞭だった不公平や社会問題を際立たせるといった方法で成し遂げさせる場合もあれば、人々に互いの存在を通じて市民社会や集団の力を発見させることで成し遂げさせる場合もある。だが、公式はない。ある時代の左派の人々は、苦しみの激化は革命につながると信じていたので、災害は望ましいものであり、起きればいいとすら思っていた。だが、社会変革を災害や他の苦しみと結びつける確かな公式はない。大災害は一般の人々が権力を握る（または、状況判断を誤り、よりいっそう支配下に置かれる）突破口となるのがせいぜいである。

けれども、災害と革命の相似と相関関係は重要だ。もし革命が一つの災害なら——革命に反対する多くの人々は心から賛成するだろう——それは災害が一種のユートピアだからだ。この二つの現象は、人々の団結、不確実性、新たな可能性のほかに、物事を支配している通常のシステムが転覆し、それまでのルールが壊れて多くの扉が開くといった側面を共有している。ナオミ・クラインは『ショック・ドクトリン』で、災害のインパクトのある面を掘り下げている。それは、有力者、権力機関、公共団体、資本主義といった側での権力争いだ。災害後には、多数の政党もしくは社会の多数の側面が権力と正当性をめぐる激しい闘いを繰り広げ、時に国民、市民社会、社会的正義といった側が勝利を収めることがある。だが、けっしてそれは楽な勝利ではない。ニカラグアでは、地震によりソモサが一時的に支配を強めたが、同じ地震が人々の決意を強め、革命をもたらした。災害の引き起こす混乱は、安定から最も恩恵を受ける人々を恐怖に震え上がらせる。おそらく、未来の社会学者は九・一一の同時多発テロを、当初はアメリカ合衆国における右派の力を強くしたものの、やがてバラク・オバマの勝利と長期的な変革への道を開いた事件だと見るだろう。

歴史家のマーク・ヒーリーは自然災害について「それは抑制されていた〝自然〟の引き起こす反乱であり、一見自然な社会的権力構造を揺さぶり、妨害し、将来的に転覆させる。なぜなら、現存する権力の分配は頻繁に〝自然〟であるといって正当化されるが、〝自然〟の予期せぬ新形態は、それまでの分配の多くを疑問の中に突き落とすからだ。このような〝激怒と非難〟劇場は、国の権力者や技術系エリートたちを検証する。それは権威への挑戦を助け、それを解体することもあるが、反対にそれを正当化し、再肯定することもある」と書いている。[*36] この記述は一九四四年のサンファアン地震とファアン・ペロンの台頭についての小文の中にある。夏の夕刻にアンデス山麓にあるサンファアンを襲った地震は、アルゼンチン史上最悪の自然災害となり、一万人の死者を出し、その地方の人々の半数の家を破壊した。救援活動と再建計画を率いた労働大臣のペロンは、その過程で国の透明性を達成した功績により大統領に選出された（商務長官ハーバート・フーヴァーが大統領になったのは、一九二七年のミシシッピ大洪水に対する救援活動で名を馳せたおかげだとも言われている）[*37]。

ペロンはアルゼンチンを一一年間治めたが、その権威主義と大衆主義のミックスは今でもペロン主義として知られている。「外部からの支援の提供は目指すべき復興をかえって損ないかねない。直後の感謝が薄れると、災害はサンファンに存在していた分裂をあばき、拡大した」とヒーリーは書いている[*38]。トップダウンの災害支援は疎外感と絶望を生み出す。死体は身元確認もせずに山積みにして焼かれ、子供たちは入念な記録を取ることもなく疎開させられ、多くが愛する人たちと生き別れになった。食料その他の販売が禁止され、必需品は無料で配布されたものの、困窮を防ぐのに十分ではなかった。人々は無力感と失望にとらわれ、自身が生き延びるための役割を放棄した。するとペロンがアルゼンチン史上最もカリスマ性のある政治家という特別な地位に駆け上った。そのインパクトの強さゆえ六〇年以上たった今でさえ、ペロン主義は国の政治における大きな勢力であり続けている（今世紀になってからは他の主義がより重要になってはいるが）。社会主義政権や国民を全面的にコントロールする共産主義政権が一方で代わりのビジョンとして存在していたあの時代、多くの人が権威や中央集権型の権力を信頼していた。だが、アルゼンチンでは、その信頼は失われた。

二〇〇一年一二月一九日から二一日にかけて、アルゼンチンでは金融危機と政治に対して高まる嫌悪感から、史上例を見ない暴動が起きた。その前の一〇月に行われた選挙では、怒りのあまり、国民の半数近くが棄権もしくは白票や無効票を投じた（オサマ・ビンラディンの写真を投票用紙の封筒に入れるのが、典型的なやり方だった）。三ヵ月後、国の経済が破綻した。もとはといえば、新自由主義政策の推進した貿易自由化が安い輸入品の流入を許したせいで、結果的にアルゼンチンの多くの企業と、民営化された元国営事業や国営企業が弱体化し、それが巨額の対外債務を生み、通貨と経済を不安定にするアルゼンチン・ペソの対米ドル・ペッグ制の導入を招いたとされている。九〇年代を通して、貧困と失業の広がりが国を苦しめてきたが、二〇〇一年の真夏に、国の経済はついに破綻した。個人預金のすべてが凍結され、中流階級の人々は、突然、慢性失業者たちと変わらない一文無しになった。大統領は辞任。国民は立ち上がり、政府に対し「一人残らずみんな出て行け」と叫び、[39]続く二週間足らずの間に大統領の交代劇が三度あった。二〇〇一年の大晦日の夜に米国務長官がアルゼンチン大統領に電話をしたところ、「現在は空席となっています」との答えが返ってきたそうだ。[40]

経済的な災害は、表面的には自然災害とはまったく異なって見える。経済的な災害で破壊されたものは無形かつ抽象的だが、その帰結は有形の被害以上に深刻だ。それは困窮や、非常事態さえも生み出し、日常生活を転覆させ、人々を予期せぬやり方でまとめて投げ出し、彼らの立場を変え、しばしば彼らを集団行動に駆り立てる。経済が破綻した日の夜には、あらゆる場所で人々が通りに出てきて鍋やフライパンを叩き鳴らした。その様子をテレビで見た人たちもまた、外に出てそれに加わった。ブエノスアイレスのある住民は、市の中心部に住む兄弟と電話で話していると電話の向こうに大騒ぎする声が聞こえ、その一瞬ののちに、今度は自分の家のまわりで鍋やフライパンを叩く音が聞こえたので、電話を切り、騒ぎに加わったそうだ。「誰もが怒りのあまり外に飛び出したのですが、すぐにそれは陽気などんちゃん騒ぎに変わりました。人々は微笑み、何かが変わったことを理解し合ったのです。やがて幸福感が訪れました」と、その男性は歴史家で社会学者のマリーナ・シトリンに語った。[*41]

数万人が通りを占領し、公共の場にいる権利をめぐって警官と揉み合った。数人が命を落とし、大勢が催涙ガスを浴び、殴打されたが、降伏はしなかった。「あの夜の終わりに、家に歩いて戻っていくときの感覚は忘れられません。ブエノスアイレスの目抜きのコリエンテス通りを、自分も一役買ったと満足し、自分のことは自分で決められると感じながら、大勢の人たちとともに意気揚々と引き揚げていったのです」と彼は続けた。[*42] また別の住民は「一九日の夜、鍋釜を手に外に出てみると、近所の人たちもみんな鍋釜を手に外にいるじゃないですか。思わず、ありえない！って叫んでいましたよ。だって、一度も言葉を交わしたことがない隣人や、『おはよう』を言う程度の間柄だった人たちが、みんないっしょになって鍋を叩いているんです。近所の肉屋の主人までが！近くの薬剤師も！　なんて不思議な……それは失われた何かを思い起こさせました。いろんな形の人付き合いが失われていたんですね」

そういったもののいくつかは、一九七六年から一九八三年の恐怖政治の時代に失われていた。その間、政治的転覆を画策しているとか、反政府であると疑われただけで、人々は拷問され、姿を消した。またいくつかは、その後にやって来た経済的なプレッシャーや民営化を生き抜く激動の時代に失われてしまった。結果的に、恐怖に駆られた人々は市民社会から遠ざかり、国家の一員であるという感覚をも失った。ところが、二〇〇一年の経済崩壊は、災害後の共同体意識に近いものを生み出したのである。それは、実質的にも、またその精神においても革命だった。過去五〇年の、幾度かの残忍な軍事政権を含む悪質な政権続きのせいで、アルゼンチン国民は政治家や国家権力というものをまったく信用しなくなっていて、その結果、多くが社会生活を放棄していた。今回、人々は左翼運動ではなく互いを頼りにし、活力ある市民社会を取り戻すことで、政府から距離を置き、政府の権限を縮小しようとした。彼らが作り上げたものは斬新だったので、いくつかの新しい言葉が必要だった。完全なる平等に則った参加型民主主義を表す「水平主義」、多くの人々が主役のように自己主張することを表す「プロタゴニズム」、それに情愛に基づいた政治を意味する「愛の政治」など。一九四四年には地震を、二〇〇一年には経済危機を体験したアルゼンチンの例は、災害というものが究極的に不可思議な出来事であることを証明している。それは災害に意味を与え、それを機に大事な社会を新しく方向付けしようとする闘争なのだ。そして、その闘いでは常に競合する利益がぶつかり合う。

このような革命が災害ユートピアに似る瞬間は不思議だ。一方で、革命はすでに災害ユートピアの約束——人はみな兄弟姉妹で、すべてが可能で、誰でも発言でき、互いに思いやりがあり、固く団結している——を、瞬間的に果たしたように見える。だが歴史的に、革命後の新政府の機構は、権力の大部分を市民社会ではなく国に再分配する。また一方で、革命の瞬間の輝きの大部分は副産物で、二次的なものと見なされ、革命はより良い教育や経済などを確立する方向に向かい、仲間意識やオープンさは失われる。何かが少しずつ失われていくのだ。

真の革命は、実は新しい政権ではなく、二つの政権の間に成し遂げられるのかもしれない（ジョナサン・シェルの指摘によると、わたしたちの思い込みとは違って、フランスとロシアの両革命では、たいした流血もなく古い体制を終わらせた。暴力的だったのは、むしろ新しい体制を作り上げる時期だった)[*43]。確かに、革命の直後や真只中には、アナキストの理想社会に近いものが出現する。国家は存在せず、誰もが瞬間的に発言権をもち、究極の権威をもつ者はなく、社会は成り行きでどうにでもなる。アルゼンチンの暴動のめざましい特徴は、人々がその時点の一過性の精神を意識し、それを育み、何らかの手段や副産物としてではなく、それ自体を目的ととらえたことだった。それは新しい政府を作り出すための革命ではなく、政府からできるだけ自由になろうとする革命であり、市民社会や社会生活の可能性の豊かさを包含する革命だった。すべての革命と同様、アルゼンチンの革命もまた鎮まりはしたが、その影響のいくつかは消すことができないし、他国への影響も避けられなかった。それは、社会が突然、しかも良い方向へ変わることができることを立証したのだ。可能性を信じることがどんな変化をもたらすかは、メキシコの現在に引き継がれる長い話になるが、それもまた一九八五年の地震につながっていった。

ゴールデンアワーの頂上に立って

時間の饗宴

恋に落ちるのは簡単だ。しばらくの間、それは努力もなしに経験され、二人の間は調和が取れ、可能性は無限に感じられる。するとある日、同じ部屋で、あなたは相手とは別のニーズと考え方をもった別の人間として目覚め、そこからは、妥協点を見つけて弾力性のある長続きする関係を作り上げるという興味深いプロセスが始まる……または、それに失敗する。災害と恋は対極にあるもののように思えるだろうが、災害ユートピアもまた恋に落ちている期間と同じように、何かに関わることや即時対応的な行動や思いやりがあたかもひとりでに起きているかのように感じられる期間なのである。そして次には、決断と献身によって良い社会を作り上げるという難しい仕事がやって来る。市民社会にはそれ自身と恋に落ちる瞬間もあれば、その記念日を祝う瞬間もあり、そこではその結びつきがふたたび義務ではなく魔法になる。人々が団結し、可能性にわくわくし、喜びが自然に湧き上った日々はのちにも重要になる。そんな瞬間の記憶は当時を引き出す源泉となり、そういった瞬間を祝うことは当時の感情をよみがえらせ、再確認させる。だからこそ、わたしたちは誕生日を祝い、カップルが出会った日や結婚記念日や、革命が起きた日、戦勝記念日、神や聖人や英雄が生まれた日や奇跡を起こした日やこの世を去った日を祝うのだ。魅了された時間は思い出と祝いにより再生されて新たになる。したがって、ほとんどの文化にこういった行事の暦があり、そこでは生産の線形的な時間は一時停止し、祝祭の循環的な時間が現れる。

災害と革命は、ある意味、カーニバルを生じさせる。混乱が生じ、人が集まる場所があるという意味で、災害にはカーニバル的な側面がある。また、革命も一種のカーニバルだと考えることができる。なぜなら、革命により長期的にはどんなにめざましい結果が得られたとしても、お互いや可能性に対するオープンな感覚に気分がウキウキさせられる期間はほんの一瞬にすぎないからだ。それならば、革命を良いものを永久に作り出す試みではなく、むしろ再生と再発明の一瞬間だととらえれば、わたしたちは束の間のユートピアを新しい目で見ることができる。確かに、カーニバルとユートピアには、関連づけられた長い歴史がある（〝カーニバル〟という語は英語圏では一般的なお祭りという意味に使われているが、もとは四旬節の前の行事、要するにクリスマスと復活祭の間のいくつかの祝賀行事を指す言葉だった）。

カーニバルもまた、一種の革命だといえる。普段はわたしたちを互いから遠ざけ、引っ込み思案にし、おなじみの線引きで人々を分割している既成の秩序が、その日には放棄される。そういった線引きが消えると、わたしたちは嬉々として交じり合う。カーニバルは熱狂的で、短命で、騒々しいバージョンのユートピアだといえる。災害と比べ、カーニバルはより広く提供され、災害と違ってカーニバルは前もってスケジュールが決まっているので、その限界も結末も前もってわかっている。だが、二つの間の類似点は意義深い。たとえば、カーニバルでは、いつもは身を寄せ合って暮らしていた人々が普段の境界を越えた場所まで足を運ぶといった側面のほかに、グロテスクなイメージや、死のモチーフ、役柄作りや変装、カオスを呼び物にする側面もある。カーニバルは一種、形式化した災害であり、災害の悲劇的な面をミニマムにし、その利点だけを取り入れる儀式だといえる。いつ起きて、何が破壊されるかが予測可能な災害だと呼ぶこともできるだろう。フリッツは「コミュニティ内でのアイデンティティに対する個人の基本的な人間的欲求を、現代社会が満たせないでいること」について述べ、「災害は、過去や未来と結びついた心配事や抑制や不安からの一時的な解放を提供してくれる。なぜなら、災害のせいで人々は目前の現実という文脈の中で、目の前の、一瞬一瞬の、一日一日の欲求に関心を集中せざるをえないからだ」と結論しているが、彼はまた、カーニバルが日常からの安全かつ計画的な一時的離脱のなかで何を提供してくれるかを描くこともできたかもしれない。

大昔の暦のいくつかは、一年が三六〇日しかない。一年の最後の五日間は、通常のルールが適用されない〝時間外〟というカテゴリーに入れられていた（ハロウィーンも、もとはケルト人が年末に行った祭りで、その間、死人たちが行く年と来る年の狭間を自由に行き来できるとされていた）。通常の時間の外側にいるという感覚や、無秩序の感覚、人の上下関係が逆さまになる感覚は、古代の農神祭やカーニバルによく見られた。それは文字どおり、知覚できるかどうかの限界の敷居を意味する〝閾《いき》〟の感覚だ。ローマ人の農神祭は、一年の最後に自由を謳歌する冬の祭りだった。公の場でのギャンブルが許可され、誰もが自由を表すウールの縁なし帽を被り、奴隷は仕事から解放され、時には主人のほうが奴隷に仕え、失政の領主が選ばれた（この農耕神サトゥルヌスの祝日はやがて時空と黄金時代の神クロノスのそれに吸収されたという説もある）。最初は二、三日だったこの祭りは、のちに数日間に延びた。だが、祭りが終わったあとには、普段の秩序や体制がけっして不可避なものではないという感覚が長く残っただろう。災害や革命のように、祭りもまた、さまざまな可能性を切り開いたはずだ。

今日の研究では、ローマ人の農神祭とキリスト教のカーニバルの間には直接的な関係はないとされているが、失政の領主の選出や通常の人間関係を倒置する慣習など、類似点は多い。マックス・ハリスは著書『カーニバルとキリスト教の他の祝祭』の中で、「『聖母マリアの賛歌』（『ルカによる福音書』第一章五二節）に『権力ある者を王座から引きおろし、卑しい者を引き上げた』［日本聖書協会口語訳より］という一節がある」として、[*44]このヒエラルキーの倒置に神学的な説明を与え、さらに「飼い葉桶の中で神の子が誕生したことは世界が上下逆さまになった著しい例なので、クリスチャンからすれば、クリスマスシーズンをカーニバルとして祝うのは当然なのだ」という、ピーター・バークの説を引用している。四旬節の前祝いではなく、もともとはクリスマスシーズンの一部だったカーニバルには、聖職者の物まねや、本物の聖職者たちの女装、パロディ化したミサや猥褻なユーモアなどを含む冒瀆、（特にアメリカ大陸での）歴史的な戦闘を題材にした芝居（実際の敗者は、芝居の上では必ずしも敗者にはならない）、仮面、踊り、花火、見世物、騒ぎ、そして混乱状態があっただろう。ロシア人の批評家ミハイル・バフチンは、カーニバルについての有名な論考の中で「カーニバルでは、一般的な真実や確立された秩序からの一時的な解放が祝われ、階層制身分や、特権、規範、禁制といったものすべてに対する疑いが特徴だった。カーニバルは時間の饗宴であり、転成、変化、よみがえりの祭りでもあった。それは不朽のものや完成したもののすべてを敵とする……人々は、いわば純粋に人間的な新しい関係のために生まれ変わる。この真に人間的な関係は単なる想像の産物でも、抽象的な考えでもない。それらは経験されるのだ」と言っている。[*45]

災害や革命の観点からもう一度見直すと、カーニバルは通常の時間の暦に打たれた単なる句読点ではなく、息をするためや、プレッシャーを取り除くためや、外部の可能性を取り入れるための空気孔で打たれた句読点であるかのようだ。カーニバルはしばしば境界を越えているとか、二つの状況の間に宙ぶらりんになった瞬間であるとか、変形や変質を受け入れやすい瞬間、規則が効力をもたなくなった瞬間として語られる（カーニバルが引き起こし、そして祝う無秩序には、独自の厳格な限界があるものの）。多くの祭りや祝祭日を排除したヨーロッパのプロテスタントによる宗教改革は、単に労働時間を長くしただけでなく、通常の時間と祭りによる中断の掛け合いを取り除いてしまった。その中断は市民社会や、記憶や、集団としての解放の主張でもあったのだ。したがって、暴動は――おそらく災害さえもだが――季節はずれに急に起きたカーニバルであり、市民社会やコミュニティの主張であり、カテゴリーや境界の崩壊と見なすこともできるだろう。仮面のカーニバルには人目を忍ぶ新しいエロティックな出会いが付きものだが、人々が公の場で結びつくことが、その根底にある目的だ。

伝統的なカーニバルの多くに反体制的かつ冷笑的な要素がある――教会や宗教をパロディ化し

たり、地位を逆転させたり、中南米の征服といった歴史的瞬間を権力と発言権を奪回する形で再現したりと。カーニバルが真に破壊的なものなのか、もしくは単に不公平な社会が現状を維持するための、不満を発散させる方便にすぎないのかについては、延々と論争が続いているが、これについては、カーニバルの種類が多様であるように、その目的もまた多様であるという答えしかないだろう。アメリカには昔からある大掛かりなカーニバルは少ないが、ニューオーリンズの、白人だけが参加を許される舞踏会とパレードからなるカーニバル［フランス語で「マルディグラ」と呼ばれる］はその一つだった。パレードではいつも街の有力者たちが、ＫＫＫ［クー・クラックス・クラン］の先の尖った被り物に似ていなくもない帽子と仮面をつけていた。一九九〇年代の初めに、ニューオーリンズ市がパレードをすべての人種に解放するよう命じると、エリート白人のクルー［パレードを組む団体］のいくつかは、黒人と交じるくらいならと、行事への参加を中止した。

マルディグラの有力者たちによる人種差別的なパレードで今も残っているのは〈レックス〉だけだが、これは〈ズールー〉のパレードのあとに続く。ズールーは顔をわざわざ黒く塗ったアフリカ系アメリカ人によるパレードで、レックスと黒人両方のパロディとして、一世紀前に始まった。毎年、レックスとズールーは不穏な停戦状態の中で対峙するが、その間、街の他の人々はどんちゃん騒ぎをし、仮装をし、仮面を着け、練り歩き、酒を浴びる。マルディグラは、現状維持と解放の、そしてヒエラルキーと破壊の上にバランスをとる不思議な祭りだ。エリート層のカーニバル舞踏会から締め出された大多数の人々は、自分たちの舞踏会やパレード、通りでのお祭り騒ぎやパーティを企画したが、中には痛烈な社会批判を掲げるものもあった。伝統的なカーニバルは、ヨーロッパ各地、インド、南北アメリカ（ブラジルのものは有名）、カリブ諸島、ボリビアで引き続き行われている。一方、メキシコ人とニューメキシコ州の先住民の祝祭日と祭りは、カーニバルとは異なるバージョンの儀礼として続いている。

災害は社会学者の領域だが、カーニバルは〝閾〟を研究する人類学に属する。すなわち、ちょうど通過儀礼のように、カーニバルはなじみ深い宙ぶらりんの空間で起きる。それは安定した状態である。そこは、違いが縮小し、共通性が重要になり、以前あったものを切り離す転化の場所である。人類学者のヴィクター・ターナーは、閾に存在する時間は共同体の可能性を切り開くと言っている。いつもの体制や格差が重要性を失い、存在しなくなったとき、人々の間に絆が生まれるのだと。カーニバルの本質である祝祭は、騒動と破壊から成っているという点で災害に似ている。インドでは人々が着色した粉を、スペインではキャンディーやメレンゲを、ニューオーリンズではビーズをばらまくので、それらが通りに散乱し、ゴミの山がいくつも残る。人々は叫び、走り、踊り、くるくる回り、見知らぬ者同士であることを一瞬忘れて交じり合う。そこには、グロテスクで不健全で奇異なイメージがある。

一日か一週間、人々に仲間作りと喜びと自由を満喫させることは、社会を永久に変えてしまうことよりはるかに簡単であり、それにより人々は新しいエネルギーと絆を得て、日常の世界に戻っていくことができる。アナキストの理論家ハキム・ベイは、人々が喜びと社会的絆の再発見のために自己を解放する、革命でも祭りでもないこういった現象を表す「一時的自律ゾーン」（TAZ）という言葉を生み出したので有名だ。彼はTAZが短命であるのは、弾圧する何かが現れる前に、生じて、影響を与えて、消えてしまおうとする生存のためのテクニックだと見ている。「ＴＡＺは国家を直接の相手としない民衆蜂起のようなもので、土地や時間や空想領域を解放するゲリラ活動であり、国家が弾圧する前に、どこか別の時空でふたたび生じるために自ら消え失せる」[*46]。そのゴールは永続性でも対立でもなく、解放のひとときは、その一時的な消滅が必ずしも敗北とはならないよう再生される。

歴史が始まった日

詩人として身を立てる前、二〇歳のウィリアム・ワーズワースは長い休暇旅行の初めに、フランスのカレーに降り立った[*47]。彼が旅の道連れとともにそこに到着したのは、一七九〇年七月一四日、今もフランスの記念日である革命記念日の第一回目の日だった。怒れるパリジャンがバスティーユになだれ込んだのは、ちょうど一年前だ。続いて起きた、いくつかは暴力的で、いくつかは祝祭ムードの一連の出来事により、旧体制は滅び、真に自由と平等と博愛の――と当時の人々は思った――時代が始まった。革命の只中にあったフランスは、最初のうちは理念と一致した生まれ変わりをめざし、次には権力と恐怖という底流にのまれて変質しようとしていた。だが、一七九〇年には、まだすべてが希望に満ちていた。一周年記念日には、ワーズワースが長い自叙伝的詩集『序曲（ザ・プレリュード）』の中で描写しているように、革命の夜明けは祭りとしてよみがえった。

時まさにヨーロッパ全土が歓喜にわきたち、
フランスは幸福の絶頂にあり、人間は
生まれかわるかのように見えた時期だったのだ。

すでに述べたように、アルプスをめざして出発したわれわれは、
ちょうど、あの大祭日の前夜に、カレーに上陸するという
めぐり合わせになった。そして、こんな貧弱な都会の、
たとえわずかな人々の間にも、一人のひとのよろこびが、
同時に何千万の人々の歓びでもあるとき、一体、人間はどんなに顔を
輝かせるものかをまのあたり見ることができた

（『序曲』ワーズワス、岡三郎訳、国文社より）

それは歴史上のめざましい瞬間であり、革命をくり返す祭りであり、革命の交した約束の完了のシンボリックな再現でもあった。

それから、まっすぐ南へ、村々や町々を通りぬけて進んだが、
どこも記念祭の名残で、けばけばしく飾りたてられ、
大勝を祝うアーチのうえや、窓辺の花輪などに、
花々がしぼんだまま、放置されていた。

（同前）

彼らは旅を続けた。

そうして、まるで馥郁《ふくいく》とした香りのように、また
どんな片田舎の土地にも、必ず訪れる春のいぶきのように、
いたるところに情愛と幸福とが広まっているのをじかに見ることが出来た……
宿無しだった私たちは、宵の明星のもとで
自由を祝うダンスを見たり……

（同前）

ワーズワースはそんな瞬間の重要な要素をとらえている——人と分かち合うことで倍増する歓喜、通常の時間の一時的な停止、そして素晴らしい希望に満ちた可能性を切り開く、人間性が変わったという感覚。歴史家のモナ・オズーフは「それは一七九〇年にロシアからフランスに帰国したセギュール侯爵がすでに感じた、国家のめざましい雪解けだった。人々は自由に話していた。すべての広場で、男たちが集まって生き生きと議論を交わしていた。彼らの瞳からは以前の恐怖や用心深さは消えていた。〝低い階級の者たち〟さえ、堂々とした、ひるまないまなざしをしていた。あらゆる場所で音がし、何かが起きているという、ただならぬ雰囲気があった」と記している。[*48] その革命は寛大さや平等主義とともに始まり、大量殺人と新しいヒエラルキーの構築に堕落していった。だが、フランス社会は二度とふたたび、旧体制の絶対王政と厳格な階級制度のもとでの隷属的立場には甘んじなかった。

以後、束の間の解放はフランス史上にくり返し現れた。一八七一年のパリ・コミューンの時期に、画家のギュスターヴ・クールベは手紙に「パリは真のパラダイスです……すべての市民グループが連盟を結成し、自らの運命を掌握しています」と書いている。[*49] また、スペイン内戦中に、ジョージ・オーウェルは人民戦線の統治下にあったバルセロナの変容ぶりについて「街の広い目抜きのランブラス通りは、大勢の人が絶え間なく行ったり来たりしていた。スピーカーは一日中、夜中まで、革命の歌を轟かせていた……何よりも、あの革命と未来には信念があった。突然、自由と平等の時代に突入したという感覚があった」と書いている。[*50]

一九六八年にフランスで起きた反乱［五月革命］は、学生運動として始まり、やがてドゴール政権を倒す全国規模の大ストライキに発展した。当時、学生だったエレノア・バフタゼ[*51]は「あの頃、パリは素晴らしかった。誰もが議論していた」と話す。[*52] もちろん、同年にはチェコスロバキアで〝プラハの春〟と呼ばれる民主化運動があった。写真家のジョセフ・クーデルカは「誰もが自分が誰であるかを忘れていた……奇跡が起きていた。人々はそれまでにない振る舞いをし、互いに尊敬し、親切だった。あの七日間に、ぼくは自分の人生で起きうることのすべてが起きていると感じていた。あれはぼくたち全員から特別な何かを引き出した、きわめて例外的な状況だった」と回想する。[*53]

一九七〇年にチリで左派のアジェンデ政権が誕生したときの様子について、アリエル・ドルフマン［チリの詩人・小説家・劇作家。一九四二～］が同じような報告をしている。生まれてからずっと無力だと言われ続けてきた人々が、勝利の瞬間をつかみとったのだと。そして彼は自身についても「息を吹き返し、加速させられた気がした。すべてが可能で、どんなことでも可能だと知る、生きているうちに数度しか味わえない瞬間に付きものの目眩《めまい》を覚えていた。自分がこの地球の最初の人類で、今日は歴史が始まった日だと感じていた」と回想している。[*54] ジョコンダ・ベリは、ニカラグアのサンディニスタ人民解放戦線がソモサ独裁政権を倒した一九七九年七月一八日と一九日は「あたかも古い魔法の呪文がわたしたちの上にかけられて、この世界が作られた創世記まで連れ戻されたような気がした二日間だった」と書いている。[*55] アパルトヘイトが終わった日に南アフリカにいた編集者は、同様の、未知の将来や互いや自由の喜びに対する解放感があったと語ってくれた。人々が手を取り合ってより大きな可能性というバラ色の夜明けに踏み出す感覚は、くり返し現れた。そこは、自分自身の力を感じることができ、団結による一枚岩のパワーのもつ可能性と、それに伴う希望が感じられる場所だ。これは単なる考えではなく、歴史を作ることから来る感情の高まりなのだ。それは〝閾〟に存在する時間であり、二つの世界の間に存在しながら、それ自体が一つの世界である時間なのだ。ワーズワースはフランス革命を賞賛して、このように書いている。

全世界が、希望の美しさに輝いていたのだ……
咲きほこる薔薇のうえに、今まさに咲き始めようとする薔薇[*56]
（同前）

ワーズワースの目にこれほどまでに輝かしく映ったのは、革命の成果ではなく、可能性に満ちた雰囲気だった。

何が起きるかわからないという災害の警告は、何でも可能だという革命の教えから、そんなにかけ離れてはいない。革命は、自分たちが呼吸しているまさにその空気が輝かしい未来から注ぎ出されていて、まわりの全員が兄弟姉妹で、自分たちが信じられないほど強いと感じられる瞬間をもたらす。だが、完璧な解放の革命的瞬間は、やがて何らかの未来に変わる。状況は以前より良くなる場合もあれば、悪くなる場合もあるが、人々はもはや革命以前とそれほど変わらず、まわりの人ももはやさほど愛しくはなく、私生活が執拗なささやきで呼びかける（カーニバルで見も知らぬ人や隣人たちと歓談したり、パーティで友人と話したりしたあとに、わたしたちが喜び勇んで帰って行く先がプライバシーなのだ）。

この再生をはっきり目的とした、一種のカーニバルも存在した。それは〈ジュビリー〉[*57]と呼ばれる祝日で、革命をジュビリーの一種だとすれば別だが、そうでない限りは、常に約束として宙に浮き、けっして現実には起きなかった祝日である。旧約聖書『レビ記』によると、ジュビリーは五〇年ごとに祝われ、国の全住民は自由を宣告され、奴隷は解放され、借金は帳消しになり、土地は元の持ち主（神、または、持ち主が不在）に返され、土地は休耕になり、人々は仕事から長期間離れられることになっている。そして、奴隷たちは祝賀の歌を歌う。一九世紀初期の革命家たちは、このアイデアを平等なスタートをきるための、富の偉大な再分配であるとして取り入れた。イギリスの〈ジュビリー・リサーチ〉（元の名はジュビリー二〇〇〇）は、現代のジュビリーよろしく開発途上国の借金の帳消しをめざすグループだ。ジュビリーの理念は、祝日として繰り返される革命である。

時に災害はジュビリーさながらに過去を清算する。これは災害が喜びをもたらすケースだが、一方で、災害が共同体内の不公平や孤立を助長し、恨みをもたらすケース――災害学者たちは「腐食するコミュニティ」と呼ぶ――もある。おそらくすべての災害が両方をもたらすのだろう。つまり、災害は破壊と死亡でクライマックスに達して終わるわけではなく、同時に始まりであり、何かの開幕であり、一からやり直すチャンスなのである（資本主義にとっても、破壊されたビジネスの代替のために市場を再構築するので、一からスタートする機会となる）。そういった見方をすれば、ピューリタンの職業倫理観を民営化の推進力だと見ることもできるだろう。単にプロテスタント主義の精神的民営化だけではなく、それまでは公的な市民生活だったものの民営化でもある。カーニバルや地域共同体や政治への参加の瞬間は、見方によっては、非生産的で、時間の無駄で、信仰に対する違反行為（一七世紀のニューイングランドのピューリタンがクリスマスを祝った者を罰したことを考えると）ですらある。警察の監督下にない群衆に対する万人の不信感は、アメリカの都市計画、それも特に郊外設計や、独裁政権による公の集会の禁止や、ル・ボンの書物や、災害対策に表れているが、それはカーニバルや大衆の力に対抗する方策でもある。

祝日やパレード、カーニバルや、その他の公の楽しみに対し、功利主義者たちは、それらは何も生産しないと反論する。だが、それは正しくない。それらは社会を生み出しているのだ。それらは、なぜわたしたちが社会に属したがり、属しているという感覚を欲するのかという理由を思い出させてくれる。この成果は日常の物品やサービスに比べるとはるかに実体がないが、それでも決定的に重要だ。もし現代の多くの社会にそれが欠落しているならば、なおさらである。祭りは野性の種をまき、喜びと所属を収穫する。だが、終わりのない饗宴は消耗させ、やる気をなくさせる。楽しみは消え失せ、仮面の下にはもはや疲労と無関心しかなくなり、最終的には祝うべきものもなくなってしまう。だから、日常と非日常は互いを必要とするのだ。いや、むしろ、日常生活は、時折、中断させられる必要があるといったほうがいい。だからといって、災害が必要だといっているのではない。ただ災害は、時に中断を提供してくれ、その間に社会ではいつもとは違う仕事が成し遂げられる。カーニバルと革命もまた日常生活を中断させるが、その効果は、より大きなパワーや団結や夢とともに、わたしたちを日常生活に送り返すことにある。

みんなの街

ルチャリブレはメキシコのプロレス興行だが、「ルチャ」という語は英語の「レスリング」ほど狭義な語ではない。広く「闘い」を意味し、常に政治的な意味に使われてきた。「自由な闘い」を意味するルチャリブレは非常に人気のあるスポーツで、シンボリックで政治的な側面をもつエンターテインメントであり、男性的なパワーとイマジネーションに富んだ冒険のお祭りだ。多くのスポーツ同様、ルチャリブレも闘いの先行きが見えないというドラマを提供する。テクニコ（善玉）はルールに従ってプレイし、ルード（悪玉）は悪魔を具現し、ルール違反を犯す。レスラーたちは必ずマスクを着け、正体不明で、本名とは関係のないリングネームをつけ、神や英雄、動物、神話に出てくる架空の人物などのコスチュームを着けて、カーニバルのスターのように登場する。「ブルー・デーモン」「ブラック・シャドー」「ミル・マスカラス」などが有名だ。名前にちなんだ文字やエンブレムがついた、ぴったりと顔を覆うマスクを、試合中に剝ぎ取られれば完全な敗北となる。時にマスクを懸けた試合が行われることもあり、そこでマスクを剝ぎ取られたレスラーは、レスラーとしての資格を剝奪される場合もある。

メキシコ人のレスラーで最も人気があったのは、四〇年にも及ぶキャリアの間に、リングでは無数の勝利を挙げ、五二本の映画（サイエンス・フィクションや怪獣映画など）や数多くの漫画に登場した、シルバーのマスクを被った「エル・サント」（「聖人」の意）だった。彼は亡くなる一週間前にマスクを取ってテレビの前に顔をさらしたが、葬儀はマスクを着けたまま行われた。ルチャリブレは変装に依存し、パワーや倫理観や正義といった形而上学的関心を具現しているという点で、最もカーニバル的なスポーツである。

一九八七年までにもリングには大勢のレスラーが登場し、大衆文化が花開いたが、その年、一人の闘士がリングからはるか離れたところで、不公平を敵として闘った。この「スーパーバリオ」は、一九八五年の地震後の廃墟から出現した。いや、地震後の闘い（ルチャ）から出現したといっていいだろう。政治家たちが自分たちに得になると思った公開イベントを開催したり、テープカットをしたりする際に、このスーパーバリオは現れて、貧しい人たちのために何かをするよう彼らにプレッシャーをかけた。スーパーバリオはまた、家主たちとも対決した。立ち退きの場面に現れ、集会やデモに参加し、苦しんでいる人々に勇気と自信を与えた。のちに都市貧困者のロビンフッドとして有名になり、デビューしてからすでに二〇年以上も活動し続けている。一万軒の立ち退きを阻止するという功績を上げた彼は、最近制作されたドキュメンタリーで、自身の政治関与をこんな言葉で語っている。「おれたちは、この街がみんなの街だっていうことを主張したんだ」「みんなの手柄だよ。マスクの陰にいる人間が一番何にもしていない」「スーパーバリオは、おれたち全員なんだ」。コスチュームを着けていたのは一人だったが、彼はまわりにいる人々全員をカーニバルの雰囲気に包み込み、可能性を広げたのだった。

数人の男が胸に大きなSBのロゴの入った赤と黄色のぴちぴちのコスチュームを身に着けたが、人々が「スーパーバリオ」と呼ぶ男は一人きりだった。それは元革命家で元囚人、主要日刊紙『ラ・ホルナーダ』のコラムニスト、借家人のまとめ役でありレストラン経営者でもあったマルコ・ラスコンだった。彼のレストランはメキシコシティの比較的いいエリアにある小さな溜まり場で、彼自身は白髪交じりのひげを生やした、がっしりした体格の、親切な男で、閉店間際に現れた下手なスペイン語を話す見習いインタビュアー（わたし）にも愛想良く応対してくれた。スーパーバリオの起源について話すとき、彼は自分自身について話すと同時に、エル・サントについても触れた。「メキシコシティの歴史的な地区である街の中心部で借家人たちを助ける仕事を始めたときに、ある家主が借家人を追い出そうとしていた。ちょうどエル・サントが死んだばかりだったから、〝借家人の聖人〟を登場させて、借家人たちを守らせようと企てたんだ――頭にあったのはエル・サントの亡霊だった。そのころは、ユーモアで勝負したり、芝居がかったことをしたりすることについては、みんな、まだ頭が固かった。今ではめずらしくもなんともないが、何と言っても一九八三年だからね。まだ、非常に堅苦しかった。貧しい人たちは搾取され、苦しんでいるところを見せなくてはならなかったんだ。人々は悲しんでいなくちゃならなかった。風刺漫画には、たいていすごく怒っているか、すごく悲しんでいる人々が登場していた。それこそが攻撃性と左翼のいう社会闘争の形態だったからだ。おれはユーモアを取り入れようとしたけど、あの時点では、まったく支持が得られなかったな。[*58]

一九八五年について、もう一つ忘れてはならないのは、当時、ルチャリブレはすごく見下されていたってことだ。貧乏人や下品な人々のためのものだった……確かに下品だけどね。ある日、おれたちは、立ち退きにあいかけている女を助けに行った。彼女を救った帰り道、みんなにエル・サントの話をしたんだ。そのとき、大勢と歩いていて……いつの間にか、スーパーバリオでもやろうかって話になった。すると、そこにいた女が『賛成！』って叫んだんだ。それで、さっそく何人かはテニスシューズを買いに行った。そのとき、色は赤と黄色にしようってことになった。おれたちの一番好きな色だからだよ。マスクを買いに行ったやつもいたし、ミシンで盾型のマークを作ってくれた女もいた。翌日、一九八七年六月一二日には抗議行動を予定していた。そこで初めて、何人か役人も出席している独立記念塔での抗議にスーパーバリオが登場したってわけだ[*59]」

ラスコンは続ける。「スーパーバリオは、マスクがあってこそ、威信がある人格だ。マスクなしでは、彼は存在しない。エル・サントや快傑ゾロのような、かつての国民的ヒーローにも、同じような側面があった。スペインに征服される前のマスクの起源にはそういった意味合いがあったし、その強さにあやかろうと動物のマスクをつけた、コロンブスの新大陸発見以前の戦士たちも同様だった。スーパーバリオの威信の維持には、政府が彼を敵対するパワーとして扱わなければならなかったことも役立った。加えて、彼はけっして自身の大衆的な出自を忘れなかった。公の場で話すときも、ごく普通の人が理解できるように話した。彼は人々の気持ちを訴えた。特に政治論議の中では見失われる存在となる人々の気持ちをね。だからこそ、彼はあれほどすごいことを成し遂げられたんだよ[*60]……。

地区住民の委員会に加わって、自治体の役人たちに会いに行ったのが、抗議運動に登場した最初だった。テーブルの向こう側にマスクを被った人物がいるのを見て、役人たちはショックを受けていたよ。むろん、今ではそれほど驚くことではない。でも、当時は、彼らがそもそもマスクを被った人物と向き合わなくてはならないことが、こちらにとっては大きな武器だった。スーパーバリオがいたからこそ、おれたちは彼らのテリトリーでも優位に立てたんだ。彼らは守りに入り、結果、それまでは反対していた多くのことに、『ノー』と言えなくなった[*61]」

スーパーヒーローは誕生の一年後に国内政治の一プレイヤーになった。ラスコンの回想は続く。

「威厳に満ちた顔の、大衆主義でオルタナティブなクアウテモク・カルデナス大統領候補の隣に、マスクをしたスーパーバリオが現れて並んだんだ。政治家の中でも最も厳粛な男とだよ。その写真は世界中に配信された。選挙当日、レポーターたちはクアウテモクに、誰に投票したかと質問した。ブースから出てきた彼は『わたしはスーパーバリオに投票しました』と答えた[*62]」。フィクションが現実になり、カーニバルはメキシコの政治を手中にした。なぜなら、災害から生じて革命を煽ったカーニバルは、スーパーバリオの出現を説明する一つの方法だからだ。

スーパーバリオが世界政治の表舞台に登場して以来、世界中で政治的アクティビズムがより陽気になった――カーニバル的になったと言えるだろう。だが、それは赤いタイツのスーパーヒーローが生み出したのではない。東ヨーロッパの市民社会は、劇場や音楽、カーニバル的な祝典で、可能性の限界を試し、広げた。ヴァーツラフ・ハヴェルはチェコスロバキアの〈ビロード革命〉に参加する勢力の多くを彼の〈ラテルナ・マギカ劇場〉に結集したが、同国の市民社会の復活は劇場から始まったのではなく、一九七六年に〈プラスティック・ピープル・オブ・ザ・ユニバース〉というバンドとともに始まっている。このバンドの解放者的な姿勢が弾圧を呼び、それが反対運動を巻き起こし、真の解放の引き金となったのだ。さらに、地元の聖人〝ボヘミアの聖アグネス〟の列聖祝典が、国の解放を勢いづかせた。ちょうど、マルディグラの悪ふざけが、ポーランドの反乱を引き起こしたように。

以来、文化や政治や革命とカーニバルはますます距離を縮めている。この二〇年間、アメリカの急進派は〝具体的数値目標の政治〟を口にし続けている。自由であろうが、正義や民主主義であろうが、とにかく自分が望むものを、わたしたちは具体化できるし、また、すべきだという考えだ。自分や、自分のコミュニティや、自分の参加している社会運動の中でそれを行い、目標を少しでも超えれば、それは勝利になる。このおかげで、国中で政治的抗議デモが以前ほど苦情の訴えではなくなり、祭りの様相を呈してきた。だから、一九九〇年代の末に、いくつかの団体が抗議デモを極度にカーニバル風にしたのも、もっともだった。たとえば、疎外や、孤立、私有化などに対して抗議しようとするなら、祝祭は公然とそれを要求するだけでなく、人々を教化し、失いかけているものを取り戻すことができる。一九九九年に起きたシアトルにある世界貿易機関（ＷＴＯ）のストライキでは、巨大な操り人形やコスチューム、横断幕、有名になった絶滅寸前の海ガメに扮した人々などを登場させ、それぞれが役割を果たした。それは一九三〇年代のどのゼネストにも負けない効力のある一時閉鎖であると同時に、もう一つの道の陽気なデモンストレーションでもあった。四年後にメキシコのカンクンで開催された、同じくWTOの会議では、メキシコ人のカンペシノ［農民］や、韓国人の農家、そして世界中からやって来た活動家たちが、横断幕や民族衣装、楽器、パレード、演劇用の小道具などを持ち寄って集結した。長年、国際的に運動を続けている韓国人のある男性が、弱小農家にとっての死活問題となっている脅威を劇的に訴えるため、防護柵のところで自殺した。すると、何千人もの女性たちが注意深くロープをかけて、防護柵を引き倒した。こうして、活動家たちはふたたび、歴史の行方に影響を及ぼした——これにより、会議場にいた貧困国と非政府機関（NGO）は先進工業国と企業のパワーに立ち向かう勇気を得たのだ。交渉が決裂すると、外では人々が喜びに熱狂した。だからこそ、現代の〝ある革命家〟はこう言っている。「手段がすなわち目的だ[*63]」

革命のカーニバル

前出の〝ある革命家〟とは、サパティスタのマルコス副司令官である。カーニバルと災害の、そして革命のおそらく最も見事な融合は、メキシコの次世代の覆面ヒーローたちが連れてきた。それはサパティスタ——メキシコのジャングルと南東部の山脈からやって来た革命家たちである。その災害が何であるかを説明するのは容易ではない。まず、南北アメリカの先住民に対する五〇一年にも及んだ植民地主義と民族根絶と差別である。制度的革命党（ＰＲＩ）のもとでの何十年にもわたった貧困化と抑圧でもある。ＰＲＩは一九一〇年の「土地と自由」をスローガンとした革命の希望を失望に変えた。なぜなら、専制政治と剝奪はその後も続いたからだ。次に、北米自由貿易協定（ＮＡＦＴＡ）が零細農家や、地方のコミュニティや、貧困層全体の生存に新しい脅威を突きつけた。一九九四年の元旦にこの協定が実施されると、反乱が起きた。単に彼らの文化を守って生き延びるだけでもすでに困難をきわめていた先住民たちは、サパティスタになるという形で抵抗した。先住民のコミュニティで反乱が起きたのは初めてではなかったが、今回のそれは世界でも例がないほど激しいものだった。

あの地震から八年あまりのちに、伝統的な武装による蜂起で、サパティスタは旧州都のサンクリストバル・デ・ラス・カサスを含むチアパス州六市を占拠し、その存在を世に知らしめた。世界の舞台に躍り出てから一二日後、武装蜂起を終えると、彼らは他の武器を使い始めた。メキシコシティで起きた一〇万人の支援者たちのデモ行進が、それに続いた。それは想像を超えた、前例のない出来事だった――彼らは対話路線に方向転換したのだ。彼らは頻繁に「火と言葉」というスローガンを口にするが、火は武装革命を、言葉は理念と議論の普及、すなわち非暴力の社会変革を表す。彼らの正式名のサパティスタ民族解放軍は、歴史上の革命指導者エミリアーノ・サパタ（一八七九〜一九一九）にちなんだものだ。結成当初から、サパティスタの兵士はマスクを着けた。たいていはスキー用マスクだったが、バンナダを使った者もいた。その目的は無法者や反乱者やお祭り騒ぎをする人たちと同じで、身元を隠すことにあったが、年月とともにマスクは、サパティスタが誰であって誰でもない、匿名性を表すコスチュームになった。ちょうど怪傑ゾロやスーパーバリオのように。

性別にかかわらず、サパティスタの司令官とメンバーのほぼ全員が先住民だが、長身で色白のある人物が異彩を放った。その人こそ、マルコス副司令官で、彼のマニフェストや書状や談話は、政治的分析、詩的な言葉、逸話、ユーモアと組み合わさった驚くべき新しい文学になっていった。彼は頻繁にサパティスタの広報役となり、彼らの民族伝承や世界観を引用したが、それに彼自身のユーモアと力強さを付け加えた。武装蜂起のあと、メディアの世界では、彼の〝真の〟アイデンティティを知ることが一種の強迫観念になったが、あるジャーナリストが彼自身の「サンフランシスコ在住のゲイのウエイターだった」という言葉を額面どおりに受け取り「マルコスはサンフランシスコのゲイのウエイターで、南アフリカの黒人で、ヨーロッパのアジア人で、サンイシドロのチカーノ［メキシコ系アメリカ人］で、スペインのアナキストで、イスラエルのパレスチナ人で、サン・クリストバルの通りにいるマヤ語族で、ドイツのユダヤ人で……ボスニアの平和主義者で、午後一〇時に地下鉄に乗っているシングルウーマンで、ソカロ広場で祝う人で、土地を持たない農民で、失業者で……そして、もちろんメキシコ南東部山岳地帯のサパティスタだ」と書いた。[*64] これが、スーパーバリオが誰でもなく、同時に誰でもであったように、「わたしたちはみんなマルコスだ」という、カーニバル的なスローガンを生んだ。

先住民の伝統に深く根付いてはいたものの、サパティスタの革命は過去に例のない真新しい結果を成就した。サパティスタの革命家たちが、ちょうど生まれつつあった地球規模の市民社会に向けてインターネットで速報を配信し、それが瞬く間に広まって、翻訳されたのだ。一九八五年の地震後にメキシコに移住して、お針子たちの労働組合結成を助けたローラ・カールセンは「サパティスタの運動は言葉のもつパワーを拒絶しながらも、同時に、言葉には抵抗運動のネットワークを世界に広げるパワーがあることを証明しました。過去にあった革命運動と違い、彼らは政権を奪って新しい国づくりをするとは宣言しなかった……サパティスタは支配したり、争ったり、政府と対決したりするよりむしろ、草の根から別の体制を作り上げる方向に深く傾倒していったのです。中心になったのは、自治権の確立です。サパティスタが反乱を起こす前のメキシコ先住民の抵抗運動でも、伝統的な形での自治への回帰を中心に、自治権のコンセプトを明確にしていました[*65]」

サパティスタがチアパス自治区に作った社会も、また彼らが世界中に配信したスローガンや文章で提案した社会も、災害コミュニティに非常によく似ていた。そこには即時対応的な要素が強調されている。「わたしたちは質問しながら歩く」と彼らは言う。原則として、彼らは主義よりも質問を重んじ、ヒエラルキーには激しく抵抗する。「服従しながら統治する」というのも繰り返されるテーマだが、これはまだ完全には実現していない。彼らのコミュニティの入り口の一つには「ここでは人々が統治し、政府が従う」というスローガンがある[*66]。それはいろいろな意味で、クロポトキン以下、多くの人々が夢見た相互扶助と自治の社会である。災害がほんの束の間与えてくれるものを、永遠のものにしようとする試み。確立した冷たい権力機関のないところで、人々が互いを思いやる、相互扶助と利他主義と友愛の王国である。

二〇〇六年にはまた別バージョンの反乱があった。先住民が大多数を占めるオアハカで、教師のストライキとして始まったものが、当の教師たちが激しい攻撃を受けたことから、大きな反乱に発展したのだ。一八七一年の伝説的なパリ・コミューンのように、オアハカの街も市民に占拠され、警察は締め出された。若者たちはバリケードを築き、女性たちはラジオ局やテレビ局を乗っ取って、社会や正義、要望、可能性などについて、公開討論の場をつくった。この反乱は最終的には制圧されたが、すでにそれ以前に、即興的な集団による自己統治が展開していた。それは数ヵ月続いた。

社会の中で人々がすでに力強くて意味のある役割を担っているので、災害が好機とはならずに単なる災害に収まる——そんな時代を想像してほしい。そのような完璧な状態にある社会は、ジュビリーのように決して訪れることはないだろうが、近年、それに近いものが出現しつつある。サパティスタは独自の革命のカーニバルを催し、世界がそれを熱狂的に支援した。だが、そのあとにはまた、日々の生活の中で革命を起こしていくという長くてつらい仕事が待っていた。おそらく、災害の中から生じるユートピアは、かつてもこれからも、決して稀なものではない。それは遠くの伝統的な民族の間にだけ生じるものでもない。たとえほんの短期間であったにしろ、二一世紀の世界の中心的大都市の、ウォール街のすぐ先に出現したのだから。

第4章

変貌した都市：悲嘆と栄光のニューヨーク

THE CITY TRANSFIGURED:
NEW YORK IN GRIEF AND GLORY

広場での助け合い

自然で落ち着いた行動

九・一一について、これまでに聞いたことは、ひとまずすべて忘れてほしい。アルカイダのことも、ブッシュ政権のことも、テロリズムのこと、航空管制官、サウジアラビア、アフガニスタン、イスラム、ジハード、十字軍、石油地政学についても。ハイジャックされた航空機がマンハッタンの南にある二つのビルに突っ込み、それがどんなふうに戦争に発展し、法律や権利章典を侵害し、爆弾や刑務所や拷問につながり、多くの複雑な意味で世界を変容させてしまったかも無視してほしい。ペンシルベニアの野原やペンタゴンに激突した航空機についても同様に、そういったことはすべて重要だが、それらはまた、他の重要な事柄を見えなくしてもいるからだ。そういった問題は世界規模での原因や背後にある意味に目を向けさせ、災害に遭った都市に直接目を向けることを邪魔してしまう。アメリカ合衆国の航空管制官がただちに自国での離着陸を禁止し、ウォール街に避難命令が出て市場が影響を受け、警告があらゆる場所に発せられ、世界史上類のないその大スペクタクルを、世界中の人々が静止して見つめ、分析し、考えをめぐらせたので、この災害はただちに国際的な事件になった。

そういったことすべてを脇に押しやり、ある地区に起きた災害だと見てほしい——二棟の巨大な建築物の倒壊、人口の密集した六万五千平方メートルの破壊、壊れた建物の粉塵が作る奇妙な有毒物質の煙、コンピューターやアスベスト、重金属、遺体が散らばる街、水の上を漂ってブルックリンやニュージャージーにまで流れ着いたオフィスの書類、あらゆる方向に逃げ出す避難民、不通になった交通や中断された仕事の影響、健康への被害、救助活動など。そうすることで初めて、メディアがいかに権力の中枢と、中東政治の迷路と、救助隊と被害者についてのありふれた言い回しにまっしぐらに突き進み、ニューヨーク市民の素晴らしい対応ぶりを見逃したかがわかる。

ワールドトレードセンターのツインタワーが崩落したとき、すぐ近くにいた人々は、建物の粉塵がつくる猛スピードで流れる真っ黒な煙の中に放り込まれ、その瞬間に、多くの人々が死を覚悟した。それでいて、あれほど想像を絶する出来事が起き、破片のシャワーを浴び、早朝の闇にまぎれ、各階が四千平方メートルもある［二棟で］二二〇階もの建物が崩れ落ちるのを目にし、民間機が火の玉になるのを目撃し、多くの人の健康を永久に害することになった、息を詰まらせるような塵を吸い込んだあとでさえ、大半の人々はふたたび立ち上がり、互いに助け合いながら安全な場所へと避難したのだ。

ツインタワーにいた約二万五千人の人々は協力し合って秩序ある避難をしたが、もしそうでなかったら、死者の数は実際の二六〇三人よりはるかに多くなっていただろう（早朝でもあり、その日は市中で広く選挙が行われていたために、まだ多くの人が職場に着いていなかったことが、死者の数が少なく抑えられた理由だった。倍の人数での避難ははるかに困難だっただろう）。犠牲者のほとんどは、火災が起きた階より上で逃げ場を失った人々だった。これには、ノースタワーの九一階より上階の一三〇〇人以上が含まれる。もし、何千人もの人々が下りてくる階段を勇ましく駆け上がっていった消防士たちが、もう少し性能のいい無線通信装置を持っていたら、三四一人もの消防士が命を落とすことはなかっただろう。もし両タワーの責任者が、自分の仕事場に戻れとの指令や、サウスタワーにとどまるようにとの指令ではなく、即刻の避難を命じていたなら、もっと多くの人や救助隊員が助かっていたかもしれない。むろん、あの日に起きたことは前例のない出来事であり、あの建物が崩落するなんてことは、当初、想像すらできなかったのだ。

有毒性の空気と混乱状態のため、マンハッタンの南端エリア全体から緊急に人々を避難させる必要が生じた。ツインタワーにいた人々の避難に、住民や、周辺企業の労働者や、通行人や、学童その他が加わった。自発的に集結したボートの一団が、第二次世界大戦中の一〇日間にも及んだ伝説的なダンケルクの撤退よりはるかに大規模な避難を、数時間でやってのけた（ダンケルクの撤退は攻撃の最中に行われたが、マンハッタン南部を覆っていたもうもうたる埃の雲に近づいていった市民のボートも、二機の航空機による衝突で攻撃が終わったのかどうかは知りようがなかった）。路上で負傷したり、ショックを受けたり、立ち往生している人々は、市民により助けられ、被災現場のまわりには救援の同心円ができた。のちに、ツインタワーや付近で働いていた人々は、彼らが〝ゴミの山〟と呼び、メディアが

〝グウランド・ゼロ〟と呼ぶことになる被災現場で、自主的に設立された援助物質の集積所や売店や供給チェーンにより助けられた。そういった人々の多くが、特に被災直後にはボランティアになった。彼らの一部は、エンジニア、建設作業員、医療従事者、溶接工などのスペシャリストだった。また、神父、牧師、ラビ、医師、マッサージ師など、被災者の介護に当たる人々も大勢駆けつけ、災害史上最大級の人員が集まった。何の計画もたずにやって来た人々の中には、自ら有用な役割を見つけたり作り出したりして、それから数ヵ月間、事後対応を助けた人もいた。多くの非営利機関、とりわけムスリムや移民や貧困層を援助するグループは、素早く行動に移った。新しい組織もいくつか生まれた。市内ではよほど緊急を要するもの以外、大々的に機能がストップし、人々は立ち止まって、沈思し、嘆き、議論し、慰め合い、読み、集まり、祈り、ただ見つめ、そして何か役に立ちたいという抑えきれない欲求に突き動かされて、時には精力的に、時には役に立てないながらも行動した。ムスリムやアラブ系の人々を無差別に攻撃しようとする人種差別主義者もいれば、声高に戦争を要求する者もいたが、突然の恐ろしい、思慮深い停止に陥った街では、彼らは少数派だった。

ツインタワーと周辺エリアからの避難は最初のうちはのんびりしていたが、次第に不安に満ちたものになり、やがて切羽詰まったものになった。グラウンド・ゼロにいた救急隊の警官マーク・デマルコは、以前、「この避難で誰がヒーローだったか」と質問されたときのことを、こう振り返る。「『ツインタワーにいた人たちだ』と答えたよ。彼らは実際、警官や消防士が到着する前に、自分たちで避難し始めていた。避難を決定し、開始し、協力し合っていた。誰もが互いに助け合っていたよ。『おれにとっては、彼ら全員がヒーローさ』と言ったね。振り返ってみると、ビルから出たときには、パニックなんてなかった。誰も走ってはいなかった」[*1]

大柄でおだやかな感じの中西部出身者で、モルガン・スタンレー社の上級経営幹部だったマイケル・ノーブルは、最初の航空機がノースタワーに突っ込んだとき、サウスタワーの六六階にいた。同僚の一人は飛行機がまっすぐ自分に向かってくるのを見て、一九九三年に起きたツインタワーへのテロ攻撃を思い出し、「やつらが戻ってきた！」と叫びながら、ダイニングルームの個室を飛び出していった。[*2]ノーブルと数人の同僚は自分たちの判断で避難を開始し、まずエレベーターで四四階まで下りた。すると、そこから先のエレベーターは閉鎖されていて、ツインタワーを管理する港湾局の誰かが拡声器で人々に自分たちのオフィスに戻るよう呼びかけていた。「特に理由はないが、階段を下りることにした。あのときはただ、ビルから出たほうが安全だと感じたんだ。それで吹き抜けになっている階段に行くと、すでに人でいっぱいだった。二人ずつ横並びになり、すべての段が人で埋まった状態で、みんな落ち着いて下りていった。わたしの前に太った女性がいて、苦しそうだったんだ。その時点では、まだビルは緊急事態にはなっていなかったと記憶している。それで、『どうしようかな？』『彼女の横をすり抜けようかな？』なんて考えていたのを思い出す。彼女の後ろには、かなりの人数がせき止められる形になっていた。すると、彼女の名誉のために言っておくが、ちょっと横に寄ってくれた。疲れて息を切らしていた。後ろにいた人々は次々に彼女を追い越して、下りていった。わたしもそうしたよ」。一九階まで行くと、また、自分のオフィスに戻るようにとの呼びかけがあったが、彼はオフィスまで戻るのにかかる時間と、ビルから出るのにかかる時間を秤にかけ、そのまま下り続ける決断をした。戻れとの呼びかけに従ってエレベーターに乗った人々のほとんどが亡くなった。間もなくサウスタワーに激突した機体の燃えさかるジェット燃料が、エレベーターのシャフトを火の海に変えたからだ。

ノーブルは続ける。「ロビーのいつも使う出口まで行くと、回転ドアを使うようにとの表示があった。だが、回転ドアは破片の山で動かない。それで、また別のドアのほうに行くと、そこのドアは使うなという表示があり、一人の若い女性がいた。そこも瓦礫だらけだ。そのドアを押し開けようとしたところ、目の前に大きな塊が空から落ちてきた。外壁の一部のようだった。女性もわたしもそれにはぎょっとしたが、どうしてもそこを出なくてはならないと思った。だから、彼女の手をつかんで、『さあ、行こう』と言ったのを覚えてるよ。ドアを押し開け、ビルをあとにして一目散に南のリバティストリートに向かって走った。彼女は違う方角に走っていった。……気がつくと、ギリシャ正教の教会の駐車場に着いていた。見回すと、すべての車に火がついていた。まるで戦場だ。そのとき、ふと足元を見た。そこには肘から切断された腕が落ちていた。指にはわたしのものと同じようなタイプの結婚指輪があった。人体の一部を見たのはちょっとショックだった。あたりを見回すと、そこら中に体の一部が散らばっていた。肉の塊が大量に落ちていたし、体の一部だとはわからない、ただの血やべたべたしたものなんかもあった。あの日、わたしは一般市民が目にすべきではないものを目にした……それで、確かウエストサイド・ハイウェイという名の道路を歩き始めたんだが、もちろん見上げないでいられるわけがない……だから、上を見ると空に小さな点が見えた。注意を引かれたので見続けていると、それはビルから飛び降りた男だった。手や足が宙をつかもうとでもしているかのように動いていたのを思い出すよ。わたしは落ちてくるところを見ていた。『どうしたらあの男を助けられるだろう？　間もなく死ぬことになるあの男となんとかコミュニケートする方法はないだろうか？』そんなふうに考えていたのを覚えている。どうしてだか、わからない……でも、そう思ったんだ。そして最後の一五階分を落ちてくるところを見守りながら、彼の手をつかもうとした。彼となんとかコミュニケートするために」。あとになって、ノーブルは、その男性の妻のために結婚指輪を取っておけばよかったと後悔した。続く数日間、彼は会社の他の管理職の人たちとともに、従業員の家に電話をかけて、彼らの安全や所在を確認する作業に加わった。モルガン・スタンレー社は、ディーン・ウィッター社と合併したばかりだったが、あの事件の前には両社の人間は互いを信用していなかった。事件後は、ノーブルによると「互いを心から受け入れた。どうすれば役に立てますか？　必要なことは何でも言ってください……とね」

下半身が麻痺している会計士ジョン・アブルッツォは、ノースタワーの六九階で仕事をしていた。彼は一〇人の同僚によるリレーにより、想像を絶する長さの階段を下ろしてもらい、無事、安全な場所に避難することができた。これには前回のテロ攻撃のあとに提供されていた、階段を滑り下りるよう設計された避難用の椅子が役立った。[*3]

子供のころにポリオにかかったパキスタン出身のザヒル・ジャフェリーは六五階で働いていた。彼は階段を下りる長い道のりを語る。「階段を下りていく途中、負傷者を下ろすために何度か立ち止まらなければならなかった。たとえば、『右に寄って、右に寄って！』なんて言葉が聞こえると、誰もが右に寄って、負傷者を通していた。そんなことが、三、四回はあったかな。階段の端のくぼみで待ち、また並び直さなければならない。そのとき、誰もが『いえ、いえ、お先にどうぞ』と譲り合っていた。そんな状況で人々が実際に『いや、どうかわたしの前に入ってください』なんて言えることが、信じられなかったよ。実に不思議だった」。やっとのことで、彼は階段を下りきった。

「そのころにはもう、ほとんど歩けないくらい疲れていたので、ものすごくゆっくり歩いていた。コンコースの階ではあまりにゆっくりだったからか、二、三度、抱えましょうかと声をかけてもらったけれど、そのたびに『いや、もっと助けを必要としている人がいます』と断ったよ。水がくるぶしくらいまで来ていて、ぬるぬるして滑りやすかった。靴が新しかったから、余計に滑った。そのころにはもう、差し迫って危険な状況になっていた。人々は走り始めていたし、誰かが『このビルは崩壊するぞ。早く出ろ！』とくり返すのが聞こえていた」[*4]

ジュールとゲデオンのノーデ兄弟による九・一一のドキュメンタリー映画で、ある消防士が証言していたが、階段を上っていく消防士たちに、人々が「何やってるんだ？　逃げろ！」と言っていたそうだ。[*5]

大学ではスポーツ選手だったジョン・ギルフォイは「走りながら振り返ると、すぐ後ろの、ほんの数ブロック先に、ありえないほど濃い煙が立ち込めていた。あの中にいる人は死ぬしかないって思ったのを覚えている。絶対に生き延びるのは無理だ——窒息してしまうからね。でも、その煙がこっちに向かって押し寄せてきた。ただ走ったことしか覚えていない。みんな、悲鳴を上げていた。でも、ぼくはどういうわけか冷静だった。それに同僚たちより、ちょっと速く走っていた。だから、立ち止まって、少しペースを落とし、誰もはぐれたりしないよう確かめないといけなかった」[*6]。彼はペースを落とすことを、ごく当たり前の分別ある行為であったかのように話す。だが、差し迫った危険から逃れている最中に、家族や愛する友達ですらないただの同僚にペースを合わせるというのは、わたしたち自身やまわりの人たちがするとは想像しがたい行為だ。これは災害時における利他主義と連帯の極端な好例である。

パキスタンからの若い移民ウスマン・ファーマンは、煙の雲から逃げる途中に転倒した。ハシド派［ブルックリンに集中して住む超正統派のユダヤ教徒］の男が走り寄ってきて、ファーマンがぶら下げていたアラビア語の祈りの言葉が刻まれたペンダントを手に取った。それから「ブルックリン訛りの低い声で、『兄弟、もしいやでなかったら、わたしの手をつかんで。ガラスの塵が追いかけてきている。早く逃げよう』って言った。よりによってハシドに助けてもらえるなんて夢にも思っていなかったよ。もし彼がいなかったら、きっとガラスの破片や瓦礫に飲み込まれていただろうな」[*7]

ニューヨーク市消防局で新人採用係をしているエロール・アンダーソンは、その粉塵の嵐につかまった。「数分間、まったく何も聞こえなかった。死んであの世に行っちまったか、おれだけが生き残ったか、どちらかだと思ったね。どうしたらいいかわからなくて、不安でパニックになった。まったく何も見えなかった……逃げ惑っていると、四、五分後に、若い女性の声が聞こえた。泣きながら『神様、お願い、わたしを死なせないで、死なせないで』って言ってる。その声を聞いたときは、うれしかったね。だから言った。『話し続けて。そのまま話し続けて。わたしは消防士です。声のする方向から、あなたを見つけてあげますから』って。最終的におれたちは会えて、気がつく

わって、人間の鎖ができていた」[*8]。女性は彼のベルトにつかまった。最後には他にも数人が加わって、人間の鎖ができていた」。彼は全員をブルックリン・ブリッジまで誘導し、ふたたび崩落現場に戻った。ブルックリン・ブリッジは徒歩で対岸に逃げる人のルートになり、数時間、大勢の人々がなだれ込んだ。ニューヨーカーには、見知らぬ人と交じり合い、大勢の中でも不安にならずに市内を歩き回るという日頃の習慣が大いに役立った。アメリカでも、もっと郊外化し、プライバシーが尊重される街で同じことが起きていたなら、このような力強さや機知や公共精神で対応できたかどうかは疑問だ。となれば、真の都市生活の日常の特性も、危機を生き延びるスキルなのかもしれない。他の都市の人々には、徒歩での集団避難が可能なことや、攻撃に対してはひとたまりもないほど弱く見える人間が安全な場所や家にたどり着くためなら何キロも、時にはそれ以上も歩けるなんてことは、想像すらしにくかっただろう。

三五歳の投資家アダム・メイブラムは、数人の同僚とともにノースタワーの八七階から脱出した。航空機が突入した階の、ほんの数階下だ。まわりで崩壊が起きる中、彼らが階段を下りていったときの様子は、インターネットで広く配信された。「何も見えなかった。わたしはみんなに、手を前の人の肩にかけ、もし何かにぶつかったら、他の人が避けられるよう大声で知らせるよう呼びかけた。彼らは指示に従ってくれた。完全にうまくいった」[*9]。のちに、Eメールで、彼はこう付け加えている。「テロリストたちは、わたしたちを恐怖に陥れることに失敗した。わたしたちは冷静だった。もし、わたしたちを殺したいなら、放っておいてくれ。わたしたちは自分のことは自分でやれる。もし、わたしたちをより強くしたいなら、攻撃すればいい。わたしたちは団結する。これはアメリカ合衆国に対するテロの究極の失敗例だ。最初の航空機が乗っ取られた瞬間から、民主主義が勝利した」

コロンビアで生まれ、アメリカに移住したのちに視力を失ったマリア・ジョージアーナ・ロペス・ザンブラノは、チャーチストリート九〇番地で新聞の売店を営んでいた。事件が起きたときには六〇歳近かった。地面が揺れ、凄まじい音や、怯えた人々の声を耳にし、いったい何が起きたのか頭が混乱している彼女の腕を、見知らぬ同士の二人の女性が片方ずつ取り、安全な北にあるグリニッジヴィレッジまで連れていった。一人はニュージャージーに、もう一人はコネチカットに住んでいて、ともに家に帰りたい気持ちと、ザンブラノをそこに置き去りにしたくないという気持ちの板ばさみになっていた。「彼女たちは言うの。『だめ、一人でなんて行かせない。ここにいっしょにいましょう。わたしたちが助けてあげる』って」[*10]。最終的には、ザンブラノの顔を見知っていた、クイーンズに住む女性が加わり、徒歩とタクシーでザンブラノを自宅まで送り届け、二人の女性はそれぞれ家族のもとに帰っていった。

助け合いの連鎖

消防士のスタンレー・トロジャノウスキーは車から燃え上がった火を消そうとしていた。漏れ出たジェット燃料と、滝のように落ちる紙についた火が、多くの車に引火した。「一〇代か二〇代前半の若い子が数人、瓦礫の中からホースを引っ張り出して、水をかけるのを手伝ってくれた。その子たち、ただの住民だよ。瓦礫の山に座って、ただボーッとしている警官も大勢いた。彼らの注意を引くことはできなかった」[11]。多くの警官や女性警官、消防士が、あの日、とても勇敢だったが、一般の人々の中にも勇敢な人が大勢いたのだ。刑事のジョー・ブロジスは「もう一つ忘れられないのは、市民が……それも通りにいた歩行者がだよ、おれたちの車が進みやすいように交通整理をしてくれていたことだ。パトカーだけじゃない。すべての緊急車両に対してだ。列を作って、他の歩行者を止め、緊急車両が通れるように道を空けてくれた。彼らがいなかったら、現場まで緊急車両を送り込むのは悪夢だっただろうよ[12]」と語った。

民間会社の警備主任ラルフ・ブラージは、「警備員たちはどんなに賞賛してもしきれないね。彼らは年にたった二万五千ドルしかもらっていない。九・一一の前には、彼らによく質問したもんだ。もし爆弾が爆発して、二、三人の死体を見たら、どうするかって。そういったケースでは、逃げるっていうことで全員が一致していた。だが、九月一一日には六〇人の警備員がおれのもとで働いていたが、逃げたやつは一人もいなかった」と、ふり返る[13]。

崩落が起きたとき、現場のまわりの小さな会社の経営者や商店主や従業員たちは、外にいた人々を、呼吸ができる空気のある安全な屋内に引き入れた。

エイダ・ロザリオ＝ドルチは一ブロック先にあるリーダーシップ・ハイスクールの校長だった。その朝、彼女はツインタワーで働く妹の安否を心配したが、「正直な話、最初の奇跡の一つは、それ以降、その日が終わるまで、妹のことは一度も頭に浮ばなかったことでした。妹はキャンター・フィッツジェラルド社に勤務していて、あの日、確かにワールドトレードセンターで亡くなったのですよ。でも、あの時点では、わたしの頭には生徒のことしかありませんでした」と語る。[14]
それは異常とも言えることだ――妹が亡くなったというのに、妹のことが頭に浮ばなかったのが奇跡だと言うのは。ロザリオ＝ドルチは続けた。「うちの学校には車椅子の生徒が二人います……エレベーター係に上の階に行って彼女たちを連れてくるよう言いました。彼女たちがどこにいるかは正確にわかっていましたから。職員が二人を連れてきて降ろしたところで全員に言い渡しました。『バッテリーパークに向けて出発しなさい。角のところで集合しましょう』と。それから、副校長に一四階まで行って、一階ずつ避難を始めるよう命じました。全員の避難を要求しました。守衛や、調理場の従業員を含む全員です。彼らは見事でしたよ。誰一人、パニックは起こしませんでした……全員が脱出して、バッテリーパークに集合しました……北に行くのは危ないと知っていましたから。南に向かう必要があったのです。アメリカン証券取引所の警備員二人が、道路が安全に通れることを確認してくれたので、生徒たちは学校から出てバッテリーパークまで支障なく歩くことができました。わたしは出口のところで待ち受けて、生徒が出て来るたびに声をかけました。『手をつなぎなさい。幼稚園のときのようにね。相手を見つけなさい。一人になっちゃだめ。これは友達を作るいい機会よ』って」。全生徒が無事避難した。その後、教師たちは生徒を家に送り届けるか、ボートでいっしょにニュージャージーやスタテン島に脱出した。親たちは子供の居場所が確かめられない間は心配で気もふれんばかりだったが、生徒は全員が無事だった（有毒性の空気を吸い込んだこと以外は）。
多くの人々が崩落現場と水辺の間で立ち往生する形になり、数十万人が船で水上を避難した。

三〇万人というのは控えめな推定だ。煙や崩落に気づいた船長たちは、フェリーをUターンさせ、まず乗客たちを危害の及ばない安全な場所に降ろしてから、ピストン運航して、できる限り多くの人々を被災地区から脱出させた。歴史ある消防艇のクルーは、沿岸警備隊の呼びかけに応え、通常の定員の倍の一五〇人を運んだ。他にも、クルーズ船、遊覧船、水上タクシー、帆船、自治体のタンカー、フェリー、ヨット、タグボートなど、あらゆる種類の船舶が、あるものは沿岸警備隊の要請に応じ、あるものは自らの判断により避難に協力した。四一歳の警官ピーター・ムーグは回想する。「警察の港湾用ボートの一艘が岸に寄ってきた。それに乗っている男をおれは知っていた。キース・デュバルってやつだ。すると彼が『ハンマーを持って来いよ。あそこの大型ヨットの一つをパクろうぜ』って言うじゃないか。島には千人くらいの人が、脱出できるのを今か今かと待っていた。キースとおれはくだんのヨットに押し入った。おれは言ったよ。『金持ちは、いつだってキーを船内に残している』ってね。案の定、キーは見つかり、キースがスタートさせた。そのでかいヨットでジャージーとの間を一〇回は往復したな。一回に一〇〇人くらい運んだよ[15]」

　多くのボートが岸に近寄ってきたものの、それぞれの船の高さに対応した埠頭はない。したがって、人々は船に飛び乗るか、よじ登って乗るしかなかった。市の消防艇に乗っていた消防士は思い出す。「みんな、船に飛び込んでいた。おれたちは、それを受け止めた。子供を腕に抱いた母親や乳母は、子供をおれたちのほうに投げてよこした。ある時点で、小さな毛布にくるまれた赤ん坊が四、五人もいたので、クルー用の簡易ベッドに寝かせた。四人の赤ん坊を一つのベッドに並べたら、ピーナッツが一列に並んでいるみたいだったよ[16]」。彼らは母親や乳母たちの乗船を助け、飛び降りそこねて水中に落ちた人を引っ張り上げ、落ちたものの疲れすぎて自分で上がれない女性を救うために、彼らも飛び込んだ。波止場の金属加工職人の男は、フェリーに乗り込んで手助けをした。彼はこう話してくれた。「誰もがやるべきことをやっていた。人に何かしろって命令する人間もいなかった。船の修理工はボートに飛び乗ってクルーとして働いていた」。そして、自分自身の経験を思い出し、彼は言った。「とにかく行動するしかなかった。考えてから行動する時間なんてなかったんだ[*17]」

非営利組織〈ティーチャーズ・ネットワーク〉を設立したエレン・マイヤーズは地下鉄のキャナル・ストリート駅を降りたところで、最初の航空機が突入するのを目撃した。誰もが北に逃げる中で、彼女は最初に南に向かった一群の一人になった。彼女の八〇歳の母親が、バッテリーパーク・シティに住んでいたからだ。ジムという名の古くからの友達と鉢合わせたので、二人は合流した。母親のところに行き、他の五〇人ほどの住民とともに、ユーティリティルームで二棟目のタワーが崩落する音を聞いた。マイヤーズは母親が「たぶん、これで部屋から川が見えるようになったんじゃない?」と言ったのを思い出す。「笑ったわ。するとジムが言ったの。『ここで死ぬために、HIV陽性で二〇年も生き抜いてきたんじゃないぜ』って。わたしはますます笑ったわ。彼も笑い、その場の全員も死ぬほど笑った。そのとき、『今、この瞬間に一番いっしょにいたい人は、この二人だわ』という思いが心をよぎったの。だから『オッケー、これで一巻の終わりね。でもまあ、ジムやママといっしょってのは悪くないな』と言ったの。わたしは誰かといるのが好き。それで、そのとき、わかったの。死ぬときでさえ、わたしは誰かといっしょにいたいって。つまり、その瞬間のことだけど。『さあ、これでおしまい。この人たちといっしょに逝きたい』って言ったのよ。平気だった。平気だったのよ」[*18]。彼らは怪我もなく助かり、母親をボートに乗せてから、自分たちも乗った。対岸に着くなり、彼らは大急ぎで引き返して支援に加わった。

ツインタワーの隣の法律事務所で役員をしていた五〇代のマルシア・ゴフィンは、その大災難を生き抜く間に、何度か人々との心のつながりを体験した。彼女はアシスタントのアンと手をつないでビルから走り出たところで、倒れて血を流している男性を、走ってくる大勢の人々の流れから守ろうとしている小さなグループに加わった。やがてやって来た警官が彼らの仕事を引き継ぎ、みんなに「逃げなさい」と言った[*19]。彼女が見たところ、誰も踏みつけられている人などいなかった。「規則的な波のようだったわ。人がどんどん、どんどん、出てきたの」。地下鉄の中では、震えている男性がいたので慰め、両肩に手を置いて力づけ、大丈夫であることを確認した。その男性は「たった今、八〇階分の階段を下りてきたけど、おれは生きている」と言ったそうだ。その、この世の終わりのような朝、もし他の多くの人たちもまったく同じように世話好きでなかったら、きっと彼女の示した思いやりは、彼女の性格から来るものだと思うだろう。彼女は不通になる前に地下鉄に乗ったが、同乗している人々との間に、その先にもう二度と会うことはない人たちにもかかわらず、強い絆を感じた。次に乗ったバスでは、アップタウンを走っている間中ほぼずっと、隣に座ったアフリカ系アメリカ人の女性の手を握り続けていた。ところが、途中で乗客全員がバスから降ろされた。他のもっと多くの人たちを避難させるためにダウンタウンに引き返すのだろう。彼女はそのアフリカ系アメリカ人の女性をいったんアッパー・イーストサイドにある自分のアパートメントに連れていき、休息させ、彼女をそこからどうやってさらに北にある家まで送り届けるかを考えた。数時間後、その女性は帰っていった。こういった束の間の気持ちの触れ合いは、多くの災害においても典型的なものだが例外もある——続く数ヵ月の間に、タワーの崩壊跡からは単なる友情だけでなく結婚もいくつか生じた。

トライベッカ地区にある左翼系出版社に勤めるアストラ・テイラーは、ジョージア出身で長身、二〇代前半の若い女性だ。彼女は通りに出て、数百人の人々とともに、この世のものとは思えない大スペクタクルを間近に目撃した。[*20]「わたしたちみんな、それが何なのかを理解しようとしていました。何が起きているの？　家に帰るべきなの？　どうすればいいのって。泣いている人も数人いたけど、その人たちは本当の意味で他人に感情移入できる、特別な資質をもった人たちなんだと思いました。わたしたちがただ、そんな感じで通りにいると、全身埃まみれの人たちが、北から大挙して押し寄せてきたのです。彼らは死に物狂いで走っていて、止まろうとはしなかった。奇妙に隔絶された気分のまま、わたしのまわりにはまだ数百人が残っていました」。そのとき、彼女は一六歳の弟といっしょにいたので、二人でグリニッジヴィレッジまで歩いていき、ビールを飲んだ。そこでは多くの人々が、この先もいつもどおりの生活が続いていくのか、いったい何が起きたのか、何をすべきで何ができるかを考えながら、ビールを飲んでいた。テイラー姉弟はウィリアムズバーグ・ブリッジから押し戻されてデランシーストリートで立ち往生している数千人の人たちに加わった。ニューヨークにどんな運命が待っているかは知る由もないので、警察はその橋も、その朝の攻撃のターゲットかもしれないと心配になったのだ。ついに人々は歩くのを許され、警察はその日の早くにブルックリン・ブリッジでそうしたように、その橋を避難用の広い歩行者専用道路に変えた。

「橋を渡るのを待ちながら、しだいに暑くなる中、二時間ほどそこでうろうろしていたんだけど、そのとき、自分の中にある小さなやさしさを感じたの。みんなただ、この川を渡るのを待っている大勢の人たちの中の、小さなやさしい人間なのねって。ついにウィリアムズバーグ・ブリッジを渡ると、橋の向こうで迎えてくれたのはハシド派ユダヤ人だった。彼らはボトル入りの飲み水を用意してくれていた。わたしがあのとき路上で感じていたのは、コミュニティ精神と冷静さだった。九月一一日の路上には、自分のまわりの人々に対する信頼感があった——どんなにまわりの人々が、その状況に知的に対処しているか、それには感銘を受けたわ。仲間意識はあったけど、ヒステリーもパニックもなく、人々が団結していくのが感じられた。明らかにツインタワーでも同じことが起きていたみたい。あの日、英雄的な行いが数多くあったの。なのに、気がつくと、突然自分のアパートに戻って、一人ぼっちでニュースを見ていたわ。そのニュースが信じられないことにヒステリックで……彼らの興奮ぶりといったら。飛行機が激突して、タワーが崩落する場面を何度も何度もくり返し映していたわ。テレビに映し出される経験は、路上でのそれとあまりに違っていた」

「わたしは路上にいた人たちとの間に絆を感じ、とても感動したの。同時に、現実は思っていたのとは違っていた。まだ学ばなくてはならないことが、いっぱいあるわ。人がこんなことをできる、こんなテロ行為を行えるっていうのも現実。でも、街の人々が信頼に値して、彼らはあなたを助けてくれるし、あなたも彼らを助けるっていうのも現実よ。仕事については、わたしは仕事が大嫌い。やりたいことの邪魔になるもの。大急ぎで仕事場に行き、仕事をして、大急ぎで家に帰るの。数日間、仕事に行かなかったら、いろんな人や家族と話す時間がたっぷりあったわ」。今のところ、テイラーには家族がいる。三人の弟や妹のうち二人が、ブルックリンにある倉庫を改造した家でテイラーと同居している。車椅子の妹もテロ攻撃を怖がらなかった。むしろそのことで両親に実家に帰ってくるように言われるのではないかとひやひやしていた。手に入れたばかりの自由を失いたくなかったのだろう。だが、失わなくてすみ、いつもはひっそり暮らすテイラーたちだが、自宅で近所の人たちのために展示会を催した。テイラーはあの週のブルックリンをアナキストのパラダイスであり、もの悲しいカーニバルだと要約した。「誰も仕事に行かなくて、誰もが知らない人と話をしていたわ」と。

援助の必要性

奉仕の衝動

ワールドトレードセンター・ビルが攻撃されてから最初の数時間、衝突現場やその周辺にいた人々は散り散りにそこから放り出され、危険から遠ざけられた。そのようにして、およそ一〇〇万人の人々が安全に避難した。と同時に、事件当日からその週の間に、現場へ人々が殺到した。医療従事者から鉄工職人まで、専門技術をもつ数万人と、何か役に立ちたいと願う無数の人々だ。多くは現場に滞在し、巨大な瓦礫の山の撤去や、遺体の捜索、それを行う作業員たちの後方支援といった長いプロセスの欠かせない一部になった。攻撃がニューヨーク市ではなく、アメリカ合衆国をターゲットにしたものだと受け取られたため、人々にとって、力になりたいという願望は抗いがたいものだった。また、マスコミがそういった人々について余すところなく報道したせいもあり、人々の流入と貢献の規模は、比類のないレベルに達した。国内全域とカナダからボランティアが次々に到着し、世界中から支援金と連帯の意思表示が舞い込んだ。「わたしたち全員がアメリカ人だ」というのが、フランスの主要紙の一つ、『ル・モンド』の大見出しだった。

チャールズ・フリッツはこうした殺到の現象について、一九五七年にこう書いている。「被災地への人の流れは、常に量と質の両方で、破壊の中心地からの逃走や避難を上回る。辺鄙な内陸部で起きた災害であっても、わずかな時間で数千人が被災地や周辺の救護所、病院、救援隊、通信センターに流入し始める。そのあとには、求めてもいないのに、機材や衣服、食料、寝具、その他の支援物資が山のように届き始める」[*21]。彼は集まってくるさまざまな人々を、スキルのあるボランティア、スキルのないボランティア、単に好奇心でやって来る人たち、機に便乗して得をしようとする人に分類した。ニューヨークでは、最後のカテゴリーに属する土産物売りや、布教活動をするサイエントロジーの信者も頻繁に見受けられた。

事件に巻き込まれた可能性のある人たちの家族、特にツインタワーで働いていた人々の家族が、多くは市外から到着し始めた。瓦礫の下や病院にいるか、もしくはどういうわけかただ連絡がつかないだけで生きているというはかない望みにすがる人々により、行方不明者のビラが市内のあらゆる場所に貼られ始めた（不法滞在中の労働者たちはひっそりと姿を消した。彼らの家族はあまりに遠くにいるか、または大っぴらに捜すのをためらった）。ビラに載っている写真はバケーション中に撮られたスナップショットや、あの不確かな日々に掲げるには不釣合いなほど、にこやかな表情のものが多かった。取り乱したパートナーや両親、子供たちが、写真を手に「誰かこの人を見ていませんか」と尋ね歩き、病院に行って入院者リストを求め、もしくはただロウワー・マンハッタンをうろうろと歩き回った。こういった人たちは、精神的支援や新しく必要が生じた事務処理や食事などの実質的援助でボランティアが支えるコミュニティの一部になった。病院もまた負傷者の治療を望み、ニューヨーク中の医療チームが待機した。

一九六四年の〈フリーダムサマー〉と呼ばれた公民権運動に参加し、今はラトガース大学の歴史学者となったテンマ・カプランは語る。「誰もが何かをしたがっていたわ。自宅のあるブロックに戻ると、近所の人たちが街角で寄付金を募っていました。具体的な目的はわからなかったけど、きっと被災者たちにはいろんなものが必要だと思ったのでしょう。それで、募金を始めたのでしょうね[*22]」。数時間に、一万六千ドルが集まった。誰もが外に出ていて、彼女も仲間に加わった。「昼過ぎには、アムステルダムアベニューは人の流れで川のようになったわ。埃まみれの人々が、ブロードウェイからアムステルダムアベニューやコロンバスアベニューへと流れ込んできたの。彼らはとにかくワールドトレードセンターからできるだけ遠ざかろうとして、北へ北へと歩いていたわ。夏のように暑い日だったけど、誰もが悲しみに沈み、ショックを受けていた。あの長い長い午後は、互いを慰めるのと、人々の居場所や何かできることについての情報収集のくり返しで過ぎていったわ。いろんな言葉が飛び交った。通りにいる誰かが、救助隊員はブーツが要るとか、マスクが要ると言ったこともあったわ。どこで何が必要で、どの教会に持って行けばいいかがリストアップされた標識も立っていた。のど飴がリストアップされたこともあったわ。救助隊員は煙にむせているだろうからって。すると全員が薬局に行ってありったけを買い占めたの。みんな、宝探しでもするかのように、必要なものを探すのに奔走していた[*23]」

彼女は結論する。「九・一一にはただ、コミュニティがまだ存在していて、人々は善を信じていて、そのまま毎日を続けていけて、将来もそれが続いていくことを再確認する必要があったのです。誰もが気持ちをしっかりもとうとして、互いにしがみついている感じでしたが、それは恐ろしいと同時に素晴らしい体験でした。ああいった共同体の感覚は、長い人生でもめったに経験できるものではなく、しかも、壮絶な恐怖と向き合った中でしか起きません。九・一一直後の数日間には、公民権運動のときによく話していた〝愛すべきコミュニティ〟の存在を感じました」[*24]。次の日の夜、彼女は役に立てることをありがたく感じながら、被災地に行って、救助隊員にボトル入りの水を配った。捜索救助チームのメンバーや溶接工などには緊急の具体的な仕事があったが、ほとんどのニューヨーカーたちは、現場や作業員たちには近づけないので、募金活動をしたり、消防署の前に花を置いたり、何かを寄付したり、話したり、互いへのちょっとしたやさしい気持ちや団結や寛容さを示しながら歩き回った。ハリファックスのときのように、そこで示された気前の良さは相互扶助の域を超えていた。利他主義そのものが急務になっていた。

デボラ・ストーンは利他主義と民主主義について書いた本『サマリア人のジレンマ』の中でこう言っている。「利他主義者たちの証言から、驚くべきパラドックスが浮かび上がった。彼らの多くが利他主義的な行為を自己犠牲とは見ていない。むしろ、ギブとテイクが同時に起きる相互的な関係だと見ている。他の人々を助けると、彼らはその人たちとの間に連帯感を得る。人に何かを与えたり、人を助けたりすることは、彼らに、彼ら自身より大きい何かの一部であるという感覚を与える。他人を助けると、自分は必要とされている価値のある人間で、この世での時間を有効に使っていると感じさせる。他人を助けることは、生きる目的を与えてくれる」[*25]。災害時の特徴は、利他主義者になる人数が膨大であることと、彼らの利他主義者になりたいという欲求が切羽詰まったものであることだ。ニューヨークの通りという通りは、何か与えられるものはないか、何かできることはないか、助けてあげられる人はいないか、なんとかして意義あることができないかと探し回る人々であふれ返った。ある意味、彼らはそういったことを自分のためにしていたのだが、もし人々がこういったことを普通のときにも行い、あらゆる苦しみや貧困が気前の良さにより取り除かれる社会があったとしたら、それはまさしくパラダイスである。

ウエストヴィレッジにあるゲイとレズビアンのシナゴークで働いていたアイリーン・サメスは、ボランティアをしようとマンハッタンの南に向かい、まず教会の祭壇に花を捧げてキャンドルを灯し続け、それから、事故現場で作業をする人々に食事を提供するテントを手伝った。「ただ食事を出して、どうにかして彼らを励ましただけなのに、そこを去るときには、何かとてつもなく重要なことをしたような満足感がありました。ごく限られた人しか見られなかったものを見たという気がして。あの時点では、確かにわずかな人しか見られなかったのですよ。おかげで、物事や自分自身をコントロールしているという感覚を得られ、事件を乗り越えることができました。その週の土曜にはパートナーのエイミーとジャージー・シティまで行って、トレーナーを一〇〇枚と作業ブーツを二五足買い込み、車に積んで街に戻りました」[*26]。サメスはこう締めくくった。「それで、荷物を開けていると、そのことを聞きつけた作業員たちが現場からやって来たのですが、彼らの履いているブーツといったら、焼けて、溶けて、破れてるんです。彼らは新しいのに履き替え、トレーナーも持っていってくれました。何か役立つことができて、最高の気分でしたね」

事件後何日も何ヵ月も食事関係の手伝いをすることになったレストランのコックやボランティアたちも、仮設の炊き出し所や食堂などに集まってきた。[*27] マッサージ師やセラピストもサービスを提供したいとやって来た。牧師やラビや神父は現場で礼拝を行った。バイク便のグループは現場で配達を引き受けた。けれども、大多数の人は、それほど直接的なことはできなかった。ニューヨーク大学のシンガーのグループを率いて「アメイジング・グレイス」や「アメリカン・ザ・ビューティフル」を歌いながら街を練り歩いたのは、アジア系アメリカ人のブロガーで、エドマンド・J・ソングという、シンガーにぴったりの名前の若者だった。[*28] アラバマ州ハンツヴィルにあるオークウッド・カレッジの音楽科の学生たちも、ボランティアとしてグラウンド・ゼロに入れないとわかると、楽器を取り出した。多くの人がすぐにでも役立てるところにいたくて、セキュリティをかいくぐり、ワールドトレードセンターの跡地に入ろうともがいた。彼らはとにかく貢献する必要に駆られていたので、たとえどんなに目立たない、ひどく疲れる仕事であっても、彼らのニーズにはマッチしていたのだ。真夜中に、どこかの女性がカートで食料をグラウンド・ゼロに運んでくるのを偶然手伝ったボランティアもいた。[*29] また別の女性が夜に一人で立って、シーツを裂いて、相変わらず漂うひどい埃と煙から守る即席のマスクを作っているところも目撃された。この女性は自身のニッチを見つけたのだ。テロ行為がまだ終わっていないかもしれないという恐怖と、秩序を保ちたいという願望から、当局は——多くの関係当局があり、彼らも最初は混乱状態にあった——ゆっくりと縮小しつつある被災エリアから、許可のない人間をすべて締め出そうとしていた。だが、こっそり入り、結果的に大変貴重な存在になった多くの人々が、その後、正式な許可やパスを得たり、資格や能力によっては雇われたりして、数日もしくは数週間、場合によっては数ヵ月もそこに滞在することになった。ツインタワーの倒壊現場付近では、一時的なコミュニティができ上がっていた。しかし、コミュニティは市の別の場所でも生じていた。

パレスチナで生まれ、カイロで育ったキリスト教徒のエミラ・ハビビ・ブラウンは、〈ブルックリン・アラブ系アメリカ人家族支援センター〉を運営している。彼女とスタッフは、九月一一日の朝、通常の仕事をしていた。彼女たちの恐怖は二倍だった――大殺戮があったことに加え、そのことがアラブ系アメリカ人のコミュニティに多大な影響を与えるであろうことが予測されたからだ。したがって、即座にドアから看板を下ろしたが、間もなく脅迫電話が鳴り始めた。四人のスタッフが辞め、ブラウンによると「その時点で、みんながとても怖がっていることがわかりました。誰一人、家から出ようとはしなかったし、女性たちは夜の一人歩きができなくなり、子供たちは学校に行けなくなって、つまりコミュニティ全体が恐怖にさらされたのです。彼らはまず、他のニューヨーク市民やアメリカ人と同じく、事件そのものから精神的な苦痛を受けました。とてもショッキングな恐ろしい出来事でしたから[*30]」。そして次には自分自身や家族に及ぶ危害を予測し、恐怖を覚えたのだ。「だから、インターネットで、いわばSOSサインを発信したのです。子供たちを学校に連れていってくれるボランティアはいませんかと。すると、申し出の洪水が押し寄せたのです。信じられないくらいの反響があったのですよ。およそ一二〇〇人も。力になりたいと言ってくれる、その大勢の人たちをどうすればいいかわからなくて、呼びかけをストップしなくてはなりませんでした。ただただ驚きでした。本当にありがたくて。そんな出来事を体験したのは初めてでした」

テロ攻撃から二日もしないうちに、近い将来に間違いなく起こりそうな戦争を警戒して、反戦運動の組織作りに取り組んだ人たちもいた。発起人の一人がくれた手紙には「ニューヨークにいたわたしたちは、世界を、いえ、誰のことも敵とは見なしていませんでしたし、あのとき市内に生じた結束と助け合いの精神は、世界で起きる戦争やさらなる殺戮を全力で防ぎたいという願いに発展していったのです」とあった。[*31] 数年後、ニューヨーカーはイラクやアフガニスタンとの戦争反対を叫ぶ一大勢力になった。それは自国の外交政策に対する非難であり、また、戦争や暴力の妥当性に対する疑問の提起でもあったが、戦争の矛先を向けられる、地球の反対側の一般市民に対する思いやりの意思表示でもあった。自分のすぐ隣に立っている人を助けた人々がいる一方で、ニューヨークであの衝撃的な激変が起きているときに、地球の反対側にまで心を寄せた人々もいたのだ。

フォーラム

失われた命を嘆き、何とか力になりたいという欲求は抗いがたく、同時多発テロを犯罪ではなく戦争行為ととらえ、報復を要求する人たちも出てきた。その対象は主にアルカイダだったが、中にはアフガニスタンや中東諸国の一部に対する報復を望む人たちもいた。さらに、集団としての責任を信じる人々は、イスラム世界全体や、アメリカにいるイスラム教徒やアラブ系の移民たちへの報復を欲した。後者は少数派ではあったが、中東諸国出身の人々や、またそう見える人々に、身の危険と動揺を引き起こすには十分だった。また、同時多発テロとその影響について考えることは、市民全体の仕事になった。誰もがただ通りをうろつき、一四丁目より南は住民であることを証明する写真入り許可証を持つ人以外にはすべてが閉鎖されていたあの長い休止の時期に、その境界線のすぐ北にあるユニオンスクエアは市の公開フォーラム会場の様相を呈していた。三週間、そこには人々が自分たちの市と国の公的生活に参加しようと集まり、話し合い、議論をし、市というものの理想型の範例を示した。そこで、人々は今の時代にはほとんど実現しない形の市民になった。都市計画専門家で、長年のニューヨーカーでもあるマーシャル・バーマンはこう書いた。「かつての偉大な場所の多くがよみがえった。わたしのお気に入りはユニオンスクエアだった。そこは一夜にして、一〇〇年前にもそうだったといわれているが、活気あるアゴラ［古代ギリシャで市民の集会所になった広場］になった[*32]」

最初の数日間、それはアクセス可能な中では最も南にある広場における自然発生的な集まりだったが、そのうち、ある若者のグループにより、市民の公的生活が育まれた。彼らはそれを引き起こしたわけでも、管理したわけでもない。ただ園芸家よろしく、侵入を試みるメディアや揉め事などの〝雑草〟を引き抜き、発言の開花をうながし、必要な物資や支援を与えるといった世話をしたにすぎない。このグループの中心となったのは、ニューヨーク大学に在籍する、サンフランシスコのベイエリア出身で、レイブパーティのまとめ役をしていたジョーダン・シュースターという学生だった。彼はユニオンスクエアに面した学生寮に住み、自身が主催したイベントで人の交流の可能性について実験していた。あれから六年が経った今もまだ、彼は陽気で情熱的な早口の若者だが、航空機がツインタワーに突っ込んだときには弱冠一九歳の青年だった。ドラァグクイーンのルームメイトがしくしく泣きながら彼を起こしたあと、二人はしばらくテレビを見た。だが、他の何千人もの人たち同様、シュースターは外に飛び出し、次の数時間は病院を回って手伝いを申し出て、やはり他の多くの人々がしたように、ボランティア志望のリストに名前を書き残した。次に、自室の前庭ともいえるユニオンスクエアを見ていると、イベントを成功させる彼独自の才能が頭をもたげてきたのだった。

シュースターは語る。「あの、誰もどこに向かっているのかがわかっていないという状況は、ニューヨークに来て初めての体験だった。本当に、誰一人、自分がどこに行こうとしているのかが、わかっていなかった。みんな、ただ歩き回っているだけで、どこかに行こうという意志はなかった……目的がなかった。実に不気味だったよ。ユニオンスクエアにいたぼくは、友達数人に来ないかと声をかけた。やって来た五人は、パーティを手伝ってくれたＤＪたちだった。みんな、真面目ないいやつらだよ。それでぼくは言った。『なあ、おれたち、ボランティアはできない。第一に十分な場所がないし、あいつら、多すぎる志願者をどうしたらいいかわからない上に、ボランティアをまとめる仕組みもできていないんだ。だからって、座って何にもしないでいるわけにはいかない。テレビも大嫌いだ。ただ家でテレビを見てるなんてことはできない。だから、おれたちにできることはないか、考えようぜ。ひょっとしたら、他の人たちも参加してくれるかもしれない』なんてね[*33]」

彼はサンフランシスコで始まり、国際的な大プロジェクトになった〝AIDSキルト〟の発想者だ。一人一人のAIDS犠牲者をしのぶ大きな四角形で作ったタペストリーは、最後には何エーカーもの大きさにもなった［一エーカーは約四千平方メートル］。だが、彼は、今回の共同作品は、相互的なものにしようと考えた。仲間の一人を近くのドラッグストアと事務用品の店に走らせ、必要な品々を寄付してくれるよう頼んだ。間もなく、彼らは広場のまわりに肉屋のロール状の包装用紙を張りめぐらせてテープで止め、マーカーペンを山のように置いた。人々はそこに自分たちの抱く恐怖や悲しみ、意見、亡くなった人へのメッセージなどを書き込み始めた。一日目にも、すぐにパネルは書き込みでいっぱいになったので、学生たちはパネルを追加した。シュースターは言葉をつぐ。「その日の終わりには、広場の半分が埋まったよ」。書き込みの壁は会話を引き出した。暗くなると、そこに集まる人々や書き込みを見るために、キャンドルを手に人が集まってきた。死者を悼む大量のキャンドルは、九・一一の公共的追悼のシンボルの一つとなり、花やキャンドル、旗、その他の供え物でできた小さな祠もまた、広場に多数出現した。シュースターによると、ソーシャルワーカーのジェイムズの発案による、熱くなりがちな議論を抑える役目を果たす〝トーキングステッキ〟も名物になったという。「最後には、ステッキはアート作品のようになった。みんながその上に落書きをしたからだよ。広場の至る所に会話のグループができていた。そのステッキを手にしている人だけが発言できるんだ。ステッキを持っていないのに発言すると、『きみの番じゃないぜ』って言われていた」

あらゆる人がユニオンスクエアにやって来た。マンハッタンのすべての人種の老若男女が、悲しみと寄付の品々を抱えて集まってきた。シュースターによると、もとから広場にいた人たちは新しい帰属意識をもったようだ。ホームレスの若者一五人は、広場を管理する中心的メンバーになった。「当時、広場の管理は一四歳から三〇歳までのホームレスがやっていた。彼らがいなかったら、とてもあんなことは実現しなかっただろう。彼らは実際に広場を維持管理してくれたので、すべては彼らの協力があればこそだった。ぼくが留守で、場の切り盛りができないときは、彼らが代わりにやってくれて、しかも見事に仕切ってくれた」。理論家ハキム・ベイの言葉を借りて、彼はこう結論した。「あれは、きわめてうまくいった海賊版ユートピアだった。呼び名はどうでもいいけどね。ホームレスの人たちにとっては黄金の日々だったんだよ。あんなに多くの食料や支援物資を見たことはなかっただろうからね」。そのときだけは、食料をあさる必要がない上に、貴重な社会的役割まで担うことができたのだ。「それに、自分たちも人に何かを与えられるということに、彼らはとても癒されていた」

セラピストで写真家のエリザベス・グレイス・バークハートはグラウンド・ゼロに忍び込み、写真を撮ってユニオンスクエアに展示した。「ジョージ・ワシントン像は六〇年代風の落書きで覆われていたわ。それに、チベットの祈りの旗があらゆるところにあった。何万本ものキャンドルと、たぶん何千もの花束もあったわ。いろんな人が来たけれど、仏教徒の一団は広場の四分の一ほどの一角を占領して、バター・キャンドルを灯し、経を唱え、祈りの旗を立てていた。素晴らしい雰囲気だった。ギターを爪弾く若者たちもいれば、キリストとこの世の終焉について説く人もいた。そこはニューヨークなのよ。それから、自由の女神の格好をしたジェニファー・スチュアートという立派な女性が、消防局のために、たった一人で一万二千ドルも寄付を集めたの。実際に現場に行って自分の手で掘るか、病院に行って看病をする以外に、わたしに何ができたか？　それがわたしにはわかっていた」[*34]人々はバークハートの写真のまわりに群がり、情報を得ようとした。ある女性は彼女に「たぶん、この先、こんなに別れた夫に近づけることはないと思う」と言ったそうだ。彼女たちの間には絆ができた。歴史学者のテンマ・カプランは、崩落で友人を失った二〇代の人たちに会った。その人たちはホームメイドのクッキーやブラウニーを配って、友人の未亡人のために寄付金を募った。彼女たちがとても悲しんでいたことをカプランは覚えている。「絶え間なく人がやって来て、クッキーを受け取り、お金を置いていってたわ。みんな彼女たちの話を聞きたがっていたし、彼女たちも話したがっていた。それが友人の思い出を生かしておく方法だからなのね」[*35]。災害時にはよく起きることだが、人々は何かを与えたいという欲求をもち、ギブとテイクは溶け合って相互依存になり、相互扶助の感情的等価物になる。人々は災害に対処するために実質的な何かをしたいという欲求から、参加し、帰属し、話し合いたいという欲求に知らないうちに移行する。ユニオンスクエアはその欲求を満たしてくれる大舞台になったのだ。

ニューメキシコ出身の一九歳のケイト・ジョイスが乗った飛行機は、ツインタワーが崩落している時刻にニューヨークに着陸した。続く数日間のほとんどを、彼女はユニオンスクエアで過ごした。「街は災害のもたらしたカオスと同時に静寂さのベールにすっぽりと覆われていました。そしてそこには、耳を、目を、声を、体を捧げたいという、全体を包み込む、暗黙の、ほとんど飢餓に近い欲求がありました。なぜなら、現代や過去の人の命に関わる戦争や軋轢や連帯について熱く語ることは、何よりも互いにとって慰めになるからなのです。わたしたちは夢中になって表現豊かになり、悲しみに沈んで慎ましくなり、変わる可能性のある現在という恍惚の中で、夜を徹して、ずっとそこに滞在し続けたのです」[*36]。九月一一日から三週間半たったある日、人々の切れ間に公園局の職員がやってきて、キャンドルや何重にもなった紙を片付けた。広場のまわりには新しいフェンスが張りめぐらされ、大部分が立ち入り禁止になった。もはや現在が変わる可能性などなく、それどころか、もとの普通の生活に戻ったのだった。

血と食料

ロウワー・マンハッタンから広がっていった衝撃と混乱と参加の同心円がどんなものであったかは想像に難くない。反響は地球規模だったが、国内では数週間も続き、それは強烈だった。国中の人々が「何かを与えたい」「なんとかして力になりたい」という差し迫った欲求に駆られていた。あの朝、わたしはサンフランシスコのジムにいたのだが、ボディビルダーが感情の高ぶった声で、その場にいた全員に、近くの血液銀行に行くよううながした。ニューヨークでは、各病院が大量の負傷者が運び込まれてくるものと予測して準備を整え、チェルシー埠頭にはトリアージ・センター［負傷の程度に応じて治療する順番を決める］が設置された。だが、災害があまりにも容赦なく絶対的な性質のものであったために、生存者と死者がいるだけで、その中間の人はほとんどいなかったのである――その時点では、火傷を負った人がいくらかはいたが（おそらく一九九三年のワールドトレードセンター爆破事件の記憶が、人々や病院にこのような反応を引き起こしたのだろう。[37] そのときは死者わずか六人だったが、負傷者は千人以上に上った）、今回、大勢の医療従事者は必要なく、それは彼らにとって、非常につらいことだった。負傷者を助けたいという大いなる欲求があったからだ。病院や新しく設置された医療センターでスタッフたちがただ待っている姿は、その日の奇妙に物悲しい光景の一つだった。ニューヨーク中はもとより、全国で人々が献血に列をなした。その必要はなかったにもかかわらず。

ともかく献血は続いた。ある統計によると、五〇万人が四七万リットルの血液を提供したそうだ。もっとも、献血をした人よりボランティア活動をした人のほうが、さらに多かった。赤十字はホワイトハウスの住人にも献血を呼びかけ、彼らは従った。同様にアメリカの多くの政治家や、パレスチナのヤシール・アラファト議長までが献血をしたが、これは象徴的な意味においてはやむをえないが、まったく無意味な宣伝行為だった（輸血用血液は慎重なスクリーニングにかけられるが、この基準がアメリカは他のほとんどの国より厳しく、海外で献血された血液はその基準を満たさないのだ）。そのように自らの肉体の一部を捧げた人々は、あたかも深い生命の贈り物が、どういうわけか、すべての死を緩和するとでも思っていたかのようだった。ウエストヴィレッジにあるセント・ヴィンセント病院では、献血希望者の列がそのブロックを取り巻き、さらに周辺道路にもはみ出した。それもまた、人々が災害後の数時間や数日を公の場で過ごす、一つの方法だった。

多くの人があちらこちらで追い返されたが、それでも国の血液銀行は供給過剰になり、のちにそれらの血液は廃棄処分されることになった。一つには、スクリーニングの基準に疑いが生じたからだが、その時点ではそれほど血液は必要ではないのにどんどん供給されるので、貯蔵のキャパシティが追いつかなかったのも原因の一つだった。一二月には、血液銀行はふたたび、献血者の募集に戻った。

実際、危機の継続期間にはばらつきがあった。マンハッタン島だけをとってみても、島の北端に近い部分での生活は、グラウンド・ゼロの近くに住む人や、そこで働いていた人たちの生活とは極端なほど違っていた。大半のニューヨーカーの生活は、たとえ精神的または政治的な面では深く混乱していても、その週か、遅くともその月のうちに、多くの面で正常に、いつもの日課に、いつもの仕組みに戻っていた。〝瓦礫の山〟で作業をする人々の試練は、数ヵ月は続いただろう。また、被災現場の近辺に暮らす人々の生活は、二年以上も元どおりにならなかっただろう。近親者を亡くした人、夫を失った人や親を失った子供、大怪我をした人や精神的な傷を負った人などにとっては、メディアが「終結」という言葉をいくら持ち出そうとも、終わりは見えない。そして、実際に外傷センターにやって来た人はごく少数でも、のちに症状が現れてくる潜行性の傷を負っていた人は数千人にも上った――アスベストや重金属、ツインタワーの崩落やのちに火がくすぶったときに生じた有毒な塵芥《じんかい》を吸い込んだことからくる呼吸器へのダメージなど。そして、悪夢も。

前夜、遅くまで起きていた五〇代の作家兼音楽家トビン・ジェイムズ・ミューラーは、グリニッジヴィレッジのアパートメントで、最初の航空機の激突で目覚めた。ベルボーイをしている息子を起こしてワシントンスクエアに行き、うろつき、いろいろ考えて、献血をした。翌朝、ウエストサイド・ハイウェイと一七丁目の角にテーブルが出ていて、コーヒーとドーナツが配られているのに気づいたので手伝うことにした。次に起きたことを彼はこのように記録している。

「救急車を臨時に配車するためのトレーラーハウスが設置された脇道の側でテーブルの後ろに着き、ドーナツとコーヒーを渡す役から始めた。三日後の今、休息中の救助隊員のために五九番埠頭の倉庫全体をミニショッピングモールに変えた二〇〇人ほどのボランティアのまとめ役になっている。加えて、ウエストサイド・ハイウェイにデリカテッセンほどの大きさの給食センターを設けて人員を配し、数百人の消防士と救急隊員に食事を提供している。また、アマチュアの流通センターを作って、ワールドトレードセンターのハドソン川側に向かう警察の港湾用ボートに、二〇分ごとに必要な物資（防護マスク、ゴーグル、薬、衣類、シャベル、食料、その他、何でも見つけられるもの）を積載している[*38]」

ミューラーは続ける。「ここにいる全員が、市の管轄する現場でのボランティア活動を拒絶された人たちだ。わたしは手伝いたいという人は誰でも引き受け、寄付したいと言われれば、誰からでも、何であっても受け入れる。全員に働き場所を見つけ、寄付されたものはすべて活用する。あるボランティア志願者がわたしのもとにやって来て、何かできることはないかと尋ねるとする。わたしは仕事を与える。でも、それ以上の指示は必要ない。各ボランティアが、自発的で、どんな大変な仕事でも粘り強くやり遂げる強力メンバーになる。彼らはさらに一〇〇種類もの仕事を見つけてくる。やることは無限にある。参加していることが楽しくて、わたしは寝食を忘れている。ボランティアの多くが、三六時間もぶっ通しで働いている。誰もが、とても家に帰る気になどならない。目を閉じると考えただけで、ぞっとする[*39]」

ドーナツの配給所だったものが、数日間に驚異的な拡大を遂げた。彼らがチェルシー埠頭の倉庫を乗っ取って、物資の保管場所や、サービスの提供場所に変えたとき、警備員は見て見ぬふりをしていた。ボランティアがメディアを通じて必需品の供給を呼びかけると、人々は防護マスクやブーツ、ソックス、工具、たばこ、ゲータレード［スポーツドリンク］など、何でも必要とされるものを持ってきた。それは新しいボランティアが到着するたびに、居場所を見つけられるほど拡大した活動になっていた。数年後に、彼は振り返る。「一人も追い返さない、それがわたしのルールだった。一度もノーとは言わなかったね。それが、そこがユートピアになった理由の一つだったんだ[*40]」。彼の権限はただ人々をまとめて、仕事を割り振るにとどまり、あとはすべてその人たちに任せた。人々に仕事をする力を与えることのみに、彼の力は使われたのだ。誰かが食品の腐敗についてアドバイスをしていると、その人を食品係にした。グラウンド・ゼロ周辺の破壊により家を追い出された人々がやって来て、どこに泊まればいいかと尋ねると、ミューラーは新しく加わったボランティアに、その問題の解決をゆだねた。そのボランティアは次々とホテルに電話をして、空いている部屋を提供してもらえないかと頼んだ。そして間もなく大繁盛の住宅支援センターが誕生した。

彼は付け加える。「どこからも干渉されることなく、金曜の夜までわたしたちの活動範囲は拡大し続けた。みんな、寝ずに頑張ったよ……これは小さな天国だという気がしていた。悲しみに打ちひしがれた顔でただ歩き回っている人たちは、みんな、これをすべきなんだと。何も考えなくていい……二〇分ごとにグラウンド・ゼロに向かうボートに荷を搭載した。グラウンド・ゼロ自体が一つの現場になっていたんだ。『ボートが来た！』という声がすると、二〇〇人から三〇〇人の作業員が『並んで！』と叫び、バケツリレーが始まった」[41]。彼らはこうしてボートに物資を積み込んだが、それは巨大なボランティア活動の一部であり続けた。ハドソン川の対岸でも、ジャージー・シティのボランティアたちが同様の活動を行っていた。

若き建築家ダニエル・スミスも、気づくと埠頭にたどり着いていた。どの一〇分間をとっても、一〇〇人ほどが支援品を提供していた。ボランティアたちについて、彼はこう言っている。「実にいい人たちだったよ。ユーモアのセンスが抜群なんだ。みんな、とても仲良くやっていた。そこでは社会の断面図を見る思いがした。つまり、明らかに英語が母国語でない人たちが……わかるだろ……日曜日には『タイムズ』誌のクロスワードパズルをするような人たちといっしょに働いてるんだ。アメリカ国民でない人たちも、二、三世代前からニューヨーク市に住み続けている人たちと同じくらい歓迎されていると感じていた」[42]。ミューラー同様、彼も、中央集権の権威機関が存在しないときに、いかに地域共同体がうまく機能するかに強く感銘を受けていた。

スミスはコロンビア大学のオーラル・ヒストリーの調査員に「数日以内にプロフェッショナルが現れ、活動を仕切ろうとし始めた」と話した。こうして、きわめてうまく機能していた下意上達型の組織が、上意下達型の機構と衝突した。スミスは語る。「州兵がやってきた。彼らが指揮を執る。軍隊がやって来た。彼らも指揮を執る。だが、上層部にはいろんな意味で連携がなかったんだ。これはある意味、苛立たしく聞こえるかもしれないが、実際には、そのおかげでぼくたちはすべての形式的手続きを省いて仕事を片付けることができた。なぜなら、ぼくたちはＦＥＭＡ（米連邦緊急事態管理庁）にもＯＥＭ（ニューヨークの非常時管理局）にも、赤十字や救世軍や州兵にも関係がなかったからね。ただ行って、活動をする。要するに、あそこで出会った人たちはみんな、自分のやりたいことに対して意志強固で、ちょうどぼくのように、相手にノーとは言わせない人たちだったんだ。

ぼくたちの活動は、警備、食料、住宅、通信、カウンセリング、マッサージ・セラピーなど、いわば、すべてのカウンセリング部門を網羅していた。その上、データ分析センターもあれば、医薬品の供給も扱っていたし、もちろん医薬品以外の支援物資も管理していた[*43]」

食料や物品の寄付は需要をはるかに上回ったので、彼らは寄付希望者に帰ってもらわなければならなかった。その週の日曜には、公的機関は非公式の活動を禁止した。ミューラーの記述によると、単に禁止しただけでなく、彼らの活動に嫌疑をかけていたようだ。しかし、期間こそ短かったものの、自分たちの調和や生産性に目をみはったミューラーやスミスのようなボランティアにとっては、実りの多い活動だった。九・一一後のニューヨークでかなりの時間を過ごした災害学者のトリシア・ワクテンドルフは、一ヵ所に集中するボランティアはしばしば役人たちをうんざりさせると言う。なぜなら、「このようなグループが生じるということは、公的機関の対応の遅さを浮き彫りにするからだ[*44]」。こういったボランティアや急に出現したグループは即時対応能力では公的機関に勝ることが多いので、たいてい最初のうちは非常にうまく機能するものの、しだいに資源と継続を武器とする公的救援機関や確立されたボランティアグループに影を薄くされてしまう。ボランティアの一部はその役割にとどまり、のちに給料の支払われる立場に移行したりしたものの、もとはゲリラ的であった支援活動は、時の経過とともにより管理されたプロフェッショナルなものになっていった。

天国の晩餐と死の臭い

ミューラーにとって、チェルシー埠頭の供給センターはユートピアだった。テンマ・カプランにとって、ニューヨークはマーティン・ルーサー・キングや公民権運動が夢見た〝愛すべきコミュニティ〟だった。ケイト・ジョイスにとって、ユニオンスクエアは〝恍惚とさせる現在〟を与えてくれた。他の人々にとっては、それは明白な宗教的パラダイスだった。ジェイムズ・マーティン神父は九・一一の一三年前にビジネス界を離れてイエズス会の聖職者になり、カトリックの全国紙『アメリカ』の編集者として働いていた。しかし、ツインタワーが崩落すると、自分に何かできることはないかと、現場に殺到する人々に加わり、グラウンド・ゼロで司祭として礼拝を行った。時折、祈りを捧げ、何度かミサを行ったが、たいがいはただ人々の話に耳を傾け、なぐさめ、事件現場にいる人々、特に多くのカトリックの消防士たちと話をした。

一ヵ月後に、マーティンは考える。「あの事件は人々を〝思索的〟にさせたというのが、最も的確な表現でしょう。人々はおそらくそれまで考えなかったさまざまな事柄について、真にじっくり考えさせられたのです。死、命、苦しみ、悪など、目を背けているほうが楽な、あらゆる重いテーマについてね。そういった問題を、人々は今、考えないではいられなくなっていると思います。正直言って、わたしにとっても、あそこで仕えたことは、それまでになかったほど深い聖霊体験でした。むろん、それは感覚的なものなのですが、とはいえ非常に強い感覚であり、それは過去に経験のないものでした。基本的に、わたしに関していえば、第一日目からすでにともに働いている全員との間にとてつもなく大きな連帯感や友情、協調や親密さを感じました。なにしろ、自らの命を捧げた消防士たちがいる。消防士や警官や救助隊員たちが瓦礫の下に埋まっているのですよ。それがすべての根底にありました。次に、ボランティアや救助隊員たちがいて、要するに自分たちの時間を捧げているのです。ニューヨークからだけじゃない。国中から来ていました。わたしが話をしたある消防士は、フロリダから車を飛ばして駆けつけたと言っていました。ですから、ただ奉仕するという、素晴らしい感覚がありました。加えて、誰もが親切で、我慢強く、気前が良くて、役に立ちたいと願っていました。あそこにいた間に、ただの一度も口論は耳にしませんでしたね。それは実に驚くべきことです。クリスチャンであるわたしは、神の国が実現しているという感覚すら覚えました。誰もが働き、ともに暮らし、ともに食し、一つの目的をもち、完全に他人指向で、徹底して無私無欲で、いわば自己軽視的、それこそが王国なのです。[*45]

そう、確かにそんな連帯感がありましたね。そして、神がわたしに対して存在をお示しになった証拠がいくつもありました。みんなで食事をするボートに乗り込んだときのことです。あるクルーズ船運航会社が、そのボートをバージニアから運んできてワールドフィナンシャルセンターの埠頭に停泊させ、地元のレストランから寄付された食料を提供していたことは、のちに知りました。消防士、救助隊員、警官、製鋼所の職人、溶接工、鉄工職人、救急隊員、捜索救助チームのメンバー、看護師、医師、聖職者——全員がそのボートで食事をしていました。そこに足を踏み入れたとたん、そのおびただしい数の人々がいっしょに食事をしているところが見えたのですが、それはまさしく聖餐のイメージでした。全員がいっしょに食べ、いっしょにパンをちぎり、ある意味、それは天国の晩餐だ。この上なくパワフルな光景でしたよ[*46]」。別の、やはりイエズス会の神父スティーブ・カツーロスは同僚と冗談を言い合った。「オサマ・ビンラディンはカトリック教徒を教会に戻すために、ずいぶん頑張ってくれたものです。多くの人々にとって、あの事件にはこの上なく救済的な何かがあったと思います。今、人々は以前とは違ったレンズで、この世界や自分たちの価値観を見直している[*47]」

パット・エンキュー・オハラは事件が起きたとき、禅宗道場〈ヴィレッジ・ゼンドー〉の所長、いや、〝老師〟だった。白髪でショートヘアの落ち着いた感じの高齢女性で、崇高な雰囲気と静かな愛らしさがある。彼女は数年後に当時を振り返った。「あの日から一ヵ月くらいは、全員が全員の心の中に現れていた気がします。それは驚異的な変化でした。地下鉄の中でも、以前にはなかったことですが、人々は目を合わせていました。信じられないほどの仲間意識があったのです。それははっきりと感じられ、素晴らしかった。さらに、人々が隠し立てなく感じている傷つきやすさのようなものがありました。突然、若者たちや、警察と問題を起こすような人たちの間に、態度の変化が見られました。制服を着た人たちは人々に仕えるためにいるのですが、彼らにも権力をふりかざすような時代遅れの態度はなくて、何か別のものになっていました。まるで守護者のようで、それは目にも新鮮でしたね。いわば、権力者の人間化でした。そしてジュリアーニ市長のような人物が——左派の人からすると、彼はモンスターですが——突然、心を開いて、多分わたしの記憶では、『これは耐えがたい状況だ』と言ったのです。その言葉にわたしたちはみな感動したのですよ。だって、それは彼がめったに見せない、謙虚で弱い面だったのですから」[*48]

マーティン神父にとって、船上の食事は〝天国の晩餐〟だった。オハラ老師はまさにニューヨークの空気の中に、より粛々とした交流を見出した。「数週間も、その臭いは消えてくれなくて、人間を吸い込んでいるという感覚がありましたね。火薬のような、爆発の臭いのような。それは人間をも含むあらゆるものが完全に木っ端微塵になった臭いだったのです。人間、電気製品、石、ガラス、すべてのもの。その臭いはダウンタウン中に漂っていました。あるグループに話をしたときに、わたしたちが実際に人の体の一部を吸い込んでいるという事実を意識するよう、うながしたことを覚えています。実は、これはいつもしていることなのですが、気がつかないだけなのです。そう、わたしたちはおそらく、自分たちが住む世界や、その世界に対するわたしたちの責任といった、いくつかの非常にいい問いを発する素晴らしく開放的な瞬間を経験しましたが、それは間もなく閉じられ、かつての収縮した状態に戻っていきました。それまでは『わたしはいろいろな人でありえます。警官の母であり、消防士の娘でもある。わたしはそういったすべてなのです』といった意識だったはずです。それが突然、この収縮が起き、かつての状態に戻った。思い出すと、数週間でそうなりましたね」[*49]

このような突然の大規模な人の死はアメリカ史上でも類がないが、このときに見られた人々の即座の反応、すなわち、災害がもたらすこの天国と地獄の奇妙なミックス、そして緊急性や感情移入や人の死すべき運命についての認識がもたらすより深い人生への突然の移行は、それまでもくり返し起きてきた。しかし、大衆の反応が、助け合いと利他主義、即時対応的な行動、団結の饗宴なら、公的機関のそれは非常にダメージの大きい形でのエリートパニックだった。そして、その遅れてやって来た反応は、ニューヨークの路上で起きていた同情のカーニバルの大部分を圧倒した。

九一一の質問

決まり文句のオンパレード

あの日に起きたことは、まるで映画のような、想像を絶する出来事だったと誰もが言う。それは驚天動地の大事件だった。ランド研究所のアナリストが「テロリストは多くの人を殺したいのではなく、多くの人に見てほしいのだ」と一九七四年に述べている。[*50] その年はワールドトレードセンター・ビルが完成した翌年であり、映画『タワーリング・インフェルノ』が公開された年でもあった。それは、避難の困難さゆえに、超高層ビルがどんなに危険になりうるかを暗示していた（同映画では人々は屋上から避難したが、九・一一では、ビルの管理会社が屋上へのドアを施錠していた）。一九八一年に公開されたサイエンスフィクションのアクション映画『ニューヨーク1997』のオープニングシーンでは、実際、自殺願望のある左翼系国内テロリストにハイジャックされた旅客機がワールドトレードセンター・ビルのそばを飛び、他の摩天楼に激突する。アルカイダのテロリストたちはハリウッドの破壊的な図像学《イコノグラフィー》を盗用し、あっといわせる大スペクタクルを作り出し、二機目の航空機がサウスタワーに突っ込むころには、すでに何千万人もの人々が目を奪われていた。一九九三年の爆破事件のときも、目的はタワーを崩落させることにあった。八年後、アルカイダは夢にまで見た大スペクタクルと徹底的な破壊に成功したのだった。それからの数週間は、世界中のすべてのニュースがこの事件の映像で飽和状態になった。

生まれも育ちもマンハッタンのトム・エンゲルハートは「実際には、比較的少数のニューヨーカーしか、九・一一を体験していない。マンハッタンの南端にいたか、またはかなり近くにいたために、二機の航空機がワールドトレードセンター・ビルに激突するのが見えたか、または（何人かの学童のように）ツインタワーの上階から人々が落ちたり飛び降りたりするのを目撃したか、煙と灰に襲われるか、微粒子になった何万台ものコンピューターやコピー機、アスベスト、人肉、飛行機、金融界やオフィス生活に付きものの何百万枚もの書類の破片に包まれた人しか、実際に体験はしていない。アメリカ人の大多数にとって、わたしのようにマンハッタンに暮らす者にとってすら、九・一一はテレビ画面に映し出された事件だった。それゆえに、わたしたちの心に真っ先に浮かんだのは、そして、新聞やテレビが真っ先に取り上げたのも、以前に観た映画のシーンだった」と書いている。[*51]

アメリカのメディアは出来事を実際よりはるかに映画らしく見せることに熱中し、その過程で、真実と、一般のニューヨーカーたちがあの恐ろしい日に成し遂げた豊かさは失われてしまった。メディアの災害への対応についての報道は、大事なことはすべてマッチョなヒーローにより成し遂げられる災害アクション映画と同じだった。結果的に彼らの報道では、制服組のヒーローたちは並外れて優秀で、プロフェッショナルで、行動的で、何よりもまず全員が男性だった。この叙事詩的バージョンに欠落しているのは、ツインタワーや周辺地区から避難した人々のほぼ全員が、制服組の助けはほとんど借りずに、自分たちの力だけで避難したという事実と、さらには、他の人の避難を助けた人の中には、運動が苦手なゲイの男性や、高齢の女性役員や、校長や、英雄とは程遠い装いのハシド派ユダヤ人や、身体が麻痺した同僚を六九階分も担いで下りた会計士のグループや、警官が呆然としているときに進んで力を貸した若者たちや、ホームレスや、看護師や、運転手らがいたという事実だ。すなわち、災害時にはいつもそうだが、全員がヒーローだったのだ。

人々はずっと以前から知っていたはずのことに、あらためて気づいた。それは、ニューヨークの消防士だけでなく、また、その日に活躍した消防士だけでなく、消防士というものは勇気と沈着さでもって危険を冒して生計を立てている人たちであり、消火と同じくらい、人命救助も彼らの仕事だということだった。このように消防士たちが英雄視される一方で、彼らの多くが適切な通信機器も持たず、その場の状況に即した指令もなしに危険の中に送り出されたという事実は軽く扱われている。〈九・一一委員会〉のメンバーで、市警の元刑事は「もしすでに捜索した階を誰かが記録していたら、半数の消防士で用は足りたはずだ」と述べている。[*52] あの暑い朝に、分厚い防護服を着て、五〇キロ近い器具を背負い、無限の数の階段を上っていった消防士の中には、やがて胸に痛みを覚えた者や、うつ伏せに倒れたまま息を整えている者や、自力で避難しているオフィスワーカーに水をもらう者すら出てきた。彼らの上司はすでに消火は不可能だとの結論を出していたのだから、ホースや、その他の消火器具を担いでいく理由などなかったのだ（しかも、ビルには一定の間隔で消火用ホースが設置されていた）。

三四三人の亡くなった消防士は勇敢で、献身的で、多くは人々が避難するのを手伝った。彼らはむろんテロリズムの被害者だが、同時に、連携の悪い、準備不足で装備不十分なシステムの犠牲者でもあった。彼らは自分たちの果たした役割を複雑な気持ちで振り返り、神話化されることに居心地の悪さを感じている。九・一一に触発された写真展〈ディス・イズ・ニューヨーク〉に関わったドキュメンタリー映画監督のルース・セルゲルは「自分の体験をできる限り正直に話したのに、編集で英雄物語にされてしまったとショックを受けている消防士を何人も知っている」と語った。[*53]

メディアはまた、ニューヨーク市長のルディ・ジュリアーニも英雄に仕立て上げた。彼は確かに九・一一ではアクションヒーローの役を演じた。事件当日、逃げ惑うオフィスワーカーと同じ白っぽい埃にまみれてロウワー・マンハッタンを大胆にも歩き回り、豪胆に、それでいて感情を込めてコメントし、当日にも、続く数日間にも断固とした措置を講じ、のちには無数の葬儀に参列し、遺族に手を差し伸べた。ジュリアーニもまた、災害に遭った多くの一般市民と同じく、一時の深い自己超越を経験したかに見える。意地悪で、利己的で、スキャンダルまみれの人物は消え失せ、代わりに勇敢で、思いやりがあり、疲れを知らず、獅子奮迅の働きをする人物が出現したのだ。だが、すぐに元のジュリアーニが戻ってきて、災害後の活躍をキャリアに利用し、事件当日の都合の悪い事実や事件前後の判断ミスは、無視するか揉み消そうとした。彼はよく、緊急対策センター（EOC）を作ったという、自らの備えのよさを自慢するが、皮肉にもそれはワールドトレードセンター第七ビルに設置されていたので、事件当日には職員たちはさっさと避難してしまって役に立たなかったのだ。その場所はある地主から賃借していたもので、その人物はのちに、ジュリアーニの市長選キャンペーンの大口スポンサーになった。[*54] 事件の数年前、ジュリアーニのアドバイザーたちは、当時にしてすでにグラウンド・ゼロと呼ばれていたその場所に緊急対策センターを設置するという彼の案に猛烈に抵抗していた。

ウェイン・パレットとダン・コリンズによる、ジュリアーニの九・一一関連の行動についての詳細な調査を著した本には「ジュリアーニは、しかし、この助言をすべて却下した。ブルックリン・ブリッジの向こう側にある、安全でテクノロジーの面でも進んでいる市営施設の中に設置する案に反対し、市庁舎から歩ける距離にセンターを置くことに固執した。そのような奇妙な基準は次のブルームバーグ市長のもとではあっさり放棄され、緊急対策センターはブルックリンに移された……一九九七年、ジュリアーニは結局、初めて高層ビルに唯一の物資貯蔵庫［緊急対策センター］を設置すると決めた。そこは四年前にテロリストたちが土台から揺り動かし、また襲うと誓った場所だった。それは彼の行った決断の中でも最高に愚かなものだったが、そのおかげで、彼は伝説の人となった。もしセンターが他の場所にあったなら、まるで遊牧民族の戦士のような煤だらけのジュリアーニのドラマティックな映像の代わりに、殺風景な記者会見場からの、緊張感はあるが単調な映像が流れていただろうから」とある。[*55] 九・一一委員会の報告書の批判はもっと控えめだ。「テロリストが予告したターゲットにあまりに近い場所で、しかもビルの二三階（エレベーターが使えなくなるとアクセスが困難）に設置するという案については、何人かが疑問を呈した。だが、予備の場所は作られなかった」[*56]。もしセンターが破壊されずに機能し続けていたなら、もっと多くの救急隊員が助かっていたかもしれないのだ。

ジュリアーニの任期中に市当局がさまざまな準備を怠ったために、あの日、他にも、とんでもない手違いが生じている。それはワールドトレードセンターへの最初の攻撃の直後から、二度目の攻撃の少しあとまで続いた。九一一の緊急通報システムには瞬時に電話が殺到したが、攻撃についての情報が入っていないオペレーターはツインタワーから通話した人たちに、多くのケースで「その場にとどまるように」との標準的なアドバイスをしたのだ。オペレーターたちは火災が電話をしてきた人たちの上の階で起きているのか、それとも下なのかを伝えることができなかった。さらに多くの人々が九一一のオペレーターに到達すらできず、ただ保留にされるか、または他のオペレーターにたらい回しにされ、あげくに何度も同じ話を繰り返さねばならず、その間にも、避難のための貴重な時間はどんどん失われていった（オペレーターはたいてい思いやりのある会話をするが、実際的な問題となると役に立たないことが多い）。消防局と警察はけっして昔からのライバル関係を乗り越えて協力しようとはせず、情報交換システムも、またコミュニケーションを共有するテクノロジーも開発していなかった。消防士たちがその高潔さでもって、命を賭してビルの中へ上へとむなしく飛び込んでいるときに、警察には正常に機能する無線機も、緊急に避難が必要であるとの知識もあったのだ。

その後間もなく、粉砕されたビルのかけらの混じった空気の有毒性に、多くの人々が気づいた。アスベスト、重金属、燃えたPCBやプラスチックは、すべて命取りになりかねないほど有毒な気体となるが、崩落現場やそのまわりにいる人々は、それを何ヵ月も吸い続けることになる。空気の質に関する環境保護庁の報告書は、科学的証拠に基づき、警告を発する内容だったのだが、ブッシュ政権はそれを安心させる内容に改ざんして発表したのだった。そして、ジュリアーニは検閲と広報活動でそれに同調した。それは無神経かつ、きわめて危険な決断だった。専門家は、グラウンド・ゼロにいる全員が汚染対策として防毒マスクなどの予防措置をとるべきだと明言したが、このガイドラインを守った者は少数で、市当局も強制もしなければ、他の安全基準を導入することもなかった。

空気の質は相変わらずひどかったのだが、事件の六日後には早くもウォール街が再開した。事件から六週間後に、ジャーナリストのファン・ゴンザレスがロウワー・マンハッタンの大気の危険性についての報告を『デイリーニューズ』紙に載せると、副市長は同紙の編集部に電話して、記事を非難した。[*57] 消防士たちは何度も何度も英雄としてまつり上げられたが、彼らは事件当時、機能するシステムや機器で守られていたわけでもなく、のちにも、妥当な健康基準に守られたわけではない（そして、今日でも、彼らは衝撃的なほど薄給だ。あまりの安さに、多くが副業をもち、担当地区からはるか遠くに住むことを余儀なくされている）。消防士と現場作業員の多くが〝トレードセンター咳〟と呼ばれる症状に苦しみ、それが肺の重い疾患や損傷、他のさまざまな健康上の問題に発展した人たちもいる。続く七年間に、ニューヨーク市の指定医療機関だけで一万人以上が治療を求めたが、いったいどれだけの人が汚染された空気の影響を受けたのかはわからない。[*58]

スーザン・ファルーディは二〇〇七年の著書『恐怖の夢』で、いかにメディアが事件を伝統的な男らしさの勝利として描き、フェミニズムを攻撃するのに利用したかを追究した。メディアは、アメリカはその強さ――中東問題に干渉してサウジアラビアに駐留するなど――ゆえに攻撃されたのではなく、女性化して弱くなったからこそ攻撃されたのだとコメントする人物をわざわざインタビューの相手に選んでいる。事件から数週間後、評論家のパンディット・カミーユ・パグリアはCNNで「男らしさの規範がもっと伝統的な国々が相手では、戦争をしても我が国に勝ち目はない」と語った。[*59] ファルーディの指摘によると、テロリストたちは徹底した女嫌いの狂信的過激派であるにもかかわらず、メディアの多くは、どういうわけかアメリカを弱体化させるという目的において、フェミニストをテロリストたちと結託させている。

『ナショナル・レビュー』誌には、軍隊では男女平等が〝戦闘の効率〟に勝ったという記事が載った。[*60] コラムニストのキャシー・ヤングは、「フェミニズムはますます的外れのものになった」と述べた。[*61] メディアと違って、一般の人々が歴史に逆行するこういった説にどれだけ本当に影響を受けたかはわからない。確かに、大衆の中には強いリーダーを求める人たちがいた。ジュリアーニとブッシュはどちらも、そういった切望により得をした人物だ。だが、他の人たちは彼らを軽蔑した。崩落したツインタワーから一ブロックしか離れていないところに住んでいたある女性は、ジュリアーニ支持者たちのことを、「ジュリアーニの同性愛的な死の狂信集団」と呼んだ。[*62]

もちろん、もし戦争行為がこの攻撃に対する答えであり、安全の源であるならば、男らしさというものは最重要になるだろう（男らしさが好戦性と軍国主義を指すならば）。こういったリーダーたちが何よりも急いでしなくてはならなかったのは、ブッシュ政権宛てには何度も警告があり、ツインタワーは過去にも攻撃を受けていたにもかかわらず、彼らが九・一一を回避することも、またそれに備えることにも失敗したという明白な事実から国民の目を逸らすことだった。九・一一は局地的な攻撃であったにもかかわらず、アメリカ人のみならず多くの国の人々が犠牲になったので、事件はアメリカ全体に対する攻撃であり、象徴的な行為の成功した例だとあまねく解釈された。それが、事件に対する関心が、災害にすこぶる効率的に対応した市民から、即座にアメリカが（というよりアメリカ政府が）事件にどう対処するかに移行した理由の一つだった。九・一一委員会は不安げに報告をこうまとめている。

「現行のテロ対策法の適用メカニズムは、個々のテロリストの犯した罪を裁き、制裁措置や報復、抑止力、もしくは敵国政府の行為に対する戦争などにより、処罰を行うことにある。アルカイダの行為は、これらのどのカテゴリーにも合致しない。その犯罪行為は、スケールにおいては戦争行為に近いが、簡単に脅迫や制圧や破壊のできる領土や住民や資産をもたない、ゆるやかで世界各地に分布する漠然とした陰謀から生じたものだった[*63]」

正常な感覚を失わせ、平和を攪乱する攻撃に直面したときに、戦争は高潔さ、潜在力、そして意図を主張する方法として、人々が陥りがちな筋書きだった。ウィリアム・ジェイムズが「戦争に代わる道徳的等価物」で述べた軍国主義と情熱的な暴力行為についてのコメントが、ここに当てはまる。人は自分を犠牲にし、何かに加わり、大きなものの一部になることに憧れる。戦争は勝手知ったる状態だ。九・一一後、軍隊への志願者は急増した。戦時下の体制順応気質に陥っていた多くの人々にとって、対テロ戦争は意義深いものに思えたのだ。たとえ〝テロ〟は宣戦布告をするような対象ではなく、また、政府が恐怖を吹き込み始める前に人々が感じたものが、恐怖以外だったとしても

——それは実際、悲しみ、怒り、無感覚、助けたいという差し迫った欲求、思いやり、疑問などであり、純粋な恐怖が中心ではなかったのだ。テロリズムの専門家であるルイーズ・リチャードソンは「九・一一への対応として、アメリカ人は自国との比較におけるアルカイダの資力や戦力などについての客観的な評価に基づいた対応をする代わりに、彼らの〝果てしない戦争《コスミック・ワーフェア》〟という言葉を額面どおりに受け取ることを選び、しかるべく対応した。確かに、ツインタワーの崩落という呆気にとられるような大スペクタクルは、果てしない戦争という彼らの考えと一致しているように見えただろう。しかし、実際には、一年に今回の三千人の五倍以上の人数が殺人の犠牲者になり続けている国ならば、もっと焦点の合った、節度ある対応があっても不思議はなかったのだ」と述べている。*64

トラウマと強靭さ

連邦政府はさらに劇的な失態を演じた。カッターナイフのみで武装した一九人の男が、アメリカの経済力のシンボルだけでなく、四五分ほどのちには、世界でも類がないほど強大な軍の管理本部を襲いおおせたのだ。その日に唯一成功した防衛は、ユナイテッド航空九三便の乗客たちによるものだった。彼らは自分たちの航空機がハイジャックされ、全員が機体の後部に押しやられると、配偶者や両親、航空会社、通信官などに電話をかけ始めた。家族からツインタワーへの攻撃について聞くと、彼らの飛行機もまた爆弾として使用されるであろうと判断した。残されたわずかな時間に、彼らは情報を収集し、ハイジャック犯の計画をくじく決意をし、機体を彼らから取り戻すための戦略について集団で意思決定をした。中には、自らの死がほぼ不可避であることを理解し、別れを告げる人もいた。それは集団による驚異的に迅速な機転だった。彼らは犯人たちを攻撃し、その結果が、重要なターゲットへの第四のミサイル攻撃になる代わりに、ペンシルベニアでの墜落になったと推測される。ハイジャック犯にかけるための湯を沸かした女性キャビンアテンダントが、攻撃の決意を言葉にして残した男性乗客たちに比べて、勇敢さや役立ち方で劣ったという証拠はないにもかかわらず、メディアはこのエピソードを男らしさのもう一つの勝利に変えた。コックピット内で唯一ハイジャック犯たちを相手に闘ったことがわかっている人物もまた、キャビンアテンダントと推測される女性だった。

約三年後、『ワシントンポスト』紙はこんな記事を載せた。「軍と航空当局の役人が、九月一一日の、混乱した、決断力に欠ける対応の記録を念入りに作り替えているのを見ていると、彼らが緊急発進させた戦闘機には、破滅する運命の航空機のうち、たった一機の激突すら阻止するチャンスがなかったことがわかる。その理由の一つは、それらが、すでにワールドトレードセンターに激突していたアメリカン航空一一便を阻止せよとの命を受けて送り出されていたからだ[*65]」。同紙は次のような結論の報告書を引用している。「また、彼らの戦闘機は、ペンシルベニアで墜落した最後の一機、ユナイテッド航空九三便がホワイトハウスか国会議事堂に突っ込むのも阻止できなかっただろう」。報告書からの引用は続く。「『国民はユナイテッド九三便の乗客たちに大きな恩がある』と、報告書の作成者はハイジャック犯の計画をくじいた乗客の反乱に言及している。『彼らの行動は数え切れないほど多くの人々の命を救い、議事堂やホワイトハウスを破壊から救った可能性がある』」。

この厳粛な結論は、合衆国テロ攻撃国家委員会のメンバーによる、最後の中間報告書の一部分だ。同委員会は、来月末までに本一冊分ほどの最終報告書を完成させようと急いでいる」。九月一一日のユナイテッド航空の乗客に比べ、なんとも遅い意思決定プロセスではないか。

あの日に何が起きたかについて最も辛らつな批評を発表したのは、ハーバード大学のエレイン・スカリー教授だった。彼女は巨大な軍事機構が敗れ、小さな乗客の一団が勝利を収めた日だったという見方をしている（彼女はそれ以前にも、拷問や軍用機などのテーマで雄弁な書を著している）。数分で外部攻撃に対応できるという核攻撃能力とそのスピードのために、行政機関や軍部は、長年にわたって、もっと民主的な意思決定プロセスを無視することを正当化してきた。彼女はその事実に疑問を投げかけている。「憲法による保障はともかくとして、過去五〇年間の意思決定にかかったスピードの基準に照らしても、九月一一日の軍部にはペンタゴンを守るのに十分すぎる時間があった」[*66]。飛行機がハイジャックされたことを連邦航空局が発見してから、ペンタゴンへの激突まで二時間もあったことを指摘する。そのほぼ一時間前には、最初のタワーが攻撃されている。そして、彼女ははっきりと反制度的な結論に達している。「ペンタゴンに激突した飛行機と、ペンシルベニアで墜落した飛行機を並べて考えると、国防についての二つのまったく違ったコンセプトが見えてくる。一つは権威主義的で中央集権型の上意下達のモデルであり、もう一つは市民単位で機能し、力の分散した、平等主義のモデルである。前者が失敗し、後者が成功したという事実から、何が引き出せるだろうか？　この結果は、わたしたちの軍事機構を見直し、民主的で上意下達でない形の国防の可能性について考えさせられる。少なくとも、九月一一日の出来事は、過去五〇年間、国防がますます中央集権化し、権威主義的になっていくのを合法化してきた議論――迅速さをめぐる議論――に疑問を投げかける」[*67]。九・一一の廃墟から作り上げられた主流派の論理は、武装していない市民の巨大な力も、世界最強の軍隊や中央集権機構が比較的無力であることも認めていない。クアランテリが指摘するように、官僚機構は即応的な対応が苦手なのだ。

また、主流派の言い分では、ほんの少しでも事件を体験した人は、全員、トラウマを抱えた患者なのだという。第二次世界大戦の前にあれほど優勢だった、人間の心は簡単に壊れるもろいものだという論理がまたもや出現してきた。それは、苦しい試練を生き延びた人だけでなく、目撃しただけの人をも含む全員が心に大きな傷を負っているとほのめかす。インパクトのある〝心的外傷後ストレス障害〟（ＰＴＳＤ）という専門用語が引っ張り出される。それは、もとはといえば、ベトナム戦争に絡んだ駆け引きの中で、精神科医を含む反戦主義者たちが、不当で醜悪な戦争のもつ深い破壊力を宣伝しようとして生み出した言葉だった。イギリス人のある精神科医によると、その新しい診断は人々の注意を、各兵士の経歴や精神状態から、トラウマを生成する戦争というものの本質にシフトさせた[*68]。ＰＴＳＤになるリスクは、当然ながら、すでに精神的なダメージを受けている人や、精神的にもろい人、融通性のない人でははるかに高くなる。ということは、出来事自体はどんなに凄まじくても、必ずしも精神的な影響を受けるわけではなく、それ以前の状態のほうがよほど問題になるのだ。

今日では、ＰＴＳＤという言葉はあまりに大きな衝撃を受けたために苦悩と恐怖に圧倒されて、心の機能不全に陥った人だけでなく、惨事の記憶にとりつかれ、苦しめられている人々にも適用される。二〇〇一年九月一四日、一九人の心理学者が「心理療法士たちの中には……災害の現場に押しかけて、悪気はないのだが、見当違いの手助けをした人たちがいた。人々が悲しみと苦悩の中にあるときに頼るコミュニティという仕組みをサポートすることで、心理学者は最大の手助けができる。妨げにならないよう気をつけるので、どうかわたしたちにできるだけのことをさせてほしい」という公開状を米国心理学会に提出した。[*69] 直後に、この書簡を書いた一人が『ニューヨークタイムズ』紙に「人間の普通の反応が医学的な問題にされることについては、もっと危機感を抱くべきだ」と語った。[*70] つまり、異常な状況の中で、普通とは違った心理状態になることは正常なことであり、必ずしも専門家の介入は必要としない。それにもかかわらず、推定九千人の心理療法士がロワー・マンハッタンに殺到し、手当たりしだい、見つけた人を治療した。『ワシントンポスト』紙は、惨事の体験者たちにPTSDが広く見られるという常識を、「この悲劇のあとに、精神衛生カウンセラーたちの一部が固定化させた誤解」と呼んだ。これもまた、生き延びた人たちを、立ち直りが早いと見る代わりに、傷つきやすいと描こうとする手口の一つなのだ。社会学者のキャスリーン・ティアニーは「わたしが生きている間に、トラウマ産業が生まれ、開花していくのを眺めているのは非常におもしろかった。災害がPTSDを広範囲に引き起こすという説は証明されていないどころか、むしろ真偽が問われている。災害の被害者が回復するのに、まわりのサポートではなく、何らかの専門家の助けがいるのかどうかも、大いに論争の的になっている」と語っている。[*71]

PTSDほどは知られていない〝心的外傷後成長〟というもう一つの心理学的概念は、災害や戦争などの集団としての体験だけでなく、個人の体験にも当てはまる。このテーマを追究した主要な書物には、「こういった衝撃的な体験の本質は、愛する者や、大事にしていた役割や能力、または一般に認められていた基本的な人生観などの〝喪失〟にある。そういった喪失と当惑に直面したとき、深い意味で、以前と比べより良い生き方を築く人たちもいる。その人たちにとっては、喪失に打ちのめされた体験が、よりすぐれた人生の骨組みをゼロから構築する出発点となる。このように、トラウマの可能性を組み込んだ新しい心理的構成概念をしっかりと築くことは、トラウマに対処するより良い方法だ。彼らは新しく発見した強さに感謝し、隣人やコミュニティの強さに感謝する。そして彼らはその努力ゆえに、新しく手に入れたものだけでなく、手に入れる過程に喪失や悲嘆があろうとも、そのプロセスをも大切に思うのだ。グループや社会もこれに似た変容を遂げることがあり、グループ内で新しい行動規範ができたり、個々人をより大切にする体制ができたりする」とある。[*72]

トラウマは現実にある。でも、それは遍在するわけではない。そして、トラウマの扱い方はさまざまである。ヴィクトール・フランクルが言うように、「しばしば人間に想像以上の精神的成長を遂げさせるのは、単に並外れて困難な外的状況である」[*73]

平常どおり営業

ニューヨーク市はメキシコシティやブエノスアイレスとは違った。個々人の変容には深いものがあろうとも、あの悼みとボランティアと気持ちの触れ合いの特異な日々から、集団としての生まれ変わりは生じなかった。「こんな生活もありうるんだ。これがわたしの望む社会だ」といった声はほとんど聞かれず、またそのような意思表示のための手本もほとんどなかった。

あの日、社会は最高に力強かった。個人の生活より、プロの技術より、軍事力より、テロリストの激しい怒りより、政府の権力よりも強かった。不思議なことに、昔のホッブズ主義者／資本主義的な競争原理が、情熱的で想像力豊かな協力——ウォール街の各ブロックに生じた驚異的な助け合い——に置き換わっていることには、誰一人、触れなかった。むろん、市民社会はそれ自体、一九八五年にメキシコで起きたことを描写するまでもなく十分に力強い。だが、二〇〇一年には、メディアと政府は結託してまったく違う話を流した。例の映画や権威主義や例外論にもとづく、作り話に立ち戻る筋書きだ。

国中で人々が、疑問と、寛大さと、利他主義と、どんな結論に向かってどんな方向へ進むかしれない一時停止の強烈な現在に引きずり込まれたという意味では、九・一一は全国的な災難だった。意外なことに、多くの人々が緊迫感や団結や深さに加え、日々のつまらない事柄から関心が逸れて、命や死、政治、いろいろな事柄の意味といった大きな問題に考えが向いたことを高く評価した。いや、別にそれは意外ではないのかもしれない。「人間、それは最も勇敢な動物で、最も悩むことに慣れている生き物であるからして、本来、苦しみを拒まない。苦しみに意味が与えられる限り、それを欲しがり、それを探し出す」[*74]と言ったフリードリヒ・ニーチェのように、もしわたしたちが人類をシリアスで、何はおいても意味を求める生き物だと見なすならば……。国民は、外交政策や石油依存度などの見直しを含む、真の変化を待ち望んだ。これは、フリッツが「災害は社会的ショックを与えるという形で、慣習化し制度化された行動パターンを混乱させ、社会的変化や個人的変化を起こしやすくする」と言ったように[*75]、災害がもたらす典型的な状況で、人々は変化を熱く求め、変化に対して門戸を開く。あたかも一国がもっと目的のはっきりした、結束の強い、意識の高い国に生まれ変わる集団的心的外傷後成長を遂げる一歩手前まできているかのようだった。しかし、事件自体の意味はくり返し強奪され、浅薄でありふれた話に取って代わられた。

では、九・一一後に実現しえた状況を想像してみよう。まず真っ先に認められたのが、市民社会の不屈のバイタリティであり、暴力に負けない愛の絆の強さであり、攻撃の狡猾さと大胆さに対抗する開放的な社会生活であった（これらはすべて組織立ってはいなかったものの、実際、くだけた形で起きていた。それにはある種の勝利、服従への拒絶、団結、いろんな意味でテロリズムと真逆のものの表明などがあった）。そこで、犠牲になることをいとわない国民は、新しい社会に向けての大々的な変化を受け入れられるかどうかを問われる。それは、中東の石油とそれに伴う不快で危険な政治に依存しない社会であり、世界でのアメリカの役割を見直し、社会への帰属、目的、尊厳、そして兵器ではなく世界や国内でのそれまでとは違った役割がもたらす、より深い意味での安全性に対する国民の願いに目覚めた社会である。すなわち、事件直後の機知に富んだ即時対応的な行動は、永遠に拡張することも可能だった。わたしたちの社会は、いい意味での災害社会になれたのだ。

だが、この勇敢な決意と深い思いやりの精神、この目覚めた社会は、ブッシュ政権を不安にさせたようで、彼らは即座にそれを抑えつける方策をとった。ブッシュの事件勃発直後の動転ぶり、遅い対応、国中への戦闘機の緊急発進は、エリートパニックの一つの形態だといえる。ブッシュ政権が市民の台頭を抑えようと必死になったのもまた、その一つに相当する。そこで、国民は家にじっとして、国の経済活性化のために買い物をし、大きな車を買い、最初はアフガニスタンの、次にはイラクでの戦争を支持するよううながされた。「アメリカ、営業中」のキャンペーンは大量消費文化と愛国主義を結びつけたものだった。そして、星条旗の赤白青の製品が激流のようにあふれ出した。さらに、翌年の夏までに、国民に災害に備える実質的な訓練は何もしないまま、政府は近所の人々をこっそり監視するよう呼びかけ、市民の間に疑惑と不和の種をまいたのだった。彼らは、テロがまたあるだの、アメリカは攻撃されやすい国だの、恐ろしいことが起きるだのと、絶え間なく言い続けた。確信をもってそう言うことで、恐怖と、それに付随する服従を吹き込んだ。ばかばかしい五色のテロ警戒レベルが考案され、以来数年間、アメリカの空港を通過した人は毎回気づいただろうが、アメリカ合衆国の脅威レベルはほぼ継続的に「オレンジ」［第四段階］であった。

あの運命の日に、唯一、テロに対応できたのはユナイテッド航空九三便の武装していない市民だったにもかかわらず、政府は武装した人間とプロフェッショナルだけが対応できると強調する。彼らは市民を消費と生産のみの完全に私的な生活に押し戻そうと、汲々としているようだった。かくして、最初の数週間には驚異的な雰囲気が生まれていたにもかかわらず、彼らは、勇気と即時対応的行動、柔軟性、人々のつながりを特徴とする災害後の空気を壊すことに、おおむね成功したのだった。政府の役人と新しく作り出されたテロ専門家は、ダーティーボムから空気感染する細菌戦にいたるまで、超高度な手段による破壊について、アルカイダにそういったものを使用する意志や能力があるという証拠もないまま、無数のシナリオを描いて見せた。だが、九・一一の攻撃は、なんといってもカッターナイフのみで十分だったのだ（そして、すでにほぼ忘却の彼方となっている炭疽菌による攻撃は、アメリカの生物兵器研究所に特権的に出入りできる人物の仕業だった）。間もなくサンフランシスコのゴールデンゲート・ブリッジからニューヨーク市のペンシルベニア駅に至るまで、あらゆる場所で自動小銃を抱えた迷彩服の男たちがパトロールを開始した。

今回は、それまでの他の多くの災害と違い、ニューヨークの市民が敵として扱われることはなかった。今回、エリートパニックは別のところに現れた。政府は、民族、出生国、宗教などのカテゴリー上で少しでもテロリストに似た人物を犯罪者扱いした。結果、中東出身の男たちは、法的権利の説明も罪状もないまま、拉致され、拷問され、刑務所に入れられたので、彼らの人権や法的権利は完全に消滅した。被害者の中には移民だけでなく、アメリカやカナダの市民や、九・一一直後にアフガニスタンやその他の国々で捕まった男たちや少年たちもいた。さらにブッシュ政権は過去に例のない動きに出て、この囚人たちをいかなる国内法や国際法の保護からも外し、拷問と不法行為とアメリカ史上初となる無制限の行政権行使という新時代の幕を開けたのだった。ちょうど関東大震災でそうだったように、時に市民は自らの手で人を裁くよう刺激される。ここでは、間もなくイスラムや中東と関係した人々に対する脅迫や攻撃が起きた。すると、こういった人々と彼らの権利を守ろうとする反動が、個人や組織から湧き起こった。

ある意味、ブッシュ政権は、アメリカ合衆国を被害者に、政府をジョン・ウェインに見立て、お定まりのシーンと台詞満載の、独自の災害映画を制作したといえる。もちろん、クライマックスは、イラク戦争開始直後にブッシュを運んできて航空母艦のデッキに時速二四〇キロで劇的な着陸をした戦闘機だ。ブッシュは別にパイロットではなかったのだが、分厚い股当てのついた戦闘機用の服を着て、「任務完了」と書かれた大旗の前で意気揚々と、主要な戦闘活動は終了したと告げた。数年後に同戦争が泥沼化したときには、その場面を後悔したに違いないが、当時は政府を疑うことは非常に危険な行為だった。ジュリアーニのように、彼らは災害に奪い取られそうになった〝天命〟を取り戻していた。そして、それを彼らの手からふたたびもぎ取るには、四年後に起きた、さらに大きな災害が必要だった。だが、その最初の数週間から数ヵ月間、彼らは絶好調だった（もちろん、アルカイダも映画の中ではアラビア人の狂信者という役柄や、オープニングを飾るツインタワー崩落の大スペクタクル場面や、地球規模の戦いとしてのジハードという華麗な言葉など、随所で貢献した）。

戦争開始以来、止むことなくアメリカの爆撃を受け続けているイラクという破壊された国は、九・一一の直後には〝大量破壊兵器〟を所有し、またそれを使おうとしている強力な政権のもとにある国として見られていた。第二次世界大戦中にフランクリン・D・ルーズベルト大統領は国民に向かって「〝恐怖〟以外に、我々が恐れるべきものは何もない」と言ったが、恐怖やテロは休みなく培養されてきた。事実、対テロ戦争は、今の時代を代表するオーウェル式矛盾語法の一つになった――実際に世界からテロリズムという戦術を完全に取り除くのは不可能であり、政府が乗り出した戦争は恐怖を、もしくはテロを、鎮めるどころか煽っている。おもしろいことに、九・一一に続く数年間に一番怯えていなかったのはニューヨーカーで、対イラク戦争に反対して数十万人のデモ行進したのも、二〇〇四年にブッシュ政権に対抗する一票を投じたのも彼らだった。事件から半年もしない間に、犠牲者の遺族数人が、九・一一後に生じた数多くの反戦運動の一つ「NOT IN

OUR NAME」［わたしたちのための戦争だとは言わないで］を立ち上げた。事件からわずか数日以内に反戦運動を組織した人もいた。

多くの人の人生が事件により変わった。ユニオンスクエアを偉大な公開フォーラムの場に変える中心人物となったジョーダン・シュースターは、卒業後、社会的公正を求める活動家になり、わたしが会った二〇〇七年にもまだ組織のメンバーだった。ニューヨーク商品取引所のコーヒー砂糖ココア取引所の社長でCEOだったマーク・フィヒテルは、あの朝、髪の毛が逆立つほどの恐怖の中を、命からがら避難していた最中に、逃げ惑う群衆にぶつかって倒れ、小柄な老婦人に引き起こされるという経験をした。それでも速やかに家に帰ることができ、「一時間もしない間に、上級役員たち全員と話をし」ニューヨーク商品取引所のための災害復興計画をまとめあげた。[76] 組織はすぐに、通常どおりの業務を再開した。半年後、彼は職を辞し、イスラムについて「八〇〇時間」勉強し、今は同テーマで教鞭を執っている。

前出の生粋のニューヨーカー、トム・エンゲルハートは、九・一一が起きたときには五〇代後半の編集者だった。彼はニュース報道が我慢ならないほど不正確なのを発見するやオンラインで国際的な新聞の記事などから独自に他のバージョンを収集し、少数の友人に配信した。間もなく記事に添えられた彼の解説は独特の、雄弁で情熱的な長編コラムとなり、購読者は数百人から数千人に膨れ上がった。こうして彼はTomDispatch.comを始め、七年後も、一週間に三篇の長い政治論評を配信している。それらの論評の半分はすでに提携しているチャルマーズ・ジョンソン、ジョナサン・シェル、マイク・デイヴィスといった面々や、ニュース発信者としての新しい人生で彼が見つけた、または彼を見つけた他のライターたちが執筆している。その記事や論評は世界中のウェブサイトや、『ロサンゼルスタイムズ』紙から『ル・モンド・ディプロマティーク』紙にいたるまで、多くの新聞に取り上げられている。九・一一から一八カ月後に、わたしは広めてもらいたい、希望と歴史をテーマにしたエッセイについて彼に連絡を取り、以降、TomDispatch.com に定期的に寄稿するようになった。そのサイトのおかげで、わたしはその時々の問題について自身の考えを直接発することが可能になり、緊急の必要性が生じたときに以前より遠くまで声を届けられる、いわば政治問題のライターになることができた。そして彼は親しい友人になった。それらは歴史のスピンオフだ。

大多数は九・一一そのものより、ブッシュ政権の対応により触発されていたとはいえ、事件後、多くの人が政治問題に目覚めた。けれども、人々の反応は千差万別だ。わたしはツインタワーから一ブロックしか離れていない場所にある、オフィスを改造した美しいロフトに小さな子供二人と住む、ある若いカップルに会った。[*77] あの朝、彼らは図書館の本と、店に返品しに行くつもりの最近買った服を抱えて逃げた。彼らは結局、朝食用テーブルに置いてあったフレンチトーストから、子供のおもちゃ、衣類、本、その他あらゆる物を覆いつくしていた有毒性の埃がついに消え去り、グラウンド・ゼロの瓦礫の中でくすぶり続けていた火が完全に消えるまで自宅には戻れなかった。それは翌年の一月だった。多くの人にとって、災害は数週間または数ヵ月続いた。だが、住宅のないビジネス街として描写される地区の忘れ去られた住民であるこの家族にとって、災害は数年続いた。しまいに、このカップルの夫は悲観論者になった。彼は、まわりの世界が崩壊したあの日より前に撮られた家族写真にある自身のにこやかな笑顔を〝無邪気〟だと言い、今はＰＴＳＤに苦しんでいると自認していた。「もうけっして以前のようにハッピーにはなれませんね。いつでもビクビクしてるんです」。彼は不安に蝕まれていたが、妻のほうは不安を受け入れていた。

紆余曲折はあったものの、彼女は最終的に楽天家になった。政治の内部にいる人間として、彼女は最初、あらゆるコネを使って、次の攻撃はいつかを調べようとした。そうすることで、まわりで起きていることに対して主導権を握ろうとしたのだ。「でも、ある日突然、そんなことは絶対に知りようがないってことに気づいたんです。すると、雲が晴れたように気持ちが楽になりました……ある日、すべてがどこかに去ったけれど、それがなぜかはわからない。まわりをコントロールするのは無理だし、そんなことを知るのは不可能なんです。わたしが必死になって忙しく動き回って復興させようとしたこの一帯は、まだ巨大な傷跡のままです。わたしの子供や、まわりの人たちの半分は、わたしのこと、頭がおかしくなったと思っていました。あとの半分の人はヒーローだと思っていたようだけど。それもまた問題だったのです。ある夜、ここに座っていると、信じられないほど美しい夕日がかつてツインタワーのあった場所に見えて、すべてがそのままで素敵でした。もとの正常な状態に戻ることは、カオスに戻ることなのです」。さらに彼女は付け加えた。「わたしの神話の一つは、何らかの運動をするには、わたしは生まれるのが遅すぎたけれど、ほら、ここで一つチャンスが与えられたということなのです」。付近の住民は、自分たちの権利や、現実的な安全基準や、損害賠償などを求めるための組織を作り、その過程で団結した。彼女は参加はしているがリーダーの役を担っているわけではなく、また、自分のアイデンティティをリーダーシップに頼る人間にもならなかった。彼女はまた、生死に関わる病気も経験した。その二つの経験のあとで「信仰に目覚めたのです。今では、恐ろしいことが待ち受けていたのに、それが起きなかったことに感謝しています。三千人が亡くなったけれど、二万五千人は助かった。三千人であって三〇〇四人ではなかったおかげで、わたしたちは今ここにいるのです。想像上で同情深くなるのは簡単だと思うんです。悪いことが起きたときにこそどんな振る舞いをするかが大事だってよく言われますよね。でも、それは簡単なのですよ。物事がうまくいっているときにどう行動するかが、本当は問題なのです」と彼女は語った。

九・一一の直後には、消防士、警官、役所の職員、ボランティアの職員など、大勢の公僕が集まって、機能不全に陥ったシステムに対処した。市民自身は、港湾局の「その場にとどまるように」とのアドバイスに逆らってワールドトレードセンター・ビルから逃げることに始まり、大規模な救助活動の組織化にいたるまで、大きな決断をした。ペンタゴンが対処できないでいると、市民はユナイテッド航空九三便の中で劇的なアクションを起こした。おそらく乗客たちの間で迅速な同意に達し、行動を起こしたのだろう。それは単なる相互扶助と利他主義の瞬間ではなく、ユニオンスクエアや、診療所や、仮設の炊き出し所や、ボランティアたちの間に存在した直接民主主義の瞬間でもあった。人々は何かをしようと決断し、たいていは見も知らぬ人と力を合わせ、実行し成功した。これは無秩序な無政府状態ではなく、クロポトキンがいうところの自発的決定の無政府状態だ。これはまた、公的機関が対応不能になり、市民社会が機能する、災害時に典型的な現象である。これは権威が不在のときに、市民の中に、少なくとも束の間の活発な市民社会を作る意志も、そして能力も存在している証拠だ。

市民がその機知を結集させたとたん、ブッシュ政権の緊急のキャンペーンは、アメリカをテロリストから取り戻すことではなく、市民からそういったものを取り戻すことになった。キャンペーンはおおむね成功した。ある重要な意味で九・一一は例外的で、普通なら事件のあとはすべてが変わるはずだった。言い換えれば、それは、救助隊、相互扶助、公開フォーラム、さまざまな形のエリートパニックの揃った典型的な災害だった。メキシコ人が災害後の政府を相手にした権力争いに勝ち、いや、少なくとも、いくつかの意味のある闘いに勝利を収めたのに引き換え、アメリカ人は九・一一後の闘いのほぼすべてに負け、権利もプライバシーも縮小した軍事社会に甘んじることになった。アルゼンチン人は九・一一の三ヵ月後に起きた突然の経済破綻を社会が再生するチャンスに変えたのに、アメリカ人はそんなチャンスも見逃した。アメリカはますます右翼的解決法を愛する国になり、軍国主義と個人主義と大量消費主義が他の可能性を押し流してしまった。アルゼンチンは、そのとき、独裁体制と抑圧と外国からの干渉の長いトンネルの出口に差しかかっていた。だが、ワールドトレードセンター・ビルの廃墟の中から生まれたものを描写する言葉は、まして賞賛する言葉は失われた。そして、フレキシブルな社会の中で、相互扶助、利他主義、協力、即時対応的行動、権利の拡大といった資質がどんな役割を演じられるかというビジョンもまた失われた。戦時下の論理は、うやうやしい服従によく似た愛国心を吹き込むのが得意だ。市民社会は事件後の数時間や数日間には勝利したが、政府により聞かされ、メディアによってくり返し宣伝されたもっと聞き慣れた話の前には敗北してしまった。四年後、そのバランスは少し崩れることになる。

第5章

ニューオーリンズ：コモングラウンドと殺人者

NEW ORLEANS:
COMMON GROUNDS AND KILLERS

それはどんな違いを生むだろうか？

大洪水と銃

最後の最後に、アトランタに避難する娘の車に拾ってもらい損なったクララ・リタ・バーソロミューは、ハリケーン・カトリーナの暴風を避けるため、姉から相続した自宅のクローゼットに逃げ込んだ。彼女は気丈夫ではっきりものを言う六一歳の女性だ。二〇〇五年八月二九日、月曜の午前六時、彼女は怒号のような風の音で目覚めた。最初はバスルームに避難したのだが、そこから近所の家の一部分がもぎとられるように吹き飛ばされるのが見えると、家の中で一番安全なクローゼットに隠れた。やがて強風が収まったようなので、クローゼットを出て窓から外を覗くと、一時停止の標識の高さまで水がきていた。彼女の家は地面より高く造られているにもかかわらず、すでに三〇センチほど浸水していた。そこはニューオーリンズに隣接するセント・バーナード郡で、その郡全体で洪水の被害から逃れられたのはたったの四軒だった。彼女はまだ知らないが、ミシシッピ川がメキシコ湾に注ぐ河口部分の堤防が全面的に決壊していた。海から入ってくる商船のために作られたこの人工バイパスは、ハリケーンの高潮をメキシコ湾からまっすぐ内部に突入させるので、ハリケーン・ハイウェイとの異名を取っている。水が脚を這い上がり始めると、彼女は屋根裏部屋に上がる階段室に掛け金を下ろして、上をめざした。

そこで、屋根裏部屋の屋根の一部が吹き飛ばされているのを発見した。しかも、そんなに高くに上がってもまだ、水は手が届きそうなくらい迫っていた。「だから悲鳴を上げて、大声でわめいたの。『死にたくない、神様、助けて、お願い。わたしが何をしたって言うの？』ってね。それで、一瞬目を閉じると、大きな波が……二つの大きな波がぶつかって、わたしに襲いかかってきた。それがしぶきになり、他のすべての家の上に広がったわ。それは、この家が高く造られているからなんだけど、それでもついに水を被ったの。風は吹き続けたわ。ずっと吹いていた。手を伸ばすと、上がってきた水に届いたわ。水は澄んで、きれいだった。叫び続けたわ。『お願い、神様、わたしを死なせないで。お願い、助けて！』って。すると、生まれてこのかた一度も見たことのない、いろんな動物が家の中に入ってきたの。ついに勇気を振り絞って下を見たわ。天井がすべてなくなっていた。窓もすべて、裏口のドアもよ。あらゆる種類の動物が、あらゆる種類の鳴き声で鳴いていた。わたしの足元までやってきたので、走って逃げたけど怖かったわ。それでとうとう観念したの、これで終わりって。波が家の裏側を襲い、揺さぶった。だから祈ったわ。『神様ってば、ああ、わたしが泳げないこと、知ってるでしょう？』それから、四時間くらいもちこたえたあとに、とうとう屋根に上がる階段に立っていた。疲れてるの、神様、わたし、疲れてるのよ。でも、もしここで眠ったら、溺れてしまう。すると、また風が吹き出した。ついに風がやんだのは三時ごろだったに違いないわ。白人のカップルがわたしの前を溺れながら流されていった。その人たち、なんとか川にたどり着こうとしていたわ[*1]」。それは、ミシシッピ川沿いの高台にたどり着こうとしていたという意味だ。そこまで行けば、水から這い上がれるかもしれない。バーソロミューはもがいている二人に声援を送った。

「そのとき、高潮のような……大きな波がやって来て二人を飲み込んだの。ああ、あの娘、悲鳴を上げた。叫んで、叫んで、叫んで……。その間も風は吹き続けていて、霧雨も降っていて……すると、死体がわたしの目の前を流れていったの。何かでその遺体を引き寄せられないかと、屋根裏部屋を見回したわ。でもそのとき、大きなアリゲーターが死体を追っていった。ああ、わたしはその場で固まってしまった。動けなかった。そのあと、風は収まり、雨も止んだの。近所の人が屋根の上にいるように見えたから、大声で呼んだわ。すると、突然、きれいなカモメがやって来た。続いてペリカンも。彼(近所の人)はシャツを着ていなかったから、鳥は死肉でもつつくように、彼をつつき始めたの。すると彼はショットガンを取り出して、鳥を撃ち始めた。また風が吹き始めた。吹いて、吹いて、吹きまくった。だんだん疲れてきたわ」。屋根裏部屋で姉の聖書を見つけ、『詩篇』を読み、犯した罪を懺悔したという。すると、誰も乗っていない美しいボートが漂ってきたので、神からの合図だと受け取り、彼女は死を覚悟した。

ハリケーン・カトリーナの最中には、実際、多くの人が死を覚悟した。結局、一六〇〇人以上が亡くなったが、重い病気を患っていて、何が起きたのかわからないまま亡くなった人もいれば、ハリケーンや洪水のせいではなく、水の流れが落ち着き、風も止んだ数日後に、脱水症状や熱射病、薬品不足、さらには殺人の犠牲になった人々もいた。バーソロミューがラッキーだったとは言い難いが、とにかく命は助かった。ばらばらになった屋根裏部屋にしばらくとどまっていた間に、彼女は棺桶や、死体や、家畜や野生動物の生きているのや死んだのやらが流されていくのを見た。すると白人の若いカップルが仕切っているボートが通り過ぎた。「ついに、その白人の娘が『誰かが叫んでいるのが聞こえるわ』と言うのが聞こえたの。でも、若者のほうは『いや、あれは水の流れる音だよ』って言うじゃない。すると娘が『違うわ、モーターを止めて』って言ってくれて、若者がモーターを止めたとき、わたし、何をしたと思う？　声を限りに『わたし、クララ・リタです！　生きてます！』ってわめいたのよ。若者が屋根の破れ目までやって来て、わたしを見て、『どうやって、あの中を生き延びることができたんですか？』って言ったわ」

ボートに乗ると、やはり救助された隣人が、そのあたりをアリゲーターが泳ぎ回っているのを見たと話し、また別の人は水かさが増してくる中、屋根から屋根へと逃げ惑ったと話していた。彼らのボートはセント・リタズ介護施設を通り過ぎた。そこでは、建物内に急に流れ込んだ水により、三五人の老人や身障者が溺れて亡くなっていた。クララ・リタを助けた郡の職員の若者とその妻は、自分たちのボートで約一〇〇人の取り残された住民を救助したそうだ。その週、大勢のボランティアが小さな船で大挙して、はっきりした数字はわからないが、何千人とも何万人ともいわれる人々を救助して、水の来ていない場所に運んだ。バーソロミューはどこかの高校に降ろされ、その夜は床の上で眠った。そこからテキサス州ヒューストンのアストロドームに移り、わたしが会ったときには、サンフランシスコにある空っぽのアパートに住みながら、自宅を修理するために、ニューオーリンズに帰る許可が下りる日を待っていた。彼女は想像を絶する黙示録的な試練に耐えてきたが、その苦難は比較的少ない段階《ステージ》から成り立っていた。暴風と洪水の段階、避難の段階、アストロドームでのひどく不快な日々、そして異郷での長い生活。

ニューオーリンズの多くの住民が、もっと多くの段階を体験した。ニューオーリンズ郊外の平屋に住んでいた二四歳の青年コリー・デラニーは、父親と体の不自由な母親、さらに数人の親戚とともに、市内にある二階建ての叔母の家に避難した。*2 そこから、すべてが悪い方へと回り始めた。一階にあったものがすべて水に浮かび、救助は来なかった。水が階段を上り始めた。彼らは二階に取り残され、屋根にヘルプの標示を出したが、救助は来なかった。飲み水はなくなり、ヘリコプターはただ行き交うだけで降りては来ず、デラニーは窓の外に銃を向け続けた。三日目、彼が筏作りに取りかかると、やっとボートがやって来た。彼は母親を抱きかかえて運び、親戚が車椅子を運んだ。集合場所は銃を抱えた男だらけだった。M一六自動小銃を手にした警官に、州間ハイウェイの上まで歩いていってバスを待てと言われた。彼らは二千人くらいの住民といっしょに待った。バスは確かに来始めたが、止まらないバスもあり、止まったバスも体の弱そうな人たちから乗せていった。

気づくとデラニーは二五人ほどの住民とグループを作り、それが社会ユニットとして機能し始めていた――カトリーナのせいで立ち往生した多くの人々がこのような急造のコミュニティの一部となり、助け合い、ともに決断した。しかし、蒸し暑さの中で、陽射しを反射する水に囲まれた日陰のない高架のハイウェイでアスファルトの上に座っていることは、体の弱い母親には忍耐の限界を超えていた。警官の一人がやって来て水をくれたが、次に回ってきた警官たちは、「M一六自動小銃とAK四七自動小銃を撃たんばかりに構えながら、車から降りてきた。そして、おれたちがまるで逃亡者ででもあるかのように、まず全員に後ろに下がれと命じ、銃を突きつけて『お前らのためのバスは来ない。自分たちでなんとかしろ。スーパードームまで歩くんだな』と言ったんだ。それで、おれたちはドームまでママの車椅子を押しながら歩いていった。誰も助けてはくれなかった。みんな、ただ車で通り過ぎて行くだけ。ボートで通り過ぎて行った人たちは、おれたちがホームレスか難民か何かだとでも思ったのか、写真を撮っていた。おれたちはさらにもう二晩、州間ハイウェイの上で寝る羽目になった。外で寝るのはもう五日目だ。みんな、ただ苛立って、でも、どうしていいかわからなかった。ママの上にテントを張って、日陰を作ってやらなきゃならなかった。脱水状態になっていたからね。ママはほとんど何も食べてないし、飲んでもいなかった。というか、死にかけていたんだよ。だから、おれたちは祈った。他の人たちも来て祈ってくれた」。彼は人々に助けを求めたが、無駄だった。最終的には、州兵にトラックに乗せられてメテリー郊外に運ばれ、そこで母親は避難の優先権を与えられた——さらわれるようにどこかに連れていかれ、それから何日間も家族とばらばらになった。その後、やっとのことで、残りの家族もテキサス行きのバスに乗ることができた。だが、「着いたのは、有刺鉄線のフェンスで囲まれ、スナイパーが配置された強制収容所のような場所だった。おれたちが何か悪いことでもしたかのように」。このインタビューをした時点では、彼はミネソタにいた。それは外国に行くのと変わらないくらい遠い。

次々と銃を突きつけられる羽目になったのは、彼だけではなかった。人種差別と天災の巨大さに煽られ、ハリケーン・カトリーナのあとのエリートパニックは異常なレベルに達していた。それが独自の災害を生み出し、カトリーナの被災者たちは危険な極悪人だと見なされ、災害への対応は救助から統制へ、さらにそれ以下へとシフトしていった。カトリーナは災害の連続だった。それは嵐という自然災害に始まり、セント・バーナード郡とニューオーリンズの大部分を水没させた堤防決壊という明白な非自然災害へ移行し、次に避難先と支援に対する政府の度重なる失策や拒絶が生んだ社会的破壊へ、そして、地域の、次に州の、ついには連邦当局が被災者を罪人と決めつけ、ニューオーリンズを監獄の街に変え、多くの人々に銃を突きつけ、避難を許さず、殺したり、死ぬままに放っておいたりした、言語道断の大惨事へと移っていった。

もちろん、キャスリーン・ティアニーがわたしに指摘したように、カトリーナはただの災害ではない。それは、スケールの上で、アメリカ史上、匹敵するものがないほどの大破壊だった。「緊急事態」とは局地的なものだ——たとえば、家の火事や、病院の床上浸水などのように。「災害」は一つの市や小さな地域に及ぶ。一九〇六年のサンフランシスコ地震では、人々は湾を越えて避難できたし、そもそも市の半分の建物は倒壊せずに建っていた。九・一一では、ロウワー・マンハッタンから逃げ出しさえすればよかった。マンハッタン島の他の部分や他の区には影響がなかった。九月一一日には、ニューヨーク市の多くの人々が、家で座って、テイクアウトの料理を注文し、テレビ番組『攻撃されたニューヨーク』を見ていたのだ。一九八九年のロマ・プリータ地震では、一日後には電力が復旧したので、住民は市の中心部にある自宅に座って、全国放送のテレビニュースで、自分の街の破壊状況を眺めた。だが、カトリーナの場合、ニューオーリンズの八〇パーセントが冠水し、電気・ガス・水道などのライフラインのすべてが破壊され、もしくは少なくとも一時供給不能になり、南の沿岸地域の二三万三千平方キロが被災地に認定された。最も被害が大きかったミシシッピ、アラバマ、ルイジアナの三州では、被害は内陸の奥深くまで及んだ。ビロクシで波の壁の高さが九メートル近くにもなった高波だけをとっても、海岸から何キロも内陸まで海水を押し込んだ。ニューオーリンズの下九区のような場所は数週間も水没したままで、ライフラインの復旧には数ヵ月もかかった。多くの場所が、二〇〇五年八月二九日以前の姿に戻ることはけっしてないだろう。永遠に引き裂かれてしまったコミュニティやばらばらになった家族は数知れない。

しかし、堤防決壊のあとに起きた数多くのことは、起きる必要がなかったことだ。それは恐怖により引き起こされた。ティアニーが「社会的混乱に対する恐怖、貧乏人やマイノリティや移民に対する恐怖、火事場泥棒や窃盗に対する強迫観念、すぐに致死的手段に訴える性向、噂をもとに起こすアクション」を特徴とするエリートパニックについて論じたのは、おそらくエリートパニックのケースとしてはアメリカ史上最悪だったカトリーナの直後だった。ニューオーリンズは長い間、犯罪率の高い都市だったが、カトリーナの直後にメディアや当局が作り上げた凶悪犯だらけの神話的な街は、彼らの想像の中にしか存在していなかった。その思い込みが、最も犠牲になりやすい何万人もの命を奪ったのだった。

あるべきところに遺体がない

「もしある考えではなく、別の考えが正しいとしたら、それは実際にどんな違いを生むだろうか?」と、ウィリアム・ジェイムズは実用主義《プラグマティズム》についての二回目の講義で問いかけた。カトリーナ襲来の数時間後、数日後、数週間後に、ある意見をもつ者たちが多くの死を引き起こし、他の意見の者たちは多くの命を救った。人間性についての噂や嘘や証明されていない潜在的な思い込みに煽られた恐怖が、ニューオーリンズを二度目のハリケーン・カトリーナのように襲ったのだ。レイ・ナギン市長とエディ・コンパス警察署長(ともにアフリカ系アメリカ人)が、恐怖と不安の雰囲気をつくるのに一役買った。およそ二万人の住民が、最後の手段として避難用に開放されたダウンタウンのスーパードームに避難したが、そこには供給できる食料や水の量にしても、非常用電力にしても、とてもその人数をまかなえるストックはなかった。屋根の一部はハリケーンに吹き飛ばされていたし、トイレは水が逆流し、配管は壊れ、そのせいで汚水が他のすべての設備に漏れ出ていた。エアコンもなく、電力が足りないため、内部は暗くて悪臭漂う混乱状態のオーブンになった。ドーム周辺はコンクリートで一段高く固められていたが、その外側は大部分が浸水していた。避難民は外に出ることが許されず、権力者たちに対する恐怖の虜になった。残忍な行為についての噂が飛び交う。コンパス警察署長は、テレビのトークショーで司会者のオプラ・ウィンフリーに「あそこには小さな赤ん坊もいます……赤ん坊の何人かはレイプされています」と話した。[*3] 彼はテレビカメラの前で涙をこらえきれず、しまいにはわっと泣き出した。さらに、市長のナギンはスーパードームには「ギャングのメンバーが何百人も」いて、レイプや殺人を犯していると報告した。[*4] オプラの番組で、彼は国中の視聴者に向かって「あの〝クソ〟ドームにいる人たちは、この五日間、ならず者による殺人やレイプの場面や、死体を目撃している」と語ったのだ。[*5]

スーパードームやコンベンションセンターが悪の巣窟になったという噂が広まっていたにもかかわらず、報道はしばらくの間、冠水しなかったエリアでの商店の略奪に集中していた。大興奮状態での人々の略奪行為が極度なレベルに達したため、ハリケーン襲来から二日半後の八月三一日、とうとうナギン市長とキャスリーン・ブランコ州知事は緊急要員（主に警官と州兵）を捜索救助活動からはずし、略奪の阻止に集中させた。要するに、人命よりも物を守ることを選んだのだ。そのように言うと、この決断は奇妙に聞こえるだろうが、略奪という言葉はある種の人々に混沌や危険や無限の残忍行為といったイメージを生じさせ、理性を失わせる。もしわたしたちが物に対しては無関心で、人命に対して圧倒的な重きを置いたなら、どんな違いが生まれるだろう？　ブランコ知事が言った。「彼らはわたしの要請した四万人の特別部隊の一部だ。彼らはM一六自動小銃を携帯している。弾も装塡されている……わたしはあの無法者どもにメッセージがある。隊員たちは撃ち方も殺し方も知っていて、必要なら、そうすることも厭わないし、わたしもそうしてくれることを期待している」。[*6] これでは、略奪を何よりも恐れたサンフランシスコ市長による悪名高い「射殺」宣言から九九年経ったのちも、なんら変わっていない。

メディアはこういったヒステリックで単細胞なリーダーたちの発言を、ゴーサインと受け取った。CNNは「暗い通りでは、凶暴なギャングどもが警察のいないのをいいことに、やりたい放題に振る舞っている。無謀にも家から外に出ようものなら、強盗に襲われるか、撃たれかねない。まさに非常事態だ」と報道した。[*7] 多くの弾が発射されたのは事実だが、いわゆるギャングにより誰かが撃たれたり殺されたりしたという証拠はない。何人かの警官が撃たれたという噂や、救助ヘリが乱射を受けたという風聞は、のちに取り消された。そういった無分別な行為は、民衆の退行的で野蛮なパニックというイメージにぴったり合う。九月一日付の『ニューヨークタイムズ』紙には、「略奪者がはびこった結果、水曜にはニューオーリンズは完全な無法状態に陥った……彼らはずうずうしくもゲートを打ち破って店内に侵入し、食料や衣類、テレビ、コンピューター、宝石、銃などをあさった」という記事が載った。[*8] 警官も略奪していたのだが、そのニュースが出たのはあとになってからだ。そのときは、警察がウォルマートを襲っている様子が、全国ネットのテレビに映し出された。[*9] 彼らはまた、キャデラックの販売特約店にあった在庫の車もすべて略奪した。盗んだキャデラックを運転してテキサスまで逃げた警官もいた。後日、営業を再開したとき、ディーラーは南部独特のぶっきらぼうなユーモアで、広告看板に「ニューオーリンズの市警もご愛用」と入れた。

〝略奪《ルーティング》〟という語は、英語の語彙から削除すべき扇情的で不正確な言葉だ。それは二つの異なる行為を含んでいる。一つは〝窃盗〟。だが、もう一つは〝調達〟で、それはすなわち、緊急時に必要な物資を確保することを意味する——これには一九〇六年のサンフランシスコ地震のときに、救世軍のボランティアや知的職業に就いている裕福な人たちが、怪我人のための薬を手に入れるために薬局に押し入ったケースなどが当てはまる。そのような調達は、日常生活のルールより生存や救助を優先した選択であり、異常な状況においては完全に適切な反応である。カトリーナ後の数日間には、営業している店は一つもなかったといっていい。多くの場所で金は役に立たなかった。必要な品を手に入れる唯一の手段は、ただ取ることだったのだ。

弁護士のピーター・バーコウィッツは、ロヨラ大学への入学手続きをする息子とともにニューオーリンズを訪れていて、他の何千人もの旅行者や訪問者とともに足留めを食らった。彼らはコンベンションセンターに隣接したリバーウォークモールの近くで野宿をする非地元民の大きなグループに加わった。コンベンションセンターもまた、ドームと同じように、最初に大規模な緊急避難所となり、終わりのない恐怖の噂の発信源となっていた。バーコウィッツは、のちに広く一般にも読まれた母親宛の手紙で、彼のグループはダッフルバッグを持った警官がショッピングモールに押し入るのを目撃したと書いている。「それが、わたしたちにとっても、ショッピングモールを開放するきっかけとなったのです。食料、飲み物をかき集め、店を見て回りました。他の旅行者たちもやって来て、わたしたちに加わりました。椅子とテーブルをショッピングモールの外に持ち出しました。警察が〈フットロッカー〉などの店を開けたので、服や靴も取り放題になりました。わたしは野宿用に寝具を探して歩き回り、ベッド代わりに使用するための寝具をいくつか頂戴し……一日中、計画的にそこに出入りして、食料や必需品を調達しました[*10]」

彼らには、他の何万人もの人たちと同じく、はたして救援がやって来るのかどうか、やって来るとして、それがいつになるのかは見当すらつかなかった。メディアは自由に街を出入りしていたが、市民を避難させるという約束の履行はなぜか遅々として進まず、多くの人々が、実は新しい指令が出ていて、自分たちは死ぬなり生き延びるなり勝手にすればいいと、見捨てられたに違いないと信じていた。そのような状況のもと、ある人は怒りに触発され、ある人は機に乗じて不必要な品まで取ったようだ。だが、ほとんどの人が自身が生き延びることや、弱い人を助けることに精一杯で、物にまで考えが及んだ人は割合からすればごく少数だった。サバイバルには調達が必要だ。ハリケーンのもたらした短期間の危機が、人々がニューオーリンズに閉じ込められた長い一週間に変わるにつれ、食料、水、おむつ、薬やその他の多くのものが不足し、店から補給されるようになった。左派系のメディアや、Ｅメールで写真を送る人々に続き、ついにはＣＮＮでソルダッド・オブライエンが「必要な物資を調達するアフリカ系アメリカ人のニュース写真には『略奪』、同じことをする白人の写真には『必需品を調達』とタイトルが付けられる」と指摘した。火事場泥棒と押し込み強盗はアメリカの災害では歴史的に見ても稀で、多くの災害学者がそれも災害につきまとう神話の一つだと考えていた。カトリーナの際、そのような機に乗じた犯罪がいくつか見られたが、このような窃盗についてまず浮かぶのは、子供の死体が汚水に浮かび、取り残された老女が高温と脱水症状で死にかけているときに、電子機器が代金を支払われないまま、どこかに運ばれていくことを気にする人なんているだろうかという疑問だ。

だが、実際には、災害対策の優先順位と、この災害の公的イメージを決定した人たちを含む、かなり多くの人がそれを気にしたようだ。したがって、災害時に初めて大規模な窃盗が発生したのは、フロリダ州とバージン諸島だったという事実については触れておく価値があるだろう。クアランテリがこの現象について書いている。バージン諸島のケースでは、すべてを混乱に突き落とす災害にあって、窃盗は極度な貧困と社会的不公平を緩和する手軽な手段になった。一九九四年に犯罪学の事典に彼が書いた略奪の項には「日常的に頻繁に窃盗が行われていて、そういった行為に対する社会的制裁がゆるい社会がある。そのような社会が大きな災害に襲われると、ただ通常のパターンがさらに高い率で継続することになる」[*11]とある。以前から犯罪率の高かったニューオーリンズでは、カトリーナのあとには、数多くの機に乗じた窃盗があった。とはいえ、正確な数はわかっていない。百件、千件？　それとも一万件？　概算した人はいないようだ。市内に置き去りにされた人々の多くが、完全に見捨てられたと感じ、それは自分たちが黒人だからだと思った人もいた。あながち根拠がないわけでもない。テレビのコメンテーターすら、「いくらおろおろして決断できないでいるとはいえ、連邦政府は、裕福な白人地域ならば、こんなに何日も住民を苦境の中に放り出しておくことはないだろう」と発言していた。避難と救援の約束が果たされないまま日一日と経過するにつれ、カトリーナは、やはり略奪が横行する内乱や暴動などと変わらない社会的恐慌の様相を呈していった。略奪についてはもうこのくらいでいいだろうが、もう一つだけ記しておきたい。災害時には、人々はよく略奪を恐れて自宅に残ろうとする。つまり、一般的でない現象が一般的な恐怖を生み、危険な行動を引き起こすのだ。

　ニューオーリンズに取り残された人たちの多くが高齢者や病人で、さもなければ、体の弱い人々や、小さな子供を抱えた母親や、離れ離れになったり誰かを置き去りにしたりするのに耐えられなかった大家族だった。こういった逃げなかった人々を非難する声も高かったが、彼らの多くが車やガソリン代にしろ、行き先にしろ、その手段を欠いていたのだ。月に一度の給与でかつかつの生活をしていたため、ハリケーンのあった八月末には、すでに生活費が底をついていた人も多かった。

また、ニューオーリンズから出発する便がキャンセルになったせいで、旅行者も大勢、取り残された。家や家財を守るために残った人々もいた。医師や看護師など、避難できない人々の世話をするために残った人もいた。ハリケーンが襲来する前の週末ごろに避難命令が出たが、そのための手段は提供されなかったのだ。

八月三一日の水曜になるころには、カトリーナは自然災害どころか、堤防決壊や都市の水害といった人工的な物理的災害すらはるかに凌駕する何かに進化していた。それは社会・政治学的大惨事だった。貧しいアフリカ系アメリカ人が大半を占める住民が、暑くて不潔な破壊された街で苦しむ様を、世界中が見つめた。子供は泣き、大人たちは救助を乞い、多くの顔に無力感と絶望があった。最も弱い存在である老人たちは不必要に亡くなった。そして、しばしば彼らの遺体がコンベンションセンターやスーパードームの外で悲しみに暮れる家族に取り巻かれているところが、生放送された。彼らは完全に見捨てられたのだ。それは大きな犯罪であり、国の恥だった。ことの始まりは置き去りにされたにしろ、逃げ場を失ったにしろ、そのあとでニューオーリンズがどのような経緯で格子なき牢獄になっていったかは、のちに語られる。そういった状況下で、怒って無謀な反応を示したり、その機会に自分たちの資産を増やそうと試みたりする人が出てきたのは、別に不思議なことではない。社会崩壊は、泥棒が横行した時点で始まるのだろうか？　それとも、ある人々が泥棒の疑いのある人を殺そうとした時点だろうか？　もしくは、弱者が見捨てられ、見殺しにされたときだろうか？　権力機関が避難と救助を阻止したときだろうか？

あの数日間、米連邦緊急事態管理庁（ＦＥＭＡ）は、ボランティアの救出隊員、バス、支援物資を積んだトラック、船上医療設備や飲料水や必需品を搭載した巨大な軍艦からアムトラック〔全米鉄道旅客輸送公社〕（電車は救助のためにいつでも出せる態勢にあった。最終的には出動し、バスよりはるかに効率よく大勢の人々を運んだ）まで、すべてを追い返した。ニューオーリンズに入ることが安全でないというのが、その主な言い訳だった。避難用のバスを出す契約は、ブッシュ政権の支持者が経営する会社と結ばれたが、その会社はトラック専門で、バスは扱っていなかった。[*12] そこで、同社はバス会社を探し出し、下請け契約を結ばなくてはならなかったのだが、これが信じられないほどの遅れを引き起こし、ブッシュ側には不当な利益をもたらすことになった。この行政上のえこひいきは、一種の略奪以外の何ものでもない。壊れた屋根に防水シートを掛けるといった程度の仕事に大手の会社と契約を結び、法外な料金を支払ったのも同じだ。FEMAは、九・一一後に創設された国土安全保障省（DHS）の傘下に入っていたのだが、DHSはテロリスト対策で手いっぱいで、彼らが守るはずの国民が直面する他のすべての危険をおろそかにしていた。

メディアはこの突発的な出来事に際し、底力を発揮すると同時に同じくらい破綻し、史上最高の仕事と最低の仕事をした。破壊された地域には、いつもの危険を冒さない、人当たりのいい役割の殻を破って報道したジャーナリストたちがいた。彼らの情熱と勇気と思いやりは、間もなく、避難の次には救助そして救援（食料、水、医薬品に加え、日よけ、公衆衛生など。地獄と化したニューオーリンズを出て行くための交通手段はいうまでもない）の提供に、ことごとく失敗した政府に対する憤りへと変わっていった。こういった人たちの中には、大新聞の記者や、テレビ界の大物ジャーナリストたちもいた。[*13] だが、一方で、凶悪犯罪、スナイパーや略奪者、多数のレイプ、大量殺人や人質事件など、蛮行の数々についての裏付けのない噂を広めるのに躍起になった編集者やプロデューサーや、無関係のジャーナリストやコラムニストたちも大量にいた。こうしてテレビ局や新聞社が噂を広め始めると、カトリーナという社会的危機はよりいっそう深刻化した。

サミュエル・プリンスも、爆発事故により引き裂かれたハリファックスの街について自分の目で見たことを報告したときには気前の良さや勇気や必要なものについて述べているのに、ジャーナリストの友人の作り話を引用する部分では、死体や瀕死の人から盗みを働く墓場荒らしを持ち出した。九月末から一〇月初めにかけて、貧しい黒人が野蛮な略奪者になり、レイプし、人を撃ち、殺し、まわりを恐怖に陥れているといった話のほとんどが、少なくとも新聞からはひっそりと姿を消した。だが、すでにダメージは起きていた。少なくとも一つにはそういった扇動的な話のせいで、ニューオーリンズは被災者が危険人物として扱われる広大な監獄になった——サンフランシスコの昔の悲劇が九九年後に繰り返されたのだ。人々は噂を事実として受け取った。そして、そのでっち上げの事実を、はるか昔にあった事実を再確認するものと見なしたのだった。

ニューオーリンズの新聞『タイムズ・ピカユーン』紙の都市圏編集長ジェド・ホーンは「この一〇年間、人種や性差に関する無神経な記事について、飽きもせず自社やライバル紙の記事を批判してきた大新聞の記者すら、驚いたことに、ステレオタイプをよみがえらせることには何の抵抗も感じないのだということが証明された。そのステレオタイプは、実際より悪いどころか、のちに嘘であったことが判明した。集団レイプや残酷きわまりない殺人の噂をたった二、三回聞いただけで、記者たちは、それが裏付けのある話だと断定し、記事にした……市長や警察署長までがその噂を事実として広めていたというのが彼らの言い訳だが、それではジャーナリズムの信頼性は維持できない」と書いた。つまるところ、噂がテレビや新聞に載ったのだ。

次にコメンテーターたちは哲学的になっていった。遠くイギリスでは、政治コラムニストのティモシー・ガートン・アッシュが、ニューオーリンズで起きていることは、ホッブズの説の再確認であると確信した。「カトリーナは、わたしたちが立っている文明の殻が常にきわめて薄いということを教えてくれる。一度の揺れで、わたしたちは滑落し、死に物狂いになり、まるで野犬のようにまわりを引っかき、えぐる。食料、飲料水、住まい、最低限の身の安全といった、組織だった文明生活の基本要素が取り除かれると、わたしたちはたった数時間で、万人が万人を敵として闘うホッブズ的な自然状態に回帰してしまう。時には英雄的に団結した行動を取る人たちもいるが、大半の人々がほとんどの場合、個人と遺伝子の生存をかけて容赦ない闘いを繰り広げる。一時的に天使になるのは少数で、多くは類人猿に退行する」[*14]。アッシュはビクトリア時代に流行った、文明は薄い殻だという決まり文句まで生き返らせた。さながら、堤防が決壊し、非常に危険なステレオタイプが洪水となって、すでに困窮しているニューオーリンズの人たちを襲ったかのようだ。

九月三日、『ニューヨークタイムズ』紙のコラムニスト、モーリーン・ダウドは大衆の視点をこのようにまとめた。

「ニューオーリンズは、無政府、死、略奪、レイプ、暴漢、苦しむ罪なき人々、破壊されたインフラ、形骸化した警察、不十分な部隊の人員、犯罪的に怠慢な政府の計画が混在する巣窟だ」[*15]。このころには、すでにスーパードームには何百人もの殺人の犠牲者の死体が転がり、そこら中で子供がレイプされ、凶器を手にしたギャングどもが通りという通りで略奪していることになっていた。人食いの噂まであった。地理的に近い場所にいる人々はこういったおぞましい物語の多くを信じ、それが彼らの恐怖と混乱を増大させた。遠くに住む人々もまた信じた。そして、噂の取り消しはあまりにひっそりと、あまりに遅くなされた。

住民全体に対する誹謗はそう簡単には消えなかった。扇情的な新聞の一面の記事や人気ニュース番組の流す蛮行の話を信じた人は、記事撤回にはまったく気づかなかった。最近、わたしは今なおアッシュやダウドの話を信じているイギリス人の学者に会ったし、つい先日も、恐ろしさのあまり途中で仕事を放棄したという警官から聞いたコンベンションセンターでの残虐行為の話を、どうしても信じたがっている著名な教授がいると聞いた。仕事を放棄しなかった警官、三〇歳のデュマス・カーターは、のちにあの最悪の週に、彼の上司が部下たちの滞在しているホテルでパニックを起こした件について話してくれた。「警部はこう言った。『さてと、おまえら全員、すぐにこのホテルを出るんだ。やつらめ、暴動を起こして、このクソホテルを焼き払うぞ。あいつら、今にすごいことをおっぱじめるぜ。コンベンションセンター通りで人殺しを始める。すげえ大虐殺になる』。この時点ですでにハリケーンから四日目に入っていた。だから、おれたちは警部に『あの人たちなら疲れすぎていて、おまけに腹が減って、喉も渇いていて、反乱を起こそうとしても庭の椅子をひっくり返すのがせいぜいですよ』って説明しようとした。警部のことを悪く言う気はないよ。彼はただ、間違った情報をベースに、正しい判断をしようとしてただけなんだ[*16]」

一度、一人か複数かはわからないが、誰かがこのカーターに発砲したことがあった。犯人はコンベンションセンターの内外にいた二千人ほど（彼の推測）の避難民に紛れ込んでしまった。だが、そこにいた人々のうち、銃を持っていた人はほんの数えるほどで、大多数は疲れ果てていて、おだやかで思いやりがあった。それに彼は撃たれたわけではない。「次に軍のヘリがやって来た。群衆の上を通り越して七、八ブロックも先まで行き、一〇～一五メートルもの高さから食料や水を落とすんだ。案の定、箱は破裂して、水のボトルがコンクリートの上に散らばった。〈グッドサマリタン〉［聖書の「良きサマリア人」の名を冠した介護施設］の人たちが、コンベンションセンターから手押し車を盗んできて、散らばった食料や水を掻き集めていた。人々はグループごとに集まり、その中でおとなしく分け合っていた。騒動も奪い合いの喧嘩も、何も起きなかったよ。それから、彼らは箱に水と食べ物を入れて、おれたちのところに持ってきてくれた。受け取らなかったよ。おれたちのことは心配しないでくれ、子供やお年寄りにやってくれ、って言った。だが、そんなときですら、おれたちのことを気にかけてくれてたんだ！　コンベンションセンターにいた人たちは、ちくしょう、見捨てられていたんだぜ。でも、彼らは生き延び、協力し合い、夜を徹して歌っていた。それで、おれたちのところにやって来ては『疲れてるようだけど、大丈夫かい？』なんて言うんだ。どんなことをしても彼らを守ってやろうと誓ったよ」[*17]。これでもホッブズの再現だと言えるだろうか？

デニーズ・ムーアは、母親が働いている堅牢な数階建ての記念病院に避難した。彼女の家族はいったん部屋を割り当てられたものの、あとからやって来た白人看護師二人に与えるために、そこを追い出された。このことにひどく気分を害した彼女は、自宅に戻った。だが、家は文字どおり、彼女の目の前で崩れ落ち、コンベンションセンターに行くしかなくなった。「そこで、わたしたちは放っておかれたの。援助もなく、食べ物もなく、水もなく。あの〝動物〟どもならネズミのように下水道に住むのがお似合いだとでも言わんばかりに、最悪の衛生状態の中に放り出されたの。なぜって、あそこには黒人しかいなかったからよ。すると『彼らはわたしたちがここで死ねばいいと思っている。彼らに殺される』という噂が流れた。州兵がわたしたちを殺しに来るっていう噂が広まり始めたころには、もう半分は信じてたわね。警察は何度もわたしたちの目の前を素通りして行ったわ。州兵もわたしたちに銃を向けながら、通り過ぎて行った。誰もが朝から晩まで水をくれと叫んでいるのに、水が山積みになったトラックが通り過ぎていくのよ。まるで、わたしたちをからかってでもいるかのように。それだけじゃない。彼らは来もしないバスのために、わたしたちを並ばせ続けたのよ。レイプの場面なんて一度も見なかったわ。人が死ぬのは見たけど。男の人が死ぬのを見たし、若い母親と赤ん坊が死ぬのも見たわ。でも、暴力の場面なんて見なかったわ[*18]」

噂はある一点においては正しかった。確かに、そこにギャングはいた。もしギャングという言葉が「いっしょに育ち、大人になってもつるんでいる、スラム街の男たち」という意味ならば。ムーアは語る。「彼らは集まって、自分たちの中で誰が銃を持っているかを確認して、自分たちの力でレイプを防ごうと決めたの。スーパードームで女たちがレイプされているっていう噂を聞いたからよ。それに、彼らは赤ん坊や老人を守ることも決めたの。赤ん坊にジュースを持ってきたのも彼らよ。水の中を歩いて避難してきた人たちに、着るものを探してきたのも彼ら。お年寄りを扇いであげていたのも彼らだったわ。なぜって、お年寄りの苦しんでいる姿が、ギャングたちの心を一番掻き乱すからよ。わたしの心を一番苛んだのもそれだったわ。お年寄りたちがただ椅子に座ったまま、歩き回ることも、何もできないでいる姿。そのうち、ギャングたちがセント・チャールズ通りとナポレオン通りで略奪を始めたの。あそこには〈ライトエイド〉［ドラッグストアの名］があったの。彼らが何かおもしろいものでも盗んだと思うでしょう？　だって、メディアによると、ここは〝支払い無用の街〟だそうだから。違う？　ところが、彼らが盗んだのは、赤ん坊のためのジュースや、お年寄りのための水やビールや食べ物や、仲間が一目でわかるように、ユニフォーム代わりに着るレインコートだったのよ。それって、とってもかっこいいし、よく考えているなと思ったわ」[*19]。彼女は彼らをロビンフッドにたとえた。「わたしたちはまるで動物のように捕らわれの身だった。でも、わたしは最も意外な場所で、それまでにない最高の人間愛を目撃したの」。すべての武装した男たちが、この報告の男たちほど利他的であったわけではないが、コンベンションセンターとスーパードームには、メディアの報道や当局の想像よりはずっと多くの助け合いがあり、社会ダーウィン主義はわずかしか見られなかったのだ。

二〇〇五年九月二六日付の『ニューハウス・ニュース・サービス』紙には、ＦＥＭＡ（当初、被災地への救援を滞らせ、多くの支援物資と救助隊を締め出した機関）所属のある医師が、一八台の冷蔵台車と三人の医師を死体処理のために現地に送り込んだという記事が載っている。この医師の「ドームに二〇〇体の遺体があるという報告を受けた」という発言が引用されているが[*20]、実際の数字は六体で、これには自然死四件と自殺一件が含まれていた。この日の同紙の記事は「避難民による残忍な行為についての報告の大部分が、知るべき立場にあった軍や警察、医療、民間の従事者たちの証言により、嘘であったか、少なくとも裏付けを欠いたものであったと判明した」と結論している。

弾は装塡済み

イラク戦争は、ハリケーン・カトリーナに多くの形で影響を及ぼした。ブランコ知事の召集した州兵たちはイラクの戦場から帰ったばかりで、M一六自動小銃にはまだ弾が装塡されていた。ということは、彼らがニューオーリンズもまた戦場だと見なし、自分たちの仕事は街を取り戻すことだと考えていた可能性がある。九月二日付の『アーミー・タイムズ』紙は、これを文字どおり「部隊ニューオーリンズで戦闘作戦開始」という大見出しにし、「ハリケーン・カトリーナ後のこの街を奪回する戦闘活動が進行中」という記事を載せた。[*21] つまり、取り残された市民は敵で、街は彼らから取り戻すべきものだったのだ。かくして、ニューオーリンズは救うべき街ではなく、征服されるべき街となった。イラクで気まぐれな大量殺人を行ったことで悪名高いブラックウォーター治安部隊が送り込まれた。ジェレミー・スカヒルが『ネーション』誌に書いた記事によると、彼が話をした同部隊の突撃隊員四人はニューオーリンズでの仕事を、「近隣一帯の保安、ならびに犯罪者との対決」だととらえていた。[*22] スカヒルはさらに「全員が自動式突撃銃を携帯し、脚にも銃をくくりつけていた。防弾チョッキの無数のポケットには補充用の弾が詰められていた。どの権力機関のもとで働いているのかと尋ねると、ある隊員は『国土安全保障省と契約している』と答えた。彼はそれから仲間の一人を指差し、『やつはルイジアナ州知事の代理任命すら受けてるんだぜ。おれたちが必要だと判断すれば、逮捕もできるし、致命的な手段を使うこともできる』と言った。そして、首まわりにつけているルイジアナ警察の金バッジを高く掲げた」と報告している。最終的には陸軍の兵士たちが送り込まれた。二〇〇七年になっても街には犯罪が横行し、警察は相変わらず足並みが揃っていないというので、ナギン市長の指令を受けた戦闘服姿の州兵たちが装甲兵員輸送車でまだ市内をパトロールしていた。貧しい黒人が人々を襲うだろう、または襲っている、ニューオーリンズは獣性の渦巻く大混乱に陥っているという思い込みが、政府の対応とメディアの報道を方向付けていた。そして、そのせいで市民は自警団を結成した。しかし、カトリーナ後のまぎれもない暴挙は一つの節を割いて述べるに値する。

カトリーナが襲った週の大部分をニューオーリンズで過ごした何万人もの取り残された人々にとって、トラウマとなったのは単に大嵐や洪水の凄まじさだけではなかった。死体が浮かび毒蛇が泳ぐ水や、多くの人々を死に至らしめた、肌に水ぶくれができるほどの高温、汚い水に囲まれた高速道路の陸橋で人々が出産し死んでいった黙示録的な日々、水浸しの不潔な廃墟と化した街では多くの人々が救出されることを完全にあきらめていた。せめて子供だけでも避難させようと我が子を手放した人もいた。ニューオーリンズの市民は同胞から、政府から、見捨てられていた。だが、それ以上に残酷なのは、彼らが最も弱って傷つきやすくなっているときに、動物や敵として扱われたことだった。

殺人

それが人々を狂わせた

　メキシコ湾岸を訪問したとき、わたしが求めていたものは、カトリーナの直後に出現したボランティアの素晴らしいコミュニティや、支援目的で押し寄せた何十万人もの人々についての話だった。ところが、多数のアフリカ系アメリカ人が殺人の犠牲になった話などけっして追いかけてはいなかったにもかかわらず、それを避けることはできなかった。最初はすべて〝また聞き〟だった。もしくは〝またまた聞き〟だった。カトリーナ後の最初の訪問では、アップタウンに住むある女性が「フレンチクォーターをパトロールしていた兵士たちが、黒人の男たちを撃って死体を川に捨てるところを、息子が見た」と言ったという話を耳にした。ハリケーン直後に、広範囲に独自の調査を行った友人は、救命ボートに乗った護衛部隊が、屋根の上に取り残された黒人の若者二人を撃ち殺すところを目撃した人を知っていた。先に撃ったのは若者たちだったらしいが、おそらく、それは空に向けての発砲だったのだろう。狙撃や威嚇として受け取られた発砲の大部分が、実際には、ただ注意を引くことを目的にしていた（ニューオーリンズでは、階級や人種に関係なく、驚くほど多数の住民がピストルやライフル、ショットガン、半自動式小銃を所有していた）。しかし、その目撃者はのちに自殺したという。

これらはすべて、また聞きだが、それは他の噂のように恐怖心やステレオタイプから生じていたわけではなかった。白人が黒人に対して行った蛮行について、白人が語っていたのだから。さらに、ジェレミー・スカヒルが『ネーション』誌に載せた、夜中に〝黒人非行グループ〟に発砲した民間警備会社に関する記事もある。ハリケーンのあとには、こういった民間警備会社が、正規軍とともに市を制圧した傭兵部隊の一部をなしていた。彼らが発砲したのは、先に発砲されたからだと述べたらしいが、傭兵たちは一人も撃たれていない。彼らは彼ら自身の言葉によると「うめき声や叫び声」を背後で聞いた。陸軍の兵士がやって来てその傭兵たちの無事を調べたが、そのときも、そのあとにも、怪我人の方を調べた者はいなかった。

ハリケーンから数日後の真昼に、コンベンションセンターの外で、ダニー・ブラムフィールドという中年男性が、息子や娘の目の前で警官に背中を撃たれるという事件が発生した。[*23] 彼がはさみを手にしていたので、車に乗っていた警官は命の危険を感じたと弁明したが、被害者の家族によると、彼はそのはさみでダンボールを切って孫のために寝床を作ろうとしていたのだ。

ハリケーンから一年四ヵ月後、有名になったある事件で、七人の警官が殺人と殺人未遂の罪により起訴された。ハリケーン直後の二〇〇五年九月四日にダンジガー・ブリッジで起きた発砲事件で、二人が死亡し、四人が負傷している。警察側は、発砲があったとの通報に対処した結果だと主張した。だが、目撃者は、そんなものはなかったと証言している。犠牲者の一人はロナルド・マディソンという、四〇歳の知的障害者だった。彼の弟のランスは、二人で三番目の弟のやっている歯科医院に行く途中に橋を渡っていると、突然、発砲が始まったと証言した。警察は、ロナルドが銃を抜こうと腰のあたりをまさぐったと主張した。だが、その日に殺人未遂で逮捕されたランス（長年フェデックスで働いていて、犯罪歴もない）は、自分たちは丸腰だったと述べた。一回しか発砲していないとの警察の発表とは裏腹に、ロナルドは背中に五発の銃弾を受けていた。

一九歳のジェイムズ・ブリセットは友人とその家族数人と連れ立って食料品を買いに行く途中に、警察の発砲を受けた。ブリセットは死亡。彼の一〇代の友人は手、肘、首、腹を撃たれ、現在は人工肛門を装着している。彼の叔母スーザン・バーソロミューは前腕を吹き飛ばされた。「わたしの右腕がすぐそばの地面の上に転がっていた」と彼女はそのときのことを語る。[*24] 彼女の夫も四発撃たれた。彼女たちの娘は無事だった。警官は私服で、レンタカーのバンから現れたので、被害者たちは彼らのことを自警団だと思った。不起訴になったが、二〇〇八年末に、司法省は被害者家族の要請により、この事件の調査を開始している。

裕福なアップタウンに生まれ育ったマイケル・ルイスは、自分自身や隣人たちのカトリーナ体験について、ひねりの効いたユーモラスな記事を書いている。洪水の被害を受けなかったアップタウンに残った少数の住民は、ほぼ全員が男性だった。彼らは家や財産を守る必要があると感じてニューオーリンズにとどまり、彼らの古くて美しい家を、兵器庫完備の砦に変えた。「まもなく、市内にはかなりの数の住民が残っていて、その人たちが大きく二つのカテゴリーに分類されることがわかってきた。一つは戦闘準備が整った完全武装の白人男性。もう一つは、誰かと闘おうなどとは夢にも思っていない、白人と黒人の入り交じった下層民だ。……黒人の若者のギャングが略奪や殺しをしながら街を徘徊していると警察が言い、そのニュースは砦の中の男たちにまで届いた。彼らには情報を得る上で不利となる条件がもう一つあった。それはテレビが映ったことだった。画面には何度も何度も、飽きるほど、スーパードームやコンベンションセンターやダウンタウンの商店での恐ろしい光景が映し出されていた。アップタウンの男たちの頭の中で、そのシーンを一つの文に要約したなら、『頭のおかしい黒人が自動小銃を手に白人狩りをしている。略奪品を入れる彼らのバッグのサイズは無限大！』だっただろう」[*25]。こんなふうにルイスにおもしろがる余裕があるのは、完全武装で自宅のポーチに座っていた男たちが、実際にはその武器を使わなかったからだろう。そのころ、他の場所では、頭のおかしい白人が自動小銃で黒人を殺し、そのことをジョークにしていた。

街には自警団がいた。彼らはカトリーナ後に憎むべき凶悪犯罪を行った――これは文書化されてはいるものの、一般には知られていない。『タイムズ・ピカユーン』紙はニューオーリンズの荒廃ぶりを報道し、二つのピュリッツァー賞を獲得したが、この新聞は必ずしも厳しい疑問を突きつけてはいない。カトリーナの追悼記念に同社が出した本には、オレンジ色のTシャツ姿の、小太りでしし鼻の白人男性が、武器の山の横で居眠りしている写真が載っている[*26]。キャプションには「アルジェポイントのバルコニーでは、略奪者から近隣一帯を守った自称・自警団の一員として住民のゲイリー・スタッブスが、数時間の午睡をむさぼっている。彼の武器――AK四七自動小銃、五丁の散弾銃、デリンジャーピストル、信号拳銃、ピストル――は、避難する住民から提供されたもので、彼らは近隣の自警団に、自分たちの家に入って何でも必要なものを取っていいと許可した」とある。CNNが発行したカトリーナの写真集にも同じ写真が載っていて、「ニューオーリンズの男が山のような銃の横で数時間の睡眠をむさぼっている。彼と数人の友は、ハリケーン・カトリーナの危機を乗り越えた……銃は、自分たちの財産を守ってもらうために市外に避難する住民から提供されたもの」とある。大多数の人の頭に、即座に二つの疑問が浮かぶだろう。「その家は襲われそうになったのか?」「自警団は犯人を撃ったのか?」答えはイエスでありノーでもある。答えは簡単にわかるはずなのに、メディアはこれらの質問をしなかった。

ニューオーリンズは「シティ」であると同時に「パリッシュ」でもある。後者はルイジアナ州独特の「郡」を表す言葉で、ニューオーリンズ郡は、幅広いミシシッピ川対岸の、一般にはウエストバンクと呼ばれる地域の一部であるアルジェ地区を含んでいる。ミシシッピ川が蛇行し、そのせいで街は南端部で起伏が激しく、北岸部は出っ張った地形になっているが、そこにあるのがアルジェのコミュニティで、古い家と新しい家が混在し、黒人と白人が共生している。出っ張りの突端はアルジェポイントと呼ばれ、派手な縁飾りの付いた、パステルカラーに塗られた小さな家が並んでいる。そこで、カトリーナ後の最も血なまぐさい事件が起きたのである。生粋のニューオーリンズっ子の女性が語ってくれたところによると、対岸のウエストバンクには洪水による被害はなかったが、最悪の大量殺人が起きたのだそうだ。この女性のいとこは、当局により防弾チョッキとバッジと銃を支給され、「ニガーを撃ってこい」と言われた。彼はこの言葉に従わなかったかもしれないが、中には言われたとおりにした人もいた。そして、刑事罰を逃れる目的と、おそらくは罪悪感もあったのだろうが、告白はあらゆるところに溢れていた。ハリケーン直後にアルジェに設立された〈コモングラウンド・クリニック〉に注射や怪我の手当てや薬をもらいに訪れた人たちは、自分の知っていることを話さなくては気がすまなかったらしく、ボランティアたちはいろんな話を耳にすることになった。

　ハリケーン後まもなくに同クリニックで働いていた若いアイスリン・コルガン医師はこんな話をしてくれた。「当初、破傷風などの予防注射をしにきた人全員の血圧と体温を測り、その他の必要なチェックをするというのが、クリニックの方針だったのですが、おかげで住民の話を聞くことができ、それがわたしたちの主な仕事でもありました。『家はどうなりましたか？ 家族は大丈夫ですか？』などと。すべてを失った話を聞くのは、とてもつらいものがありました。次から次へと、あまりに多くの人たちが『何もかもなくしてしまった』と言うのですから。それがまるで日課のようになって……」[*27]。だが、多くの人々に、先祖から受け継いだ家や財産や家族の喪失を乗り越えさせた宗教の力に、彼女は感服していた。

　けれども、カリフォルニア州オークランド出身の、頑健で、寛大で、正直そうな顔をした、ブロンドのその若い医師はそれだけではなくこんな話もしてくれた。「アルジェでは、白人居住区の住民の多くが自警団を形成し、自分たちの車でぐるぐる回っていました。複数の人が話してくれたのですが……もちろん、わたしにだけこっそり。ある人が『おれたちで七人の人間を撃ち殺した』と言えば、『殺したのは五人だよ。あとの二人がどうなったかはわからない』と言う人もいて、『いや、四人と三人だ』と言う人もいました。彼らは揃って、わたしだって同じことをしただろうと言うのですよ。『先生にはわからんだろうがね、やつらはおれたちを殺そうとしてたんだよ』って。混乱状態にあったのと、たぶん保安官がばらまいた噂のせいでしょうね。でも、わたしにはそれが怖いんです。人には善に対する受容能力があるのに、同時に悪に対しても驚くほど大きな受容能力がある。ある女性との会話はあまりに強烈でした。彼女、『相手はテレビを盗みにやって来たので、撃つしかなかったのです。もし撃たなかったら、兄弟を連れて戻ってきて、こっちが殺されていたでしょうから』と言ったのですよ。でも、まったく同じ状況で、人々の優先順位が完全にひっくり返れば、『どんなことをしても、あなたを助けましょう。たとえ、わたしの冷蔵庫を浮かべて舟代わりにして一人ずつ運んでいかなくてはならないとしても』というふうにもなるのですよ。『おれの家に近づくな』なんてのも、同じような反応だと思います。みんな頭がおかしくなっていたのね」

やつらを撃った

殺人は秘密ではなかった。噂がごまんとあっただけでなく、証拠もあった。その話題を振ると、人々はわたしのことをいったんは、騙されやすくて、やたら同情したがる、神経の高ぶったよそ者だといわんばかりの目で見るのだが、のちに少し考え込んで、「うむ、実は……」と打ち明けるのだった。そして、ニューオーリンズに解き放たれた新しい傭兵組織や、彼らが耳にした自警団による犯罪についての新しい詳細を付け加えた。それは地元の人たちだ。わたしはこの調査のために、国の他の地域にいる、ピュリッツァー賞を受賞したある女性ジャーナリストに協力を求めようとした。彼女は『タイムズ・ピカユーン』紙にいる友人と協力して、「その噂」が事実かどうか実態調査をすると返事をしてきた。わたしは激怒した。それは単なる噂話や意見ではない。わたしは証拠も手にしていた。世界の大部分が証拠を手にしていた。一〇〇万人以上の人々が、スパイク・リー監督による二〇〇六年のケーブルテレビ局HBOドキュメンタリー『堤防が決壊したとき』を観たのだ。それには、アルジェに住むアフリカ系アメリカ人のドネル・ヘリントンへのインタビューも含まれていた。バスケットボールで奨学金を取ったわりには背が低い、がっしりした体軀の、おだやかな話し方をする若者だ。

スパイク・リーはこの若者を発見し、同ドキュメンタリーに出演させた。アルジェのフェリー乗り場に近い堤防の上に立ち、若者は自分が何者でそれ以前に何をしたかにも、それ以後に何が起きたかにも触れることなく、ただどんなふうに自警団のメンバーに撃たれたかを語った。この番組は何百万人もの人々が観た。カメラの前で彼はシャツをまくり上げて言った。「これが散弾銃の鹿弾《しかだま》［大粒散弾］の痕」。彼の胴には無数のこぶが散らばっていた。次に、首まわりの、まるでムカデやヘビのように見える、盛り上がって引きつった長い傷を指し示した。「そして、こっちが、首に入って頸静脈に当たった鹿弾を取り除いたときの手術痕です」。こうして、一人の若者が全国に放送されたテレビ番組で、実際に体験した殺人未遂事件について話したというのに、誰も調査しようとは思わないのだろうか？　一つのドキュメンタリー番組を公民権運動の時代の四人の少女の殺人事件に丸々捧げたスパイク・リーですら、このあとにはブランコ知事が法と秩序を回復すると公言する場面に逃げ込んでいる[*28]。

リーの作品は、最も容易に入手できる証拠だ。だが、わたしはくだんの女性ジャーナリストにもう一編のドキュメンタリー作品を渡した。それはデンマーク人の映画監督ラスムス・ホルムが皮肉を込めて『ようこそニューオーリンズへ』とタイトルを付けた、アルジェポイントでの事件を中心に扱った作品だ。その中で、アルジェの長年の住民マリク・ラヒムは、カメラに向かって、道路脇に見捨てられ、暑さにより膨張した、黒人のうつ伏せの死体を見せている。彼は全国の放送ネットで提供される報道番組『デモクラシー・ナウ』でも、「ニューオーリンズでは洪水直後に、アフリカ系アメリカ人への若者狩りのシーズンが始まりました。アルジェでは、およそ一八人のアフリカ系アメリカ人男性が殺害されています。全部で何人が犠牲になったのかは誰にもわかりません。これは基本的に殺人です。自制心を失って凶暴になることを許された警察、または自警団による立派な殺人です」と述べていた[*29]。

水害に遭わなかった地区の通りや、脱水や熱射病による死者が一人も出なかった比較的被害の少なかった場所に、死体が転がっていたのだ。ドレッドヘアを背中の真ん中まで伸ばした元〈ブラックパンサー〉党員のラヒムの言葉を真に受けるには多くの人々が抵抗を感じたようだが、カメラにはその死体がはっきり映っていた。ヘリントンの証言と、彼の傷だらけの体の無言の証言もある。さらに、ホルムのドキュメンタリーには、自警団員の告白もある――もっとも、ビールでやたら気が大きくなった陽気な自慢話を告白と呼べるならばだが。カトリーナの少しあとにホルムが加わることができたバーベキューで、キーウエスト土産のTシャツを着た、白髪が薄くなりつつあるずんぐりした白人の男性が、得意げに笑いながら言った。「一一ヵ月前には、ニューオーリンズの通りを二丁の三八口径と散弾銃を肩に担いで歩く日が来るなんてこたあ、夢にも思っちゃいなかったがね。そりゃあ、いい気分だったぜ。まるでサウスダコタのキジ狩りシーズンだった。動いたら、撃つ」

肉付きのいい腕をしたショートヘアの気が強そうな女性が付け加えた。「もちろん、相手はキジじゃないし、ここはサウスダコタじゃないわよ。でも、それのどこが悪いの?」

男はいかにも楽しげに言った。「あのときは、そんな感じだったな」

別の白髪の男が説明する。「やらなきゃならんことは、やらなきゃならんのだよ。誰かを撃たなきゃならないなら、撃つしかない。実にシンプルだ」

また別の男が「やつらを撃ったよ」と言う。

先ほどの女性が「彼らは略奪者よ。このあたりでは、自分の身は自分で守るのよ」とうそぶく。するど、最後にまた別の男が言った。「とにかく、アルジェポイントは軟弱なコミュニティじゃないんだよ」

確かにメディアが執拗に書き立てた殺人集団は存在した。ただし、それは白人の老人たちであり、その公道での行動は明るみには出なかった。

殺人事件に対するラヒムの苦悩に心を動かされたわたしは、必ず事件を調査させて露見させると彼に誓った。最終的に、わたしが知る限り最も大胆不敵な調査記者、A・C・トンプソンに『ネーション』誌を紹介し、わたしの持っている証拠と協力者の連絡先を提供した。A・Cはごろつき警官にもギャングのボスにも同じように気楽に接し、全盛期には多くの犯罪について特ダネをすっぱ抜いた辣腕記者だ。『ネーション』誌は、彼が記録の調査や、検視官を相手取っての法廷闘争（この検視官はカトリーナ関連の死体のすべての検視解剖報告書の公開を拒んだだけでなく、その種の公的記録の多くを〝紛失〟した）や、被害者や加害者へのインタビューのためにたびたび現地入りするのをサポートした。九ヵ月後、なおも検視官の報告書を待ちながら、A・Cはわたしの家のキッチンテーブルに座り、出会った人々や、すでに解明した事柄について説明してくれた。わたしはむさぼるように耳を傾けた。

彼はドネル・ヘリントンと親しくなっていた。また、数人の自警団員とも話をしていた。彼らは、A・Cが過去にインタビューした、仮釈放なしの終身刑をくらった殺人犯たちとはまったく違い、あっさり殺人を告白していた。いや、むしろそれを自慢していた。中でもA・Cを自宅に招き、自分と仲間が行った犯罪のビデオや写真を見せた男は「人はこんなこと、作り話だと思うだろ。でも、おれたちは本当に人を殺したんだ」とうそぶいていた。自警団員たちはA・Cに、「ある朝、三人の黒人の男を撃ったが、その男たちはトートバッグを持っていたから、略奪者なのは明らかだった」と言ったそうだ。バッグにぎっしり入っていた上等のスポーツウェアが決定的な証拠だと。A・Cは彼らに「人は遠方へ避難しようとするとき、たいがい自分の持っている服の中で一番いいのを持っていくものだ。そして、もし、あなたたちが少しでも市内のことをわかっているなら、一五歳から三五歳までのアフリカ系アメリカ人の男たちは、たいていスポーツウェアを着ていることを知っていたはずだ」と言いたかったそうだ。黒人の男が持っているものはすべて盗んだものだと決めつけることは、何を意味しているのだろう？　けれども、彼らを啓蒙するのはA・Cの仕事ではない。ただしゃべらせることが仕事なのだ。

そして、彼らはしゃべった。自警団は避難する隣人たちから家の鍵を預かるケースもあり、自分たちの近隣一帯では人がスピーディに動けないようにバリケードを築き（木を切り倒して築く場合すらあった）、武器を大量に確保し、パトロールを行った。残念ながら、ニューオーリンズ郡の他のエリアと、人々が避難に使うフェリー乗り場の間にも、そういった人たちはいた。誰にでも通りを好きなように歩く権利もあれば、そうする理由もある。だが、ある時点で、彼らはたった数ブロック先に住んでいる黒人にまで、その一帯を出て行くよう要求した。それまで人種の入り交じっていた地区に暮らしていた黒人が、突然、侵入者にされてしまったのだ。自警団は川向こうにある自分たちの美しい街が略奪者だらけになると思い込んだ。そして、通りがかった男たちを撃ち、彼らは略奪者だったと言い張ったが、その実、庭のホースや植木鉢一個すら盗まれた家はなかったのだ。「もしある考えではなく、別の考えが正しいとしたら、それは実際にどんな違いを生むだろうか？」

ドネル・ヘリントンの苦難

二〇〇八年九月のあるうららかな午後、A・Cとドネルとわたしは、ニューオーリンズ市立公園のオークの大きく張り出した枝の下で、ピクニック用テーブルを囲んで座っていた。オークにはシダの太い茎が這い上がり、サルオガセモドキが垂れ下がっていた。大きな黒い蝶が、湿気の多い暖かい空気の中を飛び回り、リスは木々のまわりを追いかけっこしていた。A・Cは自警団の犠牲となるも助かったドネル・ヘリントンを、大変な苦労の末、発見していた。なぜなら、ヘリントンはハリケーンのあとに何度も立ち退かされ、不当に扱われた人々の一人だったからだ。A・Cは彼の家族や親戚の死亡記事をくまなく調べ、電話帳をくり、最後にやっと目的の人物にたどり着けたのだった。ドネルは抑揚のない柔らかい声で、あの三日間に目撃したこと、やったこと、そして苦しんだことについて話してくれた。

その話は災害と人間行動の最良と最悪の部分をつなげていた。ヘリントンは被害者になる前は救助者だった。彼は老人を助けた。子供も助けた。一家族を丸々助けてもいた。近所の人も、見知らぬ人も助けた。ハリケーン・カトリーナが近づいたとき、その二九歳の青年は故郷のニューオーリンズから逃げ出すこともできたのだが、祖父母を置いていくに忍びなく、残ることにしたのだ。街の北側の市立公園に近い、セント・バーナード低所得者用公営住宅の中にある彼らの自宅は、ハリケーンはうまく乗り切ったものの、その日遅くになって、不思議なことに、そして恐ろしいことに浸水してきて、ついに建物の一階部分のすべて、そしてまわりも水に浸かり、かつて街だったところは不気味な湖になった。救助は来ず、高架の州間ハイウェイまでたどり着ければ、冠水した街から避難できるという噂が広がった。取り残された人々の中には、彼の祖父母のように、体力のない人もいれば、泳げない人もいた。

頑強なヘリントンは、タイヤのチューブを見つけ、それを浮き輪代わりにして不潔な水の中にボートを捜しに出た。「あきらめかけたころに、いとこの一人がボートを引っ張ってきた。やつに『まず、じいちゃんとばあちゃんを助けようぜ』って言った。同時に、近所の人も助け始めた[*30]」。ヘリントンは小型平底ボートの船首に立ち、数人の友達とともに、車や一時停止の道路標識などが沈んだ濁った水の中を、棹を使って進んでいった。停電した街は、それまでに見たことがないほど暗かったが、夜になっても救助を続けた。そんな夜中の救助活動で、たまたま従姉妹たちとその小さな子供たちを乗せていたときに、ボートがひっくり返りそうになった。ヘリントンは思い出す。「神様、どうか、ひっくり返さないでくださいって祈ったよ。赤ん坊も乗っていたからね。もし、赤ん坊が水の中に落ちていたら、暗くて何も見えないから、たぶん何人かは救えなかっただろう」。その四時間に、浸水した地区から一〇〇人以上の隣人たちを州間ハイウェイまで運んだだろうと彼は推測する。

夜明けごろ、当時一七歳だったいとこのマーセル・アレクサンダーと、友達のクリス・コリンズと彼の三人は、ダウンタウンをめざして、ハイウェイの上を数キロ歩き始めた。他の人たちとともにアスファルトの上で寝ている祖父母を助けてくれる人を見つけようとしていたのだ。「すると、とても現実とは思えない異常な場面に出くわした……州間ハイウェイの上で、若い女性が赤ん坊を産みそうになってたんだ。死体も見えた。生き延びることができなかった老人たちだ――ひどすぎるよ。おれたちはただ通り過ぎていった。あの人たちには胸が痛んだよ」

彼らは結局、スーパードームや、数千人の避難民が取り残される形になったコンベンションセンターには近寄ることさえ許されず、おまけに家族の様子を確かめたくても、州間ハイウェイを歩いて戻ることも許されなかった。その時点ですでにクレセントシティコネクション（ミシシッピ川にかかる橋）の近くまで来ていたので、もう数キロ歩いて、アルジェにある、彼が恋人と一年前から住んでいる家をめざすことにした。アレクサンダーとコリンズも彼といっしょに行くことにした。

黙示録的な大災害は目の前に次々と新しい展開を見せた。そこは水の被害はまったくなかったが、彼が借りていたタウンハウスは、前にあったマツの木の巨大な枝に屋根を木っ端微塵に粉砕され、住めなくなっていた。住民のほとんどが避難していて、あたりはゴーストタウンのようだった。残っていたわずかな隣人の一人から、ウエストバンクの住民が数キロ先のアルジェポイントのフェリー乗り場から避難していることを知った。彼のいとこは家族のことが心配で、今にも泣き出しそうになっていた。「彼のことは、なんとなく自分の責任だって感じてたんだ。それで『大丈夫、大丈夫だよ』って慰め続けた」。正確な道順はわからなかったがともかく、三人の黒人の若者はフェリー乗り場をめざした。彼らはまた誰かと出会ったので、立ち話をした。その男は正しい道順を教えてくれ、自分は発電機を持っているが、パンクしたタイヤの修理がすみ次第、アトランタに向けて出発すると言い、近所に奇跡的に通じる電話を持っている人がいるので、ひょっとしたら使わせてくれるかもしれないと教えてくれた。その人は使わせてくれた。おかげでヘリントンは家族に電話をして無事であることを伝え、安心させることができたが、その直後だったのだ。彼が無事ではなくなったのは。

引き続き歩いていると、さきほどのタイヤがパンクした男が「『気をつけろよ。散弾銃を持って歩き回っているやつらがいるから』と警告してくれたが、おれは大して気にも留めなかった」そうだ。さらに数ブロック行ったところで、ヘリントンがアレクサンダーに話すため首を回すと、どこからともなく男が飛び出してきて、散弾銃の引き金を引いた。「瞬時の出来事だったので、おれには銃声すら聞こえなかった。言ったと思うけれど、首にすごい圧迫を感じ、そのせいで足が浮き上がり、地面に倒れた。何が起きたのかもわからず、一瞬気を失い、視界がぼやけたが、目を開けるといいとこがそばに立って見下ろしていた。おれも自分の体を見下ろした。両腕に、首に、胸に、とにかく体中に弾が当たっていた」。頸静脈が傷つき、首から血が噴き出していた。彼のそばに突っ立って恐怖に圧倒されているマーセルの先に、がっしりした中年の男が銃に弾を装塡しているところが見えたので、ヘリントンはいとこに「走れ！」と言った。死に直面しながらも、まだ彼は家族を心配していたのだ。

「それで、おれは男がこっちに向かって歩いてくるのを見ていた。残りの弾をすべて散弾銃に詰めようとしていたので、やつはかなりゆっくり歩いていた。おれは地面に横たわったまま、祈ったよ。『神様、お願いです。どうかこの男に、おれを脅して、撃たせたりしないでください。殺させないでください』ってね」。彼は立ち上がったが、アルジェポイントの自警団が、その一帯を死の罠だらけにしようとしてばらまいた枝が道をふさいでいた。その一本を飛び越えようとしたときに、銃声が聞こえた。殺人者は、今度は彼の背中を撃ち、その衝撃で彼はまた地面に倒れた。だが、ふたたび立ち上がり、歩き続け、最初に出会った人に助けを求めたが、彼らはポーチから彼を追い払った。彼はよろめきながらも、なんとか進んでいった。トラックに乗った上半身裸の白人の男たちに助けを求めると、彼らはヘリントンを〝ニガー〟と呼び、一人は「おれたちだって、お前を撃ちかねないぜ」と言った。ヘリントンはどうにか歩き続けて、数分前に、散弾銃を持った男がいると警告してくれた男の家にたどり着くことができた。

この自警団員たちのような行動に走るには、第一に、すべてのアフリカ系アメリカ人の男性は犯罪者で強盗だと信じなくてはならない。そして次には、災害に遭った人々が、何をさしおいても、他人の物を手に入れるための行動を起こすと信じていなくてはならない。ヘリントンを略奪者だと決めつけるのは、常軌を逸している。彼は常に数十万ドルの輸送を信頼し任されているブリンクス〔民間警備輸送会社〕のトラック運転手で、そのときもポケットに大金を入れて避難している最中で、フェリー乗り場に向かう途中に誰かのテレビを盗むことなど思いつくはずもなかったのだ。しかも、彼は多くの人の命を救ったばかりだった。彼はのちにわたしたちに「あのときは、いろんなことを神に祈ったな。こんなことをおれにしたあの男たちを赦してやってくれとも祈った。けっして簡単なことではなかったが、そうすることが正しいと知っていたからね。でも、それとは別に、あの男たちは自分の取った行動に責任を取らなくてはならない」。今のところ、彼らはまだ責任を取っていない。

ヘリントンは救助者だった。それから被害者になった。カトリーナで水浸しになった街の光景と絶望した人々の中を歩いた彼の最後の驚異的な行動の最中に、彼は助けられた。彼に警告した男がタイヤを修理している間に、恋人の若い女性とその母親がヘリントンを家の中に連れて入り、次にどうすべきかを考えながら彼に手当てを施した。ヘリントンは語る。「命は血液の中にある。あんなふうに血が流れ出ているときは、ある意味、命も流れ出ているんだ。実際、おれは気を失いそうになった。衰弱していた。心臓の鼓動は速まっているのに、心の中ではもうすぐ死ぬって言い続けているのは奇妙な感覚だった」。先ほどの自警団員がヘリントンの息の根を止めようと通りを探し回っているのに、若い女性が気づいた。ヘリントンが撃たれたあと、アレクサンダーとコリンズは、銃を手にした二人の若い男に、人種差別的な言葉や殺害の脅しをかけられたり、ピストルで殴られたりして恐怖のどん底に陥れられた。そして、今はその男たちもヘリントンの始末に加わっていた。若い女性は彼らを追い返し続け、最後は彼女の恋人が武器を手に介入したが、最終的に自警団員たちをすごすごと逃げ帰らせたのは、警察に通報するという女性の脅しだった。大急ぎでタイヤの交換を終えると、男はヘリントンを後部座席に乗せた。ウエストジェファーソン医療センターに行くと、駐車場で医師に「これ以上、患者は受け入れられない」と言われたが、若い女性は食い下がった。医師はヘリントンの負傷の具合をざっと調べ、担架を持ってくるよう合図した。そして、ヘリントンは緊急治療室へと運ばれ、ぎりぎりで頸静脈の修復手術に間に合ったのだった。カルテからわかったのだが、医師たちは、彼が普通の人間の全血液量のほぼ半分に相当する二リットルを失っていたと推定していた。だが、とにかく彼は助かった。

おそらく、彼は幸運なほうだったのだろう。自警団員は何人かを殺したとくり返し断言し、A・Cのいくつかの情報源も、それぞれが異なる殺人事件について話していたのだから。ある情報源と話していて、A・Cはウエストバンクで起きた、もう一つの殺人事件について知ることとなった。

三一歳のヘンリー・グラバーと弟のエドウィン・キングはアルジェにあるショッピングモール内の〈チャッキーチーズ〉［ゲームセンター付きレストラン］の近くを歩いていて、銃声を聞いた。と同時にグラバーは大怪我を負っていた。シボレー〝マリブ〟に乗っていた男が彼らを拾ってくれたが、病院は遠すぎると判断。たぶん警察なら応急処置をしてくれるだろうと考え、作戦チームが待機している小学校に運んだ。A・Cによると、警察は「援助の手を差し伸べるどころか、むしろ攻撃的になった」。彼らはキングと彼の友達を殴り、アサルトライフルでどちらかの顔を打った。「その間、かわいそうなグラバーは車の後部座席で血を流し続けていた。なのに、誰も何もしなかった」。警察は男たちの財布を取り上げ、そのエリアから徒歩で歩き去らせた。「彼らがマリブに乗っていた男とグラバーを最後に見たのは、照明弾をポケットに入れた警官がその車に乗り込み、走り去る場面だった。ついに車とグラバーの所在がわかったとき、車は第四地区警察署から近い堤防の上に、グラバーの黒焦げになった死体は検視官のもとにあった。車の残骸はほとんどないに等しく、グラバーの死体もほんのわずか残っていただけだった。頭蓋骨と、肋骨が数本、それに大腿骨だけ。車の焼け方は想像を絶していた。A・Cの推測では、誰かがグラバーの頭蓋骨を記念に盗んだのだろう。なぜなら、警察の写真にはちゃんと載っているのに、検視官の報告書にはないからだ。

殺人事件担当刑事がA・Cに語ったところによれば、あの時期、殺人事件の捜査はいっさいしないよう上層部から命令されていたそうだ。「署では、あの男は略奪者だったと聞いたよ。だから撃たれたのだと」。その刑事は、作戦チームの連中は頭がいかれているので、死体が悪臭を放ち始めたときに、きっと警察の誰かが、おそらく近くの州兵の補給施設から取ってきた特殊閃光手榴弾か何かで焼き払ったのだろうと言った。「死体のにおいを嗅いだことはあるかい?」と彼は訊いたそうだ。その刑事は、略奪を行う警官と法を遵守する警官の間の内輪揉めの撃ち合いも含む、カトリーナの間に起きたことすべてに嫌気がさし、警察を辞めたとA・Cに語ったそうだ。制服を着たホッブズ主義者だ。警察はショッピングモールに分署を置いていたから、グラバーを撃ったのは、おそらく彼らだったのだろう。しかし、ニューオーリンズの誰一人、警察署の裏にあった、銃弾の撃ち込まれた黒焦げの人間の肋骨について調査しようとはしなかったのだ。全国放送のテレビで、殺されかけたいきさつを証言し、体中に残る証拠を示した男性についても、また、カトリーナの犠牲者の検視報告書が何百件も隠蔽されている事実についても、調査はなかった。

パニックを起こしたエリートのように、人種差別主義者たちもまた、自分たちがいなければ、収拾のつかない野蛮な世の中になるだろうから、自分たちの行う殺人行為は秩序の維持と文明の保護のために必要なのだと、頭の中でくり返す。クー・クラックス・クランの行った殺戮や、かつて南部であった集団リンチは、しばしばアフリカ系アメリカ人の犯す犯罪についての作り話により引き起こされ、煽られていた。むろん、カトリーナの間にアフリカ系アメリカ人がまったく罪を犯さなかったわけではないが、黒人は誰でも犯罪者だと信じ、黒人全体や罪のない個人まで罰することは、常軌を逸した人種差別主義であり、尊大な自警行為である。恐怖と噂の暴風と、昔の作り話の洪水に掻き立てられたエネルギーはきわめて危険なものに転じた。そして、例によって災害は聞き慣れた言葉で理解され、実際に何が起きたかはほとんど注目されずに終わった。

封鎖が引き起こした死

私が探していなかったにもかかわらず無視することができなかった変化はカトリーナの歴史を変える。そして、それは災害の歴史に一致する。洪水に街が没し、ライフラインが断たれた数日間に、メディアはあまりに安易に、「手のつけられない人殺し集団と化したアフリカ系アメリカ人」についての記事を書き立てた。その大部分が作り話であったと判明し、スーパードームやコンベンションセンターに転がっていたとされる何百もの遺体は、自然死による少数に縮小した。重武装した白人グループや、アップタウンの金持ちや、アルジェポイントのブルーカラーの白人たちの話を語りたがる者はほとんどいなかった。事実が思い込みと一致しなければ、目にも明らかな殺人も、たいがいは見過ごされるのだ。

間接的な殺人の犠牲者を数えたなら、死者の数は断然多くなる。まずニューオーリンズに避難計画が欠如していた点から始めよう。それは明らかに一一ヵ月前の二〇〇四年にハリケーン・アイバンがニューオーリンズに接近し、運良く逸れてくれたときにも、すでに問題だった。歴史家で地理学者のマイク・デイヴィスが同年に予言的にこう書いている。「ハリケーン・アイバンの接近を前にしたニューオーリンズからの避難は、不吉にもストロム・サーモンド〔人種差別主義で知られた議員〕の〝歓喜〟のバージョンだった。裕福な白人はSUV車でビッグイージー〔ニューオーリンズの別名〕を逃げ出し、車のない高齢者（主に黒人）は洪水の天罰に直面すべく、海面より低い土地にある狭い平屋や老朽化した安アパートに取り残された[*31]」。その一〇年前にシカゴを襲った熱波のように、犠牲者の大半は高齢者だった。また、間接的殺人には、ブランコ知事とナギン市長による、警察の目標を捜索と救出から略奪の阻止に切り替えた判断も含まれるだろう。最も歴然とした間接殺人は、ブッシュ政権のもとで縮小されて国土安全保障省に組み込まれた、利権をむさぼる公僕で固められたFEMAが、ニューオーリンズから住民を避難させることにあまりに怠惰だったことがあげられるだろう。それが、彼らが単に無能だったせいではないのは、支援物資や救援の申し出を彼らがあれほどまで頑なに断ったことからも明白だ。いつの日か、誰か研究者が例の検視官の報告書を入手することができれば、いったいどれだけの人々が、家で、病院で、あの高速道路上で、そして二つの巨大公設避難所で、遅延と封鎖のために亡くなったかがわかるかもしれない。

だが、これらのすべてが、実は間接的どころか直接的な殺人だった。ドネル・ヘリントンはなんとかクレセントシティコネクション――ニューオーリンズのダウンタウンから川を渡って、アルジェに隣接する郊外のグレトナを結ぶ橋――を渡ったが、続く数日間に、その橋を彼のように徒歩で渡ることができた者は少ない。グレトナの保安官と、誰だったのかはわかっていないが銃を持った男たちの一団が、歩行者に対して橋を封鎖したからだ。スーパードームとコンベンションセンターにいた人々の多くが、水没していないエリアを通って徒歩で避難できれば、不潔さから、欠乏から、苦しみから逃れられたはずだった。コンベンションセンターは事実、その橋のたもとにある。なのに、人々は川を渡ることを許されなかった。この封鎖はあまりに卑劣だったため、右派系のFOXテレビのキャスター、シェパード・スミスさえもが、ニュースの生放送中に怒りを爆発させた。「彼らは避難しようとする人々を渡らせないのです。人々はニューオーリンズに閉じ込めら

れているのです。そこから歩いて出ようとする人は、今、誰であろうがUターンさせられていま
す。ルイジアナ州ニューオーリンズからルイジアナ州グレトナに行くことは許されません。向こう
には希望がある。向こうには電気もある。水も食料もある。でも、そこに行くことはできない。政
府がそれを許しません。これは事実です[*32]」。ニューオーリンズはただの被災地ではなかった。それ
は監獄でもあった。

ラリー・ブラッドショーとローリー・ベス・スロンスキーはともに救急救命士で、長年のパート
ナーだ。彼らはニューオーリンズで開催された救急救命会議に出席し、先述のバーコウィッツと同
じく帰りのフライトがキャンセルになったために足留めを食らった。嵐が収まって間もなく、川の
対岸に避難用のバスが待機していると言われた。そこで、彼らを含む新しく結成された多民族の一
行は、トラブルから逃れて橋をめざした。「わたしたちがホテルを出発したときは、たぶん六、七〇
パーセントが白人でした。でも、橋に着く前にコンベンションセンターを通り過ぎると、地元の人
たちが集まっていて、わたしたち旅行者のグループがスーツケースを引っ張って決然とした足取り
で進んでいくのを見つけたのです。彼らに『どこに行くのですか?』と尋ねられたので、わたした
ちのグループには、その人たちを助けることには乗り気でない人もいたのですが、一応『さあ、行
きましょう。橋の向こうには安全がありますよ』と答えました。すると、彼らの何人かが『橋は渡
らせてもらえませんよ』と言うじゃないですか。その言葉は耳には届いたけれども、ちゃんと頭に
は入っていなかったのです。『まさか』と思っていたのでしょう。右耳から入って左耳から出る、
そんな感じでした[*33]」。彼らは数ヵ月後に、そんなふうに回想した。そのときは、沼地と化した街で

味わった辛苦を、こう書き留めている。「興奮し、大いに希望をもって、わたしたち二〇〇人の一行は橋をめざした。コンベンションセンターを通り過ぎると、決意に燃えた楽天的なわたしたちを見た大勢の地元民から、どこに行くのかと尋ねられた。彼らにいい知らせを伝えた。家族連れが大急ぎでわずかな持ち物をひっつかんで加わった結果、わたしたちの人数はあっという間に倍に、そしてさらに倍にと膨れ上がった。ベビーカーに乗った赤ん坊もいれば、松葉杖をついている人や、歩行器をつかんでいる老人、車椅子の人もいた。四、五キロ歩いてハイウェイへと向かい、橋に続く急坂を登っていった。そのころには土砂降りの雨になっていたが、わたしたちの心は湿ってはいなかった。

橋に近づくと、グレトナ市の武装した保安官が、橋のたもとにずらりと居並んだ。そして、話ができるほど近づく前に、わたしたちの頭上に向かって、威嚇射撃を始めた。このせいで、人々は四方に逃げた。群衆はばらばらに散ったが、数人は少しずつ前に出て、なんとか保安官たちと話をした。わたしたちは警察署長と交わした会話の内容と、彼の確約について伝えた。保安官は待っているバスなどないと言った。それが本当なら、警察署長がわたしたちを追い出すために嘘をついたことになる。とにかく、橋の上の六車線の道路にはほとんど車はないのに、なぜ橋を渡らせてくれないのかと質問した。すると彼らは、ウエストバンクをニューオーリンズにするつもりはないし、彼らの街にスーパードームはないと答えた。これは『貧しい黒人はミシシッピ川を渡れない。ニューオーリンズから出られない』ということを婉曲に言ったにすぎない」[*34]。スロンスキーとブラッドショーは白人だが、自分たちだけが助かる交渉をするために、非白人の仲間を見捨てる気にはなれなかった。

対岸のジェファーソン出口は廃車で封鎖されていた。グレトナは相互扶助には興味がないのだ。命を救うことにも興味がない。そこの公僕たちは、必死に情けを乞う男女や子供や赤ん坊に銃を突きつけることもいとわない。いかなる手段を使っても、ニューオーリンズの住民を寄せ付けないつもりだった。同年一一月に行われた、クレセントシティコネクションへの公民権デモ行進の前に、レノックス・イヤーウッド牧師は「九・一一の間に、ブルックリン・ブリッジに歩いて逃れた何千人もの人たちのことを想像してください。もし、七、八台のパトカーが橋を封鎖していて、警官がその人たちを追い返すために威嚇射撃をしていたら、どうなっていたでしょう?」と述べた。[*35] 二年後、グレトナの警察署長アーサー・ローソンは『タイムズ・ピカユーン』紙に「あの決断について、あとからあれこれ説明する気はありません。正しい理由のもとに下した決断だったという自信がありますから。良心の呵責など微塵もなしに、毎晩、眠りについています」と語った。[*36] グレトナの役人たちは、避難民をグレトナからさらにその先の、被害を受けていない地域に移動させる計画が欠けていたことも理由の一端にあげる。キャパシティ以上の重荷を背負わされることを恐れたのだと主張する。グレトナには避難民のための食料も水も避難所もなかったのだと。ウエストバンクの住民の多くが、過去何十年も、ニューオーリンズで起きる暴力犯罪に震え上がっていたので、カトリーナを、危険が東側から彼らの安全な地に波のように押し寄せてくる瞬間だと見なしたのだった。だが、アルジェポイントの白人の住民がベビーカーを押して渡ってこようとしたときさえ、彼らは銃で押し返した。二〇〇八年の時点で、同様の件で少なくとも四件の人権侵害の訴訟が起きている。

全世界の人々が、高架のハイウェイ上やスーパードームやコンベンションセンターの片隅で、人々が暮らし、死んでいく、むごたらしい光景を見つめた。だが、なぜあの人たちが、食べ物も、水も、医療も、まともな屋根もない場所で、高温と不潔さの中に取り残されたのかを正確に理解している人は少ない。カトリーナは月曜の朝にやって来た。その週の半ばには、市内のほとんどの病院が浸水し、停電し、したがってエアコンや、人工呼吸器や透析装置のような基本的な生命維持装置や、重症患者のモニターが停止し、その他の多くの医療行為が不可能になった。

戦闘服を着た州兵が装甲兵員輸送車から降りて、チャリティホスピタル——この何十年間、貧しい市民の大部分が出産時と死亡時に世話になった、市の中心部にある巨大な総合医療施設——のある医師に、患者たちを避難させるのは「危険すぎる」と言った。市内の至る所で同じことが起きていた。たとえば、メモリアル・メディカルセンターでは、一階部分が完全に浸水し、一刻の猶予もならない状況になっていた。木曜までには避難活動の多くが失敗に終わっていたので、病院に残っていた医師や看護師や職員たちはついに自分たちでボートを手配し、患者たちをニューオーリンズから避難できる対岸まで運び始めた。すると、避難監督に当たっていた医師たちに、一二口径ポンプ連射式散弾銃を持った筋骨隆々の州警察官が、「ドクター、五時以降のこのあたりの安全が保証できませんので、我々は午後五時にこの積載用スロープを閉鎖します」と言った。[*37] ある医師はそんなに安全上の問題があるようには見えないと抗議した。

これに対し、州警察官は「ドクター、何が安全上の問題で、何がそうでないかは、我々が決めます」と言い返した。

「ここで、もう一晩過ごすことはできない。また多くの患者が亡くなります」と医師は訴えた。その日の前夜にも、一〇人の患者が、暑さや、ストレスや、医療資源の不足のために亡くなっていた。州警察官は、もし医師たちが自分たちに従わないなら、完全にそこから引き揚げると脅した。結局、彼らが撤退した結果、避難は建物の反対側から、なんとか行うことができた。この報告書を書いたリチャード・E・ダイクマン医師は、安全の概念にとらわれて人命に無関心な役人たちと、救助に駆けつけたボランティアたちを対比させている。その日に自分たちの平底ボートでやって来たテキサス州の父子は、病院のために避難ルートを案出した（冠水した街の水中は道路標識やフェンスなど障害物だらけで、水位も変わり続けていたので、よほど気をつけていないと立ち往生する危険性があった。したがって、底の浅いボートのほうが有利だった）。父親は医師に「問題は、あそこに渡っても、彼らがボートを着けさせてくれないことです。Uターンして、引き返させようとするんですよ。でも、おれたちだって、あんなところまで行って、おめおめと引き返すわけにはいきません。警官には一応『オーケー』と言いましたがね。それから、違う場所にこっそり着けました」と語った。[*38] 人命救助は無法者の行為らしい。

ボートを所有するボランティアの大船団が、ニューオーリンズ内からも、ケイジャン［ルイジアナ州に住むフランス人の子孫の住民］の住む周辺の地方からも、もっと遠くからも、しばしば人目を忍ぶようにして、力になりたいとやって来た。郊外に住む主に白人のボートマンたち（ボートマンとしたのはほとんどが男性だったので）は、殺人好きな自警団の埋め合わせをした。嵐のすぐあとに撮られた驚くべき写真には、船舶用トレーラーがバンパーとバンパーをくっつけるようにして市内に向かっている様子が写っている。二〇〇一年九月一一日に、取り残されたニューヨーカーたちを救出した多数のボートと同じく、それは勇敢で利他的な光景だ（沿岸警備隊や米国魚類野生生物局も、他の政府機関を麻痺させた恐怖や空想の影響を受けることなく英雄的な働きをした）。だが、九月一日木曜日、FEMAの役人は、危険すぎるとの理由で捜索救助活動を一時中止した。

ニューオーリンズの保安官たちは堤防が決壊してからかなりあとになるまで受刑者たちの一部を避難させなかった。また、テンプルマン第三刑務所にいたっては、六〇〇〇人の受刑者を、洪水後食料も水も電気もないまま、何日間も浸水した刑務所の中に放置した。生き延びた受刑者の何人かは、独房の中で溺死した受刑者もいたと話していた。一〇代の受刑者たちは、何日間も汚い水の中に首まで浸かっていたそうだ。精神科監房の看守は受刑者の脱走を防ぐために閉じ込められ、彼ら自身も囚われの身となり、次にはその地獄のような状況から逃げ出そうとする受刑者は誰でも撃ち殺せと命令された。他の受刑者たちは高架の陸橋に避難させられ、そこで数日間、銃を突きつけられたまま過ごした。軽犯罪や非暴力犯罪で逮捕されていた者の多くは、数ヵ月間、情報システムから姿を消した。全米刑務所プロジェクトのトム・ジャウェッツは「保安官たちが自らの監督下にある六五〇〇人以上の受刑者に対して行った努力より、ルイジアナ動物虐待防止協会が二六三匹のはぐれた動物に対して行った努力のほうがよほど大きい」とコメントした。[*39]

すべての災害に、エリートパニックや避難の失敗が見られるわけではない。一九七三年一月二三日の暗い早朝に起きた、アイスランド沖ウエストマン諸島へイマエイ島の火山の噴火は突然の出来事だったにもかかわらず、町の近くの埠頭につけた多数のボートにより、六時間以内に五三〇〇人の住民全員が安全に避難することができた。[*40] 溶岩は以後半年間も流出し続け、町の三分の一を埋めつくし、島民たちは数年間、熱と危害と噴煙を避けるために異郷での生活を余儀なくされたが、他の災害に見られるような社会的ドラマもほとんどなく、やがて戻って町を再建した。アイスランドは市民の政治参加の伝統こそ貧弱だが、おそらくは国の規模の小ささと、同一民族による地方の風習のために、社会的絆の伝統は豊かだった。火山が爆発したときには、すでに避難計画は準備されていて、人々はただそれに従って行動すればよかった。

キューバ島はアイスランドとほぼ同じサイズの島だが、それ以外は、大いに違っている。ハリケーンは火山の噴火より頻繁に起きるが予測はつきやすく、キューバもまたハリケーンに対し、効果的な民間防衛システムを準備している。キューバ政府は、災害教育、早期警告システム、気象学研究、有効な緊急時コミュニケーション、緊急対策、民間防衛システムなど、国民が定期的に島を襲うハリケーンを生き延びるよう、あらゆる方策を設けている。大型ハリケーンの場合には、予測進路に当たる沿岸部の全住民が高台に避難する。死者はめったに出ない。キューバの市民社会もまた重要な役割を果たしている。人々は互いの無事を確かめ合い、抵抗を示す人にもいっしょに行動するようながし、一般的にいって、シカゴの熱波やニューオーリンズのハリケーン・カトリーナで見られたような、孤立ゆえに取り残される人が出ないよう努めている。カリブ諸島をずたずたにした二〇〇八年のハリケーンについて、あるジャマイカ人は次のように記している。

「キューバは市民の一人一人がそれぞれ責任と義務と役割をもつ相互扶助の社会として組織されている。キューバではハリケーンが近づくと、人々は近隣の革命防衛委員会（CDR）の指示により、その進路から避難する。彼らは老人も若者も、病人も健康な人も、犬も猫も、オウムもヤギも、ロバも牛も、安全な場所へ移す。ここに、真に驚くべき事実がある。先週、キューバは二六一万五千人（ほぼジャマイカの総人口に当たる）を安全な場所へ避難させた。四人が亡くなったが、それは何年ぶりかに出た死者だった。これは驚異的な数字だ。三年前、ハリケーン・リタに先立って、テキサス州が一〇〇万人を避難させようとしたときには、その過程で一〇〇人以上が命を落としている」[*41]

市民社会を研究する人々は、キューバの災害社会を支えるものを〝社会資本〟と呼ぶことがある。これは北半球で唯一、公然と共産主義国であることを認める国に対して使うには奇妙な言葉ではあるが、この連帯と思いやりの財産は、他の多くの場所同様、生き残りに不可欠だ。キューバのすぐれたシステムについての二〇〇四年の報告書には、民間支援団体の〈オックスファム・アメリカ〉が以下のように結論している。

「キューバ国民はリスクの減少をめざし、たゆまず社会資本を蓄積してきた。それは厳しい経済的困窮の時代にも行われてきた。彼らの例を見ると、ライフライン構造（実行可能な具体的人命救助方法）が、究極的には物質的な富よりもむしろ人間関係や訓練や教育などといった無形のものに依存しているのではないかと考えさせられる」[*42]

すべての災害が幾分かは社会災害である。そして、いくら結束の固い強靭な社会であっても災害を防ぐことはできないが、それに備えて計画を準備し、弱者を守り、もしくは弱者を強くし、対応し、復旧作業を行うことはできる。カトリーナ時代のニューオーリンズは、社会を強くした陣営と、その破壊に加担した陣営との戦いの場だった。後者が多くの戦いを制したが、戦争はまだ終わっていない。

愛と救命ボート

より豊かに、より貧しく

ハリケーン・カトリーナではメディアが正気を失い、権力の座にある多くの人々と、銃を持った男たちのグループのいくつかもまた、正気を失った。彼らは数の上からいえば、カトリーナの災害の小さな部分にすぎない。だが、その不釣合いなほど大きな影響力が、カトリーナの災害を形作り、大災害の上にさらに一連の人為的な不幸を積み重ねていった。そんな中にあっても、大多数の人々は自分自身や他の人々を救うために、状況に即した行動を取るという、災害で普通に見られる反応をした。カトリーナの傷跡もまだ生々しい時期にニューオーリンズを訪れたわたしの心を、二つの出来事が強烈に揺さぶった。一つは、はっきり見える形で隠蔽されていた、例の殺人者たち。そして、もう一つは愛だった。ニューオーリンズの人々の多くに、他のどこでも出会えなかった種類の、甘美な感情の率直さがあり、それはアメリカで最も貧しい場所の一つとして知られているその街を、同時に最も豊かな場所にしている多くの要素の一つだった。コーヒーを注いでくれる人も、紐状のアクセサリーを売る人も、わたしを〝ベイビー〟〝スイートハート〟と呼び、よそ者であっても話しかけやすく、誰もが進んで身の上話をしてくれ、心の中の希望や苦悩をすべてさらけ出し、もし何か必要があれば、いつでもまたいらっしゃいと言ってくれた。

カフェでおしゃべりを始めたクレオールの男性は、一度シアトルに住もうとしたことがあったそうだ。だが、シアトルでは誰も目を合わせようとしないし、人との出会いもないので、また舞い戻ってきたのだそうだ。また、友人の友人の友人は、初対面のわたしを泊めてくれ、何度か泊まったあとでは親しい友人になり、わざわざ飛んで来ていっしょにマルディグラを楽しむ仲になった。彼女とポーチを共有する隣人は、自分の妹もいつかはきっとニューオーリンズに住むことになるだろうと言っていた。今住んでいるシカゴでは、彼女の率直さが災いして、しょっちゅう、見も知らぬ人に殴られそうになるらしい。古い家のほとんどすべての玄関先にポーチが付いていて、人々（まともなエアコンのない貧しい人々が中心だが、わたしの友人のような中産階級の人々もいる）は今なおそこに座って多くの暖かい夜を楽しみ、暑い晩には並木道の木々や安全地帯の覆いの下に座り、バーベキューをすれば、たいていはブロック中の人を呼ぶ。そんなふうに彼らは人の中で暮らしている。彼らには知らない人に対して尻込みするような恐怖心はなく、郊外住宅の建築様式や増加するゲーテッドコミュニティ［セキュリティのために四方を塀などで囲い、ゲートを設けた住宅群］――誰も隣人と交わらないが、ガレージ以外の場所に車を止めて降りるときにのみ、交流らしきものがある――の大前提となっているプライバシーの神聖視もない。彼らの暮らしぶりには、古き良きお祭り気分があり、それは多くの社会評論家が心から待ち望んでいる市民社会の復活の条件を満たすには浮かれすぎているが、活気に満ち、温かく寛容であることに違いはない。

高齢のアフリカ系アメリカ人女性たちは、その豪放なやさしさでわたしの胸をせつなくした。下九区の破壊された自宅の横にFEMAが設置したトレーラーハウスで、芯が強くてシニカルな高齢の未亡人に話を聞いた。そこはミシシッピ川沿いのホリークロス地域のような高台ではない。決壊した堤防から流れ込んできた荒れ狂う水が、家々を土台から押し流したゾーンの中央にあるセントクロードアベニューから少し入ったところだ。家々が浮かんで流されていった通りでは、車が木にぶつかって止まり、平屋に住んでいた人々は溺れるか、屋根裏部屋で窒息するか、屋根の上に取り残された。ここでは大洪水から数ヵ月後にも、まだ死体が発見されていた。彼女の真っ白なFEMAのトレーラーハウスは、いかにもずっとあとになって発がん性のあるホルムアルデヒドを空中に放出していたと発表されそうな代物だ。彼女はそこに座って、人間性に対する不信感や、彼女の住む地区が復興する見込みの薄さを訴えた。別れ際、彼女はまっすぐにわたしの目を見て、「忘れないで。神はあなたを愛しているし、わたしもあなたを愛しているわ」と言ってくれた。

わたしは帰属や共通の目的といった意味であまりに豊かであるがゆえに、災害が何の変化も起こさない社会というものがいったい存在するだろうかと、長い間考えてきた。それは社会をばらばらにする疎外や孤立のない社会だ。もしあるとすれば、メキシコや、伝統的な先住民のコミュニティに見つかるだろうと考えていた。それをほんの少し、ニューオーリンズに見つけた。過酷すぎたニューオーリンズの災害では、他の多くの災害に見られた活気は、ほとんど見られなかった――

もっとも、いくつかの素晴らしい災害コミュニティや、いい方向への社会的変化が少しはあったが（社会的破壊もあった――深く根づいたコミュニティは国中に散り散りになり、チャリティホスピタルや公立学校のシステムといった長年あった機関は、カトリーナ後の発展の名のもとに意図的に破壊された）。

もちろん、カトリーナはただの災害ではなかった。それはその影響においても、スケールの大きさにおいても、普通の災害よりはるかに破壊的で、多くの建物や施設や経済そのものまでが広域にわたって壊滅したので、復興がきわめて困難な大惨事だった（カトリーナ後にそれまで長く続いてきた公的機関をずたずたにした意図的な破壊、または惨事便乗型資本主義はさておき）。はるか遠く国の隅々に散らばった避難民の大半は、ある者は自らの選択で、ある者は帰るのに必要な手段や資金がなくて、戻ってこなかった。一九八五年のメキシコシティ大地震のときでさえ、死者数の多さにもかかわらず、市の人口は維持されたし、居住可能な建物の割合もはるかに高かった。ニューオーリンズの場合、数週間は水浸しのゴーストタウンと化し、その後も大部分は数ヵ月間にわたって放置され、今日でさえ、地区によっては住居の大多数が居住不可能なままか、もしくは再建されていない。

ニューオーリンズの市民は災害とともに生きてきた。それゆえに、ハリケーンの暴風に備えて窓に板を打ちつけるのは日常茶飯事に近く、嵐の間は伝統的にパーティをし、フレンチクォーターの多くのバーでは〝ハリケーン〟という名のラムベースの甘いカクテルすら出していた。ニューオーリンズは常にハリケーンと洪水に脅かされ、夏には酷暑に痛めつけられてきた（そして、一九世紀には黄熱病にも）。一九二七年のミシシッピ大洪水と、一九六〇年代のハリケーン・カミーユとハリケーン・ベッツィによる破壊は、この地の集団的記憶の一部になっている。人々はそのときのことを話し、年長者から聞き、毎年のマルディグラのパレードでは、それを笑いの種にし、歌にする。カトリーナ後にニューオーリンズの貧しさを説明するのは、メディアにとって至って簡単だった。それは収入、住居、識字率、犯罪数、賃金、失業者数など、すべての統計に表れていた。貧困は現実であり、残酷にも人々は乏しい社会資源と限られた展望しかない生活の中に閉じ込められていた。これはカトリーナの前にも後にも、そこの高い犯罪率に大きく関係している。その上、人種差別もあった。そこはパラダイスからは程遠かった。ニューオーリンズの白人は何十年かの間に徐々に中心街から郊外へと引っ越していき、結果、住民の三分の二がアフリカ系アメリカ人の中心部と、街と住民に対し恐怖と敵意を抱く周辺部という構造ができ上がっていた。デトロイトとその郊外に見られる地理的状況とよく似ている。

総人口は一九六〇年代初頭をピークに、確実に下降線をたどってきた。観光、港、大学の他には、ほとんど働き口はなかった。したがって、ニューオーリンズには、たとえば一九〇六年のサンフランシスコに見られたような、災害後に建物を再建する財政的推進力はなかったのだ。カトリーナなしでも、そこは長い年月をかけてゆっくり没落していく運命にあった。カトリーナのせいで、その運命は奇妙な方向転換を遂げ、数年後の今も、多くの意味で、不確かなままである。大惨事により、そしてさらに、被害のない多くの建物も含む、ほとんどすべての大型公営住宅を解体するという市当局の決断により、またもや貧しい人々が最も大きく傷つき、散り散りばらばらにされた。

たとえ没落はしていても、それは稀に見る素晴らしい街だ。その貧しさは見た目にも明らかで、過去において、また現在においても、ニューオーリンズの豊かさを量るのは容易ではない。けれども、統計学者は確かに、多くのニューオーリンズ住民が家族の中に、近隣に、通りに、グループに、毎年恒例の祭りに、土地への愛に、どんなに深く「組み込まれて」いるかを表す数字を発見している。ニューオーリンズでは住民の移動性が異常に低い。ここでは裕福な人も貧しい人も生まれた家に、同じ通りに、同じ地区に住み続け、住民のネットワークに対し、また街自体に対しても、深い帰属意識をもっている。あたかも街の古い大通りに影を投げかけるオークの大木のように、彼らは社会的現在に大きく枝を広げ、歴史的過去に深く根を張っているかのようだ。多くの人々が、なじみの場所や、施設や、習慣、食べ物、音楽など、ニューオーリンズという布を織り成すあらゆるものとともに、いとこや、おじ、おばなど、生まれたときからいっしょで、永遠にいっしょであると信じている血縁や知り合いの森の中で暮らしている。だからこそ、カトリーナのあとに多くの住民は、アメリカの他の場所に住むわたしたちが一度も手にしたことのない何かの喪失に打ちのめされているのだ。

わたしたちの祖父母はヨーロッパから移住してきたときに、または農場を去ったときに、それを失った。わたしたちの両親は無名の郊外に引っ越したときにそれを失った。そしてわたしたち自身は、あの引っ越し好きで根無し草的な自由で孤独な生き方に――伝統ではなく、むしろ反伝統――加わったときに、それを失った。ニューオーリンズの住民の〝組み込まれた〟感覚は、拡散した愛だとも、また、市民の多くが浴する、慣れ親しんだ温かい雰囲気とも表現することができる。

社会支援と娯楽

ニューオーリンズは祭りの街でもある。マルディグラだけでなく、セント・パトリックス・デーやセント・ジョセフズ・デー、ジャズ・フェスティバルなど、数多くの祭日がある。カトリーナのあとに行われた二度目のマルディグラ・シーズンでは、年間の祭日の一回りを祝って、〝フロート〟と呼ばれる山車が延々と繰り出した。マルディグラは、よそ者が考えているような、たった一日の、パレードと仮装とどんちゃん騒ぎの祭りではない。それは一月初めの一二夜に始まり、四旬節前の最後の日である「マルディグラ」（謝肉の火曜日）まで続く古来のカーニバルシーズンで、数週間にわたってしだいに激しさを増していく一続きの祝典である。多くの人がコスチュームやフロートを一年がかりで計画し、準備する。そして各パレードを受けもつ〝クルー〟は、一年を通して機能する社会的組織となる。セカンドライン［パレードのミュージシャンたちがつける伴奏］のパレードも年間を通して起きている。セカンドラインはもともとジャズ葬に端を発したものだ（そしてジャズ葬は明らかに大西洋航路で失われることのなかった西アフリカの伝統を踏襲している）。セカンドラインを発注する〈ソーシャルエイド・アンド・プレジャー・クラブ〉［社会支援と娯楽クラブ］といった組織も、もとはといえば、仲間意識や安心感の提供だけでなく、葬式などの互助のために戦後に生まれた〈フリードメンズ・ビューロー〉から派生した、アフリカ系アメリカ人の共済組合が発展したものだ。これらはニューオーリンズで継続している、互助が一段と緊密な時代に入った多くの形態の一つだ。それらの名前は、相互扶助と娯楽には深いつながりがあり、人々の絆は義務だけでなく祝祭の土台になることを、まさに日常的な言葉で表している。

ニューオーリンズの最も有名なジャズミュージシャンのルイ・アームストロングは、駆け出しだったころ、音楽のおかげでどんなに自由にニューオーリンズ中を動き回ることができたかを、喜びいっぱいに語る。パレードで演奏さえしていれば、敵対関係にあるグループのいるエリアであろうと、普段は入ることを許されない白人居住区であろうと、自由に通り抜けることができた。ニューオーリンズはジャズ発祥の地であり、哀しみと才能とさまざまな音楽の遺産からブルースが誕生したミシシッピデルタの中心地でもある。それはまた、分裂した危険な都市でもあった。だが、音楽の豊かさは、人種差別という根深い貧困を幾分緩和した。〝パレード〟は、その定義が示すように〝進行〟し、したがって、若き日のアームストロングが参加していたパレードのミュージシャンやそれに付き従う者たちは、ほとんどどこにでも自由に進んで行くことができた。それがタキシード・ブラスバンドとの初期のパレードが、彼の最も幸せな思い出の一つである理由なのだ。「自分が偉くなった気がしたよ」と彼は回想している。彼の伝記を書いたトマス・ブラザーズは「一九二一年のタキシード・ブラスバンドでの成功により、アームストロングは、伸びつつある自身の音楽的才能でもって、危険な街でもトラブルなく動き回れるという確信を得た」と書いている。[*43] 頻繁に行われる祝典により、ニューオーリンズの人々は伝統や土地や互いとの絆を新たにしていった。スパイク・リー監督のドキュメンタリー『堤防が決壊したとき』には、互助組織〈ブラック・メン・オブ・レイバー〉のメンバーが、普段は入ることができないフレンチクォーターの中心にあるジャクソンスクエアに、セカンドラインのパレードに加わっていたおかげで入れたと大喜びで語る場面がある。

セカンドラインのパレードは、勢いこそ衰えたかもしれないが、今も続いている。カトリーナから約二年後、わたしはカトリーナ直後に住民だけでなく警官までが略奪したチャパトゥーラストリートのウォルマート付近を出発し、フレンチクォーターから上流地域を抜けていく〈ホット・エイト・ブラスバンド〉のあとをついていった。バンドのメンバーはほぼ全員がTシャツを着ていたが、彼らとともに行進する〈ソーシャルエイド・アンド・プレジャー・クラブ〉のメンバーはお揃いのピーチカラーの半袖スーツを着て、ポークパイハット［上が平らなフェルト製のソフト帽］を被っていた。楽しみながら精力的に楽器を奏でるミュージシャンたちのあとについて、大半が黒人の群衆がエネルギッシュに踊りながら通りの中央を進んでいくと、通り過ぎた家々からぽつりぽつりと人が出てきて列に加わっていく。住宅街に枝を広げるオークの木の下や、斜陽産業のうら淋しさの中を通り過ぎる一、二時間は、特にこれといった理由もないのに心浮き立つ時間だった。こういったイベントは小さなスケールでもって、カーニバルが大きなスケールで行うことをする。それは社会を作る目立たない方法だ。

ニューオーリンズは唖然とするほど貧しいが、同時に並外れて豊かであり、時に矛盾から成り立っている街に見える。この社会的豊かさの中には、犯罪や人種差別、恐怖、人種隔離主義といったものが入り交じっている。しかし、分裂そのものを説明するのは容易ではない。カトリーナのあと、メディアは人種と階級を同一視しようと試みたが、ニューオーリンズには、アメリカ大陸の他のどこよりも長いルーツをもつ黒人のブルジョア階級が存在しているし、貧しい白人も大勢いる。

また、国内の他の地域の革新主義者たちは、ニューオーリンズの白人はみな人種差別主義者だと思い込みがちだが、地元出身の白人にも、また、この街に恋をしたアーティストや映画監督、法律家、興行主催者、ドラァグクイーン、環境保護主義者、バーテンダーなどがいるし、新参の白人たちにも熱心な人種差別反対主義者がいる。白人と黒人のカップルとその子供もいれば、活力あるベトナム人コミュニティもあり、ハリケーン後の解体や修理を行う労働者として大量になだれ込んできた不法滞在のラテンアメリカ系コミュニティもあれば、周辺の地方には深いルーツをもつ先住民のコミュニティもある。線引きは容易ではない。二〇〇五年の洪水は、黒人の中産階級が暮らす広大なジェンティイリー地区も、ニューオーリンズ・イーストのベトナム人居住区も、貧民が住む第九区も、人種も経済力もさまざまな市中心部も、レイクビューにあった中産階級の白人居住区も、そしてルイジアナ州の残りの大部分も、ミシシッピ州も、アラバマ州沿岸部も一様に洗い流した。

古い絆と新しい絆

カトリーナは多くの古い絆やネットワークを引き裂いたが、新しい絆も生み出した。それらは失われたものの代わりにはならないが、それでも重要であることに変わりはない。カトリーナが襲ったとき、国中の人々が即座にあふれんばかりの悲しみや、力になりたいという強い欲求、政府に対する激しい怒り、具体的な支援といった反応を示した。巨額の支援金が集まり、その週のうちに、リベラルな政治活動グループ〈Moveon.org〉が〈Hurricane Housing.org〉というウェブサイトを立ち上げた。[*44] これを通して、二〇万人近くの人々が、避難民を主として自宅に受け入れたいと申し出た。こうした申し出の文面には、以下のように、最初の数日間の、人々の深い感情的反応が表れている（メディアは相変わらずニューオーリンズの人々を被災者ではなく、危険な人々として描いていたにもかかわらず）。

「わたしたちの家はダウンタウンのエリアにあるので、必要なもの（学校、動物園、雇用機会など）はすべて近くにあります。アルバカーキ［ニューメキシコ州の都市］は喜んでできる限りの援助をいたします。受け入れるのは女性と子供のみです。当方は夫婦と一〇代の娘の三人家族。それに、でっぷりした二匹の豚と二匹の猫もいます。こういったことは、わたしたち家族にとって初めての経験なのですが、どうか遠慮なくコレクトコールでご連絡ください……大歓迎で我が家にお迎えします。わたしたちはテレビに映し出されたそちらの様子にショックを受けました」

「デトロイト郊外の大きめの家の二階に空き部屋があります。バスルームが二カ所、さらに洗面台付きトイレが一カ所と地下室があります。数々の特典がありますが、一つは週日午後七時以降と週末は電話が使い放題であること。当方、離婚したシングルファーザーで、ほぼいつも一四歳の娘が一緒にいます。二匹の小犬もいます。あなたに神の祝福がありますよう。あなたのために祈り続けます。ヨブのように、神を信じ続けましょう」

「母とわたしはいつもは部屋代をいただいて部屋を貸していますが、今回のケースでは無料にさせていただきます。ニューヨーク州は遠いですが、何らかの形でぜひ援助したいと思っています。ここは安全な環境の中に素晴らしいコミュニティのある美しい街です。わたしたちは裕福ではありませんが、できる限りのことをいたします」

「ここは中流の素敵な住宅地です。わたしは体が不自由なため一日中家にいますので、親御さんが仕事を探す必要があれば、その間、お子さんの面倒をみることができます。妻は幼稚園の先生をしています。できれば飲酒もドラッグもしない人。高齢のご夫婦でも可。大きな裏庭があるのでペットも可。クリスチャンならなお歓迎です」

これらはほんの数例で、サンフランシスコ在住の、三〇代で無宗教のバイセクシャルカップルもいれば、ボーズマン［モンタナ州の都市］在住の若夫婦もいた。全国規模の利他主義のうねりの中には数万人の人がいた。

状況により引き合わせられた人々のコミュニティがあらゆるところに出現していた。ペンキ屋のキース・バーナード・シニアという痩せこけた老人には、彼の地元の下九区で出会った。彼は哀愁に満ちたやさしい声で、どんなふうに生き延びたかを語ってくれた。彼の住んでいた下九区の南側は「本当に静かな、いいエリアだったんだ。カトリーナはわしらの一番の友達をみんな追い払っちまった。住民はほとんどが老人だった。事実、半径二ブロックの範囲には老人しか住んでなかった。みんな、いい人だったよ。立派な人間だ。家持ちで、できる限り他人の力になろうとする、やさしい連中だった」[*45]。彼自身はどうかといえば、「誰かの役に立てるかもしれないと思ったので、ここにとどまったんだ。思ったとおりになった」という。下九区はドラッグと犯罪で悪名高いが、このような地区ではたいていそうだが、そういった評判は一部の住民が立てているにすぎず、大多数を占める退職者や、労働者、子供、欠かさず教会に通う人々などは普通の生活を営んでいる。バーナードはホリークロスと呼ばれる高台になった地区の近くに家を借りていたが、高潮が押し寄せてきたときには、その高さでは足りなかった。家にはどんどん水が入ってきて、あっという間に屋根裏部屋に追い込まれた。そこから出るには、水に浸かった家にもう一度飛び込んで、壊れた窓から、今では湖になってしまった外に飛び出すしかなかった。彼と彼の犬はボートに助けられ、二階建ての家にたどり着くことができた。そこで彼らは、ハリケーンの最初で最大の衝撃をかわした。

彼らは次に警察に救出され、下九区を市の他の部分から切り離している運河にかかるセント・クロード・アベニュー橋の上に降ろされた。バーナードはそこから、大勢の人が避難している小学校まで歩いた。「そこに地域社会の共同作業が生まれたんだ。全員が料理をしたよ。全員が互いのために料理をしたんだ。店をぶち壊して……どうであれ……持ってきた食料をみんなであさった。みんな本当にいい人間だった。会ったことも見たこともない人に対してすら思いやりがあり、援助の手を差し伸べ、食べ物を与え、着る物を分け与えていた。金なんか何の役にも立たなくて、必要なのは食料と衣類だけだった。それこそがニューオーリンズだよ。ニューオーリンズではどこも、そうだった」

そこはわたしがハリケーンから半年後の、まだニューオーリンズがちょっとしたゴーストタウンだったときに訪問した学校だったかもしれない。二階の教室の黒板には、きちんとした手書きでこのように書かれていた。

「二〇〇五年九月二日午前九時一五分。この学校には申し訳なく思いますが、雨風がしのげることに感謝しています。わたしたちは沿岸警備隊（CG）のボートの助けはいっさい借りずに、二〇〇人の住民をここに連れてきました。家の中で亡くなった人々の遺体は、今なお家の中にあります。でも、わたしたちは彼らを置いて来なければなりませんでした。CGに助けを求めましたが、まったく無駄でした。ミッキー、マッキンリー、エリック、フィル、タイロン、カール・B、J＝ロイ、リチャード、セドリック、ジェフ・D、ジェフ、ベン、ビッグ・グレッグ、一〇区のアル、ランス、アンソニーに感謝します。わたしたちはプロジェクトを丸ごと救いました。CGはわたしたちを見捨て、見殺しにしたのです」

災害後、破壊された地区の住民はばらばらになった。下九区住民権利拡大連合（NENA）は、二〇〇七年に隣接するセント・デイヴィッズ・カトリック教会から借りた元のコミュニティセンターのセメントブロックの事務所に大きな地図を貼り、誰かが戻ってくるたびにグリーンの押しピンを刺している。全体からするとほんの小さな割合の住民や家の数だが、グリーンの点はあらゆる場所に散らばっている。NENAは元会計士の住民パトリシア・ジョーンズが二〇〇六年六月に設立した組織で、新しい建築基準法に関連した膨大な役所への申請や、FEMAの支援金やルイジアアナ州からの住宅再建基金（ロード・ホーム・ファンド）や、保険の規定や、その他、帰還者たちが直面する数々の煩雑な手続きを助け、同時に人々のつながりやコミュニティの育成に務めている。援助は全国から寄せられたが、市の内部でもこういった相互扶助は多く見られた。

温かくておおらかな政治活動家パム・ダシールは、ホリークロス町内会（HCNA、下九区の南の平地と高台にまたがるホリークロス・スクールに因んだ名前）の会長をしていた。HCNAはメンバーが戻り始めると、週に何度かミーティングを開いた。二〇〇七年の夏には、カトリーナの前のように月に一度ではなく、週に一度は集まった。このグループには大いなる熱意があり、外部グループや資金提供者たちの調整に力を発揮した。多くの個人やグループが街を元の形に修復することを熱望したが、HCNAはむしろ下九区をどうすれば以前よりいい街にすることができるかを探った。支援者のリストは、まるでヤラセのようだ――教会、俳優のブラッド・ピット、大学院生、多数の若きアナキストたち、〈シエラクラブ〉［環境保全グループ］など。

帰還者たちの多くが、カトリーナ後の移住により家族の誰かと離ればなれになっていて、住民の構成はまだ穴だらけだ。ダシール自身は、娘とそのパートナー、孫一人とともにセントルイスに避難した。戻ってきたのは彼女だけだ。彼女の場合、家は借り住まいで、しかも中にあった家財のすべてを失ったにもかかわらず、戻ってきた。そして、自宅だけでなく、下九区のコミュニティを取り戻す仕事に取りかかったのだった。他の地区の人々の多くが、そのあたりの環境では、復興させてふたたび人を住まわせる価値などないという意見に同調するのをいいことに、市のニューオーリンズ復興委員会のメンバーでもある開発業者は、ちょうど一九〇六年のサンフランシスコ地震の後にチャイナタウンを廃止しようとした実業家たちのように、実際には下九区を復興させない道を探っていた。ダシールは語る。「その段階で彼らが言っていることや、しようとしていることは、とても信じられなくて。わたしにとって、それが契機になりました。何とかしなくてはならなかったのです。わたしたちは組織を作り、ある計画を立てました。力になってくれそうなら、どこにでも行きました」[*46]。実業家たちは、環境からいって、そこは建物を再建する価値がないと言ったが、それとは裏腹に、環境保護主義者こそが再建を支援してくれたのだとダシールは語った。HCNAは再建の道を追求したが、それはくしくもニューオーリンズがいかに自然の地形を侵す選択をしてきたかを公言することを意味した。住民のほとんどが中産階級の白人で占められるレイクビューや、ベトナム系アメリカ人が中心のニューオーリンズ・イーストと違い、下九区は新興住宅地でもなければ、特に低い土地にあるわけでもない。そこの環境が危険になったのは比較的最近のことで、ひとえに高潮をその地区に引き込む運河を造った結果なのだ。

ブラッド・ピットは、カトリーナのあとにパートナーや子供たちとともに名目上だけニューオーリンズに越してきて、ニューオーリンズのための持続可能な住宅供給コンペの計画を手伝い、保険を引き受け、さらに数百万ドルを寄付した。もともと、そのプロジェクトはニューオーリンズ全体を対象にしていたが、ピットはパム・ダシールとHCNAに出会ったあと、すべての資金を下九区に注ぎ込む決意をした。HCNAのメンバーたちも、総戸数一八戸のアパートビル群と、何棟かの家族向けの家や、デイケアセンターを組み込んだコミュニティセンターの設計コンペに協力した。二〇〇八年の夏には、ピットが実現を支援した斬新なデザインの家の何棟かが、ほぼ完成した。高い支柱の上に建つその家々は、あたかも堤防の決壊箇所に近い空っぽになった土地に舞い降りた宇宙船のようだ。そのまわりには荒涼とした土地が広がっていて、人が住んでいる建物はほんの少しあるだけだ。その一軒は〈コモングラウンド〉(ニューオーリンズの地元民と元ブラックパンサー党員のマリク・ラヒムが共同出資で作ったボランティアをまとめる組織)が買って修復した二階建ての家だが、それは二〇〇六年には沈泥だらけで、そこもまた戦場だと主張する「バグダッド」というスプレーによる荒々しい文字の落書きがあった。二年後、その家はきれいになり、新しく配管工事がなされ、活動の中心になっていた。家を取り囲む庭には「FEMA」という名札の付いたみすぼらしい犬小屋があるが、これは肝心なときに国民を助けようとしなかった政府を、簡潔に、しかもはっきりと見える形でからかっている。

NENAのように、やはり教会から借りた建物の中にあるHCNAは、下九区の再建の立て役者となっている。一九八一年に設立されたHCNAは、カトリーナのはるか前にすでに同地区に深刻な脅威をもたらしていた環境公正問題にシエラクラブとともに取り組んできた。したがって、シエラクラブとHCNAは、カトリーナが襲ったときにはすでに存在していたし、新たに〈コモングラウンド〉〈エマージェンシー・コミュニティーズ〉〈NENA〉〈ハリケーン市民救援基金〉その他多数の教会グループが、ハリケーン後に結成された。以前からあった住民の絆は非常に大きな役割を果たした。新しいものも出現した。組織や団体やネットワーク、そして意志と愛が、ばらばらに崩壊していた街を一つにまとめたのだった。

下九区とはニューオーリンズの反対側に当たる、半郊外の白人居住区レイクビューはさらに社交的な場所になった。同地区の住民の娘で人類学者の女性によると、多くの人々が「もし近所の人たちがいなかったら、わたしもここにはいない」と言っていたそうだ。

後始末

裕福で、市としての運営もよく、市民の大多数に高い能力があるニューヨークのような都市では、災害以前の正常な状態に戻すことは論理的にもゴールとなる。だが、貧困に根底から蝕まれ、人種差別により分裂し、警察や裁判所や自治体の無能ぶりや汚職に悩まされ、過去何十年にもわたって崩壊をくり返してきたニューオーリンズのような街では、〝元〟に戻すことは必ずしも進むべき方向ではない。災害は場合によってはコミュニティや人々の生活を再構築するチャンスとなる。それは成功するとは限らないので、一種の賭けである。でも、失敗するとも限らない。

災害後の大混乱が収まったメキシコ湾岸には、長くてつらい住宅再建の作業が待っていた。元の場所に戻る決断も複雑だ。大半の人にとって、その決断は近所の人たちも戻ってくるかどうかにかかっていた。自分の家が本当のホームになるには、それを取り囲む近所も必要だからだ。近所が欲しければ、まず街に住む必要があり、街が提供する水道、下水道、学校、交通手段などの基本的なサービスも必要となる。ニューオーリンズで街づくりを再開するには、崩壊した堤防や他の公共システムに対する環境保護活動が必要であり、おそらく、さらに大きな環境問題を解決する自信も、ある程度は必要だった。そのためには、国がその問題に真剣に取り組んでくれる必要があった。国は取り組んではくれなかったが、それでも人々は、まったく何の保証もないケースもあったが、とにかく戻ってきた。

一九〇六年のサンフランシスコ地震のような災害では、揺れが収まると同時に、人々にはやるべきことがいくらでもあった。救助、消火、仮の避難所の確保、それから例の陽気な仮設キッチンの設営など。通常のシステムがない状況のもとで、自ら行動し、コミュニティを形成し、決断し、機能することで、より力強く感じる人たちもいた。このような主体的行動の感覚は、カトリーナの場合にはそれほど広くは見られなかった。災害が多くの人々を市内で引き合わせたのは確かだ。けれども、大多数の人が数日間のつもりで避難したところ、気がつくと遠く離れた土地に連れていかれていた。市内にとどまることは、すなわち、大惨事のスケールに圧倒され、水の中に取り残され、警察や軍が凶暴になるのを目撃することを意味した。たとえ悪名高い公設避難所に閉じ込められなくても、多くが無力感を覚え、他の地への避難では、しばしば行き先の選択が許されないどころか、到着先すら知らないままにバスや飛行機に乗せられた。自力で避難した人は、避難先や帰る時期など、自らの運命をコントロールできたが、そうでない人たちの運命は他人の手中にあった。街が壊滅した直後には、避難民はたいてい温かく迎え入れられるが、見知らぬ地での数日間が、数週間、数ヵ月になるにつれ、彼らは疎外され、孤立し、根無し草になり、相互扶助のコミュニティの一員ではなく、チャリティの受け手になり下がる。見知らぬ土地では何を計画するのも難しく、したがって絶望から逃れるのは困難だ。

それに、地震や火事は比較的清潔な災害だが、ニューオーリンズの洪水のあとには、外には沈泥、泥、瓦礫が、屋内には毒性のあるカビが残り、想像以上に長引いた避難のせいで何万台もの冷蔵庫の中身は腐り、洪水に見舞われた家の中の死体は腐敗し、倒れた木々や瓦礫の間には動物の死骸が散乱し、水により運ばれた汚染物質や毒素は方々に滞り、セント・バーナード郡では大量の石油の漏出もあり、不潔で悪臭のする水浸しの乱雑さは、帰ってきた人々をうろたえさせたのである。

災害学者の中で最も楽天的なチャールズ・フリッツは、ポジティブな災害の経験は、「自由に相互作用し、災害に対しスムーズな社会的適応を許され」た人々に限られると言っている。しかし、これはカトリーナ後の数日間や数週間には到底当てはまらなかった。多くの人々が見捨てられたと感じ、犯罪者扱いされ、閉じ込められ、放り出され、自らをチャリティの受け手のように感じるか、もしくは憎しみを抱いたのだ。あれから数年経った今も、多くの人がまだ故郷に帰れないでいる。つまるところ、「自費で避難する金がなかったのなら、帰ってくる金もない」のだ。しかも、賃貸住宅は市内から姿を消してしまった。破壊と喪失のスケールがあまりに大きく、相互扶助ではとうてい足りなかった。したがって外部からの巨大な援助が必要だったのだが、それは役所仕事を通過する間に締めつけられてぽつぽつとしか入ってこない政府機関の援助と、ニューオーリンズ再建のために全国から押し寄せてきた何万、何十万人のボランティアたちという形で表れた。最終的には、ニューオーリンズで、将来を見据えたプロジェクトが少数だが立ち上げられ、被災地に多くはないが現実的な効果がもたらされた。

一九八五年のメキシコシティ大地震のときのように、ニューオーリンズの人々も多くの闘いを勝ち取った。低所得者が住みがちな低い土地の住宅地を全廃しようという初期の案は、パム・ダシールのような人々により阻止され、市民の圧力は、当局にそういった地区への資金の再注入を決定させた。全国の貧困者コミュニティの住宅問題を扱う〈ACORN〉は本部をニューオーリンズに置いている。創立者で責任者のウェイド・ラートケはわたしに「自治体から財政主導権や土地の管理権を取り上げるといった最も強硬な手段を講じたとしても、どちらにしろ、こちらの思いどおりにはならなかったでしょう」と語った。[*47] 数ヵ所に廉価な住宅を建てることはあっても、賃貸の公営住宅は大部分は取り壊されることになったのだ。これに関し、ラートケは「この二〇年間、この都市、次はあの都市と、我々が自治体との闘いに負け続けていることは認めざるをえません。ニューオーリンズで勝つことは、他のすべての場所で負け続けてきたことを反転させることになったでしょう」と指摘する。彼はハリケーンから三年経っても、まだ何十万人もの人が帰ってきていない事実を不服に思いながらも、労働力不足のおかげで、自治体のサービス部門や他の多くの仕事で賃金が値上がりしたことと、長年、巨額の予算が注ぎ込まれて就業率の上昇が実現したことにも気づいていた。つまり勝利も改善もあったのだ。しかし、大勢の人々が今なお住み慣れた土地を離れ、苦しんでいる。家賃は値上がりし、病院やデイケアなどの基本的なサービスは大幅に削られ、ホームレス人口は倍になり、災害の三周年記念日にさえ、ニューオーリンズにはまだ七万一六五七軒の無人の破壊された家が残っていた。多くが避難した土地に永遠にとどまっているか、辺鄙な場所に設置された有毒なトレーラーハウスに取り残されているか、ホームレスになっているか、元の家に戻るのに必要な大仕事に圧倒されていた（役所仕事がどんなに公的対応を抑圧したかは、ＦＥＭＡが支援金を恒久的な建築に使うのを禁止したルールによく表れている。有害なトレーラーハウスに使った七万ドルは、より融通のきくシステムのもとにあったなら、再建や、もっと頑丈でまともな仮設住宅の建築に使えただろう）。

とはいえ、人々の頑張りにはめざましいものがあった。カトリーナの半年後に、初めて下九区を訪問したとき、そこは不気味な、見捨てられた場所だった。住民はなく、街灯もなかった。たった今、嵐に襲われたかのようだった。車はまだフェンスの上にのったまま、家々は道路の真ん中に居座り、もしくはただの瓦礫の山になり、わずかにある道路標識はすべて手作りだった。それらの標識の存在は、政府が下九区を復興させる前に人々が戻ってきたことを意味していた。以降、わたしがその地を再訪するたびに、街は変貌していた。瓦礫は消え、まともな標識が出現し、家は修復され、前庭の二メートル近い丈の雑草は刈られ、その他にも、生活のしるしが数多く見受けられた。だが、他の多くの地区同様、まだ大きな割合の住民が欠けたままで、街の未来は完全に不透明なままだ。

ボランティアは波のように押し寄せた。その多くは、家の解体や、人が住める街をめざす長くてきつい道のりへの着手に力を注いだ。食事やカウンセリング、医療などを提供するボランティアもいた。〈ハビタット・フォー・ヒューマニティ〉や〈赤十字〉などの全国的な組織もそれぞれの義務を果たすためにやってきた。すでにあった地元組織は、ＨＣＮＡや多くの教会のように、その目的を変更したり、使命をより大きくしたりした。国中の教会が人を送り込み、一週間ずつ、いろんなプロジェクトを援助した。そういった人々にとっては、それは意義深い体験だった。数年間にわたり、延べ数千人もの大学生が春休みを利用して交替でやって来て、ニューオーリンズの再建を手伝った。急進的な〈ハリケーン市民救援基金〉から、自分たちの交友関係を利用して政治家を被災地に呼び、破壊の状況をじかに見学させた上流階級の〈ウィメン・オブ・ザ・ストーム〉にいたるまで、新しい地元組織も出現した。ブラックパワー運動から派生した組織や、大勢の若い白人アナキストなど、反体制文化のグループも重要な役割を担った。驚異的な量の愛と労働が、二〇〇五年八月二九日直後には死を宣告された街をよみがえらせる努力に注ぎ込まれたのだ。

愛されるコミュニティ

テントを張る

カトリーナのせいで、ブッシュ政権はその天命を失った。本来なら、大統領とそのチームは二〇〇一年九月一一日にそれを失っていたはずだったのに、当時の状況を利用して巧みに愛国的な恐怖と服従を煽り、自分たちの政権を決断力があり、強力で、議論の余地がないほど正しいと自ら定義して生き延びたのだ。だが、それも二〇〇五年の夏に崩れはじめる。そうなって初めて、メディアも大衆も、すべての時代の、そしてすべての民主主義の要素であるはずの恐れを知らぬ率直さでもって、政権を批判し始めたのだった。メキシコ湾岸の廃墟に立って、多くのジャーナリストが、大惨事が起きていた間の連邦政府の無能ぶり、冷淡さ、愚かさに対するこみ上げる怒りを口にした。それまで政権を批判するのを恐れていた人々も、カトリーナのあとには、そうする勇気を得た。全国規模で論調が変わり、ブッシュはあっという間にアメリカ史上、最も人気のない大統領に転落した。

九月一日に大統領は「誰一人、あの堤防の決壊を予測していた人などいないだろう」と発言した。[*48]メディアはのちに、八月二八日に彼がその可能性について警告されている場面を撮ったビデオを入手した。その夏、一般市民もより大胆に主張を始めた。貧困と人種差別がふたたび問題になった。カトリーナの件で怒り心頭に発したMSNBC［ニュース専門のケーブルテレビ局］のコメンテーター、キース・オルバーマンは、二〇〇五年九月五日、多くの視聴者を前に、ブッシュ政権に対する激しい抗議の熱弁をふるった。それは、主流メディアの中にあって最も痛烈なブッシュ批判として注目をあびた『スペシャルコメント』というコーナーのスタートだった。「ジョージ・ブッシュを葬ったのはイラクではない。天候だった」と、二〇〇七年に彼は言っている。[*49]ブッシュの世論調査担当者マシュー・ダウドは、のちに「わたしにとって、カトリーナは転換点だった。大統領は国民との絆を断った……カトリーナが来たとき、やれやれ、ほら、これでおしまいだ、と思ったね。完全にやられた」[*50]。そのころには、コミュニティのまとめ役からのし上がってきたリベラルな黒人の一男性［バラク・オバマ］が、二〇〇八年の選挙で次の大統領の後継者となるべく、有力なライバルとなっていた。これは、少し前までは想像すらできなかったことだ。そして、その民主党の大統領候補はニューオーリンズで選挙キャンペーンを開始し、貧困対策を課題の中心に据えた。国民は変わった。大統領への服従からだけでなく、最右翼の政治への忠誠から気持ちが離れたのだ。カトリーナがターニングポイントだった。

ハリケーンが襲ったとき、ブッシュは五週間のバケーションをテキサス州クロフォードにある、自身の牧場で過ごしていた。やっと首都に戻って職務に就く決断をしたのは数日後だった。帰路で、大統領専用機エア・フォース・ワンにニューオーリンズ上空を低空飛行させている。まだ取り残された住民がいるというのに、快適そうに座って窓から外を眺めている場面が写真に撮られたのもまずかった。だが、たとえハリケーンがなくても、彼のバケーションは、すでに妨害されていた。一年前にイラク戦争で息子を亡くしたシンディ・シーハンが、ブッシュとの面会を要求して、彼の広大な牧場の外にキャンプを張り続けていたのだ。息子の死に対する深い悲しみに心を苛まれた彼女は、ブッシュに「いったいどのような崇高な理由のために、わたしの息子は死んだのですか?」という質問をぶつけることで、その意味を理解しようとしていた。こうして彼女は反戦運動の代弁者となったのだが、それまでは郊外で静かな生活を送る、敬虔なカトリックの、ただの三人の子供の母親だったのだ。そんな彼女にしては驚くべき役割だが、誰よりも一番驚いていたのは彼女自身だっただろう。

二〇〇五年八月のあの時点で、ブロンドで痩せて手足の長い彼女の、自然な、心からの、時に常軌を逸したスピーチが、戦争についての率直な議論の場をこじ開けるくさびの先端の役割を果たしていた。八月六日に彼女がクロフォードにある大統領の牧場に続く道路脇にテントを張ると、支持者が集まり始めた。彼らはそれぞれテントや車を持ち寄り、小さな抗議運動として始めた彼女のテントのまわりに、即席の一種の村を作った。彼らは、シーハンの戦死した息子の写真をあらゆるところに飾り、彼の名前をとって、そこを「キャンプ・ケイシー」と呼んだ。これといったニュースのない月でもあり、ゲートの外に座る傷心の母親と、顔すら見せようとしない大統領の間の膠着状態は大きな話題になった。息子の死は彼女にとっての災害だった。だが、そのことへの対応をこれほどの大問題にしたのは、明らかに彼女にとっての救済だった。

ハリケーン・カトリーナがメキシコ湾に到達した日に、わたしはキャンプ・ケイシーに立ち寄ったのだが、そこには大きなキャンプと、いろんな点で災害時のそれとよく似た素晴らしいコミュニティがあった。ところどころにオークの木立がある、うねるように続く緑の風景は美しかったが、空は不気味で、巨大な白い雲が頭上でむくむくと膨れ上がり、空気は息苦しくなるほど重かった。両側がオープンになった大型テントの前の草原には、イラクで戦死したアメリカ兵一人一人のために十字架が建てられていた。テントの中ではミーティングが開かれ、食事が提供され、会話が交わされていた。前日にやって来た誰かが十字架に飾った色とりどりのバラが、蒸し暑い空気の中でしおれつつあった。アン・ライト元大佐――アメリカがイラクとの戦争を開始した二〇〇三年三月一九日に辞職したキャリア組の外交官――が、すべてが順調かどうかを確かめながら歩き回っていた。タフで、感じがよく、きわめて有能なこの女性は、シエラレオネで内戦が勃発したときには、アメリカ駐留軍の撤退を指揮し、二〇〇一年にはアフガニスタンに大使館を設置する支援をした人物だ。その場にいる他の多くの人たち同様、彼女の全身からは喜びが発散していた。それは彼らがいつも欲していた意味のある仕事だったからだ。その素晴らしい到来の感覚に比べれば、暑さも混乱状態も不快さも、まったく問題にならなかった。あらゆるところで、普段わたしたちが夢に見る、政治や価値観についての大っぴらな議論が交わされていた。あらゆる年齢層のごく平均的な見かけの人々が、ハートランド［アメリカ中心部の、伝統的で保守的な価値観が支配的な地域］からが特に多いが、全国から集まってきていた。

小学生の生徒たちの前で反戦的なことを言ったという理由で教職を追われた、インディアナ州から来た女性は、海軍に入っている息子のことを死ぬほど心配していた。また、ミズーリ州カンザスシティから来たハネムーン中の二五歳の男性は、どこに行くにも新妻が彼を乗せた車椅子を押していた。イラクで爆発に巻き込まれ、下半身が麻痺したのだそうだ。一九五七年から一九六三年まで海兵隊に所属していたミズーリ州スレーターから来た高齢の男性は、このキャンプではずっと、走行距離が五〇万キロの古いフォードのピックアップトラックの車内で寝ていた。アメリカ先住民運動の活動家の四人の高齢者たちは、誰もが言っていたことだが、「ここのことを聞いたら、来るしかなかった」と言った。一〇人ほどの、きれいに頭を刈った真面目そうな若者は、当時も続行中の戦争に従軍した退役軍人たちだ。彼らはルイジアナの州兵とその機材の大部分が、州自体がそれを切実に欲しているときにイラクに行ってしまっていることを心配し、落ち着かない様子だった。直後にキャンプは解散し、〈平和のための退役軍人の会〉のグループはバスにいっぱいの支援物資を積んでメキシコ湾岸に向けて出発し、ハリケーン後のニューオーリンズに真っ先に到着した支援活動の一つになった。これは大統領の別荘のゲートのすぐ外での直接の対応だったが、別荘の中ではすべてが停止し、混乱状態にあった。

シーハン自身はまるで無尽蔵のエネルギーがあるかのように、キャンプの間を動き回ってインタビューに答え、退役軍人をハグし、プレゼントを受け取っていた。まるで、息子を失った悲しみが通常のすべての欲求をえぐり出し、純粋な目的のみを残して空っぽになってしまったかのようだった。その日、八月二九日の終わりに、彼女はわたしに言った。「これは今までわたしに起きたことの中で、最高に素晴らしいことなの。きっとこれから先には、もうこんなことは起きないわ。もっと素敵なことが起きてほしいと思うことすらないでしょう[*51]」

和解

公民権運動のまだ初期の段階に、マーティン・ルーサー・キング・ジュニアは「愛されるコミュニティ」について語った。公民権運動は、人種差別、人種隔離ほか、人種差別の表明となるすべての現象に反対する運動だった。ただし、キングの目には、ただ反対するだけでなく、それはより大きなビジョン、すなわち友情と正義と平和のユートピア思想を実現するための運動でもあった。すべての運動は、ある意義深い方法により、参加者を一つにまとめることから始まる。その方法とは、不正を正したいという願いから生じる目的意識と、誰もが賛成できるよりよい世界のビジョンを与えることにある。一九五七年に、同運動の中心となる〈南部キリスト教指導者会議〉（SCLC）の究極の目的を、キングは「同志愛が現実のものであるアメリカで、愛されるコミュニティを作り育てること……我々の最終的なゴールは、真に人種が交じり合い、個人同士が交じり合う生活、すなわち融合である」と書いた[*52]。彼の説く融合は、バスや学校、ランチのカウンター、職場など、単に実際的な場面での融合ではない。それは団結と共感の概念であり、法や機関のあり方よりむしろ心の状態なのだ。同年に彼は、非暴力主義の活動家として「非協力やボイコットは、それ自体が目的ではないと気づいた……目的は救済と和解にある。非暴力のあとには、愛されるコミュニティが作られる」と訴えた。[*53] むろん、南部の黒人の教会から生まれたこの運動は、最初から最後まで宗教色の濃いものだった。〈フリーダムサマー〉を組織した〈学生非暴力調整委員会〉（SNCC）は、彼の言葉を受け継いだ有名なグループで、一九六〇年代の活動家たちにカリスマ的な指導力よりはむしろ参加型民主主義の理念を導入した。

反対勢力として始まったものが、繰り返し社会的発明に融合する。それはシステムに対する反乱よりむしろ日常生活の改革だ。時にそれはより大きな社会から撤退して一種のユートピア的コミュニティとなる。時折、特にここ数十年では、それは小さな代替運動——生協、オーガニック農場、健康管理のプロジェクト、フェスティバルなど——を生み出し、それらは社会の不可欠な部分になった。革命についての本質的な疑問の一つは、公的機関や制度レベルの変革で果たして十分なのか、それとも人々の心や日常生活における行動を変えることにこそ、そのゴールを置くべきなのかだ。キングはアメリカにおける公式な人種隔離や人種差別の撤廃と、市民一人一人の精神と想像力の変革の両方を欲した。

わたしたちが社会的変化について話すときには、いわゆる〝運動〟について話す。その言葉は、膨大な数の人々が群れを成してともに歩き、現行のやり方を置き去りにして別のやり方へと進んでいくことを暗示している。だが、こういった人々の間にあるのは実は動きではなく、ともに落ち着くことであり、それがコミュニティの始まりとなる（だが、とりわけ公民権運動のようないくつかのケースでは、あるコミュニティが文字どおり立ち上がり、いくつもの通りを抜け、州を横断し、ダイナー［アメリカの簡易レストラン」へ、そして投票所へと進んでいった)。これはアクティビズムがもたらす大きな報酬の一つである――それは人々が目指して闘っている主義に栄誉を捧げて、共通の目的と所属という新たな感覚を与えてくれる新しいコミュニティであり、あの八月にキャンプ・ケイシーで人々の間にあんなにもはっきりと見られた状況だ。幾度となく、反戦や環境、社会的公正、人権、その他の運動がしばしば過去の分断を超えて新しいコミュニティを作り出し、そしてその過程で、災害の際にも見られるあの緊急性、強固な意志、日常の心配事からの一時的な解放、仲間意識、社会的な喜びといったものの幾分かがもたらされている。もちろん、これは必ず起きるわけではない。内部の力関係に問題があり機能不全に陥っている組織は多数ある。だが、とりわけ一九八〇年代のアクティビズムのほとんどは、平等主義、差別撤廃、徹底した説明責任の実行などを目指す現状改革に焦点を合わせていた。災害コミュニティとの類似性は明らかだ。運動家たちのコミュニティは災害と見なされるもの――差別、破壊、貧困――への対応として発生し、時によりよい世界の瞬間や断片を出現させる。くしくも、かつてアメリカ南部で公民権運動に参加したニューヨーカーのテンマ・カプランが「九・一一直後の数日間には、公民権運動のときによく話していたあの愛されるコミュニティの存在を感じました」と語ったように。

カトリーナのあと、以前にあったコミュニティは、一つには住民が全国に散り散りになったという物理的なダメージにより、もう一つには、社会的・政治的な大惨事から受けたトラウマにより、壊滅状態になった。外部からやって来たボランティアたちは、残っているコミュニティの修復に力を注いだが、そうしながら自分たち自身も次々と短期間のコミュニティを作っていった。宗教関係のグループはニューオーリンズの復興に膨大な役割を果たした。純然たるパワーでいくと、〈カトリックチャリティーズ〉とメソジスト教会が最も大きな貢献をした（あるメノナイト［再洗礼派の教徒］がキャンピングカーを所有する退職者たちにメキシコ湾岸に集結するよう呼びかけた。ボランティアの恩恵について、彼らは次のように記した。「イエス様の手足となることは退職者の活動として非常にやりがいのあるものになった。志を同じくする仲間との友情がチームの中心にあった――希望を失った人々にはふたたびそれを与え、いろんな人との交流や、持ち寄りパーティや、外食や、地元の人たちからの食事への招待を楽しんだ」。私の見たメノナイトのほとんどが元気いっぱいで、建築現場での働き手として非常に優秀だった）。ニューオーリンズ・イーストにあるメアリー・クイーン・オブ・ベトナム教会の絆の固い信徒コミュニティは、早期帰還と相互扶助を組織化し、それがまた他のベトナム系アメリカ人コミュニティの復活を可能にした。

反体制文化系のグループも貢献した。必ずしも〝愛されるコミュニティ〟ではなかった一九六〇年代の反政府組織〈ブラックパンサー党〉〈レインボーファミリー〉や、経済や環境問題や人権といった近年の運動と結びついた大勢の若いアナキストたちもいた。しばしば大きなグループがまだ自分たちの業務の仕分けや役所仕事にがんじがらめになっている間に、こういった急進的な小グループは迅速に動き、長くとどまり、深く食い込んで、その場その場のニーズに的確な対応をすることができた。ボランティアは独自の文化になった。結果的に、災害のポジティブな経験の大部分は、住民たちではなく、むしろ彼らのものになったようだ。

ハリケーンから半年後、わたしは下九区との境界を越えたところにあるセント・バーナード郡の〈メイド・ウィズ・ラブ・カフェ〉に立ち寄ってみた。食事をする場所は大きなテントで、ボランティアたちがニューオーリンズに戻ってきた数百人のために、一日三回、温かい食事を提供していた。ニューオーリンズの人々はそこを「ヒッピー・キッチン」と呼んでいた。料理を盛り付けるバンダナとアンダーシャツ姿の若い女性の後ろにあるダンボールの看板には、原色で「緊急コミュニティ〈メイド・ウィズ・ラブ・カフェ〉と素晴らしい住民のみなさま全員に――あなたたちのことはけっして忘れません！」と書かれていた。人々が長いテーブルに座って食べたりしゃべったりしている間、黒人女性と白人男性が音楽をかけ、歌っている。メインの大型テントの周辺には、テント、トレーラー、仮設の建物、防水シートを掛けた建物の骨組み、加工食品の無料配給所、ヨガのためのスペースその他のさまざまな施設がある。たまたま、敷地の後ろのあたりで、老いたグレーハウンドの救助犬二匹を散歩させていたボランティアのロジャーと話をすることができた。強いボストン訛りのある白髪頭で退職者の彼は、その小さなコミュニティでの仕事について話すとき、喜びで別人のようになった。彼は妻といっしょに無料の支援物資を分け与える仕事をしていた。そのボランティア募集はウェブサイトで見つけ、車で駆けつけたのだそうだ。わたしが出会ったとき、八週間の予定の六週目に入っていた。

半時間後、今度は生まれたときからずっとニューオーリンズに住んでいるというアフリカ系アメリカ人の男性に会った。わたしたちは悪名高い荷船が堤防にぶつかって決壊させ、下九区を水浸しにした、まさにその場所に立っていた。意気消沈した様子の、その堂々たる体軀の中年男性が語ってくれたところによると、一九六五年のハリケーン・ベッツィ後に家族でアップタウンに移ったそうだが、子供のころは、その決壊場所付近にあった家に住んでいたそうだ。それが今は、石の破片と瓦礫になってしまっている。ハリケーンから半年経ったその日、彼はやっとそこを訪れて廃墟を目にする心の準備ができたのだと言った。避難先のヒューストンで三ヵ月過ごして戻ってきたものの、ニューオーリンズの街はもはや故郷だとは感じられなかったし、この先もそうなることはないだろうと言った。避難したときや帰ってきたときに受けた扱いに対し、彼は痛嘆し、憤慨した。「もし宝くじに当たったらニューオーリンズを永遠に去るよ」とも言っていた。ロジャーの喜びから地元民の絶望までのこの振幅が、当時のニューオーリンズだった。

よそからやって来たボランティアたちは、しばしば感情的にも文化的にも、地元民たちとは大きく違っている。しかし、必ずしも対立するわけではない。わたしはコインランドリーの元経営者で今はNENAの中心的スタッフになったリンダ・ジャクソンに、世界中からなだれ込んでくるボランティアに対し、地元のコミュニティがどう感じているかを訊いてみた。彼女はそのささやくような声で答えてくれた。「みんな、びっくりしているの。こんなふうに世界中の人々が援助の手を差し伸べてくれるなんて、夢にも思っていなかった。だからって、それがもともと当局がすべきだった対応の代わりをしてくれたとは言わない。でも、全国から、そして世界中から援助を受けていることで、わたしたちは余計に頑張れるの。わたしたち、いつもこう話してるのよ。あの人たちが二週間も仕事を抜けたり学校を休んだりして手伝いに来てくれているのに、わたしたちが後ろ向きの気持ちになるなんてことは、絶対に、絶対にあってはならないって」[*54]

最初は一、二週間のつもりでやって来たのに、三ヵ月、半年、一年後にもまだニューオーリンズでボランティア活動をしていると語ってくれた人にいったい何人会っただろう。二〇〇七年六月のある朝、〈ハビタット・フォー・ヒューマニティ〉が上九区――鮮やかな色にペンキ塗りされた高床式のこぢんまりしたテラスハウスのみの住宅地――に建設中の〈ミュージシャンズ・ヴィレッジ〉に立ち寄ってみた。そこで話をしたのは、カリフォルニア州モントレーから来たというブライアンだった。彼は民族的背景はわからないが、小柄で肌が浅黒く、やたらと目立つハーレーダビッドソンのバイクに乗っていた。もとはといえば、一〇ヵ月前の二〇〇六年八月に、バーモントに紅葉を見に行く途中に、ニューオーリンズに寄り道をしたのだそうだ。「一ヵ月だけ滞在するつもりだった。でも、二週間ほどで、ここにはまともな内装職人はぼくしかいないってことに彼らが気づいたんだ。それで、もっといてくれと頼まれた[*55]」

〈ハビタット・フォー・ヒューマニティ〉は、自分たちの富が目的も喜びも与えてくれないと悟ったある大金持ちのカップルにより創設された組織だ。クリスチャンのグループで、ボランティアと地元民を融合させるための、ある方針をもつ。それは彼らが「スウェット・エクイティ」［汗の平等性］と呼ぶルールで、たとえば、家を所有しようとする人は、その家の建築を手伝わなくてはならない。ただしニューオーリンズでは大量の家を建てなくてはならなかったので、家が建ったあとで所有者が選ばれることもあった。ブライアンは、自分はニューオーリンズを救うためや、社会的公正のために働いているのではないと言った。「最初はそう思っていたよ。または、あまりの惨状に、ただ力になりたいって思っただけだった。するとニューオーリンズ・イーストでこの老夫婦に出会ったんだ。大変な高齢だよ。三五年か四〇年も住んでいた家を解体して更地にしなくちゃならないんだけど、助けてくれる人がいないし、保険にも入ってなかったので、彼らは毎日、家を燃やしていた。自分たちの家を少しずつ壊しては前庭で燃やしていたんだよ。そんなところを見ると、もう無性に腹が立った。金はある。金はあるんだ。さっきも言ったけど、最初は理想主義的な理由でボランティアをやっていると信じていたけど、注ぎ込むものより得るもののほうが大きかった。うんと大きい。ここに住んでいた人たちから手紙やら葉書やらをもらうんだけど、誰もがただもうここに帰りたくてうずうずしている。ぼくはここの人たちのため、いっしょに働いている仲間たち、それからボランティアたちのためにこれをしている。彼らから、愛をもらっているからだよ」

コモングラウンドの発見

それは玄関ポーチの何本かのショットガンに始まり、そのうち若い医師たちが自転車で走り回って、必要としている人なら誰彼なくすべての人に助けの手を差し伸べる活動となり、最終的には全市にわたる数十もの救済と再建のプロジェクトと数千人のボランティアを率いる組織になった。自警団員がアルジェでアフリカ系アメリカ人の男性を殺しているという話を聞いてくれる人になら誰にでも報告をした、前出の元ブラックパンサー党員マリク・ラヒムは回想する。

「ハリケーンの直後、アルジェで白人の自警団員の何人かとトラブった。だが、いざ闘いになると、とても勝ち目はないとわかった。こっちだって武器はいくつか調達できるし、二、三回分の銃撃戦ならやれるだけの弾も手に入れられる。でも、それだけだ。そこで助けを求める電話をした。スコット・クローとブランドン・ダービーが助けに来てくれた[*56]」。クローとダービーは〝アンゴラ

3〟の一件でラヒムに協力したテキサス在住の白人活動家だ。〝アンゴラ3〟は疑わしい告発により何十年も独房に入れられた元ブラックパンサー党員三人の呼称で、その一人ロバート・キング・ウィルカーソンは容疑が晴れて釈放されていた。そのテキサスの若者二人はキングを捜しに行った。二人が当局の目をごまかし、ボートを下ろし、水上から街を探索し、最後にキングと再会したのは大した冒険だったそうだ。最終的に、この二人の若い白人活動家と、ラヒム、キング、ラヒムのパートナーのシャロン・ジョンソンの五人が、アルジェで座って話し合った。

髪を長いドレッドヘアにした、がっしりした体格の、パワフルで声の低いラヒムは振り返る。「九月五日の朝、スコットが言ったんだ。そろそろおれたちで組織を作る時期じゃないかってね。彼がそう言うなり、みんなでおれんちのキッチンテーブルに着いて、〈コモングラウンド〉を組織し始めたんだよ。その名前はキングのアイデアだよ。そのとき、どうしてアメリカの社会運動はどれも華々しく始まって、あっけなくぽしゃるのかという議論をした。キングが言うには、人々がつまらない意見の違いで仲間割れするからだって。ならば、おれたちがすべきことは、みんなをまとめるコモングラウンド〔一致点〕を見つけることにあるんじゃないかって。そこで、『おい、それだよ。コモングラウンド。そいつを名前にしよう』ってことになったんだ」。そのとき、「愛されるコミュニティ」という言葉を広め、「憎しみは憎しみを追い出せない。愛だけがそれをできる」と宣言したもう一人のキングも話題に上がった。

ラヒムが続ける。「おれは二〇ドル持っていた。シャロンは三〇ドル出した。それを元手にコモングラウンドを立ち上げた」。のちに数百万ドルが注ぎ込まれることになる。「電話がまだ通じていたのは幸運だった。さっそく電話をかけまくったよ。まず国中の知り合いに電話して助けを求めた。次に電話したのが〈平和のための退役軍人の会〉だった。真っ先にやって来たのがフロリダ州のその会だったよ。支援物資を山ほど届けてくれた。それからはどんどん協力者が現れた。あのシンディ・シーハンも来た。彼女といっしょに大勢のボランティアがやって来た。そのころには、クリニックを開いていた。いや、少なくとも、救護所くらいにはなっていたな。その後、フランスから来たグループの助けで、この救護所は大きく変わることになる。九月五日にコモングラウンド基金を立ち上げ、九日に正式に救護所を開いた。それから三週間くらいあとだったかな、救護所から、れっきとしたクリニックへの転換を行ったのは。救護所のときは二四時間オープンだったから、一時期、一日に一〇〇人から一五〇人の患者を診ていた。前にも言ったけど、おれは信心深い人間だ。だから、神は人に耐えられない試練は与えないと信じている。おれの人生はそれまでもずっとコミュニティ活動の人生だった。だから今、この危急のときに、神がおれに授けてくれた能力を駆使して人の役に立つことができたんだ。食料配給センターを始めるのは簡単だったよ。ブラックパンサーにいたときに、どうすればいいかを学んでいたからね。クリニックや救護所も、ブラックパンサーでやっていたことの延長だった」

ブラックパンサー党は都市のスラム街で警察の残忍さや人種差別と闘う反体制グループとしてスタートした。それにつきまとう形容詞は〝獰猛な〟であり、そのイメージは武器を手にした若きアフリカ系アメリカ人であり、警察との華々しい銃撃戦（警察の奇襲攻撃ではメンバーが犠牲になっている）は忘れようにも忘れられない。彼らの他の功績は、無法者の魅力と「サツから逃れて」という決まり文句に影を薄くされてしまっている。創設された一九六六年に、同党は〝一〇ヵ条の計画書〟を案出したが、最後の条項には「我々は土地、食料、家、教育、衣服、公正、平和、そして現代のテクノロジーを自らコントロールする人民のコミュニティを欲する」とあった。党が全国の都市に広がると、党員たちはこの条項にあるものを人々に与えようとした。学童に朝食を出し、鎌状赤血球症の検査を行い、老人が銀行で安全に小切手を現金化できるよう付き添った。彼らはこのような行為を「サバイバル計画」と呼んだ。その言葉は、都市スラム街がいかに被災地のように感じられるかを暗示している。

コモングラウンドは独自のサバイバル計画とともに船出した。組織の名前［コモングラウンドには一致点という意味のほかに〝共有地〟という意味もある］の真実は、開設直後から、ウエストバンクの住民に分けへだてなく医療を提供したクリニックにより証明された。患者の中には、治療を受けながら、医師たちに殺人を告白した自警団員も含まれていた。ラヒムによると、周辺地域を自転車で回り、一触即発のエリアで人種間抗争が激化するのを防いだのは医師たちだった。彼らは一軒一軒回って住民の無事を確かめ、治療を施し、人種間の分裂と恐怖をなだめた。当初、コモングラウンドはラヒムとジョンソンのつつましい平屋の家で運営されていたのだが、そのうち、近所の通りに面したクリニックが加わった。

さらに下九区には道具の貸し出し所を設置し、ボランティアが大勢押し寄せると、彼らの一部を洪水で破壊された家の解体作業に回した。他の人たちはバイオレメディエーション［微生物による環境浄化］や、無料の炊き出し所や、その他のプロジェクトに派遣した。コモングラウンドは基本的なサバイバルのためのプロジェクトのほかに、下九区北側のミシシッピ川・ガルフアウトレット運河の塩水が入り込んだために枯れてしまった糸杉を植え替えたり、ウエストバンクの大規模なアパート群を買い取って、遠くに避難させられた人たちを呼び戻して住まわせようとしたり、短い期間だったが小さな新聞を発行したりと、きわめて熱心な活動をした。時に手を広げすぎて実施が追いつかないこともあり、住宅のプロジェクトは、時間と金をさんざ注ぎ込んだ果てに失敗に終わった。

同組織は「白人を黒人のコミュニティの中に引き込もうとする」「具体的な変革をめざすだけでなく、政策を打ち出そうとする」「その意図や計画の領域が野心的過ぎる」「内部の駆け引きが激し過ぎる」などと批判されることもあった。何千人ものボランティアは自転車で駆け回り、新鮮なエネルギーをもたらしたが、同時にカオスも引き起こした。活動家たちの大半はまず、文化や人種の違いを超えて共同作業をすることについての正しい姿勢を学ばなければならなかった。彼らの多くはメンバーの総意によって運営されるグループから来ていたので、同様の直接民主主義的な意思決定方法をコモングラウンドにも求めていた。しかし、結果を引き受けなくてもいい通りすがりのボランティアたちに重大な決断をさせることは、コモングラウンドの首脳陣には納得がいかなかったので、結果的に摩擦が生じることも多かった。

とはいえ、きわめて略式の方法で事がうまく運ぶ場合も多く、彼らは絶え間なく変わる状況に合わせて、即時対応的な決断を下した。早い時期にやって来て、長く滞在した白人のボランティア、エミリー・ポスナーは思い出す。「災害のあとは、それはもう大変だったのよ。赤十字はあらゆるところに計一〇〇棟の倉庫を建てていたけど、彼らのスタッフときたら、ただそこに座っているだけ。いつまでも、ただずっと座っているの。赤十字の職員の何人かと友達になったので、言ってやったわ。『さあ、トラックを運転してここに来て』って。そうして、赤十字の支援物資を持ってきてもらい、わたしたちでコミュニティ全体に配ったの。でも、そんなことをしたのは赤十字の倉庫に関してだけじゃない。他のいろんなグループに対しても同じよ。メキシコ湾岸には、草の根運動をする人々のネットワークがあった。『ここには山のようにチキンがあるのに、まだ電気が来ていない。そちらのコミュニティにトラックでチキンを届けさせてもいい？』なんていう連絡をよくしたものよ。そのおかげで、誰もが何らかの食べ物にありつけたわ。コモングラウンド内にはあらゆる種類のコミュニティがあった。二〇〇七年前半までに延べ一万一千人のボランティアが出入りし、そのうち数百人は、いずれかの時点で長期的な役割を担ったわ。気安い関係のなかで、永遠の友情も育まれた。そういった友情は必ず将来、また役に立つの。わたしたちは、もし嵐に見舞われたらどうすればいいかがわかっている人々のネットワークなの。必要が生じれば、きっとみんな電話をかけ合うでしょう[*57]」

ボランティア活動がうまく機能する中で、過去には人種的分離の両サイドにいた人々が、まったく異なる認識をもち始めた。ボランティアたちはハリケーン直後の数日間に見られた、人種差別に基づいた暴力や犯罪人視を緩和する役割を果たした。そして、彼らはその経験により、ある意味、それまでとは違った人間になって、国中に散らばった故郷やコミュニティに帰っていき、自らの経験を語った。こういった種類の社会的変化は、数字の上には出てこないが、きわめて重要だ。創設当時のコモングラウンドを研究した災害学者のエマニュエル・デイヴィッドはフリーダムサマーを思い出したそうだ。

フリーダムサマーは一九六四年に起きた、ミシシッピ州の黒人に投票権登録をさせようとする公民権運動で、大学生の年齢の若者たちが人種差別と貧困を目撃し、闘うために、全国からミシシッピ州になだれ込んできた。やがて彼らはそれぞれの体験を胸に、愛されるコミュニティの実現をめざす働きかけを続けようとの決意も新たに、自分たちの街に帰っていった。フリーダムサマーはアメリカ史におけるランドマークとなったが、実際にニューオーリンズの復興に加わった人の数は、フリーダムサマーに集まった数どころではない。その時点で、確実に数十万人に達していたが、誰も数えてはいなかった。むろん、それにより誰の目にも明らかになったのは、誰が有り余るほどの物を持ち、誰が何も持っていないか——持つ者と持たざる者から成る国民——だった。

ラヒムは語る。彼の組織が引き起こした出会いは、「すべての白人が邪悪で抑圧したり搾取したりするわけではないということを、黒人たちに教えたんだ。だって、このあたりでは、それまでそんな白人にしかお目にかかったことがなかったからね。そして白人には、すべての黒人が犯罪者ではないということを教えた。ここにいるのは、善良で信心深い人たちばかりだ」。ボランティアたちはコミュニティ内の粗末なバラックか、再生された建物に寝泊まりしていた。「おれたちは団結して仕事をする。つまり、ここで働くなら、ここに泊まらなくてはならない。コミュニティ内で自分の存在感を維持しなくてはならない。そうしてこそ、断絶を打ち破ることができるんだ。おれたちはホウマ市で初めてアメリカ先住民を援助した組織であり、ここのベトナム系アメリカ人に初めて手を差し伸べた組織だったんだよ」[58]。コモングラウンドのモットーは団結であり、慈善ではない。被災者のために働くのではなく、被災者とともに働くことに重点を置いている。その目的の実現がどんな混乱状態を招こうとも、それが多くの全国規模の支援グループとは一線を画している点である。プロジェクトがプロジェクトを生む。クリニックは枝分かれして別の組織〈コモングラウンド・クリニック〉になり、それはまた〈ラティノ健康福祉プロジェクト〉を派生させた。このグループは、ニューオーリンズに大挙してやって来て解体と街の再建の重労働を担った、ほとんどが不法入国の移民たちに、数年間、福祉と支援を提供した。

殺人を告白した自警団員のことをわたしに話してくれた若いアイスリン・コルガン医師は、コモングラウンド・クリニックで断続的に働いた二年間をこう振り返る。

「あそこに行ったとき、わたしはたったの二五歳だったのに、中年グループに入れられたのですよ。四〇歳以上の人はほとんどいませんでした。でも、それについては、それぞれが違う考えをもっていました。だから、誰もが経験もないままに、強圧的でないリーダーになる方法を学んでいましたね。わたしはいつも言い訳ばかり。とにかく生死がかかっていますから、わたしたちの行動の多くは混乱や危機により決定されるのだと。クリニックへの移行には時間がかかりました。わたしがクリニックを去るころにようやく、わたしたちは、あの精神を生かし続けなくてはならないと気づいたのです。それは、最初にクリニックが作られたときの『とにかく、与えられるものはすべて与えなくてはならない』という精神です。最初の三ヵ月間は、一日一二時間、週七日、クリニックを開けていました。とにかく与えて、与えて、与えて……それが、創設の精神だったからです。でも、どうしてそんなことを制度化できますか？　はたして、そんなことが維持できるでしょうか？

机上の空論を実際に行動に移せるチャンスなんて、めったに訪れません。権力者たちが義務を果たさないでいるのを見て、ただ憤慨する以上の行動に出る機会を得て、実際に具体的で実体のある何かを即座に行えるチャンスなんて、いったいいつ得られるでしょう？　普通なら、ここの人々に医療を提供しようと思っても無理なんです。ところが、我々はここに来て、それができるのです。よく赤十字から電話がかかってきて、手袋がなくなったから回してくれないか、なんてことを言われました。彼ら、赤十字ですよ。何億ドルも寄付金を集めておいて、手袋がないなんて信じられますか？　わたしたちは非公式のネットワークを通じてあらゆるものを寄付してもらっていました。そして、州兵たちが患者を送り込んできました。要するに、機能すべきシステムはまったく役に立っていない状態でした。わたしたちがそのギャップを埋めたのです。自分でも驚くほど、感情移入――これが適切な言葉かどうかはわかりませんが――をしていました。本当に、あれほどまで自分が誰かに親身になれることに驚いていました。この一年半、わたしはあのときの闘いを土台に生活を築いていきます。自分の心遣いを余すことなくこの街に捧げたことが、わたしの人生観や世界観を完全に変えたのです。

あるレベルでは、わたしは政府がすべきことをしてくれないことのほうが、よほど心配なのです。政府のことは信用していませんし、市の大きな機関やどんな公的機関であろうと、自然災害できちんと面倒を見てくれるとは思っていません。［サンフランシスコの］ベイエリアに住んでいるので、地震のことはとても心配です。誰かがわたしのことを助けに来てくれるなんて期待できないので、そう考えると震え上がるほど怖くなります。一方で個人的なレベルでは、ずっと先に行っているという感覚があります。どう説明していいかわからないけれども、悲しみや喜びに対するわたしの理解には深さがあります。以前はけっしてうれし泣きなどするタイプではなかったのですが、最近ではすぐに泣いてしまいます。人生の過酷さや、また人生の美しさに対して、感覚が研ぎ澄まされた気がするのです。それらは同じ一つのものですから[*59]」

お帰りなさい

一九〇六年の地震のあと、サンフランシスコは廃墟の地と化したが、同時に、即席の屋外の仮設キッチンやテント、運び出した家財道具の山、貨幣によらない贈与経済の中で贅沢な無料の品々、引き下げられた社会的境界線、ユーモラスな標識や、「ほんの少しの人情が全世界を親戚にする」とうたったミツパ・カフェのもののような心温まる看板が残った。ある目撃者は「家を失った人々のテントや、ドアやシャッターや屋根材で間に合わせに造った変てこな仮設キッチンが街のあらゆるところに出現すると、陽気な気分が広がった。月に照らされたあの長い夜には、ギターやマンドリンの爪弾きがどのテントからか流れてきた」と描写した。それは一九六〇年代以降、反体制的な集まりの特徴になったキャンプ生活に似ている。中でも、とりわけ大規模で長命なのが一九七〇年代の初めから毎年開かれている〈レインボーギャザリング〉だ。

その催しは、仮装やダンス、音楽、祭り、儀式、大規模な人の交流を盛り込んで、ユートピアの実験と伝統的なカーニバルとのギャップに橋渡しをした。数週間ものコミュニティ生活を維持するためのインフラを作るという点で、ギャザリングはユートピア的コミュニティに似ているが、実用的なものは何も作り出さず、ゴミ箱あさりにしろ、クレジットカードで支払ったものにしろ、外界で集められたものに頼る生活という点では祭りに似ている。もし一般社会を災害だと見なすなら――レインボー族の中には、社会をバビロンと呼ぶ人たちもいる――人々がそこから逃れて代わりに災害コミュニティと同様のものを作り出しても不思議はない。革命と災害とカーニバルが合流した、名前のない新しい何かは、現代社会のアリーナの一つなのだ。第一回のレインボーギャザリングは一九七二年に催され、野外炊事場やキャンプ地のトイレ、野戦病院の設置などに経験の深いベトナム戦争から帰還した退役軍人たちがインフラの整備を行ったといわれている。この、サバイバルのための自治システムに重きを置くところは――とりわけ「大地へ帰れ《バック・トゥ・アース》」運動のように――見過ごされてきた一九六〇年代の遺産の一つで、主流社会はすでに（そして、おそらく原爆投下を生き延びるというシナリオの中で過ごした彼らの子供時代からずっと）災害であるという認識の上に立っている。右翼のサバイバリスト［生存主義者］たちは彼らに比べるとずっと非社交的で、パイオニア的な核家族を作ることに集中し、引きこもり、他のすべての人々に対して武装した。

レインボーギャザリングには今、毎年約三万人の人々が毎回異なる国立森林公園の開催地に集まり、文字どおり土台から、機能する一時的な社会を築いている。開催地は近くに飲料水がある場所が選ばれ、たいていは複雑な配管システムを作って、水源地からキャンプまで水を引いてくる。一つのグループが準備のために先に到着し、敷地を整備し、地面を掘って公衆トイレを設置する。これは、病気の蔓延を防ぎ、景観を破壊しないという約束を守るために、とてつもなく重要な仕事だ。また別のグループはギャザリングが終わったあとに残って、片付けと掃除をする。こういったグループには堅苦しいヒエラルキーはないが、無数の打ち解けた組織はある。すべての意思決定は総意のもとに行われ、誰でも参加でき、すべての作業がボランティアのグループにより行われる（長くいる人や仕事を多くした人は力を得るが、これはヒエラルキーとは呼びにくい）。毎年七月にアメリカで開催される（祈りと瞑想を行う四日の独立記念日を含む）全国大会に加え、地方大会、世界大会、さらにカナダ、ヨーロッパ、ニュージーランド、オーストラリアでの開催も定着している。わたしは地方のレインボーギャザリングを訪れたことがある。その感想は複雑だ。マリファナの煙や、見知らぬ人たちから受けるハグ、いろんな宗教の混ざり合い、人々の不潔な格好が、わたしは苦手だった。だが、相互扶助的な贈与経済の社会を作るという目標が部分的に達成されていることや、温かくてオープンで気前の良い雰囲気には感心し、感動した。

レインボーギャザリングと、現在の〈バーニングマン〉や一九六九年に開催された〈ウッドストック〉との決定的な違いは、それが真に可能な限り貨幣経済の外に存在していることだろう。毎年、砂漠で催される巨大な規模のバーニングマンの場合、べらぼうな入場料を取り、ただで入ろうとする人々をパトロール隊が追い払い、数百の化学処理トイレの設置・維持は企業に委託され、会場内のクリニックは地元の病院との契約で運営され、すべての重要な意思決定は今では有限会社になった組織のスタッフに委ねられている（だが、入場料を支払った参加者の多くが自分たちのキャンプ内で、または音楽やダンス用エリアやドリンクやショーを大勢の参加者たちに無料で提供する形で、独自の贈与コミュニティを形成している)。対照的にレインボーファミリー(レインボーギャザリングの運営者たち)は寄付を募り、入場料は取らず、誰でも受け入れ、食事もトイレも医療もすべてボランティアが行っている(その質は一定ではないが)。共同のキッチンが人の輪の中心となり、参加者の多くが一年に一度、集中的に料理することを楽しみ、知らない人にも食事を分け与えている。それはおぼろげだが愛されるコミュニティの機能的なバージョンであり、災害後に自然発生するコミュニティの意識的なバージョンであり、そこに到着すれば、決まって「お帰りなさい」と言って迎えられる。

カトリーナがメキシコ湾を襲ったとき、レインボーギャザリングのその年の全国大会はウエストバージニア州モノンガヘラ国立森林公園で開催され、すでに一ヵ月以上前に終了していた。しかし、多くの参加者が連絡を取り合った結果、何人かが被災地に集まってきた。その一人のホーカーは、同年九月二二日にこのように記している。

「被害の大きさが理解され始めると、国中に散らばったレインボーたちから、現地に行って被災者たちに食事を提供しようという誘いの電話がかかってきた。抜群にいいアイデアだと思った。原始的な環境で人々を健康に保つ方法を知っていて、避難民キャンプの設置ができる人がいるとしたら、レインボーをおいて他にない。加えて、わたしたちはすでに仲間なので、そうするのは自然なことに思えた」[*60]。彼のグループはミシシッピ州ウェーブランドに集結した。

ホーカーは続ける。「そこは一つの街全部が九メートルの高波に完全に消し去られていた。何一つ使えるものは残っていなかった。カトリーナがあの街を公平に扱った結果、貧しい者も富める者も、食料や衣服や避難場所など、要するにサバイバルを求めて平等に苦しんでいた。フレッドという食料品店の駐車場に到着すると、テキサス州バストロップから来たクリスチャンの支援グループ〈バストロップ・クリスチャン・アウトリーチ・センター〉（BCOC）のメンバーといっしょになった。彼らは、自身の言葉によると『ただ、すべての人にできる限りの愛を与えるため』そこに来ていた。その名前はわたしの耳にはレインボーのように響いた。まったく違う二つのグループだが、できる限り住民を助け、役に立とうという一つのゴールのもとに結束した。結果的に、最高にいい関係になった。給仕エリアは共同にしたが、キッチンはそれぞれのグループ用に一カ所ずつ設けた。しばらくすると、レインボーとBCOCのメンバーは互いのキッチンを行き来して手伝うようになった。こうして、わたしたちは一つのグループになった。住民が簡単な食事をし、雨風をしのぎ、着替えや他の必要なことをする場所を設置し、〝ウォール－レス・マート〟〔ウォルマートに引っ掛けた洒落で、「壁のない」お互いに交流できる場所の意〕と名づけた。応急処置テントを設けて、医療ニーズに応えた（その道路の先には、ノース・カロライナ州シャーロットのカロライナ・メディカルが重症患者を扱うための大きめの移動病院を設置していた）。でも、わたしたちは主に人々に、彼らが必要としている愛と支えを提供しようとした。わたしのお気に入りの仕事の一つは、毎晩座って地元の人たちといっしょに夕食を摂ることだった。彼らはたいてい自分の話をしたくてうずうずしていた。一日は長く、暑さは半端じゃない。あんなによく働いたことはなかったな。朝は七時に起きて、三五度から四〇度もの暑さの中で、一日中汗をたらたら流しながら夜中まで働いた。だが、毎朝やって来ては、『希望を与えてくれてありがとう』と礼を言ってくれる人たちの顔を見たら、疲れなんか吹っ飛んだよ」

彼らは一日に四千食も出した。食料の大部分は〈バーニングマン〉のメンバーが寄付したジオデシックドーム［建築家のバックミンスター・フラーが考案した強度の高いドーム建築の構造のこと］の中で、〈オーガニック・バレー〉協同組合が提供してくれた。現代のヒッピーの一団と福音主義教会のクリスチャンがコモングラウンド［一致点］を見つけるのは、ある意味、災害時に典型的に見られる現象だ。危機的状況のせいで、彼らにとって共通の目標が最重要になり、信条やライフスタイルの違いが問題でなくなるのだ。一世紀前にもいい仕事をしていた教会があったし、一世紀後にもいい仕事をしている教会があるだろう。彼らの持続性には価値がある。だが、反体制グループの非持続性にもまた価値がある。彼らの即時対応能力や状況への適応力は貴重だ。災害学者はその時々のニーズに対応して生じる緊急の組織について語るのを好む。〝緊急〟は一連の対応を意味していて、このような組織は、一つの使命を全うするなり一連の緊急ニーズを満たすなりすると、たいてい消滅する。だが、コモングラウンドは医療処置のような緊急の問題への取り組みから、湿地の回復のような長期的課題へと進化し、何年もが経過した今もまだ健在だ（それ自体がある意味、四〇年前のブラックパンサーの派生物なのだ）。ウェーブランドの共同のキッチンとして始まったものは、ある場所からまた別の場所へと、最も緊急度の高い地区へ移動し、提供するものの範囲を広げ、コミュニティに順応し、正式な非営利組織の体制へと向かい、同時に自分たちの役割やノウハウをコミュニティに手渡して、自分たちは解散していった。

カトリーナの前にも、ボランティアたちはそのような仕事を何十年もやり続けてきたし、〈アメリカン・レインボー・ラピッド・レスポンス〉は、のちにも、二〇〇七年と二〇〇八年の夏にオーガニック・バレー協同組合のために仕事をしていた農家や小さな町が洪水にあったときには、メキシコとの国境からウィスコンシン州まで、北米の他の場所で活動を続けた。状況に応じて変わることができる能力は、きちんとした存在や計画として存続する能力と同じくらい貴重だ。教会と反体制グループの両方が、大規模な組織にありがちなワンサイズの支援ではなく、活動のスケールを変化させて自分たちが奉仕するコミュニティに合わせてきた。政府の災害対策には、ボランティアの活動は中央集権的な調整があるほうが効果的だという前提があるが、現実には反対であることのほうが多い。

レインボーギャザリングの常連のフェリペ・チャベスは、災害直後にはフレンチクォーターのすぐ東にあるワシントンスクエアパークに作られた〈ウェルカムホーム・キッチン〉で働いていたが、間もなくそこは退去になった。二年近く経ったあとに、上九区の〈セント・メアリー・オブ・ジ・エンジェルズ〉で、わたしはレストランの廃墟から引っ張り出したコンロの焼き網を洗っている彼にばったり会った。セント・メアリーはコモングラウンドや他のボランティアグループに基地を作る許可を与えていたので、多くの人々が出入りしていた。アリゾナ州ツーソン出身のヤキ族先住民のチャベスは語った。

「人々を引き寄せるのに災害が必要だったというのは不幸なことだよ。でも、ある意味、それは奇跡だという気がするんだ。そのあとに、いいことが起きるからね。たとえば、ここに手伝いにやって来て、思いやりを示しているこんなに大勢の人々がそうだよ。ニューオーリンズでは、通りを歩いている多くの人が住む場所を必要とし、援助を必要としている。ヤクを絶たれて危険な人たちもいる。彼らは居場所がなくて、助けを必要としているんだけど、結局、刑務所に入ることになってしまうんだ。ニューオーリンズの傷が癒えるのは、まだまだ先だよ」[*61]

数十年前に、レインボーギャザリングがそういった援助をチャベスに与えていた。アルコール依存症だった彼を、友達が七〇年代の末にレインボーギャザリングに連れていった。そこで、彼は圧倒され、泣き崩れ、見知らぬ人たちから慰められ、彼の先祖である先住民族の文化的遺産とふたたびつながり、奉仕の生活を始めることで人生を立て直した。

二〇〇五年一二月一日、〈ニューウェーブブランド・カフェ〉は閉鎖となり、スタッフの多くが設備のほとんどとともに、〈メイド・ウィズ・ラブ・カフェ〉を設立するために、下九区から境界を少し越えたセント・バーナード郡に移った。ニューウェーブブランドと同様、そこはコミュニティセンターとなり、食事を摂るために集まった人々に、洗濯機から社会的支援まで、あらゆるものを提供した。ニューウェーブブランドのボランティアの一人、マーク・ウィーナーは、支援物資が枯渇したときに寄付を募れるよう、また、災害直後の善意とエネルギーがしぼんできたときにも存続可能な形態を維持できるよう、非営利組織としてまとめる役を買って出た。赤毛でがっちりした体形の、まじめなウィーナー青年は、コロンビア大学を卒業したばかりだった。組織を正式なものにした彼ともう一人の若者は、どちらもレインボーファミリーではなかったが、レインボーがやっていることに感心していたそうだ。そして、レインボーのメンバーが大勢、彼らの新しいプロジェクトに参加しようとやって来た。二年後には、当時のメンバーは一人も残っていなかったが、彼らの影響は健在だった。ウィーナーの構想の中枢となるのは、キッチンを他の実際的な支援や精神的な援助も提供できる、コミュニティのハブにするというアイデアだった。

かくして二〇〇五年一二月、ウィーナーは〈エマージェンシー・コミュニティーズ〉という公認の非営利組織を立ち上げた。彼によると、その名前は「三番目の候補だった」という。「他の二つはバンドに取られてしまった。この名前にはいろんな受け取り方があって、一つは、名詞として読めば、めざすのは非常時のコミュニティ作りで、一つ一つの場所がエマージェンシー・コミュニティだと考えられる。もう一つは、非常事態からコミュニティを作り出す、とも読める。けれども、ぼくたちの理想は、援助を与える人たちと、援助を必要としている人たちの間のラインをぼかして、一つのコミュニティにすることだ」。それは、コモングラウンドの「慈善ではなく団結」というラインに沿った目標だ。二〇〇七年一月、〈メイド・ウィズ・ラブ・カフェ〉は、ついに十分な利用者のいる下九区に移り、〈カミン・ホーム・カフェ〉としてオープンした。それは、床は剝がれてコンクリートが露出し、壁も屋根もむき出しになった教会の中にあったが、大通りのセント・クロード通りに面していたし、洗濯機も乾燥機も、コンピューターや電話も、ニューオーリンズ・セインツ［アメフトのチーム］の試合が見られる大画面のテレビも備えていた。カフェの正面にはオークの大木があり、多数のオウムが悲鳴のような鳴き声を上げていて、手書きの「カミン・ホーム」の看板があった。裏に回ると、二台の保冷車が止まっていて、簡単に解体して次の避難所に持っていける仕切り付きキッチンと、ボランティアたちの寝泊まりするさまざまな車両があった。中には小さな図書室もあり、アリゲーターの楽隊が行進している図柄の鮮やかな壁画があり、スタッフのエプロンにもアリゲーターの模様があった。テーブルには陽気な色合いのテーブルクロスがかかり、若いボランティアたちが建物のまわりや客の間を忙しそうに動き回っていた。

ウィーナーは可能性を模索することに長けている。地元の若者が手に負えなくなり、他のコミュニティのメンバーを脅かしたとき、エマージェンシー・コミュニティーズは大きな会社から警備員を雇った。それはコミュニティについてのラディカルな考えとは一致しない措置だが、実際に雇われた警備員は、コミュニティのメンバーともボランティアとも仲のいい地元の人たちだった。総意による意思決定というレインボーファミリーのアナキスト的なやり方も長くは続かなかった。コモングラウンドと同じく、長期的な重要案件をほんの短期間しか滞在しない人たちに委ねることには問題があったのだ。

エマージェンシー・コミュニティーズの活動は、この先も、災害に襲われた場所ならどこにでも需要があるとウィーナーは考える。だが、その内部組織が手本になれるかどうかについては、確信がもてないでいる。彼はそれを温和な独裁制と呼び、こう付け加えた。「本当はもっと民主主義的な形を望んでいる。ただ、気がつくと、温和な独裁者になってたんだ」。たとえそうであっても、彼の目標はあくまで援助を提供し、荒廃したコミュニティの立ち直りと自立を促進することにあり、権力を自分のもとに集めるのではなく、それを手放すことをめざしていた。エマージェンシー・コミュニティーズはニューオーリンズの南の半島にある、カトリーナの打撃を最も強烈に受けたブラスでもコミュニティセンターを運営していた。二〇〇七年の半ばには、このセンターは住民に引き渡されて、彼らの運営に任され、結果的にセント・バーナード郡には住民自身の組織が整った。カミン・ホーム・カフェは二〇〇七年の終わり近くまで運営され続けた。

ウィーナーに初めて会ったとき、わたしは彼がレインボーファミリーの始めた路線から、主流派的路線への後退を象徴していると思った。だが、彼が一九六〇年代からの毛沢東主義の革命家の息子であると知って、認識を改めた。彼は両親の考えのすべてを受け継いだわけではないが、主流派に対する批判や、社会の融通性とラディカルな可能性に対する感覚は引き継いでいた。エマージェンシー・コミュニティーズはカトリーナ後二年ちょっとの間に、地方でのレインボーファミリーのプロジェクトから都心部での非営利組織へと、また、同じようなバックグラウンドをもつボランティアの集まりから多様性を特徴とする集まりへと、めざましい進化を遂げていた。それは災害がもたらす即時対応性の、そして大規模な非営利団体にはめったに期待できない状況対応能力の極端な例だった。それはそれを生み出す非常事態と、一九六〇年代の動乱の長期的な遺産、両方の賜物だったのだ。それが存在しなくなったこともまた、変わりゆく状況への対応だった。だが、援助を与えに、もしくは受け取りにそこを通り過ぎていった何千人もの人々は、多くの場合、その相互交流により変わった。世界中に散らばったあとも、彼らは活動家としての仕事を続けている。

社会学者のエマニュエル・デイヴィッドはわたしに問うた。「こういったグループついて実に素晴らしいと思うのは、それらの多くが、具体的な状況から自発的に出現したことである。組織としての構造が整った今、そういったグループは他の災害に入っていける（それを計画し、すでに実現したグループもある）。しかし、新興のグループとして出発し、のちに定着したグループは、はたして初期の活動の特徴だった即時対応性や創造性を同じレベルに維持できるのだろうか？　それとも、こういったグループも形式化し、方針や手続きを作成した結果、赤十字やＦＥＭＡといった機関を身動きを取れなくした仕組みと同様のものを作るのだろうか?」[*62]
その答えは、組織によってまちまちだ。

バランスを考える

ボランティアは、災害をじかに経験しなくても利他主義や相互扶助、即時的対応などの能力を解き放てることを証明している。それらの多くは、保守的な教会であろうと、反体制的なコミュニティであろうと、すでにちょっとした潜在的災害コミュニティとして世界中に存在する一種のサブカルチャーだ。このようなコミュニティは、市民社会として集まり、人間はつながっていて変革を起こすことは可能だと信じ、地球がより住みやすい場所になることを望み、その信念に基づいて行動する人々の間に存在する。彼らは、災害はそのような特質を引き出す触媒にはなりうるが、災害がそれを生じさせるわけではないことを思い出させてくれる。そういった特質は天候や地震や爆弾ではなく、信念や、深い係わり合いや、コミュニティにより作られる。これらのグループの中には、はっきり現在の社会とは別の種類の社会を支持するグループもあれば、今の社会の悪い部分を直し、発展させるだけで満足だとするグループもある。

何年かのちに、そのバランスを取るのは難しい。カトリーナのもともとの大惨事——貧しい人や体の弱い人たちに対する避難計画の不備や、維持管理の悪い堤防——は社会的絆と投資の放棄が原因だった。だが、この社会的放棄がもたらした凄まじい結果にもかかわらず、ニューオーリンズ市長レイ・ナギンを初めとする他の多くの人々のカトリーナへの対応は、よりいっそうの社会的放棄と、公的なもののよりいっそうの私物化を意味するものだった。彼らは大惨事を、私腹を肥やす機会と見なしたのだ——ニューオーリンズ中のすべての公立学校の教師を解雇し、子供の両親や納税者に対する説明責任が問われることの少ない民営のチャータースクール［税補助は受けるが、公立教育の規制を受けない学校］に似た新たな学校制度を案出した。人々が最も住居を必要としているときに、市中の公営賃貸住宅を閉鎖したために、家賃が急上昇した。一方で、大規模なプロジェクトは多くの地区に手つかずのままで残された。何世代にもわたって貧困者に対する医療の大部分を引き受けてきたチャリティホスピタルを長期間、閉じたままにしておいた。公共交通機関は八〇パーセント減少。再建を計画していた牧師や信徒に連絡もせずにホリーグラウンド・バプテスト教会を解体するなどの悪質な行政により、帰還者たちの負担を大きくした。これらのいくつかは、壊滅状態にある市の財政上の決断だったが、公共サービスの民営化と貧困者の締め出しは、イデオロギー上の選択だった。数え切れないくらい多くの方法で、州政府と連邦政府は災害の損失を拡大させた。二〇〇八年に、再建に使われるはずの数十億ドルの支援金が拠出され始めたが、これらは再建の資金とはならず、災害後に拡大した損失の埋め合わせに使われた。

カトリーナ直後のニューオーリンズには、好対照をなすものがあふれていた。被災地に自由に出入りするボランティアがいる一方で、そこへの定住を試みるボランティアもいた。さらに劇的な軋轢は、市民社会や愛されるコミュニティの実現の可能性を信じる人々と、ホッブズやル・ボンやパニックになる多くのエリートと同じく、利己主義の世界によって利己主義の自分たちは正当化されると信じる人たちの間に生じた。クライシス〔危機〕という語の定義は、辞書によると〝病気の進行の過程で、回復に向かうか、または死に向かうかの決定的な変化が起きる点、もしくは、病状の激変または突然の変化〟とある。ほぼすべての災害に、対立する力と、社会に対する相反するビジョンの衝突が見られる。メキシコシティにすら、勝利だけでなく敗北もあった。政府与党には災害後に団結したコミュニティと同じくらい回復力があった。ニューオーリンズにすら勝利はあった。そのいくつかは、友情や再建された教会といった小さなものだったが、大陸全体に生まれた、災害に対する新しい認識と覚悟といった大きなものもあった。

　人々は、物質的な損失とエリートパニックの引き起こした大罪の両方により、この先しばらくは起こりえないほどのスケールで、カトリーナに不意打ちを食らわされた。この災害は、ブッシュ政権の権力の絶頂期でその信用を完全に失墜させた。市民と外部からのボランティアたちは、少数の人が得をする破壊的な再建計画を単に寄せつけないでおくといった消極的な勝利もあったとはいえ、数多くの勝利を収めた。ブラッド・ピットがＨＣＮＡや下九区の運動に関わったことを最も極端な例として、友情や協調は旧来の分裂を越えて育まれた。災害後わずか数日以内に設置されたクリニックから現在も進行中の再建事業まで、目に見える重要な事柄の多くは成し遂げられた。しかし、カトリーナはまた、多くの傷跡を残している。たとえば、マリク・ラヒムはハリケーン直後の数日間に遭遇した人種差別にうろたえ、三年後には国を離れる計画を立てた。彼は何らかのパンデミックがもっとひどい人種差別的反応を引き起こすのではないかと恐れたのだ。だが、それ以上に壊滅した街に、その市民たちに、数十万のボランティアたちの心に、そして災害から生じた新しい連帯に、カトリーナの影響は今も次々現れている。

ここまで災害の近過去について書いてきたが、これには未来も含まれている。それは、知識だけでなく、希望や信念が大きな意味をもつ未来である。

エピローグ

廃墟の中の入り口

あなたは誰ですか？　わたしは誰なのか？　災害の歴史は、わたしたちの大多数が、生きる目的や意味だけでなく、人とのつながりを切実に求める社会的な動物であることを教えてくれる。そして、それはまた、もしわたしたちがそのような社会的動物ならば、ほぼすべての場所で営まれている日常生活は一種の災難であり、それを妨害するものこそが、わたしたちに変わるチャンスを与えてくれることを示唆している。災害は普段わたしたちを閉じ込めている塀の裂け目のようなもので、そこから洪水のように流れ込んでくるものは、とてつもなく破壊的か、もしくは創造的だ。ヒエラルキーや公的機関はこのような状況に対処するには力不足で、危機において失敗するのはたいていこれらだ。反対に、成功するのは市民社会のほうで、人々は利他主義や相互扶助を感情的に表現するだけでなく、挑戦を受けて立ち、創造性や機知を駆使する。この数え切れないほど多くの決断をする数え切れないほど大勢の人々の分散した力のみが、大災害に対処するのに適している。災害がエリートを脅かす理由の一つは、多くの意味で、権力が災害現場にいる市井の人々に移るからだ。危機に最初に対応し、間に合わせのコモン・キッチンを作り、ネットワークを作るのは住民たちだ。それは中央集権型でない、分散した意思決定システムもまた有効であることを証明する。そういった瞬間には、市民そのものが政府、すなわち臨時の意思決定機関となるが、それは民主主義が常に約束しながらも、めったに手渡してくれなかったものだ。このように、災害は革命でも起きたかのような展開を見せる。

これらのはかない一時期については、次の二点が最も重要だ。まず、それは何が可能であるかを、いや、もっと正確にいえば、何が潜在しているかを明白に示してくれる。それは、わたしたちのまわりの人々の立ち直りの早さや気前の良さ、そして別の種類の社会を即席に作る能力だ。第二に、人々とつながりたい、何かに参加したい、人の役に立ち、目的のために邁進したいというわたしたちの欲求がいかに深いものであるかを見せつけてくれる。だからこそ、災害では驚異的な喜びが見られるのだ。ナチスのアウシュビッツ強制収容所を生き延びた精神科医ヴィクトール・フランクルは、のちに、生きる意味と目的を持ち続けることこそが、多くのケースにおいて、そこにいた人たちの生死を分けたと結論している。九・一一のあと、ニューヨーカーのマーシャル・バーマンは「人間、それは最も勇敢な動物で、最も悩むことに慣れている生き物であるからして、本来、苦しみを拒まない。苦しみに意味が与えられる限り、それを欲しがり、それを探し出す」というニーチェの言葉を引用した。[*1] フランクルは同じくニーチェの「生きる目的をもつ者は、ほとんどどんな生き方にでも耐えられる」という言葉をも引用している。[*2] ドロシー・デイは恋人をあきらめたときに、相手に対するきわめて具体的で個人的な愛を、より大きな神への愛だけでなく、目的や、生きる意味や、係わり合いや、コミュニティに対する愛と交換したのだった。それらなしでは、たとえ愛する人との家庭にあっても不幸だったからだ。彼女は「どのように生きるか」を捨て、「なぜ生きるか」を選んだのだ。災害の中の喜びは、もしそれが訪れるとするなら、はっきりした目的の存在や、生き延びることや、他人に対する奉仕への没頭や、個人に向けられた個人的な愛ではなく市民としての愛からやって来る。市民の愛――それは、見知らぬ者同士の愛、自分の街に対する愛、大きな何かに帰属し、意味のある仕事をすることに対する愛だ。

現代の脱工業化社会では、このような愛はたいてい冬眠中か、もしくは認められていない。それゆえに日常生活は災難なのだ。というのは、役割を与えられて行動することこそ、社会を、回復力を、コミュニティを、目的を、そして生きる意味を築く愛だからだ。個人生活はきわめて重要だが、今ほど恋愛や家庭生活をたたえる言葉が幅をきかせていた時代はかつてなく、反対に社会生活をたたえる言葉は、少なくとも英語圏の主流マスメディアではますます萎縮している。しかし、贈与経済や、参加型直接民主主義、市民社会、都市復興、愛されるコミュニティ、歓喜、団結などのアイデアが、今、周辺部に大挙して押し寄せている。人々が今ほど多くの方法でこういったものに手を差し出したことはなく、国中で、農業から分権的意思決定のシステムまで、今ほど主流でないやり方が多く試されたこともかつてない。世界では、アルゼンチンのオルタナティブ勢力やメキシコのサパティスタ運動から、ヨーロッパ都市の環境保護や、インドや南アフリカから西欧まで広がる連帯のネットワークまで、より広範囲に例がある。市民が災害をきっかけに変革を起こしたラテンアメリカの国々ほど、人々の信念が大きな意味をもった場所はない。災害時の相互扶助を長続きさせるのは、そのもう一つの愛を言葉で表現し、いつくしむ能力である。名付けることのできない喜びには、浸ることはできても、それを育むことはできないからだ。

災害はわたしたちに別の社会を垣間見せてくれるかもしれない。だが、問題は災害の前や過ぎ去ったあとに、それを利用できるかどうか、そういった欲求と可能性を平常時に認識し、実現できるかどうかだ。ただし、これは将来、平常時があればの話である。わたしたちは今、災害がますますパワフルになり、しかも今まではるかに頻繁に起きる時代に突入しようとしている。

わたしが二〇〇七年に本書を書き始めたとき、イングランド中部とテキサス州中部は洪水に洗い流され、ギリシャとユタ州とカリフォルニア州では激しい山火事が起き、ハンガリーとアメリカの一部は熱波にじりじりと焼かれ、他の地域は干ばつに苦しめられ、中国は干ばつと洪水と山火事と熱波にまとめて襲われた。ペルーでは大地震が起き、パキスタンも二〇〇五年の地震で大被害を受け、メキシコ湾岸をハリケーン・カトリーナが襲い、二〇〇四年のインド洋大津波はまだ記憶に新しかった。一年後に本書を書き直しているときには、中国は、少なくとも七万人の命を奪い何百万人もをホームレスにした五月一二日の四川大地震からの復興の最中で、ビルマの沿岸部は台風により壊滅状態にあった（住民は支援の大半を妨げた独裁政治により、いっそう苦しめられた）。イングランドとミシシッピ川上流はまたもや洪水の被害を受け、ベナン、トーゴ、エチオピア、ナイジェリア、その他、多くのアフリカ諸国とメキシコのタバスコ州がやはり洪水に見舞われた。マダガスカルは三つのサイクロンに襲われ、カリフォルニアでは途方もない規模の山火事が再び発生し、痛ましくもニューオーリンズはまたもやハリケーンの試練を受け、その嵐はキューバを破壊し、九万人の家を奪った。別のハリケーンの引き起こした洪水により、ハイチでは人々が屋根の上に取り残され、数百人が死亡し、テキサス州では数百万人が強制避難させられるか、取り残されるかした。熱風が過去に例がないほどの猛威を振るったこの年のメキシコ湾には、ますます多くのハリケーンがやって来た。そのうちの一つは、五年前のハリケーン・ジュアン直後にわたしが聞き取り調査を始めたカナダの海岸まで到達した。

二〇〇七年末、人道的支援機関のオックスファムは「気温が上昇し、降雨が激しさを増すにつれ、気候災害の発生が増加している。小規模から中規模の災害の増加は特に心配な傾向である。だが、極端な天候でも必ずしも災害をもたらすとは限らない。人々を災害に弱くするのは貧困と無力感だ。緊急援助は必要だが、人道的な対応としては、救命以上のことを行わなくてはならない。それは社会的保護と災害リスクの軽減といったアプローチを通して、気候変動への対応にリンクさせ、貧困者の生活を向上させるものでなくてはならない」と報告した。貧困については、オックスファムは物理的変革を呼びかけているが、無力感については、もっと微妙な社会的条件を示唆している。わたしたちは災害の歴史を知っている。それゆえに、災害の異常な増加が、インフラと社会機構の大幅な変更と災害の種類に適した準備を要求することを知っている。しかし、それだけでなく、まず災害時に人々がどのように反応するかを認知し、一般大衆に対する公的機関の恐怖と敵意を減らし、さらに災害学者が「向社会的」と呼ぶ行動を災害対策の中に組み込むといった、もっと非物質的な変革も必要だ。

現在の世界的な経済不況は、それ自体、広範囲な災害だ。いまいましくはあるが、これは権力分散化や民主化、市民参加の増加、緊急組織や対処方法を改善するチャンスでもある――または、もっと正確にいえば、生き残りにはこれらが必要となるだろう。災害に対する抜本的な準備は、社会をほんの束の間ではあっても、災害ユートピアに近いものにするに違いない。それは、より柔軟性があり、即時対応性があり、より平等主義的かつ非ヒエラルキー的で、重要な役割を増やして全員から貢献を受ける余地があり、一人一人が社会の構成員だという意識の高い社会である。市民社会は救援チームや、無料の炊き出し所や、気にかけてくれる隣人たちなど、人々が生き延びるために当面必要な条件を作り出すが、シカゴの熱波やキューバのハリケーンを初めとする多くの災害が証明してきたように、それは同時に予防策でもある。

すでに気候の変動は今までになく災害を不公平なものにしつつあり、人為的な（または人工の）荒々しい気候を作り出した張本人たちが、その影響に歯止めをかけるなり緩和するなりの対策を怠っている間にも、熱帯や高地、極北、沿岸地域の弱者がその犠牲になっている。これもまた、誰が得をし、誰が損をし、誰が意思決定をすべきで、誰が実行するのかという、民主主義の問題なのだ。あらゆる場所で発生し続けている災害の大潮を生き延び、できればそれを阻止するには、力を合わせてより強い社会や、互いへのより大きな信頼を育む能力が求められるだろう。その世界では、富と信頼を分かち合うことが必要となる。そのような世界は、過去の災害時におけるわたしたちを理解することにより得られる社会の可能性を信頼し、帰属意識を生み出す社会や場所にしっかり根を下ろすことによってのみ実現可能になる。

災害学者による驚くべき発見と結論――特にチャールズ・フリッツの真にポジティブな意見

——を見出した当初、それらは人間の本質に対する明るい見方を証明するものだと思われた。しかし、全員が全員、良い振る舞いをするわけではない。エリートは、現代の災害学者が確認したように、災害時にはパニックを起こすが、それは解き放たれた人間は野蛮で危険だという思い込みから来ているのだ。そう信じる人たちは、彼ら自身、自分の身や利益を守るためには凶暴な行動を取るに違いない。だが、パニックに陥るエリートは危機的状況においては少数派であり、それを知ることによって、エリートの思い込みを宣伝するマスコミもろとも、文字どおり、または心理的にも、彼らの影響を縮小し、彼らの武器すら取り上げることができるかもしれない。これは、災害の中にきらりと光る束の間のユートピアのような世界を作る突破口になるだろう。

二〇〇八年末の米国陸軍士官学校の報告書には、現在の経済危機は軍の介入を必要とする規模の市民の暴動を引き起こすかもしれないとあった。ヘンリー・ポールソン財務長官も戒厳令が必要になるかもしれないと示唆し、フェニックス警察は、不況が引き起こす暴動も含む、市民の反乱を鎮圧する準備をした。[*3] ブッシュ政権が表舞台から消えつつあったときですら、このように、権力の座にある者たちは一般大衆を敵と見なし続けていたのだ。

人々から固定観念を取り除くのは容易ではない。エリートパニックについての最も信頼のおける小論文の共著者リー・クラークが語ってくれたところによると、九・一一のあとには、国土安全保障省やＦＥＭＡが後援する多くの会議に呼ばれたそうだ。そこで、彼は官僚たちに、災害時に実際に効力を発揮する対応について教えようとした。「混乱状態では、指揮や統制は失敗しがちです」と。彼は多くの公的機関が緊急時に布く上意下達システムのことを言っていた。災害時には市民にどんなメッセージを与えるべきかと訊く災害管理者たちに彼は、市民のほうにこそ、実際に何が起きていて、何が必要かといった、彼らに与えるべきメッセージがあるかもしれないと答えた。クラークは「彼らは、市民社会を役所の構想に組み込む術をもたない」と結論した。

ブッシュ政権下の連邦政府の官僚たちはこの新しいアイデアをうまく利用できなかったが、もっとローカルのレベルでは、災害対策やそれを作る上での前提を見直した災害対策担当者や役人たちも多かった。一九八九年のロマ・プリータ地震では、サンフランシスコ・マリーナ地区の地盤がゆるい埋立地に建っていた家々は倒壊し、火事になり、水道管が破裂したために、消防士たちは炎と闘うのに苦労した。そこで消火艇が海水を汲み上げると、ボランティアたちは重いホースを海岸から運ぶのを手伝った。この地震についてのサンフランシスコ消防局の報告書には「マリーナ地区での火災と、六番通りとブラクソムストリートの角で起きたビルの倒壊では、何百人もの市民ボランティアが消防局の作業を手伝った。彼らの中には、消防局職員の指示のもとに救助活動や消火活動に力を貸した人たちもいた。ボランティアの組織化と指導に取り組むべきだ」とある。[*4] 一九〇六年の地震の時に見られた、同じ消防局の市民に対する疑り深さや線引き意識と、これほど対照的な反応があるだろうか。この報告書を書いた人は、ボランティアたちが組織化されなくても、もしくはいい加減な指示であっても、立派に作業をこなしたことに気づいていたのかもしれない。

この地震のあとに、住民危機対応チーム（ＮＥＲＴ）が結成され、災害時に自分たちの地域や街を守れるようボランティアを訓練することになった。このプログラムは消防局が運営し、一万七千人以上の市民を訓練した。サンフランシスコ市は一九〇六年の地震の一〇〇周年を機に、バスの中のポスターや広告板を利用して、各家庭に災害への備えをうながした。これには、ただ食料などの備蓄だけでなく、緊急時のプラン作りも含まれた。NERTプログラムは市民を信用し、数千人に権限の一部を付与すべく基本的な救助、消火、応急手当ての訓練をし、安全ベストとヘルメットとバッジを与えた。ここの市当局が学んだのは（認めたのは）、自分たちだけでは災害に対応することも、また対応をコントロールすることも無理であり、唯一有効な方策は、市民にある程度の主導権を与えることだということだった。全国レベルでも、特に九・一一以降、住民危機対応チームのプログラムは広がり、市や地方自治体に属することになった災害管理者たちは、一般的に、災害発生時の市民の行動に対し、かつてのような先入観や恐怖心は抱いていない。

サンフランシスコ消防局はマグニチュード八・三の地震と時速一六キロの風の組み合わせで、七一件の大きな火災が起き、二七三台の消防車が必要になると概算している。だが、市には四一台しかない。一方で、二〇〇六年末にNERTでわたしを訓練してくれた消防士のエド・チューは「災害で助け出された人の八〇パーセントが、別に特殊な技能などない人により救助されている」と言っていた。閉じ込められた人の救出には、タイムリーであることが何にも勝って決定的に重要になるので、しばしば近所の人たちがエキスパートより重要な役割を果たすと、彼は強調する。訓練の最後に、参加者はチームに分かれ、それぞれ緊急事態のリストを渡されて、優先順位をつけるように言われた。リストには、致命傷ではない傷を負った老人、頭上に垂れ下がった電線、一気に火事が広がりそうな木造住宅の密集地の建物から出た小さな火の三つがあった。わたしのチームはまず火を消すことを選んだ。それが、より大きな被害を防ぐことになるかもしれないと思ったからだが、するとこっぴどく叱られた。消防士たちは「災害においては、物はもはや重要でない。人だけが重要だ」と言って、わたしを驚かせた。一九〇六年のサンフランシスコから、つくづく遠くに来たものだ。

別の意味で、所有物は重要になる。サンフランシスコ市の自治体は、地震発生から最初の七二時間は、市民は自力で頑張ることになる確率が高いと強調する。だが、貧しい人々は、食料や水を含む地震用の非常用品を準備していない場合が多いので、市は市民全員にそういったものを手元に用意しておくよううながしている。ニューオーリンズについては、カトリーナの三年後に今度はハリケーン・グスタフが接近した。そして、それは、何が変わり、何がまだ腐敗したままかを見極める格好の機会となった。下九区を側面から守っている堤防の上に水がひたひたと打ち寄せている映像を見ると、堤防の高さがけっして十分ではないことがわかる。スーパードームには巨大な鍵がかけられていて、そこに避難している人は一人もいなかった。今回、ナギン市長は強制的な避難命令を十分余裕をもって出したのだが、自力で避難する手段を持たない推定三万人の人々にとって、それはバスでどこかに連れていかれるのを、長時間、列を作って待つことを意味した。[*5] 避難民は手続きを経てリストバンドを付けられ、バスで倉庫に運ばれ、そこに閉じ込められた。経歴チェックのあとで、多くがその場で逮捕され、刑務所に入れられた。彼らの多くは過去に逮捕されたものの起訴は取り下げられていたのだが、ニューオーリンズのお粗末な記録保存のせいで、罪は晴れていなかったのだ。経歴チェックをするのは、一つには被災者を犯罪者と見なしているからだ。ニューオーリンズの不法滞在者の半数が、ガスや水道を止められるか強制送還されるのを恐れて避難しなかった。そして、彼らはそのような罪人扱いにより、とんでもない危険にさらされる。結局、自治体の提供した手段で避難した人の多くが、二度とごめんだと肝に銘じた。

今回の問題の根源がシステム自体にあったのか、それとも、これほど多くの人を罪人扱いする粗野なシステムに従わせた貧困にあったのかはわからない。まだ多くの教訓が生かされていない。嵐が近づくと、CNNはレイプ、殺人、略奪のハイライトシーンを流し、ナギン市長はくり返し「略奪で捕まった者は、誰であろうと、即アンゴラ送りだ」と脅した。アンゴラは過去には奴隷農場として、現在は凶悪犯用刑務所として悪名高い。そして「まっすぐにアンゴラ刑務所行きだ。そこに何が待っているかは、神のみぞ知る」と、うそぶいた。彼は同じスピーチの中で、三年たった今も自宅に帰れない人々が避難生活を送っているFEMA提供の数千台のトレーラーハウスが、暴風で「弾丸のように飛んでいくだろう」とも警告している。ニューオーリンズが脆弱なのは、気候変動の今の時代に、湿地の浸食された緩衝地帯がカリブ海というハリケーンの危険地帯に面しているという、単にその地理的な悪条件だけが原因ではない。むしろ、社会的な分裂や不公正があるからだ。

ニューオーリンズや他の同じような街にあるこういった不公正や傷を治すには、毎日の災害を正していくしかない。その作業により得られる意義や愛の豊かさは、毎日の災害がわたしたちに与える褒美なのだ。喜びは重要で、しかも、それが最も期待のできない状況のもとで見つかるということは、それが長い間のわびしさや分裂をものともせず、脈々と生き続けてきた欲求であったことを証明している。現行のシステムは欠乏と互いに対する恐怖の上に成り立っている。それはよりいっそうの欠乏と、恐れる対象を作り出してきた。だがそれは、利他主義や相互扶助や団結により、そして恐怖ではなく愛や希望により動機づけされた組織や個人の行動により、毎日、緩和される。それは、いわば影の内閣のようなものだ。もし選出されて力を与えられたなら、もっと何かをする用意のあるもう一つのシステムだ。災害はある意味、影の内閣に票を投じて選出する。なぜなら非常時には恐怖や分裂が役に立たないのに引き換え、そういったシステムや絆はうまく働くからだ。災害は、世の中がどんなふうに変われるか——あの希望の力強さ、気前の良さ、あの結束の固さ——を浮き彫りにする。相互扶助がもともとわたしたちの中にある原理であり、市民社会が舞台の袖で出番を待つ何かであることを教えてくれる。

世の中はそういったものを土台に築けるし、また、そうすることは、日常の生活では苦悩や貧困や孤独の原因となっている昔からの分裂を軽減し、危機的な状況のもとでは殺される恐怖や機に乗じた犯罪を軽減する。これは唯一実現可能なパラダイスだが、けっして安定した、完全な形で存在することはないだろう。それは深刻な問題や苦しみへの対応という形でのみ出現する。パラダイスを作ることは、わたしたちの宿命である。これまでに文学の中などで語られたパラダイスは、せいぜい永遠のバケーション程度のもので、意味のないものだった。〝地獄の中のパラダイス〟は即興的に作られる。わたしたちはそれを状況に即して作り、その過程で、わたしたちの強さや創造力が引き出され、コミュニティにがんじがらめになっているときでも、自由な創案を発揮できるようになる。地獄の中に作られたこういったパラダイスは、わたしたちが何を欲していて、わたしたちが何者になれるかを教えてくれる。

一九〇六年の地震で焼け落ちたある大邸宅では、石の門扉だけが立ったまま残った。写真を見ると、それはプライベートな内部への入り口を縁取る代わりに、突如として、その廃墟がたたずむ丘のかなたの街全体を縁取っていた。災害も公的機関や社会構造を崩壊させ、個人の生活を一時停止させ、その向こうに横たわるより広い眺めを見えるに任せることがある。わたしたちがすべきことは、その入り口の向こうに見える可能性を認め、それらを日々の領域に引き込むよう努力することである。

謝辞

災害は個人レベルでも起き、幸運な人には小さなバージョンの災害ユートピアと社会が出現します。わたしは幸運でした。この本を書いている中ほどで、時間的には短かったものの重い病気にかかりました。ここでは病気の詳細は重要ではありませんが、社会的なそれは重要です。それまで数多くの災害の話を自分のことのように体験してきました――ツインタワーから避難した人たちやハリケーン・カトリーナの最中に屋根の上に取り残された人たちと時間を共にし、一九八九年のロマ・プリータ地震ではわたし自身の街の被害から多大な影響を受け、いくつかの洪水や火事のまわりにもいたのですが、病気はわたしにとってはるかに強烈な体験で、ミニチュア版の災害だというに十分でした。それまでの調査から得た知識により、自分自身の精神的かつ感情的な状態には大いに興味がありました。ある時点では、あまりの苦しさに日頃大事に思っていたもののほとんどがどうでもよくなり、何かをすることよりも生きていることにただ満足していました。この状態には奇妙な静穏さがあり、通常の時間やイライラや野心に対する疑いが生じました。まさにフリッツが「災害は、過去や未来と結びついた心配事や抑制や不安からの一時的な解放を提供してくれる。なぜなら、災害のせいで人々は目前の現実という文脈の中で、目の前の、一瞬一瞬の、一日一日の欲求に関心を集中せざるをえないからだ」と記しているように。病気も同じです。生き続けること――生き延びること――が目の前の仕事になり、それは完全にのめり込ませるのです。

病気が去っていくにつれ、わたしは自分がしだいに激しくなっていることに気づきました――時間を無駄にすることがいやになり、やるべきことに対しせっかちになったのです。くしくもマナグア地震についてジョコンダ・ベリが、「いい人生を送らなければ、生きている価値はないと。それは大惨事の間に誰もが体験した、深いところで起きた変化でした。臨死体験のようなものですが、この場合、多くの人が同時に体験しました」と言ったように。容体の悪化にまわりの人たちが最良の対処をしてくれたとき、わたしは大切な愛と絆がそれまでもこれからもあることを確信しました。気弱になったときには、わたしの人生がずっとこんな感じならいいのにと思ったのですが、そのうち、この先ずっとこんな思いやりに満ちた扱いはいらないと思い直し、でも、それは常に見えはしないけれども潜在的に前提としてあり、それゆえにわたしは機能し続けられるのだと悟ったのでした。それは毎日の生活を少しいいものにしてくれました。そして、思い至ったのは、同じ潜在的なものが社会にもあまねく存在しているということでした――絶え間なくではないけれども、それが重要になりうるときに出現するという形で。

この本をわたしの小さな災害ユートピアに出現した方たちに捧げます。

愛をこめて：

トム、ティナ、スーザン、サム、レベッカ、パム、マイク、マリーナ、デイヴィド、アントニア、エイミー。

このプロジェクトはケンブリッジ大学ジーザス・カレッジにおいて同カレッジのロッド・メンガム教授に依頼されて行ったレイモンド・ウィリアムズ記念講演に始まりました。次に同じ講演をイェール大学農業研究会議で行いましたが、そこではジェイムズ・スコット教授に見事な解説と励ましをいただきました。それがまた、ハリケーン・カトリーナがメキシコ湾岸を襲った日に発行された『ハーパーズ・マガジン』掲載の小論になりました。その雑誌の素晴らしい編集者ルーク・ミッチェル氏は、たとえ純然たる野蛮性が解き放たれたという報告が雪崩のように押し寄せたとしても、人間性に対するわたしの楽観主義は正しいと証明されるだろうと主張しました。ルークは正しかったのです。当初はどっちつかずの思いだったものの、カトリーナの悲しみと隠された事実により、ふとした思いつきで始まったこのプロジェクトを続けることが重要に思え始めたのです。それは一九八九年の地震でのわたし自身の体験やその他の災害に見られた不思議な喜びの調査に始まり、知られざる社会的願望と可能性の長い発掘作業になりました。そして、この本が誕生したのです。

災害のもつ意味の発見に乗り出したわたしはまた、何度も何度も友情を発見しました。ダン・ボルウィンクル氏は多数のインタビューの文字起こしに加え、タイの津波に関する自身の優れた業績について話してくださいました。そして、TomDispatch.com を通じて知り合った社会学者のマイケル・シュウォーツ氏は、抜群のタイミングで本書の最初の草稿を読んで、社会や政治に関するアイデアについての素晴らしく洞察的な分析に加えて多大な励ましを与えてくださいました。両氏の大いなる寛大さに感謝いたします。ブラッド・エリクソン氏、アダム・ホックシールド氏、マリーナ・シトリン氏もまた草稿を読んで貴重な貢献をしてくださいました。

卓越した災害学者のキャスリーン・ティアニー氏、リー・クラーク氏、エンリコ・クアランテリ氏は彼らの時間と知識を惜しみなく分け与えてくださいました。このプロジェクトは、いえ、この社会も、この分野での彼らの功績に多くの恩恵を受けています。さらに、二年連続で出席したコロラド大学自然災害センターの毎年恒例の災害学会議でのプレゼンテーションと会話からは多くを学びました。他にも、わたしが訪問して本書中に記した各場所で、大量のアイデアと寛大さをいただきました。ハリファックスのボブ・ビーン氏には二〇〇三年の訪問後、災害についてより深く調査するよう意欲を掻き立てられ、のちに数多くの質問をさせていただきました。

サンフランシスコでは、一九〇六年の地震についてのプロジェクトで友人のマーク・クレット氏、マイケル・ラングレン氏、フィリップ・フラドキン氏に励まされ続けました。そして、いつもどおりサンフランシスコ公共図書館やカリフォルニア大学バークレー校のバンクロフト図書館ほかいくつかの図書館には大変お世話になりました。そういった施設と、その司書たちには感謝し続けています。

ぎりぎりの誘いにもかかわらず、すべてを投げ打ってメキシコシティ行きに同行してくれた友人のネイト・ミラー氏にはどんなに助けられたかわかりません。大切な友人ギジェルモ・ゴメス＝ペーニャ氏の先祖代々の家はメキシコシティでのわたしたちの活動の本拠になり、ローラ・カールセン氏、マルコ・ラミレス氏、グスタボ・エステバ氏、ジョン・ホロウェイ氏、マリソル・エルナンデス氏、アレハンドロ・ミランダ氏、ジョン・ロス氏、ホセ・ルイス・パレド・パチョ氏ほかの方たちは、ご自身の時間、アイデア、思い出を気前よくシェアしてくださいました。ギジェルモは自身が救援活動に参加し、地震がどんなに深い政治的混乱を引き起こしたかを率先して語ってくださり、イアン・ボール氏は早い段階でこのテーマについて貴重な読み物を送ってくださいました。

ニューヨークでは、コロンビア大学オーラルヒストリー研究室所蔵の九・一一に関する素晴らしいインタビュー記録が、本書の同災害についてのセクションの主たる資料になりました。トビン・ジェイムズ・ミューラー氏とパット・エンキュー・オハラ氏、またカリフォルニアではジョーダン・シュースター氏、マイケル・ノーブル氏、アストラ・テイラー氏が貴重な時間を割いて御自身の話を聞かせてくださいました。

ハリケーン・カトリーナ後に最初にニューオーリンズを訪れたときには、ジェニファー・ホイットニー氏、ジョーダン・フラハティ氏、そして社会学者のエマニュエル・デイヴィッド氏が時間をたっぷり取って地元の知識を提供してくださいました。二度目の訪問では、偶然出会ったクリスチャン・ローズルンド氏にやはり大いに助けられましたし、レベッカ・スネデカー氏は素晴らしい友人かつガイドとなって、重要な情報源や励ましや洞察やインスピレーションを提供してくださいました。自分たちの街にとってすこぶる困難なあの時期に、多くの人々が惜しみなく時間を割いて話を聞かせてくださいました——マリク・ラヒム氏、NENAのリンダ・ジャクソン氏、ホリークロス町内会のパム・ダシール氏とシャロン・ランバートソン氏、〈シエラクラブ〉のブライアン・デンツァー氏とダリル・マレク＝ワイリー氏、かつての〈コモングラウンド・クリニック〉のアイスリン・コルガン氏、〈ハビタット・フォー・ヒューマニティ〉のブライアン、〈コモングラウンド〉のエミリー・ポスナー氏、〈エマージェンシー・コミュニティーズ〉のフェリペ・チャベス氏とケイト・フォイル氏とマーク・ウィーナー氏、わたしと同じくサンフランシスコ住民のラリー・ブラッドショー氏とローリー・ベス・スロンスキー氏、エイブ・ルイーズ・ヤング氏のオースティンをベースとした二〇〇五年一一月のアライブ・イン・トゥルース・オーラルヒストリー・プロジェクトでインタビューしたクララ・バーソロミュー氏、エイブ自身とも友達になりました。『ネーション』誌のカトリーナ・ヴァンデン・ヒューヴェル氏は、記事になっていないハリケーン後の殺人について、誰も聞いてくれないときにわたしの話に耳を傾けてくださり、さらにアダム・クレイ・トンプソン氏はその殺人の件を取り上げて、続く一年間に見事な探偵的追求により、すべての事実と詳細を掘り起こして証拠固めをしてくださいました。『ネーション』誌は公開されるべき検視報告書へのアクセスを求めて長い訴訟の最中にあり、あらゆる力を結集して真実を明るみに出し公正がなされるよう努力する彼らに、世界は多くを負っています。アダム・クレイとの共同作業は実に楽しいものでした。

カトリーナ直後に人種差別主義者の自警団員により殺されかけたドネル・ヘリントン氏は、その三年後にアダムとわたしとともに三日間を過ごしました。彼の話を正しく取り上げることについて彼がわたしたちに寄せてくれた信頼への感謝と、ストーリー・テラーとしての彼の才能に対する称賛と、恐怖に直面したときのサバイバーとしての彼の強さは無限です。彼と時間を過ごせたのは光栄でした。

ビロクシのベトナム系仏教寺院住職のティー氏、ドン・ラグローン医師、ビロクシの仏教コミュニティの方々、〈バーナーズ・ウィズアウト・ボーダーズ〉のカーメン・モーク氏もまた、時間を割いて話をしてくださいました。そしてジョコンダ・ベリ、彼女のサンタモニカの家で過ごした午後は素晴らしいものでした。

本書の第二草稿の一部はモントリオールのカナディアン建築センターで上級メロン奨学生だったときに書き上げたのですが、そこの方たちには、わたしが執筆に集中できるよう支えてくださり、そしてニューオーリンズにもう一度行く機会を与えてくださったことにお礼を申し上げます。

現在、ヴァイキング社の編集者ポール・スロヴァク氏と仕事をして一二年、エージェントのボニー・ナデル氏とはさらに長くなります――また感謝する理由が増えました。

レベッカ・ソルニット

二〇〇八年九月　サンフランシスコ、ニューオーリンズ、モントリオールにて。

解説　レベッカ・ソルニットを読み解く　災害ユートピアが生まれた背景

私は、二〇二〇年刊行の『それを、真の名で呼ぶならば』(岩波書店)の翻訳を担当したのをきっかけに、日本でのレベッカ・ソルニットの愛読者とソーシャルメディアなどで言葉を交わすことが増えた。そこで気づいたのが、読者によってソルニットという人物の捉え方が異なるということだった。

『ウォークス　歩くことの精神史』や『迷うことについて』が好きだと言う人は、ソルニットを博学な思想家として捉えているようだし、『暗闇のなかの希望』に共感したやや年配の男性にとってはリベラル左派の社会活動家の印象が強いようだ。そして、『説教したがる男たち』を読んだ女性読者は、フェミニズムの代表的論者としてのソルニットに強い共感を覚えている。

私がソルニットについて初めて触れたのは、『説教したがる男たち』の元になったエッセイについてだった。現在では「マンスプレイニング」という言葉が日本でもよく使われるようになっているようだが、私が「なぜ男は女に説明したがるのか？」アメリカでも揶揄されるmansplaining」というエッセイをケイクスに書いた二〇一五年当時には、アメリカでも新しい用語だった。これはMan(男)とexplain(解説)を掛けあわせた造語で、あるオンライン辞書は「男性が、(そのトピックについて）中途半端な知識しかないにもかかわらず、自分のほうが相手（特に女性）よりも詳しいという誤った前提にもとづき、見下した態度で語りかけること」と説明する。ソルニット自身が作ったわけではないが、この造語が流行語になったきっかけは、彼女が二〇〇八年四月にロサンゼルス・タイムズ紙に載せたエッセイだった。

ソルニットがまだ四〇歳くらいの頃に、友人と一緒にリゾート地アスペンの大金持ちの別荘でのパーティに出席した。雰囲気に馴染めなくて立ち去ろうとしたのだが、パーティ主催者である年配の男性につかまって質問攻めにあい、その年に刊行した写真家エドワード・マイブリッジの本、*River of Shadows: Eadweard Muybridge and the Technological Wild West* について語ろうとした。すると、マイブリッジという名前を耳にした男性は、すぐさま「それで君は、今年出版されたマイブリッジについての重要な本のことを知っている？」と話をさえぎり、いかにも「教えてやる」という独善的な態度で、その「重要な本」について彼女に解説し始めた。ソルニットの友人が、「それは彼女の本よ」と何度も割り込んだのに、男性はそれにすら耳を傾けようとしなかった。そのうえ、彼はニューヨーク・タイムズ紙の書評だけで、この「重要な本」について読んですらいなかったというオチもある。

このマイブリッジの本でソルニットを知ったアメリカ人にとっては、彼女は歴史ノンフィクションの著者のイメージがあるだろう。

けれども、日本では、本書『災害ユートピア』でソルニットを知った人が多いようだ。日本で最初に刊行されたのが二〇一〇年一二月で、その三ヶ月後に東日本大震災が起こったというタイミングも大きかったと思う。動揺し、不安を抱える多くの読者が、この本から何かを得ようとしたのだろう。震災直後のソーシャルメディアでは、被災地の人々に対する差別や専門家への誹謗中傷などやるせないことが目についた。けれども、現地ではソルニットが書いたような住民たちの支え合いが起こっていた。この書でのソルニットは、『暗闇のなかの希望』に通じる社会活動家であり、エリート層に踏みつけられている人々の代弁者である。

それぞれの読者から見えるソルニットのイメージは異なるようだが、私にとってはいずれのソルニットも違和感がない。『ウォークス　歩くことの精神史』や『迷うことについて』の原書を読んだときも、自分の人生に重ねて共感を覚えた。たとえば、私は重度の方向音痴であるにもかかわらず異国でひとりきりで歩くのが好きで、よく道に迷う。道に迷うことで怖い思いをしたこともあるが、迷ったからこそ得られた思いがけない宝物のような体験も数え切れないほどある。人生においても、目標に向かって直進したことがなく、よく迷路に入り込んでしまう。日本の田舎の中学生だったときに弁論大会で、「人混みに埋もれて見えなくなる自分になりたくない」「そこに道があるから歩くのではない。自分が歩くから道ができるのだ」といったことを語ったときから、それを実践するために大小の旅と闘いを続けてきた気がする。その過程で、想定していなかった自分に変わっていく。ソルニットの書くものはすべて、彼女が歩き、迷ってきた過程を反映していると思うのだ。

人間には多くの側面があってあたりまえなのだが、ひとつの専門的な側面しか見せないことが多い。ひとつの面で知られるようになると、別の側面を見せにくくなる。周囲からのプレッシャーだけでなく、自分で自分に制限を与えてしまう。
けれども、ソルニットはそれをしない。自分が強く感じることや興味を抱くことの中に自ら飛び込み、体験し、掘り下げ、幅広い知識につなげて自分の言葉で語る。その知識の大きな箱の中に入っているのは、ギリシャ神話であったり、おとぎ話であったり、アメリカ先住民族の歴史だったりする。社会問題を語るときでも、激しい口調で糾弾するのではなく、神話や伝説を交え、詩的な言葉でストーリーテリングをしてくれる。私がソルニットに共感するのはその部分だ。

二〇二〇年三月にアメリカで発売されたソルニットの回想録、*Recollections of My Nonexistence* を読んで、ソルニットというよりも、私が彼女に共感を覚える理由がさらに理解できるようになった。回想録と言っても、そこはソルニットのことだから、普通の回想録ではない。どんな子供時代を送って、どんな学校でどんな体験をしたとかいった説明はないし、リニアに進むわけでもない。けれども、ひとりの女性が、どんな社会問題に対して強く感じ、それについて書こうと思うようになったのかは感じ取ることができる。

家族問題なども抱えていたソルニットは、高校には行かず一五歳でGEDという検定試験に合格して高校卒業に相当する証書を得た。一六歳からコミュニティ・カレッジに通い、一七歳で四年制のサンフランシスコ州立大学に転入した。貧乏だった彼女は、一九歳のときに自分の予算内で住めるアパートを見つけ、その時から黒人の住民が多い地区で暮らし始める。このときのソルニットは「自分が誰なのか、どうやってその人物になるのか、その答えをみつけようとする、まだ初期の段階だった」と振り返る。けれども、この地域に住むことで、ソルニットは自分が特権階級の白人であることや、女であるというだけで命の危険にさらされるという現実を把握するようになった。彼女は、自分の体験からマジョリティの傲慢さとマイノリティの苦痛に目を向けるようになったのだ。

観察眼と分析力があるソルニットは、自分にはそれを文章で表現する能力があることも感じていた。その能力に磨きをかけるためにカリフォルニア大学バークレー校のジャーナリズム大学院に入学したのだが、生真面目な大学生よりも若くてパンクロック的な彼女には、あまり合わなかったようだ。同級生たちはニューヨーク・タイムズ紙の一面記事を書く硬派の記者を目指していたが、ソルニットはエッセイストになりたかった。

ソルニットが書きたいと思ったのは、「直線的で論理的（linear and logical）なものよりも、直感的で連想的（Intuitive and associative）」、そして「もっと親密でリリカル（more intimate and lyrical）」な文章だった。とはいえ、硬派のジャーナリズムを学ぶのは決して無駄なことではなかった。どのようにして物事を探し出すのか、どうファクトチェックをするのかといったことを、ソルニットはここで徹底的に学んだのだ。

環境問題を書くようになったのにも、彼女の個人的な体験が関わっている。ソルニットがネバダ核実験場での大規模な反核抗議運動に初めて参加したのは一九八八年のことだが、その運動をオーガナイズしていたひとりが彼女の弟だった。

その間にも、ソルニットは「ハングリー」でい続けた。食べることよりも、愛されることや、物語、書物、音楽、権力にハングリーだった。そして、何よりも「真に自分自身の人生（life truly mine)」を生きることと、「自分自身になること（become myself）」に対してハングリーだった。

飢えを自覚できるのは、お腹が空いているのに食べ物を手に入れることができない者だけだ。ソルニットが「真に自分自身の人生」を手に入れようとしてあがいているときに何度も邪魔したのが女性に対する社会の構造的差別であり、ミソジニー（女性蔑視）だった。若い女性は、独り歩きをしているだけでレイプされたり、命を失ったりする危険がある。しかも、そうなったときに女性のほうが責められる。仕事でも、女性というだけでまともに扱ってもらえないことがある。そういったことで深まるのは、「ひとりの人間として公平に扱われ、尊敬される」ことへの強い飢餓だ。

私は一九六〇年生まれで、一九六一年生まれのソルニットとはほぼ同い年だ。育った国は異なるが、同じような思いを抱えて生きてきた。学生運動がまだ盛んだった一九七〇年代後半には、「社会正義」で拳を振り上げる男子学生たちが平気で女子学生に身の回りの世話をさせていたし、私が普段から考えていることを口にすると、男子学生から「難しいことを言うと可愛くないよ」と言われた。信用していた知人から性的暴力を受けたこともある。二〇代後半に企業で責任ある仕事をいくつも押し付けられていたときには、社長から「あなたの給与のほうが多いとわかると、男性社員が士気をなくすから」と仕事に見合う給与を拒否されたことがある。

こういった体験がない人には、そのとき私やソルニットが感じた怒りや、女として生きることの独自の「飢え」を理解しにくいと思う。社会活動家としてのソルニットに共感を覚えても、フェミニストとしてのソルニットに違和感を覚えるとしたら、この「飢え」を体験したことがないからかもしれない。

飢えを体験するのはアンラッキーであり、ラッキーでもある。なぜなら、飢えの体験なしには、個性的で卓越したエッセイストとしてのソルニットはありえないからだ。

数々の体験と、そこから導き出す学び、それらにもとづいて取る行動、それらの積み重ねが人物を作りあげる。同じ体験をしても、それをどう捉えるのか、そこから何を学ぼうとするのか、それぞれの選択で、異なる人物が出来上がる。それがソルニットの書く、「あなたの人生は線ではなく、何度も、何度も分岐していく枝で描かれるべきだ（Your life should be mapped not in lines, but branches, forking and forking again）」ということなのだ。

多くのアメリカ人ですら知らないアメリカ西部の歴史を語るソルニットも、環境問題を語るソルニットも、トランプ政権を批判するソルニットも、若きフェミニストらから尊敬されるソルニットも、すべてひとりの女性であり、六〇年近く「真に自分自身の人生」を生きようとしてきたひとりの人間である。

きっと、読者のみなさんも、他人が知らない多くの側面を持ったひとりの人間であることだろう。そのユニークな複雑さに価値がある。

だからこそ、あなたが知らなかったソルニットの側面に出会ったとき、そこから目を背けないで欲しい。それは、あなたが知らなかった「飢え」を知るチャンスなのだ。そして、あなたの人生に沢山の枝葉ができるきっかけなのだ。

『災害ユートピア』を読むときに、この文章を書くに至ったひとりの女性の人生を想像していただくと、さらに素晴らしい読書体験ができることだろう。

渡辺由佳里
（エッセイスト／洋書書評家／翻訳家）

エピローグ　廃墟の中の入り口

1　Marshall Berman, The City Rises: Rebuilding Meaning after 9/11," *Dissen* (Summer 2003).

2　Viktor E. Frankl, *Man's Search for Meaning* (1959; repr., Boston: Beacon Press 2006), 104.（邦訳『夜と霧 新版』ヴィクトール・E・フランクル、池田香代子訳、みすず書房、2002年）

3　See Mike Sunnucks, "Ariz. Police Say They Are Prepared as War College Warns Military Must Prep For Unrest; IMF Warns of Economic Riots," *Phoenix Business Journal*, December 17, 2008.

4　http://www.sfmuseum.net/quake/revvols.html

5　著者によるラジオやテレビ放送の書き起こしより。2008年8月

42 Oxfam America, “2004 report Cuba: Weathering the Storm, Lessons in Risk Reduction from Cuba,” 19. Available online at: https://www.oxfamamerica.org/cuba

43 Louis Armstrong, in Thomas Brothers, *Louis Armstrong's New Orleans* (New York: Norton, 2006), 13.

44 以下の引用は、カトリーナ数週間後に筆者がダウンロードしたもの。同サイトは現在アクセス不能。

45 キース・バーナード・シニアへの筆者によるインタビュー。ニューオーリンズ、2007年2月

46 パム・ダシールへの筆者によるインタビュー。ニューオーリンズ、2007年6月

47 ウェイド・ラートケへの筆者によるインタビュー。ニューオーリンズ、2007年9月

48 http://news.bbc.co.uk/2/hi/americas/4204754.stm, and elsewhere.

49 keith Olbermann, Truth and Consequences: Special Comments on the Bush Administration's War on American Values (New York: Random House, 2007), xv.

50 Matthew Dowd, in Cullen Murphy and Todd S. Purdum “An Oral History of the Bush White House,” *Vanity Fair*, February 2009.

51 シンディ・シーハンと筆者との会話より。テキサス州クロフォード、2005年8月29日

52 Widely quoted, at: http://www.mlksymposium.umich.edu/07theme and: http://www.religion-online.org/showarticle.asp?title=1603

53 Martin Luther King Jr., “Non-violence and Racial Justice,” February 6, 1957, in Clayborne Carson et al., eds., *The Papers of Martin Luther King, Jr., Volume IV: Symbol of the Movement, January 1957-December 1958* (Berkeley: University of California Press, 2000), 120.

54 リンダ・ジャクソンへの筆者によるインタビュー。ニューオーリンズ、2007年2月

55 モントレーのブライアンへの筆者によるインタビュー。ニューオーリンズ、2007年6月

56 マリク・ラヒムへの筆者によるインタビュー。ルイジアナ州ニューオーリンズ（アルジェ）、2007年2月

57 エミリー・ポスナーへの筆者によるインタビュー。ニューオーリンズ、2007年2月

58 マリク・ラヒムへの筆者によるインタビュー。ルイジアナ州ニューオーリンズ（アルジェ）、2007年6月

59 アイスリン・コルガンへの筆者によるインタビュー。2007年2月

60 Hawker, from: http://ashevillecommunity.org/hawker/katrina/index.html

61 フェリペ・チャベスへの筆者によるインタビュー。ニューオーリンズ、2007年6月

62 エマニュエル・デイヴィッドから筆者へのＥメール。2008年 9月

orleans&st=cse

26 *Times-Picayune, Katrina: The Ruin and Recovery of New Orleans* (New Orleans: Spotlight Press, 2006), 70; in the *CNN Reports, Katrina: State of Emergency* (Kansas City, MO: Andrews McNeel, 2005), 37.

27 アイリスン・コルガンへの筆者によるインタビュー。ニューオーリンズ、2007年2月

28 この作品の四枚組DVDにはヘリントンが殺されかけたときの状況を語ったインタビューのカットされたシーンも含まれている。

29 エイミー・グッドマンによるDemocracy Nowのためのマリク・ラヒムへのインタビュー。2005年10月24日

30 アダム・クレイ・トンプソンによるドネル・ヘリントンへの録画インタビュー。ニューオーリンズ、2008年9月17日

31 Mike Davis, "Poor, Black, and Left Behind," TomDispatch.com, September. 23, 2004: http://www.tomdispatch.com/post/1849/mike_davis_on_the_political_sidelining_of_blacks

32 Shepard Smith, quoted in many places, including: Russ Baker, "The Media's Labor Day Revolution," TomPaine.com, September 6, 2005: http://www.tompaine.com/articles/2005/09/06/the_medias_labor_day_revolution.php

33 ラリー・ブラッドショーとローリー・ベス・スロンスキーへの筆者によるインタビュー。サンフランシスコ、2007年3月

34 Bradshaw and Slonsky, in an account spread widely via e-mail and posted at: http://www.zmag.org/znet/viewArticle/5345, among other sites.

35 Lennox Yearwood, "March Demands Accountability of Gretna Police," originally published in *Louisiana Weekly*, November 7, 2005: http://www.commondreams.org/headlines05/1107-05.htm

36 Arthur Lawson, in Chris Kirkham and Paul Purpura, "Bridge Blockade affter Katrina Remains Divisive Issue," Times – Picayune, September. 1, 2007: http://blog.nola.com/times-picayune/2007/09/bridge_blockade_after_katrina.html

37 Richard E. Deichmann, *Code Blue: A Katrina Physician's Memoir* (Bloomington, IN: Rooftop Publishing, 2007), 118.

38 Ibid., 13.

39 Tom Jawetz, in "ACLU Report Details Horrors Suffered by Orleans Parish Prisoners in Wake of Hurricane Katrina," August 10, 2006: http://www.aclu.org/prison/conditions/26421prs20060810.html

40 See United States Geological Survey, "Man Against Volcano: The Eruption on Heimaey, Vestmannaeyjar, Iceland," 2nd ed., 1983.

41 John Maxwell, "Children of Prometheus: Common Sense," *Jamaica Observer*, September 14, 2008: http://www.jamaicaobserver.com/columns/html/20080913t050000-0500_140147_obs_children_of_prometheus_.asp

"Military Due to Move into New Orleans," CNN, September 2, 2005, among other sources.

7 CNN Reports, *Katrina: State of Emergency* (Kansas City: Andrews McMeel Publishing, 2005), 75.

8 Editorial, *New York Times*, September 1, 2005.

9 See NBC reports, available at: http://www.youtube.com/watch?v=cHcajIRcBvA Curiously the header on the tv report is "Stealing for Salvation."

10 Peter Berkowitz, "We Went into the Mall and Began 'Looting': A Letter on Race, Class, and Surviving the Hurricane," *Monthly Review* online: http://mrzine.monthlyreview.org/berkowitz090905.html

11 Enrico Quarantelli, "Looting and Antisocial Behavior in Disasters" (Newark: University of Delaware Disaster Research Center, 1994).

12 See Tim Shorrock, "Why Didn't the Buses Come? Bush-Linked Florida Company and the Katrina Evacuation Fiasco," *Counterpunch*, January 21/22, 2006: http://www.counterpunch.org/shorrock01212006.html

13 Jed Horne, *Breach of Faith: Hurricane Katrina and the Near-Death of a Great American City* (New York: Random House, 2007), 107-108.

14 Timothy Garton Ash, "It Always Lies Below: A Hurricane Produces Anarchy. Decivilization is Not as Far Away as We Like to Think," *Guardian*, September 8, 2005: https://www.guardian.co.uk/world/2005/sep/08/hurricanekatrina.usa6

15 Maureen Dowd, "United States of Shame," *New York Times*, September 3, 2005.

16 In *City Pages* Online Oral Hstories.

17 Ibid.

18 Denise Moore, in transcript from "After the Flood," This American Life (Chicago Public Radio), September 9, 2005: http://www.thislife.org/Radio_Episode.aspx?sched=1097

19 Ibid.

20 In Thevenot and Russell, "Reports of Anarchy at Superdome Overstated."

21 *Army Times*, September 2, 2005

22 Jeremy Scahill, "Blackwater Down," *The Nation*, October 10, 2005; http://www.thenation.com/doc/20051010/scahill

23 See"Autopsy: Man Killed by Police After Katrina Was Shot in Back," CNN online, July 18, 2007: http://edition.cnn.com/2007/US/07/16/nola.shooting/index.html

24 John Burnett, for *All Things Considered*, "What Happened on New Orleans' Danziger Bridge?," National Public Radio: https://www.npr.org/templates/story/story.php?storyId=6063982

25 Michael Lewis, "Wading Toward Home," *New York Times Sunday Magazine*, October 9, 2005: http://www.nytimes.com/2005/10/09/magazine/09neworleans.html?scp=2&sq=michael%20lewis%20katrina%20uptown%20new%20

Washington Post, June 17, 2004: https://www.washingtonpost.com/wp-dyn/articles/A48471-2004Jun17.html

66 Elaine Scarry, "Citizenship in Emergency: Can democracy protect us against terrorism?," *Boston Review* (October/November 2002): http://www.bostonreview.net/BR27.5/scarry.html

67 Ibid.

68 Christina Hoff Sommers and Sally Satel, *One Nation Under Therapy: How the Helping Culture is Eroding Self-Reliance* (New York: St. Martin's Press, 2005), 147.

69 Ibid.,177.

70 Ibid.,179.

71 キャスリーン・ティアニーへの筆者によるインタビュー。2007年3月

72 Richard G. Tedeschi, Crystal L. Park, and Lawrence G. Calhoun, eds., *Posttraumatic Growth: Positive Changes in the Aftermath of Crisis* (Malwah, NJ: Lawrence Erlbaum Associates, 1998), 2.

73 Viktor E. Frankl, *Man's Search for Meaning* (1959; repr. Boston: Beacon Press, 2006), 72.（邦訳『夜と霧 新版』ヴィクトール・E・フランクル、池田香代子訳、みすず書房、2002年）

74 In Berman, "The City Rises."

75 Charles Frit, *Disasters and Mental Health: Therapeutic Principles Drawn from Disaster Studies* (University of Delaware: Disaster Research Center Historical and Comparative Disaster Series #10, 1996), 57.

76 The reminiscences of Mark Fichtel (December 11, 2001), in CUOHROC, 16.

77 彼らは匿名を希望。

第5章　ニューオーリンズ：コモングラウンドと殺人者

1 〈Alive in Truth Oral History Project〉のために行った、クララ・リタ・バーソロミューへの筆者によるインタビュー。サンフランシスコ、2005年11月

2 *City Pages* oral history interviews (City Pages is a Minneapolis/St. Paul newspaper): http://recordingkatrina.blogspot.com/2005/09/minneapolisst-paul-city-pages-new.html

3 Quoted in Douglas Brinkley, *The Great Deluge: Hurricane Katrina, New Orleans and the Mississippi Gulf Coast* (New York: HarperCollins, 2006), 573.

4 Brian Thevenot and Gordon Russell, "Reports of anarchy at Superdome overstated," *Newhouse News Service*, September 26, 2005.

5 Ray Nagin, in Susannah Rosenblatt and James Rainey, "Katrina Takes a Toll on Truth, News Accuracy," *Los Angeles Times*, September 27, 2005.

6 Governor Kathleen Blanco, quoted in *When the Levees Broke*, DVD, directed by Spike Lee (2006; HBO Documentary Film and Forty Acres and a Mule Filmworks), and in

36 ケイト・ジョイスがくれた筆者へのEメールによるメッセージ。2006年4月16日

37 See Wayne Barrett and Dan Collins, *Grand Illusion: The Untold Story of Rudy Giuliani and 9/11* (New York: HarperCollins, 2006), 80.

38 Tobin James Mueller, in 9/11 journal, no longer posted online.

39 Ibid.

40 トビン・ジェイムズ・ミューラーへの筆者によるインタビュー。ニューヨーク、2007年6月

41 Ibid.

42 The reminiscences of Daniel I. Smith (October 24, 2001 and October 31, 2001), in CUOHROC, 56 and 62.

43 Ibid.,80

44 Tricia Wachtendorf, in "Rebel Food, Renegade Supplies," 8.

45 The reminiscences of James Martin (October 15, 2001 and March 24, 2003), in CUOHROC, 15-16.

46 Ibid.

47 The reminiscences of Stephen Katsouros (November 4, 2001, and March 2, 2003), in CUOHROC, 21.

48 パット・エンキュー・オハラへの筆者によるインタビュー。ニューヨーク、2007年

49 Ibid.

50 Louise Richardson, *What Terrorists Want: Understanding the Enemy, Containing the Threat* (New York: Random House, 2006), 141.

51 Tom Engelhardt, "9/11 in a Movie-Made World," September 7, 2006: http://www.tomdispatch.com/post/118775/9_11_an_explosion_out_of_the_towering_inferno_

52 Barrett and Collins, *Grand Illusion*, 44.

53 The reminiscences of Ruth Sergel (December 5, 2003), in CUOHROC, 16.

54 Wayne Barrett on *Democracy Now* broadcast, Pacifica Network, January 3, 2007.

55 Barrett and Collins, *Grand Illusion*, 41.

56 National Commission on the Terrorist Attacks Upon the United States, *The 9/11 Commission Report* (New York: Norton, 2004), 284.

57 Barrett and Collins, *Grand Illusion*, 279.

58 Editorial, "Ground Zero's Lingering Victims," New York Times, September. 15, 2008.

59 Camille Paglia, in Susan Faludi, *The Terror Dream* (New York: Metropolitan Books, 2007), 23.

60 In Faludi, *Terror Dream*, 23.

61 Cathy young, in ibid., 21.

62 筆者によるオフレコのインタビュー（匿名希望者）。ニューヨーク、2007年2月

63 9/11 Commission Report, 348.

64 Richardson, *What Terrorists Want*, 150.

65 Dan Eggen and William Branigin, " Air Defenses Faltered on 9/11, Panel Finds,"

11 Stanley Trojanowski, in Fink and Mathias, *Never Forget*, 179.
12 Joe Bloziz, in Ibid, 200.
13 Ralph Blasi, in Ibid, 57.
14 Ada Rosario-Dolch, in Ibid, 38.
15 Peter Moog, in Ibid, 80.
16 Mike Magee, ed., *All Available Boats: The Evacuation of Manhattan Island on September 11, 2001* (Bronxville, NY: Spencer Books, 2002), 40.
17 Ibid.,54.
18 The reminiscences of Ellen Meyers (November 4, 2001, and March 16, 2003), in CUOHROC, 17.
19 The reminiscences of Marcia Goffin (December 10, 2001), in CUOHROC, 12, 13, and 16.
20 アストラ・テイラーへの筆者によるインタビュー。サンフランシスコ、2007年3月
21 Charles Fritz and Harry B. Williams, "The Human Being in Disasters: A Research Perspective," *Annals of the American Academy* (1957) (unpaginated, copy from Hazard House Library, University of Colorado, Boulder).
22 The reminiscences of Temma Kaplan, (February 13, 2005) in CUOHROC, 7-8.
23 Ibid.
24 Ibid.
25 Deborah Stone, *The Samaritan's Dilemma: Should Government Help Your Neighbor?* (New York: Nation Books, 2008), 180.
26 The reminiscences of Ilene Sameth (October 29, 2001 and May 19, 2003), in CUOHROC, 25-26.
27 James Kendra and Tricia Wachtendorf, "Rebel Food…Renegade Supplies," (Newark: University of Delaware Disaster Research Center, 2001),15.
28 Blog: http://blog.muevelonyc.com/2001/09/30/emails-from-911
29 The reminiscences of Daniel I. Smith (October 24, 2001 and September 20, 2004), in CUOHROC, 73-74.
30 The reminiscences of Emira Habiby Browne (August 1, 2002), in Ibid., 21.
31 マリーナ・シトリンがくれた筆者の原稿についてのEメール上のコメント。2008年8月
32 Marshal Berman, "The City Rises: Rebuilding Meaning after 9/11," *Dissent* (Summer 2003).
33 ジョーダン・シュースターへの筆者によるインタビュー。サンフランシスコ、2007年2月
34 The reminiscences of Elizabeth Grace Burkhart (January 30, 2002, and April 15, 2003), in CUOHROC, 33-34.
35 The reminiscences of Temma Kaplan (February 13, 2005), in Ibid., 11.

59 Ibid..

60 Marco Rascón, in interview with Ralph Rugoff, *Frieze* Magazine: http://www.frieze.com/issue/article/the_masked_avenger

61 Ibid.

62 マルコ・ラスコンへの筆者によるインタビュー。2007年4月

63 「手段がすなわち目的だ」:これはマルコス副司令官が、ガブリエル・ガルシア＝マルケスとロベルト・ポンボによるインタビュー("The Punch Card and the Hourglass" May-June 2001)を含む多くの機会に言っていることだ。同インタビューで彼は「権力の掌握のためなら革命組織はどんな手段を取ってもいいというわけではない。わたしたちは結果が手段を正当化するとは信じていない。究極的には、手段がすなわち目的だ。わたしたちは自分たちのゴールを、それを手に入れる闘いの手段の選択により定義する」と語った。

64 Subcomandante Marcos, in *The Speed of Dreams: Selected Writings 2001-2007* (San Francisco: City Lights Books, 2007).

65 Laura Carlsen, "An Uprising Against the Inevitable: An Americas Policy Program special Report": http://americas.irc-online.org/am/3217

66 See Rebecca Solnit, "Revolution of the Snails," February 2008: http://www.tomdispatch.com/post/174881

第４章　変貌した都市：悲嘆と栄光のニューヨーク

1 The reminiscences of Mark DeMarco (November 27, 2001), the Columbia University Oral History Research Office Collection (hereafter CUOHROC), 19.

2 マイケル・ノーブルへの筆者によるインタビュー。2007年4月

3 In Mitchell Fink and Lois Mathias, *Never Forget: An Oral History of September 11, 2001* (New York: Regan Books, 2002), 166-167.

4 The reminiscences of Zaheer Jaffery (November 14, 2001, December 4, 2002, and June 24, 2005) in CUOHROC, 17 and 19.

5 One of the firefighters, in Jules and Gédéon Naudet, *9/11*, documentary film, 28 minutes in.

6 The reminiscences of John Guilfoy (November 13, 2001, and May 10, 2003), in CUOHROC, 17-18.

7 Usman Farman, in Jee Kim et al. eds., *Another World Is Possible: Conversations in a Time of Terror* (Chicago: Subway and Elevated Press, 2002), 12.

8 Errol Anderson, in Fink and Mathias, *Never Forget*, 119.

9 Adam Mayblum, quoted at: http://www.snopes.com/rumors/mayblum.asp (accessed 2008) and various other sites online.

10 The reminiscences of Maria Zambrano (November 14, 2001, and October 28, 2003), in CUOHROC, 23.

44 Max Harris, *Carnival and Other Christian Festivals: Folk Theology and Folk Performance* (Austin: University of Texas Press, 2003), 119.

45 Mikhail Bakhtin, *Rabelais and His World*, trans. Helene Iswolsky (Indiana University Press, 1984), 10.

46 Hakim Bey, *T.A.Z.: The Temporary Autonomous Zone, Ontological Anarchy, Poetic Terrorism* (Brooklyn, NY: Autonomedia, 2003), 99.（邦訳『T. A. Z.　一時的自律ゾーン』ハキム・ベイ、箕輪裕訳、インパクト出版会、1997年）

47 William Wordsworth, *The Prelude* (New York: Penguin Books, 1995), 226.（邦訳『序曲』ワーズワス、岡三郎訳、国文社、1968年）

48 Mona Ozouf, *Festivals and the French Revolution* (Cambridge, MA: Harvard University Press, 1991), 134.（邦訳『革命祭典　フランス革命における祭りと祭典行列』モナ・オゾーフ、立川孝一訳、岩波書店、1988年）

49 クールベの1871年4月30日付の家族宛ての手紙に「パリは真のパラダイスです！　警官もなし、ナンセンスもなし、何の強制もなし、口論もなし！　パリ中のすべてのことが時計仕掛けのようにうまく進んでいます。要するに、それは美しい夢なのです。政府のあらゆる機関が連盟により結成され、自ら運営されています」とある。In Letters of Gustave Courbet, ed. and trans. Petra ten-Doesschate Chu (Chicago: University of Chicago Press, 1992), 416.

50 George Orwell, *Homage to Catalonia* (New York: Harcourt, Brace and Company, 1952), 5.（邦訳『カタロニア讃歌』ジョージ・オーウェル、高畠文夫訳、角川文庫、1984年）

51 In Mark Kurlansky, *1968: The Year that Rocked the World* (New York: Random House, 2004), 227.（邦訳『1968　世界が揺れた年』、マーク・カーランスキー、越智道雄監修、来住道子訳、ヴィレッジブックス、2008年）

52 Eleanor Bakhtadze, in Mark Kurlansky, *1968: The Year that Rocked the World* (New York: Random House, 2004), 225.

53 Josef Koudelka, in "Invasion 68: Prague," an interview with Melissa Harris, *Aperture*, no. 192 (Fall 2008), 22.

54 Ariel Dorfman, *Heading South, Looking North: A Bilingual Journey* (New York: Penguin Books, 2004), 244.（邦訳『南に向かい、北を求めて　チリ・クーデタを死にそこなった作家の物語』、アリエル・ドルフマン、飯島みどり訳、岩波書店、2016年）

55 Gioconda Belli, *The Revolution Under My Skin: A Memoir of Love and War* (New York: Knopf, 2003), 291.

56 Wordsworth, *The Prelude*.（邦訳『序曲』ワーズワス、岡三郎訳、国文社、1968年）

57 see Peter Linebaugh, "Jubilating; Or, How the Atlantic Working Class Used the Biblical Jubilee against Capitalism and with Some Success," *Radical History Review*, 50 (1991).

58 マルコ・ラスコンへの筆者によるインタビュー。2007年4月

25 Edwards, *Civil Society*, 30.（邦訳『「市民社会」とは何か』マイケル・エドワーズ、堀内一史訳、麗澤大学出版会、2008年）

26 Pauline Jacobson, " How It Feels to Be a Refugee," *Bulletin*, April 29, 1906.

27 ホセ・ルイス・パレド・パチョへの筆者によるインタビュー。メキシコシティ、2007年4月

28 Eric klinenberg, *Heat Wave* (Chicago: University of Chicago Press, 2003), 91.

29 Ibid., 127.

30 A. Cooper Drury and Richard Olson, "Disasters and Political Unrest: An Empirical Investigation," *Journal of Contingencies and Crisis Management* 6 (September 1998), 4.

31 Russell Dynes, "The Lisbon Earthquake in 1755: Contested Meanings in the First Modern Disaster" (Newark: University of Delaware Disaster Research Center), 3.

32 See Richard Stuart Olsen and Vincent T. Gawrowski, "Disasters as Critical Junctures? Managua, Nicaragua 1972 and Mexico City 1985," *International Journal of Mass Emergencies and Disasters*, 21, no. 1 (March 2003), 3-35.

33 ジョコンダ・べリへの筆者によるインタビュー。カリフォルニア州サンタモニカ、2007年4月

34 Olsen and Gawroski, "Disasters as Critical Junctures," 10.

35 Mikhail Gorbachev "Turning Point at Chernobyl," https://economistsview.typepad.com/economistsview/2006/04/gorbachev_chern.html

36 Mark Healey, "The Fragility of the Moment: Politics and Class in the Aftermath of the 1944 Argentine Earthquake," *International Labor and Working Class Journal*, no. 62 (Fall 2002), 5.

37 In John M. Barry, *Rising Tide: the Great Mississippi Flood of 1927 and How It Changed America* (New York: Simon and Schuster, 1998).

38 Healey, "The Fragility of the Moment," 53.

39 "Que se vayan todos!": Marina Sitrin, *Horizontalism: Voices of Popular Power in Argentina* (Oakland, CA: AK Press, 2006), 22.

40 Benjamin Blackwell, "Micropolitics and the Cooking Pot Revolution in Argentina," on Znet: http://www.zmag.org/znet/viewArticle/11740

41 Sitrin, *Horizontalism*, 26.

42 Ibid., 27.

43 ジョナサン・シェルは「常識的にもそうだが、政治理論でも打倒――破壊の行為――に暴力が必要となることが示唆されている。それは続く新体制構築のステージ――創造の行為――が平和的なものでなくてはならないのは同じくらい明らかに思える。だが、史録によれば、逆であるケースの方が多い。打倒はしばしばわずかか、またはまったく血を流すことなく成し遂げられたが、新体制の構築――そして、それに続く革命的ルールの導入――は激しい流血の中で行われてきた」と指摘している。*The Unconquerable World: Power, Nonviolence and the Will of the People* (New York: Metropolitan Books, 2003), 144-145.

Mexico City Earthquake, trans. Aurora Camacha de Schmidt and Aurthur Schmidt (Philadelphia: Temple University Press, 1988), 83.

4 Margarita Aguilar, quoted in Poniatowska, *Nothing, Nobody*, 146.

5 Phoebe McKinney, "Fighting to Survive: Mexico's 19th of September Union," *Women and Labor*, 10, no. 9 (September 1989) and: http://multinationalmonitor.org/hyper/issues/1989/09/mckinney.html

6 Victoria Adato, quoted in Preston, *Opening Mexico*, 113.

7 アレハンドロ・ミランダへの筆者によるインタビュー。メキシコシティ、2007年4月

8 マリソル・エルナンデスへの筆者によるインタビュー。2007年4月

9 ローラ・カールセンへの筆者によるインタビュー。メキシコシティ、2007年4月

10 Ibid.

11 Ibid.

12 Carlos Monsiváis, *"No Sin Nosotro"s: Los Dias del Terramoto 1985-2005*, trans. Brian Whitener, for the author (Mexico City: Ediciones Era, 2005), 136.

13 マリソル・エルナンデスへの筆者によるインタビュー。2007年4月

14 Carlsen, quoted in in "Mexico City Seamstresses Remember: Two Decades of Aftershocks from Mexico's 1985 Earthquake," IRC Americas, www.americaspolicy.org, 1985.

15 Prince, *Catastrophe and Social Change*, 16.

16 Miguel de la Madrid, quoted in Dianne E. Davis, "Reverberations: Mexico City's 1985 Earthquake and the Transformation of the Capital," in *Resilient Cities: How Modern Cities Recover from Disaster*, Lawrence J. Vale and Thomas J. Campanella, (Oxford and New York: Oxford University Press, 2005), 265.

17 Poniatowska, *Nothing, Nobady*, 142.

18 Michael Edwards, *Civil Society* (Cambrige, England: Polity, 2004), 86.（邦訳『「市民社会」とは何か』マイケル・エドワーズ、堀内一史訳、麗澤大学出版会、2008年）

19 グスタボ・エステバへの筆者によるインタビュー。メキシコ、オアハカ、2008年1月。彼はテピート地区の自治政府と自立について"Tepito: No Thanks, First World," *Reclaiming Politics* (Fall-Winter1991)に記している。

20 Ibid.

21 Vaclav Havel, in a speech at Macalester College, Minneapolis, April 26, 1999, and online at: http://www.eng.yabloko.ru/Publ/Archive/Speech/gavel-260499.html

22 See Harry Cleaver,"The Uses of an Earthquake". グスタボ・エステバのテピート地区での運動とそれに関する執筆が多数引用されている。クリーバーの小文は多くのウェブサイトに見つかる。

23 Monsiváis, "No Sin Nosotros," 86.

24 Monsiváis, introduction to Poniatowska, *Nothing, Nobody*, xvii.

100 Ibid., 12.

101 キャスリーン・ティアニーのカリフォルニア大学バークレー校での講演の著者によるメモ。2006年

102 Ibid.

103 Kathleen Tierney et al, "Metaphors Matter: Disaster Myths, Media Frames, and their Consequences" in Hurricane Katrina," *The Annals of the American Academy of Political and Social Science* (2006): http://ann.sagepub.com/cgi/framedreprint/604/1/57/

104 Judith W. Leavitt, "Public Resistance or Cooperation? Historical Experiences with Smallpox," transcript of talk from the conference "The Public as an Asset, Not a Problem: A Summit on Leadership during Bioterrism," Center for Biosecurity, published online at: http://www.upmc-biosecurity.org/website/events/2003_public-as-asset/leavitt/leavitt_trans.html

105 Ibid.

106 Ibid.

107 2005年、連邦政府の高官たちは軍による強制隔離が必要だと推測した。Jennifer Loven, "Military Might Enforce Quarantines in a Flu Epidemic," Associated Press, October 4, 2005の書き出しには「鳥インフルエンザがパンデミックになることが次第に心配になったブッシュ大統領は、ウイルスが発生したなら、国のどの地域であろうとおそらくは隔離することになり、またそれを軍による強制で行うことも考慮していると本日明らかにした」とある。さらに、Jeanne Guillemin, "Terrorism and Dispelling the Myth of a Panic Prone Public," *Journal of Public Health Policy* (2006)には、「一九九九年、新しいジョンズ・ホプキンス民間生物兵器防衛センター（のちのピッツバーグ大学バイオセキュリティ・センター）が化学攻撃または放射能攻撃とは区別して生物兵器テロへの防衛に先導的役割を果たすことになった。同センターが公表したシナリオによると、必要なワクチンや抗生物質の量が十分でないと無意識のうちに一般市民はパニックを起こし、必ず制圧のために軍が出動することになる」とある。

108 この記事はもはやウェブサイト上には存在しない。

109 リー・クラークへの筆者によるインタビュー。2007年7月

110 Lee Clarke, introduction to *Terrorism and Disaster, Vol 11: New Threats, New Ideas* (Stamford, CT: JAI Press, 2003), 5.

111 キャスリーン・ティアニーへの筆者によるインタビュー。2007年

第３章　カーニバルと革命：メキシコシティ大地震

1 マリソル・エルナンデスへの筆者によるインタビュー。2007年4月

2 In Julia Preston, *Opening Mexico: The Making of a Democracy* (New York: Farrar, Straus and Giroux, 2004), 107.

3 Judith Garcia, quoted in Elena Poniatowska, *Nothing, Nobody: The Voices of the*

がわからないまま権力者たちの思いどおりになります。ショック状態にあるときのあなたに何が起きるかというと、退行し、子供のようになり、ルドルフ・ジュリアーニが自分の父親で、ディック・チェイニーが面倒を見てくれると考え始めるのです」と続けた。
http://www.colbertnation.com/the-colbert-report-videos/186550/october-02-2008/naomiklein

82 Fritz, "Disasters and Mental Health," 25.

83 Ibid., 68.

84 Ibid., 63.

85 Ibid., 55.

86 Ibid., 57.

87 In Andrew D. Grossman, *Neither Dead nor Red: Civilian Defense and American Political Development during the Early Cold War* (New York: Routledge, 2001), 59.

88 Kenneth D. Rose, *One Nation Underground: The Fallout Shelter in American Culture* (New York: New York University Press, 2001), 111.

89 *Time*, August 18, 1961.

90 Walter Karp, "When Bunkers Last in the Doorway Bloomed: The Fallout-Shelter Craze of 1961," *American Heritage Magazine*, February-March 1980. Accessible at: http://www.americanheritage.com/articles/magazine/ah/1980/2/1980_2_84.shtml

91 文書の扉には「極秘——国外秘 ベトナムにおける米国軍爆撃」とあり、「機密解除 96年8月26日」のスタンプがある。これはベトナム戦争の優れた歴史家ニック・タース氏から筆者に提供された。2ページ目のタイトルは「南ベトナムとラオスにおける軍事活動を後押しする北ベトナムの能力に対する米国軍爆撃の効果」とあり、極秘であることがさらに強調されている。問題の個所はp.vi11。フリッツの名は同報告書を作成した4人の研究者の1人として表示されている。

92 エンリコ・クアランテリへの筆者によるインタビュー。2007年6月

93 Ibid.

94 Ibid.

95 E. L. Quarantelli, "The Sociology of Panic,"8. Available online from the University of Delaware Disaster Research Center, labeled "to be published in Smelser and Baites, eds,, International Encyclopedia of the Social and Behavioral Sciences in 2001."

96 Quarantelli, cited in Lee Clarke, "Panic: Myth or Reality?," in *Contexts* (Fall 2002), 24.

97 Erik Auf der Heide, "Common Misconceptions about Disasters: Panic, the 'Disaster Syndrome,' and Looting," in *The First 72 Hours: A Community Approach to Disaster Preparedness*, ed. Margaret O'Leary, (Lincoln, NE: iUniverse Publishing, 2004), 343.

98 エンリコ・クアランテリへの筆者によるインタビュー。2007年6月

99 E. L. Quarantelli, "The Study of Disaster Movies: Research Problems, Findings, and Implications" (Newark: University of Delaware Disaster Research Center, 1980), 11.

Malcolmson (Waterloo, ON: Wilfrid Laurier University Press, 2005), 150.

60 Ibid., 151.

61 Quentin Bell, *Virginia Woolf* (Fort Washington, PA: Harvest Books, 1974), 217.

62 In Harrison, *Living Through the Blitz*, 13.

63 Ibid., 280.

64 Molly Panter-Downs, *London War Notes 1939-1945*, ed. William Shawn (New York: Farrar, Straus and Giroux, 1971), 105.

65 Shephard, *War of Nerves*, 176.

66 Cockett, *Love and War*, 133.

67 Ibid.,133.

68 Titmuss, *Problems of Social Policy*, 350.

69 In Harrison, *Living Through the Blitz*, 78-81.

70 Charles Frits, "Disasters and Mental Health: Therapeutic Principles Drawn from Disaster Studies," University of Delaware: Disaster Research Center, 1996 2. このレポートは以下のサイトで閲覧することができる：http://www.udel.edu/DRC/preliminary/hande10.pdf

71 Ibid., 3-4.

72 Ibid., 2.

73 "United States Strategic Bombing Survey: Summary Report (European War), September 30, 1945" (available at: http://www.anesi.com/ussbs02.htm), 16.

74 Fritz, "Disasters and Mental Health," 6.

75 Ibid., 7.

76 In E. L. Quarantelli, "The Earliest Interest in Disasters and the Earliest Social Science of Disasters: A Sociology of Knowledge Approach," (University of Delaware Disaster Research Center, 2005), 24. このレポートは未刊行だが、研究所から入手可能。

77 Ibid., 30.

78 Charles Fritz, "Disaster" in *Contemporary, Social Problems: An Introduction to the Sociology of Deviant Behavior and Social Disorganization*, ed. Robert K. Merton and Robert A. Nisbet (New York: Harcourt, 1961), 672.

79 Naomi Klein *The Shock Doctrine: The Rise of Disaster Capitalism* (New York: Metropolitan Books, 2007), 21.（邦訳『ショック・ドクトリン』ナオミ・クライン、幾島幸子、村上由見子訳、岩波書店、上・下巻、2011年）

80 Ibid., 42. クラインは2001年9月11日の惨事がニューヨーカーに与えた影響について話している。

81 2007年9月26日にシティ・ライツ・ブックス後援でサンフランシスコのファースト・ユニテリアン教会で行われた公開討論会にて。彼女はまた、2008年10月2日に『コルベア・レポート』［テレビ番組］に出演した際には、危機にある社会を「あなたの望みどおり、どんなことでもする」拷問された囚人にたとえることから発言を始めた。そして「社会全体がショック状態になり、人々は何が起きているか

37 Ibid., 168.

38 Prince, *Catastrophe and Social Change*, 55.

39 Ibid., 57.

40 Ibid., 49.

41 In http://www.fema.gov/government/grant/pa/9523_6.shtm, VII, 4, and elsewhere with the same wording.

42 Peter Kropotkin, *Mutual Aid: A Factor of Evolution* (London: W. Heinemann, 1902; published in facsimile by Dover Books, 2006), vii.（邦訳『相互扶助論 〈新装〉増補修訂版』ピョートル・クロポトキン、大杉栄訳、同時代社、2017年）

43 Thomas Henry Huxley, reprinted in ibid, 272-73.

44 Michael J. Bird, *The Town that Died: A Chronicle of the Halifax Disaster* (London: Souvenir Press, 1962), 88.

45 Kropotkin, *Mutual Aid*, 71.（邦訳『相互扶助論 〈新装〉増補修訂版』ピョートル・クロポトキン、大杉栄訳、同時代社、2017年）

46 Ibid., 153.

47 Thomas Hobbes, *Leviathan* (New York: Penguin Books, 1982), 196（邦訳『リヴァイアサン 改訳』トマス・ホッブズ、水田洋訳、岩波文庫、1992年）

48 In"You May Have Always Suspected It, But A Study Suggests That Women *Do* Cope With Stress Differently Than Men,": https://www.psu.edu/ur/2000/womenstress.html

49 Gerrard Winstanley, et al. *The True Levellers' Standard Advanced: or, The State of Community Opened, and Presented to the Sons of Men* (London:1649): http://www.bilderberg.org/land/diggers.htm#True, and many other sites.

50 Thomas Paine, *Rights of Man*, in Virginia Hodgkinson and Michael W. Foley eds., *The Civil Society Reader* (Medford, MA: Tufts University Press, 2003), 64.（邦訳『人間の権利』トマス・ペイン、西川正身訳、岩波文庫、1971年）

51 Viktor E. Frankl, *Man's Search for Meaning* (1959; repr., Boston: Beacon Press 2006), 99.（邦訳『夜と霧 新版』ヴィクトール・E・フランクル、池田香代子訳、みすず書房、2002年）

52 Ibid., 105.

53 Richard M. Titmuss, *Problems of Social Policy* (London: Longmans, Green, 1950), 224.

54 Ibid., 338.

55 In Ben Shephard, *A War of Nerves* (Cambridge, MA: Harvard University Press, 2001), 175.

56 In Tom Harrison, *Living Through the Blitz* (New York: Schocken Books, 1989), 21.

57 In Mark Connelly, *We Can Take It!: Britain and the Memory of the Second World War* (Harlow, England: Pearson, Longman, 2004), 138.

58 Ibid., 140.

59 In Olivia Cockett, *Love and War in London: A Woman's Diary 1939-1942*, ed. Robert W.

13 Ibid., 54.

14 Ibid., 79.

15 In MacDonald, *Curse of the Narrows*, 89-90.

16 In Scanlon, "The Man Who Helped," 192.

17 Samuel Henry Prince, *Catastrophe and Social Change: Based Upon a Sociological Study of the Halifax Disaster* (New York: Columbia University Press, 1920), 16.

18 Ibid., 19.

19 Ibid., 130.

20 Ibid., 21.

21 Joseph Scanlon, "Disaster's Little- Known Pioneer: Canada's Samuel Prince," *International Journal of Mass Emergencies and Disasters* (November. 1988), 225.

22 Ibid., 231.

23 Ibid., 122.

24 Prince, *Catastrophe and Social Change*, 63.

25 Ibid., 98.

26 Ibid., 84.

27 See Scanlon, "The Man Who Helped," *International Journal of Mass Emergencies and Disasters* (March. 1982), 189-206.

28 Prince, *Catastrophe and Social Change*, 25.

29 In Scanlon, "The Man Who Helped."

30 Prince, *Catastrophe and Social Change*, 36, 39.

31 Gustave Le Bon, cited in Robert A. Nye, *The origins of crowd psychology : Gustave Le Bon and the crisis of mass democracy in the Third Republic* (London, Beverly Hills: Sage Publications, 1975), 43, and Gustav Le Bon, *The Psychology of Revolution* (New York: Putnam, 1913), 45.（邦訳『革命の心理』ギュスターヴ・ル・ボン、前田長太訳、大日本文明協会事務所、1914年）

32 Gustave Le Bon, *The Crowd: A Study of the Popular Mind* (Kitchener, On: Batoche Books, 2001), 19.（邦訳『群衆心理』ギュスターヴ・ル・ボン、櫻井成夫訳、講談社学術文庫、1993年）

33 Le Bon, *Psychology of Revolution*, 37.（邦訳『革命の心理』ギュスターヴ・ル・ボン、前田長太訳、大日本文明協会事務所、1914年）

34 Peter Kropotkin, *Memoirs of a Revolutionist* (New York and Boston: Houghton Mifflin, 1930, previously serialized in the *Atlantic Monthly*, 1898-1899), 30.（邦訳『ある革命家の手記』ピョートル・クロポトキン、高杉一郎訳、岩波文庫、1979年）

35 In George Woodcock, *Anarchism: A History of Libertarian Ideas and Movements* (Cleveland: World Publishing Co., 1962), 185.（邦訳『アナキズム』ジョージ・ウドコック、白井厚訳、紀伊國屋書店、全2巻、2002年）

36 Kropotkin, *Memoirs*, 168.（邦訳『ある革命家の手記』ピョートル・クロポトキン、高杉一郎訳、岩波文庫、1979年）

99　Ibid., 46.
100　Ibid.,134.
101　Barry Lopez, *Arctic Dreams* (New York: Charles Scribner's Sons, 1986), 3.（邦訳『極北の夢』バリー・ロペス、石田善彦訳、草思社、1993年）
102　In Thomas Paine, *The Rights of Man*: http://www.ushistory.org/paine/rights/c2-01.htm（邦訳『人間の権利』トマス・ペイン、西川正身訳、岩波文庫、1971年）
103　Chris Hedges, *War Is a Force that Gives Us Meaning* (New York: Anchor Books, 2003), 5.（邦訳『戦争の甘い誘惑』クリス・ヘッジズ、中谷和男訳、河出書房新社、2003年）
104　Stephen Doheny-Farina, in "The Grid and the Village," Orion, Autumn, 2001: http://www.orionmagazine.org/index.php/articles/article/90
105　In Day, *Long Loneliness*, 165.
106　Dorothy Day in William D. Miller, *Dorothy Day: A Biography* (San Francisco: Harper and Row, 1982), 228
107　Day, *Long Loneliness*, 185.
108　Ibid., 147.

第2章　ハリファックスからハリウッドへ：大論争

1　In Joseph Scanlon, "The Man Who Helped Sammy Prince Write: Dwight Johnstone and the Halifax Explosion," *International Journal of Mass Emergencies and Disasters*, (March 1992), 189-190.
2　爆発の描写の出典：Laura MacDonald, *Curse of the Narrows: The Halifax Explosion of 1917* (Scarborough, ON: Harper Collins Canada, 2005), and the statistics from Janet Kitz, *Shattered City: The Halifax Explosion and the Road to Recovery* (Halifax, NS: Nimbus Publishing, 1989), 25: http://www.cbc.ca/halifaxexplosion/he3_shock/he3_shock_destruction.html
3　Kitz, *Shattered*, 25.
4　MacDonald, *Curse of the Narrows*, 43.
5　In Megan Tench, "One Minute You're Leading a Very Normal Life. The Next Minute It's Chaos" (profile of Dolly Lloyd), *Boston Globe*, November 24, 2001.
6　In MacDonald, *Curse of the Narrows*, 71.
7　Ibid., 79-80,121.
8　Ibid., 63.
9　Tench, "One Minute You're Leading a Very Normal Life"
10　Vincent Coleman, as quoted by the Maritime Museum of the Atlantic: http://www.museums.gov.ns.ca/mma/AtoZ/coleman.html
11　In Scanlon, "The Man Who Helped," 198-99.
12　In Kitz, *Shattered City*, 62-63.

2008), 360.（邦訳『宗教的経験の諸相』ウィリアム・ジェイムズ、桝田啓三郎訳、岩波文庫、上・下巻、1969-1970年）

70 William James, "The Moral Equivalent of War,": http://www.constitution.org/wj/meow.htm

71 Ibid.

72 Ibid.

73 Ibid.

74 Ibid.

75 William James, "Some Mental Effects of the Earthquake," in *Memories and Studies* (New York: Longmans, Green, 1911), 211.

76 Ibid., 216.

77 Ibid., 217.

78 *William and Henry James: Selected Letters*, ed. Elizabeth M. Berkeley and Ignas K. Skrypskelsis (Charlottesville: University of Virginia, 1997), 473.

79 Linda Simon, *Genuine Reality: A Biography of William James* (Chicago: University of Chicago Press, 1999) 342.

80 In James, "Some Mental Effects," 221.

81 Ibid., 223.

82 Ibid., 223-24.

83 Henry James, in Berkeley and Skrypskelsis eds., *William and Henry James: Selected Letters*, 472

84 William James to Henry James, ibid., 473.

85 In James, "Some Mental Effects," 224-25.

86 Pauline Jacobson, "How It Feels to Be a Refugee and Have Nothing in the World, by Pauline Jacobson, Who Is One of Them," *Bulletin*, April 29, 1906.

87 In James, "Some Mental Effects," 225.

88 "The Energies of Men,"(originally published in *Science* magazine and can be found at: http://psychclassics.yorku.ca/James/energies.htm)

89 In Fradkin, *The Great Earthquake*, 328.

90 Ibid., 306.

91 Dorothy Day, *The Long Loneliness: The Autobiography of Dorothy Day* (San Francisco: HarperSanFrancisco, 1997), 20.

92 Ibid., 21

93 Dorothy Day, *From Union Square to Rome* (Maryknoll, NY: Orbis Books, 2006), 24.

94 Day, *Long Loneliness*, 39.

95 Ibid., 118.

96 Ibid., 38.

97 Ibid., 30.

98 Ibid., 31.

51 ヘンリー・アンダーソン・ラフラーによる『軍はいかにサンフランシスコを救ったか』（ファンストン准将による同タイトルの小文に対する鋭い応酬。未出版の草稿、1906年7月。Museum of San Francisco Online: http://www.sfmuseum.org/1906.2/lafler.html）
52 Fradkin, *The Great Earthquake*, 35-36.
53 In Barker, *Three Fearful Days*, 119-23.
54 Fradkin, *The Great Earthquake*, 293.
55 San Francisco Relief Survey: The Organization and Methods of Relief Used After the Earthquake and Fire of April 18, 1906. (The Russell Sage Foundation, 1913): http://www.sfmuseum.org/conflag/relief1.html
56 *Argonaut*, September 11, 1926.
57 *Argonaut*, August 28, 1926.
58 Hansen and Condon, *Denial of Disaster*, 74.
59 Ruef, quoted in *Bulletin*, May 9, 1906.
60 *Argonaut*, July 21, 1906.
61 *Argonaut*, July 28, 1906.
62 Jane Carr, "Dignity of Labor," *Bulletin*, May 25, 1906.
63 *Argonaut*, June 9, 1927.
64 『アルゴノート』誌によれば、「至るところで見られる強硬な反対にもかかわらず、その方式はミッション地区以外の市内全域に素早く広がった。ミッション地区では抵抗があまりに激しく、新方式を押しつけようと試みれば大きな混乱が起きそうだったので、救済機関は導入を強制しなかったのだ」という。さらに「フェギバー大佐」の言葉として「物資のこの供給方式の影響として……支援物資を申し込む人の数の激減がほぼ即座に明らかになった——約80パーセントもの市民が提示された方法で援助を受けることに怒り、怒号によるか、多かれ少なかれはっきりと口に出すか、または疑いの余地なく考えを明らかにするという方法で辞退し、この方式の強烈な不人気は……その間、1日に供給を受けた困窮者の数は313,145人（5月1日）から6月30日には15,353人にまで減った」と伝えている。減少の理由は明らかに人々が住居や収入を素早く手に入れたからではなかったのだ。
65 わたしはFEMAのマイケル・ブラウンがこの言葉を2006年７月にコロラド州ボルダーのコロラド大学自然災害センターの年次会議で発しているのを聞いた。
66 William James, "What Pragmatism Means," Lecture II, in *Pragmatism and Other Writings* (Harmondsworth, England: Penguin Books, 2000), 25.
67 William James to Ferdinand Canning Scott Schiller, letter of January 16, 1906, in *The Letters of William James*, Vol. 11, ed. Henry James (Boston: Atlantic Monthly Press, 1920), 148. 編者のヘンリーは弟ではなく、ウィリアム・ジェイムズの息子のヘンリーである。
68 Ibid., in a letter of January 28, 1906, to Harald Hoffding, 15.
69 William James, *The Varieties of Religious Experience* (New York: Penguin Books,

earthquake archive: http://content.cdlib.org/xtf/view?docId=hb6z09p1nj&brand=eqf&doc.view=entire_text

31 Charles Morris, in Hansen and Condon, *Denial of Disaster*, 76

32 In Hansen and Condon, *Denial of Disaster*, 71

33 Ibid., 57.

34 「救世軍のエネルギッシュでやる気満々のミス・セーラ・フライを連れて行った。彼女はセント・ニコラス教会下にある薬局に着くなり飛び降り、ドアがロックされているのを発見すると椅子をつかんで頭の上まで振り上げ、ガラスドアを粉々に打ち破って中に入った。そして、湯たんぽやら、包帯やら、救急病院で役立ちそうなものなら何でも取った」In "San Francisco During the Eventful Days of April, 1906," James B. Stetson: http://content.cdlib.org/xtf/view?docId=hb4p3007dw&brand=eqf&doc.view=entire_text

35 Hansen and Condon, *Denial of Disaster*, 162.

36 Fradkin, *The Great Earthquake*, 141.

37 *Bulletin*, April 21, 1906.

38 Fradkin, *The Great Earthquake*, 142.

39 Hansen and Condon, *Denial of Disaster*, 161.

40 In Frederick Funston, "How the Army Worked to Save San Francisco: Personal Narrative of the Acute and Active Commanding Officer of the Troops at the Presidio," *Cosmopolitan*, July 1906: http://www.sfmuseum.org/1906/cosmo.html

41 Letter in "Selection from the Hooker Family Papers," The Bancroft Library Presents the 1906 San Francisco Earthquake and Fire: http://content.cdlib.org/xtf/view?docId=hb7m3nb5f1&brand=eqf&doc.view=entire_text

42 Smith, *San Francisco Is Burning*, 160.

43 Hansen and Condon, *Denial of Disaster*, 160.

44 Henry Fitchner, *Argonaut*, March. 26, 1927.

45 In Hansen and Condon, *Denial of Disaster*, 98.

46 In Barker, *Three Fearful Days*, 247

47 In "Operation Kaleidoscope: A Melange of Personal Recollections," : http://content.cdlib.org/xtf/view?docId=hb2c6004p0&brand=eqf&doc.view=entire_text 彼はこうも書いている。「それほど遠くないところに大物の市民や役人たちのグループに囲まれたシュミッツ市長が見えた。彼らは破壊の大きさにうろたえているようには見えなかった。わたしは市長のもとに向かい、ダイナマイトの使用をやめるよう訴えた。火は自分たちでなんとか制御し、グリニッジ通りで食い止めたので、これ以上ダイナマイトを使えば安全になったロシアンヒルの残りの部分まで危険にさらすことになると説明した。だが、彼は聞こうとしなかった」

48 *Argonaut*, March 26, 1927.

49 *Argonaut*, October 30, 1926.

50 *Argonaut*, January 8, 1927.

13　次の情報による：http://www.sfmuseum.org/1906.2/plumbers.html

14　*Argonaut*, July 31, 1926.

15　*Argonaut*, March 5, 1927.

16　Eric Temple Bell, in Barker, *Three Fearful Days*, 143.

17　Jack London, in ibid., 134-5

18　Charles Sedgewick, in ibid., 209.

19　*Argonaut*, April 21, 1906.

20　Pauline Jacobson, "How It Feels to Be a Refugee and Have Nothing in the World, By someone Who Is One of Them," *Bulletin*, April 29, 1906.

21　*Bulletin*, April 30, 1906.

22　Frederick Funston, letter to the editor, *Argonaut*, July 7, 1906.

23　In Dennis Smith, *San Francisco Is Burning: The Untold Story of the 1906 Earthquake and Fires* (New York: Viking, 2005), 90.

24　Ibid., 157.「鉱山労働者のオリヴァー・ポージーは『大勢の人々が即死したのは野蛮な行為の避けられない結果でした。兵士たちは即決裁判を行ったのです』と宣誓証言している。火が出ていた4日間の統計的証拠のすべてがそうであるように、兵士により処刑された人の数にもまた大きな幅がある。ファンストン自身が談話の中で認めたのは3人だが、500人にのぼったという報告もある。サンフランシスコ画像博物館のグラディス・ハンセン館長が目撃者たちの宣誓証言をきわめて注意深く収集したところ、軍により射殺された人の総数は少なくとも500人にはなる——同博物館が地震と火事による死者の数として挙げている3,000人の6分の1に当たる。同期間についての他のすべての学術的分析でも、示唆されている犠牲者の数はファンストン准将の数字よりはハンセン館長のそれに近い」。しかし、彼は「もし500人にものぼる人々が兵士たちにより射殺されたのなら、こういった現場での目撃談がもっと多く残存しているはずだ」とも警告している。

　フィリップ・フラドキンは著書*The Great Earthquake and Firestorms of 1906: How San Francisco Nearly Destroyed Itself* (Berkeley and Los Angeles: University of California Press, 2005, 140)の中で低めの推定数を出している。「ある研究者は490という数字を出している。だが、そういった殺人の件数が50や70を超えていたかどうかは疑わしい——それでもけっして少なくはないのだが」

25　*Argonaut*, March 19, 1927.

26　広く引用され複写された同声明文は次のサイトで閲覧可能：http://www.sfmuseum.org/1906.2/killproc.html

27　Fradkin, *The Great Earthquake*, 63.

28　Quoted in Stuart H. Ingram, "Impressions from Berkeley," *California Geology*, April 2006.

29　Funston, quoted in Gladys Hansen and Emmet Condon, *Denial of Disaster* (San Francisco: Cameron and Co., 1989) 47.

30　William Stephenson, letter to the Bowdoin College class of 1877, in Bancroft online

原注

凡例　すべてのウェブサイトのURLは原著刊行当時（2009年）のもの。

プロローグ　地獄へようこそ

1　ハリケーンについて猛烈なおしゃべりをしてくれたこの男性はボブ・ビーンである。彼はノバスコシア美術デザイン大学の学生だった。

第1章　ミレニアムの友情：サンフランシスコ地震

1　In "The Great Fire of 1906" series on the disaster, *Argonaut*, May 14, 1927
2　これらの掘っ立て小屋やキャンプキッチンの多くは、サンフランシスコ公共図書館にある歴史写真コレクションやバンクロフト図書館のオンラインサイトで見ることができる：http://bancroft.berkeley.edu/collections/earthquakeandfire/index2.html
3　Edwin Emerson, in Malcolm E. Barker, ed., *Three Fearful Days: San Francisco Memoirs of the 1906 Earthquake and Fire* (San Francisco: Londonborn Publications, 1998), 301.
4　*Argonaut*, May 21, 1927.
5　Oscar Wilde (quoting from Wilde's "The Soul of Man Under Socialism"), in Robert V. Hine, *California's Utopian Colonies* (Berkeley: University of California Press, 1983), 8.（邦訳『社会主義の下での人間の魂』オスカー・ワイルド、はしもと・よしはる訳、バルカン社、1968年）
6　David Graeber, *Fragments of an Anarchist Anthropology* (Chicago: Prickly Paradigm Press, 2004), 11.（邦訳『アナーキスト人類学のための断章』デヴィッド・グレーバー、高祖岩三郎訳、以文社、2006年）
7　"Climate Alarm, 2007", *Oxfam Briefing Paper* 108.
8　"The Temblor," in David Starr Jordan, ed., *The California Earthquake of 1906* (San Francisco: A. M. Robertson, 1907), 355.
9　*Argonaut*, May 8, 1926.
10　*Argonaut*, May 29, 1926.
11　*Argonaut*, June 19 and 26, 1926.
12　*Bulletin*, May 25, 1906.

レベッカ・ソルニット　Rebecca Solnit

1961年生まれ。作家・歴史家・アクティヴィスト。カリフォルニア州に育ち、環境問題や人権、反戦などの政治運動に参加。1988年より文筆活動を始め、『River of Shadows: Eadweard Muybridge and the Technological Wild West』で全米批評家協会賞、マーク・リントン歴史賞を受賞。邦訳書に『説教したがる男たち』『ウォークス』『迷うことについて』（共に左右社）、『それを、真の名で呼ぶならば』（岩波書店）など多数。

高月園子（たかつき・そのこ）

翻訳者・エッセイスト。東京女子大学文理学部卒業。英国在住歴２５年。訳書にＢ・ゴート／Ｍ・ゴート『5歳からの哲学』、Ｐ・ジンバルドー／Ｎ・クローン『男子劣化社会』（共に晶文社）、Ｇ・Ｌ・スチュワート／Ｓ・ムスタファ『殺人鬼ゾディアック』(亜紀書房)、Ｒ・スチュワート『戦禍のアフガニスタンを犬と歩く』（白水社）など多数。著書に『ロンドンはやめられない』（新潮文庫）など。

亜紀書房翻訳ノンフィクション・シリーズIII-14

定本 災害ユートピア
なぜそのとき特別な共同体が立ち上がるのか

2020年10月2日 第1版第1刷発行

著 者 レベッカ・ソルニット
訳 者 高月園子
発行者 株式会社亜紀書房
郵便番号 101-0051
東京都千代田区神田神保町1-32
電話 (03)5280-0261
http://www.akishobo.com
振替 00100-9-144037
印 刷 株式会社トライ http://www.try-sky.com
装 丁 間村俊一
装 画 毛利彩乃
組版設計 コトモモ社

ISBN978-4-7505-1662-2 C0036
Printed in Japan